IL LIBRO DEI PRANZI DI CASA ANGIOLILLO

DATA *13 Aprile 2000* ORA *21.15*

INVITATI

Maria Angiolillo

Avv. Gianni Agnelli — *Dr. Patrizio Bertelli*

Rita Rusic — *Carla Fendi*

Dr. Franco Tatò — *Dr. Andrea Monorchio*

Tavolo 1
Maestrale

Marchesa Sandra Verusio — *Edwige Fenech*

Dr. Gianni Letta — *Dr. Giuseppe Gazzoni Frascara*

Gloria Venturi — *Sandra Carraro*

Dr. Marco Tronchetti Provera

NOTE

L'avvocato dice che offrire sigarette agli ospiti è fuori moda.

Candida Morvillo
Bruno Vespa

La signora dei segreti

Il romanzo di Maria Angiolillo.
Amore e potere nell'ultimo salotto d'Italia

Rizzoli

ISBN 978-88-17-08231-0

Prima edizione: maggio 2015

Realizzazione editoriale: Studio Editoriale Littera, Rescaldina (MI)

La signora dei segreti

A Maria Angiolillo

Prologo

Maria riposava sul suo letto, perfettamente serena, come se il rigore della morte non osasse sfiorarla. Fasciata in un abito rosa, anche nel momento fatale sembrava la gran signora in attesa dei trentacinque ospiti dei suoi celebri pranzi. Sul tavolino da notte, era ancora aperto il quadernetto dove, con un paio mesi di anticipo come sempre, aveva cominciato ad annotare i nomi degli invitati ai due ricevimenti natalizi, fissati tra un martedì e un giovedì di metà dicembre. Alla calligrafia elementare di quelle liste avrebbe fatto seguito il carattere a stampa dei cartoncini d'invito, con le parole ABITO SCURO, ABITO CORTO, scritte accanto al PER MEMORIA che in casa sua sostituiva il più comune *RÉPONDEZ S'IL VOUS PLAÎT*: Maria era rimasta l'ultima signora di Roma a invitare i suoi ospiti con una telefonata personale, il cartoncino veniva spedito solo a invito accettato.

Silvio Berlusconi era tornato al governo da un anno e mezzo e, sul quadernetto, i primi nomi erano tutti di suoi ministri: Maria Angiolillo li avrebbe distribuiti fra le due serate, avendo cura che ve ne fosse almeno uno seduto in ciascuno dei tre tavoli battezzati secondo ispirazioni mitologiche, floreali o sacre. Ma accanto a loro, e ai grandi nomi dell'industria, ai banchieri, ai giornalisti più famosi, non sarebbero mancate le massime personalità della sinistra: ciò che per cinquant'anni aveva reso unico il suo salotto era l'intelligente dosaggio politico.

Dai tempi della Prima Repubblica e dell'egemonia democristiana, le polemiche di partito o di corrente che tenevano banco sui giornali si sopivano come per incanto fra le mura discrete del Villino Giulia, incastonate nella Trinità dei Monti, sopra piazza di Spagna. Lì, ogni asperità si scioglieva fino a farsi convergenza, comune orientamento, talvolta pura sinfonia d'intenti. Dal 1960, la Angiolillo aveva custodito ogni segreto di quei minuetti del potere.

Maria era tornata la sera prima da un breve ricovero in ospedale, che sembrava senza importanza. L'indomani mattina, tuttavia, Teresa Ciancone, la governante di una vita, l'aveva trovata riversa a terra nella sala da bagno attigua alla camera da letto, la spazzola e le forcine sul pavimento. Maria si stava preparando a uscire. La morte l'aveva sorpresa dieci minuti dopo le dieci del 14 ottobre 2009. L'aveva colta con gentilezza, risparmiandole sofferenze che avrebbero potuto amareggiarla. Almeno la dipartita era stata senza traumi. Non così era stato per la sua vita né per il lungo, travagliato, capitolo della moderna storia italiana che Maria aveva attraversato da segreta protagonista.

Un gabbiano scese in picchiata su piazza Colonna, mentre la attraversava il professor avvocato Giuseppe Consolo, deputato di Alleanza nazionale. L'onorevole si fermò un attimo, interdetto, alzò lo sguardo e notò con fastidio che quel gabbiano insolente era l'avanguardia di un intero stormo appollaiato da padrone sulla balaustra ottocentesca di Palazzo Wedekind. Pensò che la storica sede del quotidiano «Il Tempo» aveva vissuto ere più gloriose. Lì, per i primi trent'anni del dopoguerra, aveva regnato Renato Angiolillo, l'ultimo marito di Maria, fondatore e direttore di un giornale che era stato il più importante di Roma e fra i più influenti d'Italia. Consolo guardò l'ora sul prezioso Rolex Precision che negli anni più duri della crisi, forieri di maggiore sobrietà, avrebbe sostituito con uno Swatch verde. Erano le 10.10. Avvertì un brivido leggero, nonostante splendesse il sole del bellissimo autunno romano.

Dopo pochi passi stava già varcando il portone di Palazzo Montecitorio, accolto dallo sbatter di tacchi della guardia d'onore e dal saluto garbatamente annoiato dei commessi in livrea.

Alla Camera dei deputati, la mattinata scorreva sonnolenta, si parlava della tutela del patrimonio subacqueo. Meno di due ore dopo, il cellulare dell'onorevole squillò. Era Teresa, dal Villino Giulia. Consolo impallidì. Aspettò che il deputato del Pd Paolo Corsini, già sindaco di Brescia, esaurisse il suo intervento, prese il microfono e si rivolse al presidente di turno Antonio Leone: «Signor presidente, chiedo la parola».

«Ne ha facoltà» rispose l'altro con la formula di rito.

Il brusio sordo che faceva da sottofondo agli interventi di routine non si chetò. Da destra a sinistra, i deputati commentavano sottovoce tra loro gli articoli dei quotidiani, la dichiarazione di questo e di quello, facevano solitari al computer. I più giovani sbrigavano la corrispondenza sui tablet, i meno giovani trafficavano al cellulare con gli assistenti, liquidavano i postulanti. Qualche sorriso complice rivelava appuntamenti nuovi o momenti evocativi con le amanti romane, benefit inderogabile per i deputati saliti o discesi dalla provincia.

«Signor presidente» attaccò Consolo, «chiedo all'aula un momento di attenzione. Con profonda commozione, do notizia di aver appena appreso della scomparsa di Maria Angiolillo.» Si zittirono tutti. Pochi potevano dirsi intimi della defunta e i molti che non erano mai stati ammessi nel suo salotto ritenevano di darsi un tono parlandone male, ma il suo nome era leggendario per chiunque in quell'aula.

«Quello di Maria Angiolillo» precisò il deputato «è un nome noto a chi è di Roma e a chi ha seguito la storia d'Italia dell'ultimo secolo. Un nome legato a quello del marito Renato Angiolillo, fondatore del "Tempo" e già senatore. La casa della signora è stata sempre frequentata da opposizione e maggioranza, indipendentemente dal colore politico di ciascuno. È con profonda commozione, nel dare la notizia all'aula, che ringrazio il presidente di avermi concesso la parola e lo prego, pur essendo il fatto del tutto inusuale, di voler chiedere un minuto di silenzio.»

Mai nulla del genere era accaduto in Parlamento. E infatti Leone bofonchiò che capiva l'importanza della signora, ma non essendo essa parlamentare, non poteva accordare il minuto di raccoglimento. Le parole del presidente di turno sovrastarono a fatica il sordo brusio di protesta che s'era levato dai banchi della sinistra.

«Chi rumoreggia?» tuonò Consolo nel microfono del suo scranno, fissando una notissima deputata toscana. «Forse chi da quel salotto era escluso?» Allargò lo sguardo e disse con sarcasmo: «Tra chi protesta riconosco più d'uno che mi sollecitava un invito a casa Angiolillo, senza riceverlo...».

Le campane di Roma avevano segnato il mezzogiorno da nove minuti.

Taceva, poco distante, nel suo studio di piazza San Lorenzo in Lucina, Giulio Andreotti. Di piombo sulla poltrona, incassato nelle spalle come mai, gli occhi bassi, i pugni a reggere il mento, si sentiva addosso il peso di tutti i trapassati a cui era sopravvissuto. Maria Angiolillo era l'unica persona che Enea Gambogi, la sua storica segretaria, e poi Patrizia Chilelli, la nuova, erano autorizzate a passargli in qualunque momento.

«Presidente, Consolo ha chiesto un minuto di silenzio in aula.» Patrizia gli porse un foglio con la notizia d'agenzia.

«Ha detto davvero "un nome noto a chi ha seguito la storia dell'ultimo secolo"?»

«Così c'è scritto.»

«Quanti anni aveva Maria?»

«Ottantotto. Ma credo ne dichiarasse ottanta.»

Il presidente ghignò. «Darle un secolo d'età... Se Maria offre pranzi pure in Paradiso, Consolo può star sicuro che è depennato per l'eternità.»

***

Il sottosegretario alla Presidenza del Consiglio Gianni Letta fu informato dell'accaduto dalla governante di casa Angiolillo mentre rappresentava il governo alla festa del corpo forestale dello Stato in piazza del Popolo. Era la persona di gran lunga più vicina a Maria, come lo era stata del marito. Il confidente discreto e devoto, il consigliere più ascoltato, l'amico di una vita. L'unico al quale fosse consentito arrivare in ritardo ai suoi pranzi. Tutti sapevano che era trattenuto a Palazzo Chigi o a Palazzo Grazioli, dove risiedeva Berlusconi. Nessuno osava obiettare. Gli altri incauti ritardatari venivano depennati all'istante dalle liste degli invitati. Gianni no. Mentre la banda della forestale eseguiva l'inno nazionale, Letta vide scorrergli davanti agli occhi quasi sessant'anni di vita.

Era il 1955 quando, da corrispondente del «Tempo» da Avezzano, era stato invitato a Chieti insieme a tutti i suoi colleghi d'Abruzzo, a un raduno organizzato dal direttore amministrativo del giornale, Libero Palmieri. A pranzo, Palmieri, che portava in giro Renato Angiolillo come fosse la Madonna Pellegrina, decise che il posto accanto al direttore e fondatore spettasse al giornalista più giovane. Era Letta. «Quanti anni hai?» gli chiese Angiolillo. Letta mentì: non ne aveva ancora ventuno, non aveva raggiunto la maggiore età, e non ebbe il coraggio di confessarlo. Tre anni dopo, quando Letta stava per unirsi al padre nella professione forense, fu Angiolillo a convincere il genitore a fargli cambiare strada: «Avvocato, questo ragazzo è nato giornalista. Farà strada. Si fidi di me: me lo lasci...». Renato aveva appena conosciuto Maria: diciotto anni dopo, quando il senatore sarebbe morto, sarebbe stata lei a insistere perché Letta lo sostituisse alla guida del quotidiano.

La mattina in cui Maria morì, un cameriere in livrea verde e mostrine d'oro tagliò piazza di Spagna, scuro in volto. Discendeva dal Villino Giulia dal cui salotto Maria Angiolillo aveva dominato un pezzo di storia del Paese, e come ogni giorno portava un cesto di vimini con i manici d'argento. Puntò diritto verso le tre donne rannicchiate tra coperte e cartoni sotto il portico di fronte. Aprì la cesta, ne estrasse le prelibatezze che conteneva e con un nodo in gola disse: «Mi spiace: ho paura che questa sia l'ultima colazione che vi porto. La signora Angiolillo è mancata stamattina alle 10.10».

***

Due giorni dopo, Amedeo Angiolillo si sentiva stropicciato dal jet lag. Era arrivato da New York giusto in tempo per i funerali, fissati con un giorno di ritardo rispetto alla consuetudine per consentire il confluire di persone lontane. Renato junior, il nipote con il nome del nonno che più ne aveva ereditato il piglio napoletano, passò a prenderlo all'Hotel Hassler, il lussuoso albergo di Trinità dei Monti distante venti passi dal Villino Giulia.

«Zio, hai chiesto a Marco dei diamanti?»

«Ci ho parlato mezz'ora, prima di partire, ma che vuoi... Quello ha appena perso la mamma... Ci siamo messi a ricordare tanti fatti di famiglia... Però, gli ho detto che dobbiamo parlare a voce.»

«Vabbuò. Avrà capito, no?»

Fuori dalla chiesa di Sant'Andrea delle Fratte, la parrocchia più frequentata da Maria negli ultimi anni, Marco Bianchi Milella, il figlio che lei aveva avuto in un'altra vita, si mescolava agli altri, con le mani conserte e il cipiglio appena scostante. Teresa, la governante, gli stava poco distante e Gianni Letta, di tanto in tanto, le si accostava per confortarla: l'amica più cara di Maria, Sandra Carraro, aveva un'espressione stanca. In quei due giorni, già troppe volte le avevano detto: l'eredità di quel salotto è tua. Ma a lei non interessava affatto sostituirsi a Maria. Lei, piuttosto, avrebbe voluto costituire una fondazione intitolata all'amica, con sede nel Villino Giulia, dedicata agli studi politici e diplomatici e alla valorizzazione dei giovani talenti. Ogni mobile, ogni quadro, nella sua immaginazione, sarebbe dovuto restare al suo posto. S'illudeva: in poco tempo, il figlio Marco avrebbe venduto tutto, fino all'ultima porcellana, e avrebbe messo sul mercato anche la casa, che, peraltro, sarebbe rimasta invenduta per anni.

Ai funerali di Maria Angiolillo presenziarono molti potenti della politica, degli affari, dell'editoria e della mondanità della Prima e della Seconda Repubblica. Due ere delle quali la signora si stava portando molti segreti nella tomba.

Franca Ciampi, moglie del penultimo presidente della Repubblica, scortata da una colossale guardia del corpo, si infilò lesta dentro la chiesa, schivando le telecamere dei telegiornali e le tante persone che l'avrebbero voluta salutare. Entrarono il ministro Stefania Prestigiacomo, donna Assunta Almirante, il sindaco di Roma Gianni Alemanno, il ministro Claudio Scajola, il direttore del Tg5 Clemente Mimun che da Maria non c'era mai stato, schivo com'era di mondanità, e il suo vicedirettore Cesara Buonamici che, invece, era stata di casa anche perché Maria trovava divertente suo marito Joshua Kalman. Carla Fendi piangeva sulla spalla della sorella Anna. Anche lei era molto amata da Maria, sia per il carattere dolce sia per il marito, Candido Speroni, che riteneva fosse coltissimo e adorabilmente svagato. Dalle Fendi, Maria comprava le borse. Per i vestiti, era rimasta fedele alle sarte milanesi, che costituivano l'unico fragile filo con un passato altrimenti rimosso, fitto di misteri che sarebbero affiorati solo dopo quel funerale. La *couturière* Lella Curiel era venuta apposta da Milano e se ne stava in un angolo, un filo di perle a serrarle il collo, depositaria silenziosa di memorie antiche tramandate di madre in figlia che risalivano a tempi di guerra e di fame. Anche l'altra milanese, l'amica del cuore Cicci Locatelli, figlia della regina del teatro di rivista Wanda Osiris, era in disparte e non proferiva parola. Nessuno più di lei era stato testimone di tutte le molte vite di Maria.

Il direttore del «Corriere della Sera» Ferruccio de Bortoli, anch'egli giunto da Milano per l'occasione, stazionava ultimo in fondo alla navata, con «la sua aria indecifrabile» come diceva sempre, ammirata, la Angiolillo. Accanto a lui, c'era Stefano Folli, che il «Corriere» lo aveva diretto solo per un anno e mezzo e aveva invece un aspetto più provato. Nei giorni in cui lei era stata al Gemelli, Folli le aveva reso visita tutti i pomeriggi. Non aveva dimenticato che era stata la sua prima sponsor e che, in tempi non sospetti, lo presentava a chiunque dicendo: «Questo giovane giornalista è un futuro direttore».

Maria si alzava dal letto d'ospedale, si faceva sistemare i capelli, e lo aspettava impaziente.

«Quando arriva? Quando arriva, Stefano mio?»

Diceva che quell'ora con lui era il suo sollievo nei giorni di malattia. Con Folli, come con pochi altri scelti amici, Maria si interrogava sul perché il tal politico o il tal banchiere avesse fatto la tal mossa: ciò che più le interessava capire era il carattere e la psicologia di chi muoveva le fila del potere, così da riuscire a prevedere l'evolversi di qualunque vicenda meritasse una prima pagina. Alla fine, le sue analisi risultavano sempre infallibili.

La mattina del funerale, un giornalista della televisione, da decenni amico di Maria, se ne stava silenzioso accanto alla moglie. Aveva rivelato nei suoi libri molti segreti del Villino Giulia e mai la Angiolillo, pur gelosissima della propria riservatezza, aveva avuto nulla da obiettare, per una sorta di silenziosa complicità.

In chiesa entrarono anche il presidente dell'Antitrust Antonio Catricalà, l'oroscopista Branko, Antonio Di Bella alla sua prima uscita pubblica dopo aver perso la direzione del Tg3. Il ministro Altero Matteoli era senza la moglie, che Maria aveva invitato al Villino una volta sola, poi trascurandola perché sosteneva che fumava troppo. La dama dei salotti Marisela Federici, ingioiellata e fresca di coiffeur, invisa all'Angiolillo per una vecchia ruggine che varrà la pena raccontare, baciava chiunque le capitasse a tiro dispensando complimenti per la cravatta o l'acconciatura.

L'ex senatore e banchiere di Lehman Brothers Mario D'Urso sembrava rimpicciolito di colpo. Era contrariato perché il «Corriere», ricordando le sue frequentazioni in casa Angiolillo, aveva pubblicato una sua foto in versione ballerino: «Sembravo una Kessler e invece da Maria non si è mai ballato» si lamentava. L'onorevole Consolo si trascinava mesto la moglie Natasha Romanoff, erede della famiglia imperiale russa sterminata nella Rivoluzione, e la figlia Nicoletta, attrice. Tratteneva a stento le lacrime. Invece, con Maria, una volta, aveva pianto. Era successo almeno vent'anni prima. Lei, a cui tutti raccontavano tutto, con il suo piglio pratico, l'aveva placato combinandogli una confessione nientemeno che con il segretario di Stato Agostino Casaroli.

Piangeva Igor Mitoraj, scultore fra i più quotati sul mercato, che a Maria doveva tutto: era stata lei a lanciarlo e a renderlo famoso e ricco, e lui le aveva dedicato la *Dea Roma*, la grande scultura che svettava al centro di piazza Monte Grappa, nel quartiere Prati, davanti alla sede di Finmeccanica.

L'aristocrazia romana era rappresentata dagli Odescalchi e dai Colonna e c'erano Daniela Memmo D'Amelio, presidente della Fondazione di Palazzo Ruspoli, l'industriale farmaceutico Alberto Aleotti, patron della Menarini, il direttore del Tg1 Mauro Mazza, il viceministro Giuseppe Vegas, i parlamentari Giustina Destro e Maurizio Gasparri, Edwige Fenech.

Il re delle cliniche e delle acque minerali Giuseppe Ciarrapico era arrivato fra i primi, nonostante gli dispiacesse farsi vedere con il bastone. Il banchiere Cesare Geronzi, che era stato fra i più assidui del Villino Giulia, aveva mandato la moglie Giuliana. Franco Tatò era stretto alla giovane consorte Sonia Raule. Marco Tronchetti Provera era senza Afef, di cui la Angiolillo diceva: «Gran donna, ma troppi capelli». Maria, con il suo rinomato garbo, poteva dire quel che voleva. Afef aveva un primato: prima del matrimonio con Tronchetti, era stata la prima compagna non sposata a entrare nel suo salotto.

La dama fiorentina Maria Benelli, una mirabile spilla di diamanti sullo scollo, indossava un impermeabile nero a pois bianchi e occhialoni dalla montatura bianca. Di lei Maria annunciava sempre la presenza proclamando: «Quella che arriva è una vera signora».

Roberto D'Agostino, l'inventore del sito di pettegolezzi Dagospia, calcolò che il costruttore Francesco Bellavista Caltagirone stava incassando più condoglianze dell'orfano Marco Bianchi Milella e di Nuccia, la sorella di Maria. Caltagirone era, d'altra parte, molto più che una persona di famiglia, era una sorta di vicemarito e, dai primi anni Novanta, lui e Maria si erano molto aiutati a vicenda.

Domenico Bonifaci, che aveva comprato «Il Tempo» nel 1996 e ne cambiava il direttore ogni diciotto mesi, si tolse il Borsalino celeste un attimo prima che il cardinale Giovanni Battista Re, amico della defunta, ospite a molti suoi pranzi, cominciasse la sua omelia. Ma il vero discorso celebrativo lo tenne Gianni Letta. A braccio, come sempre, anche se sembrava stampato e mandato a memoria.

«Eccoci tutti qui, Maria» disse, «eccoci tutti puntuali, come tu hai sempre desiderato. Tutti ti dobbiamo qualcosa» aggiunse, ricordando l'impegno della signora verso ogni amico in difficoltà e verso i poveri aiutati con generosità e discrezione. «Lo spirito di casa Angiolillo non era quello del chiacchiericcio e dell'inciucio dei potenti. Lei stessa in una delle sue rarissime interviste disse: "Da me non si fa politica, il lusso più grande è l'amicizia unita al gusto di capire". Era questo il valore della sua opera e il merito del suo prodigarsi.»

Un cronista annotò che nella giornata d'addio il cielo era limpido, privo di nubi, come i rapporti fra tante persone riconciliatesi per l'intervento di Maria. In chiesa non volle entrare Umberto Pizzi, il fotografo di Dagospia, che per primo aveva violato la discrezione dei pranzi del Villino Giulia. Ricordò le nottate all'addiaccio, l'irritazione della signora che si era trasformata via via in educata comprensione. Un neodeputato del Pdl, che non conosceva Maria e sperava un giorno di essere ammesso nel suo salotto, fu udito mormorare: «Ora che la signora non c'è più, che obiettivo possiamo avere nella vita?».

***

Qualche giorno dopo, Amedeo e Renato Angiolillo junior sedevano a un tavolino dell'Hassler passandosi una vecchia lista con sopra il timbro dell'Union des assurances de Paris. Più che zio e nipote potevano sembrare due fratelli sessantenni parimenti angustiati. Coetanei in effetti lo erano, poiché il senatore Renato Angiolillo aveva avuto svariate ere familiari.

«Quanti sono?» chiese Renato junior.

«Ventitré, ma forse trentadue... bisogna fare il conto di che cosa intendono per parure.»

«Orecchini, anello, collier e *broche*.»

«Dici che la *broche* si considera sempre inclusa?»

«Nonno neanche la chiamava parure, se non c'era la *broche*.»

«Il pezzo grosso è il Princie. Io mi ricordo bene quando papà lo comprò. Era rosa. Più grosso di una noce brasiliana. Leggi qua: 34 carati. Il mio consulente sostiene che, da solo, vale almeno quaranta milioni di euro.»

«Com'è che Marco non ti risponde?»

«Dice sempre che è in meeting, ma richiamerà. E poi non richiama.»

Era arrivato il freddo in un niente. Nuccia si alzò il bavero del paltò, riparandosi il viso dalle sferzate di vento che piombavano giù dalla Trinità dei Monti. Quante volte, da quando aveva raggiunto a Roma la sorella Maria, aveva salito quella scalinata di piazza di Spagna, i centoquarantaquattro gradini più famosi del mondo? Che anno era? Il '64? Il '65? Sua sorella vi aveva traslocato nel 1960, in aprile per la precisione. Quella volta, pensò Nuccia, Maria era stata un fenomeno, aveva ribaltato in un batter di ciglia un autentico disastro. E l'aveva scampata, nessuno aveva saputo... Lo scandalo che poteva travolgerla non era scoppiato...

Nuccia arrivò in cima, svoltò a destra, inforcò in discesa la rampa Mignanelli. Davanti al Villino, stavano mogie mogie le tre zingarelle che ogni volta lei cercava di allontanare. Ma era inutile, quelle tornavano sempre, perché poi sopraggiungeva Maria e metteva in mano a ognuna dieci o venti euro: «Mi raccomando, non rubate, state qui a far la guardia» diceva.

Vedendo Nuccia, le zingarelle si ritrassero, appiattendosi al muro. Ma la donna, stavolta, tirò fuori degli spiccioli dal portafoglio, poi s'involò in casa. Teresa la stava aspettando. C'era da aprire la cassaforte, quella in cui erano custoditi gli smeraldi, i diamanti, i rubini, gli zaffiri e le pietre strabilianti montate da Bulgari, da Harry Winston, da Van Cleef & Arpels, che per cinquant'anni Maria aveva sfoggiato ai ricevimenti romani e a Montecarlo, e che suo marito Renato aveva fatto stimare nel 1970, calcolando che valevano mille anni di lavoro di una persona normale.

Le due donne salirono insieme al terzo piano. Dalla stanza di Maria, che già pungeva del gelo dei luoghi inabitati, entrarono in bagno. Si guardarono. Non c'era bisogno di dirsi niente. Lì Teresa aveva trovato la signora, riversa in terra. Le campane della chiesa di Trinità dei Monti segnarono il mezzogiorno. Nuccia chiuse e riaprì gli occhi per scrollarsi di dosso la malinconia e avanzò risoluta, impugnando una grossa chiave. La governante scostò un quadro dalla parete. La serratura ubbidì docile. Ma, dentro, la cassaforte era vuota.

***

Passarono due anni e mezzo. Il 10 febbraio 2012, Roma era nella morsa del gelo. Stava arrivando quella che fu battezzata «la grande nevicata». Quel giorno, i consulenti teologi della Congregazione delle cause dei santi, riuniti in assemblea, diedero all'unanimità parere positivo «all'esercizio eroico delle virtù» per la beatificazione del cardinale Álvaro del Portillo. Maria l'aveva conosciuto, una volta. Ne aveva incontrati molti, di prelati importanti. A Roma, il primo era stato monsignor Marcello Magliocchetti, uno dei maggiori giuristi cattolici, presidente del tribunale del vicariato dell'Urbe, che l'aveva sposata a Renato Angiolillo, sebbene lei fosse già la moglie di un altro. Ma Maria non si faceva intimidire nemmeno dai cardinali. Quando il presidente della Conferenza episcopale italiana Camillo Ruini osò procrastinare allo spasimo la risposta al suo invito al Villino Giulia, Maria ordinò alla sua suora di passarglielo al telefono, all'istante: «Subito, o lo cancello per sempre».

Ruini prese la cornetta e lei: «Senta, Eminenza: o viene a questo pranzo o non viene e la depenno».

Quel 10 febbraio 2012, mentre fuori minacciava la gelata del secolo sulla Città Santa, Sua Eminenza, raccogliendosi in meditazione, dovette forse pregare più per l'anima di Maria che per la prossima beatificazione di Del Portillo. La notizia del giorno, infatti, riguardava lei. Filtrava da un'inchiesta della procura di Campobasso sulla sparizione dei gioielli ed era apparsa su Dagospia: Santa Maria di Trinità dei Monti, c'era scritto, era stata bigama, aveva avuto un primo marito segreto, un tedesco al quale era ancora unita in matrimonio civile quando sposò Angiolillo. Dagospia ci aggiungeva del suo, riferendo un pettegolezzo che ipotizzava l'esistenza di una «figlia naturale mai riconosciuta».

Su quest'ultimo punto, le cose non stavano così o, almeno, non esattamente così. Ma di sicuro quelle indiscrezioni colsero di sorpresa tutti coloro che pure fino a quel giorno erano stati convinti di essere intimi di Maria. E che mai avevano sospettato che lei potesse celare con tanta freddezza simili segreti degli affetti.

Quella notte, Roma si ammantò di bianco. A Maria, la donna che custodiva i segreti dei potenti, e anche i suoi, sarebbe forse piaciuta la città nascosta sotto tanta neve immacolata, con il cielo trapunto di stelle come nelle notti in cui sulla Trinità dei Monti si aggirava Andrea Sperelli, protagonista dannunziano del *Piacere*, diretto a Palazzo Zuccari, a un passo dal Villino Giulia... «Roma, sotto, aveva un luccicor cristallino, come una città scavata in un ghiacciaio...»

Il figlio della colpa

Era da un bel po' che Mariuccia aspettava il tram in piazza San Babila. Due giovanotti le avevano già fischiato «*Bela tusa!*», ma lei era rimasta impassibile.

Alta e sinuosa nel suo tailleur sartoriale, con la gonna che sembrava le fosse stata cucita addosso, non passava inosservata. Chiunque la incrociasse restava incantato dalla sua vita sottile. I capelli castani rilucevano di tutte le sfumature del rame. Le loro onde, all'ultima moda, incorniciavano zigomi pronunciati, eleganti, e un mento impertinente. Gli occhi erano accesissimi, mobili anche quando erano persi, come in quel momento, dietro chissà quali pensieri.

Mariuccia aspettava il tram in quella bella serata d'agosto del 1946 e tormentava i manici della borsetta.

Ancora poco, calcolava, e il suo vitino, tanto decantato dal sarto Ventura, sarebbe andato a farsi benedire. Sarebbe rimasta senza lavoro, e con la reputazione compromessa, segnata dal marchio indelebile dello scandalo. Avrebbe fatto la fame. Di nuovo. Come durante la guerra appena finita.

Si chiese fra quanto tempo sarebbe successo. Settembre? Fine settembre? Ottobre?

Sapeva di ragazze che erano arrivate al parto senza che nessuno se ne accorgesse ma, di sicuro, non facevano le mannequin per guadagnarsi da vivere. Invece lei doveva tenersi stretto il suo lavoro in atelier: solo così avrebbe potuto lasciarsi alle spalle ristrettezze e angustie. Lei, per avere un futuro, doveva restare sottile come un giunco.

Una volta aveva sentito dire che Wanda Osiris si vantava del suo giro vita da quarantacinque centimetri, rimasto intatto fino al sesto mese della gravidanza. Figurarsi, sicuramente mentiva. Come ogni diva, mentiva, pensò Mariuccia. Nessuno ha una vita di quarantacinque centimetri. La sua era di cinquantasette. Fino a quando avrebbe potuto mantenere il segreto?

Mariuccia strinse forte la borsetta fra le dita. A sua madre sarebbe venuto un infarto. L'avrebbe cacciata di casa. Era una donna all'antica, Sandrina. Era nata in campagna ed era rimasta vedova giovane con cinque figli da crescere. Uno alla volta si erano tutti sistemati e con lei era restata solo Mariuccia, la piccolina, la più inquieta, quella che si era messa in testa di far la modella. Doveva a tutti i costi salvaguardarne «la virtù».

«Ricordati, Mariuccia, che tu non hai niente. Non hai la dote, non hai il corredo. Devi mantenerti pura, se no per tutti sarai solo una ragazza perduta» le ripeteva di continuo.

Sua madre era così coriacea nelle sue paure che neanche un matrimonio riparatore l'avrebbe consolata. «Il mondo va così» diceva, «una donna che non s'è sposata con l'abito bianco resta sempre una poco di buono.»

Da parte sua Mariuccia voleva quel bambino, e voleva anche sposarsi, sistemarsi, ma non in quel momento, non in quel modo. Stava cominciando a guadagnare qualche lira, a fare amicizie nuove. Era giovane, e ora che la guerra era finita voleva anche vivere, che diamine. Ormai intravedeva un futuro più brillante di quello di una modesta madre di famiglia, senza ambizioni.

Forse se Elio, il suo bell'aviatore, fosse tornato dal fronte con la stessa baldanza che mostrava quando era partito, tutto sarebbe stato diverso e più facile, pensava Maria. Forse le avrebbe detto: «Non preoccuparti, ci penso io. Avremo il nostro bambino. Ti proteggerò, ti amerò, mi darò da fare, non ti farò mancare niente e ti tratterò come una regina». Questo Mariuccia voleva sentirsi dire, come ogni donna. Come ogni ragazza che incontra uno splendido aviatore, s'innamora del suo coraggio e si avvia raggiante verso il lieto fine della storia. Ma Maria sapeva che non sarebbe andata così.

Dal loro primo incontro, nel '39, lui era cambiato, si era afflosciato su se stesso. Ed era cambiata anche lei, ma in tutt'altra direzione. Quando lo aveva conosciuto, era giovane. Aveva diciotto anni e nessuno, a quell'età, resta uguale se poi passa sotto le bombe, se conosce la paura della morte e la fame. In lei, quella fame si era tramutata in brama di vita, voglia di accaparrarsi tutto ciò che il mondo poteva offrirle.

Mariuccia temeva il momento in cui avrebbe rivelato a Elio che era incinta. S'immaginava già la scena: lui avrebbe piegato il collo di lato, abbassando gli occhi a terra e, annaspando, avrebbe chiesto a lei che cosa avesse intenzione di fare.

Aspettando il suo tram in piazza San Babila, per l'ennesima volta, Maria si domandò come aveva potuto combinare un simile guaio. E per la prima volta si disse che, in fondo, un marito come Elio lei non lo voleva. Ora pensava che, se suo padre fosse stato ancora vivo, non le avrebbe mai permesso di uscire con lui, e quel disastro non sarebbe capitato. Suo padre, uomo concreto, l'avrebbe protetta dalle illusioni: ma quale fascino della divisa?! Cosa faceva, quanto guadagnava il suo innamorato? Che prospettive aveva? E, soprattutto, che impegni aveva preso con lei?

Elio Bianchi Milella veniva da una di quelle famiglie della buona borghesia milanese la cui fortuna era stata irrimediabilmente inghiottita dalla guerra. E, come se non bastasse, da quando la guerra era finita, pensava di non valere più niente. Maria lo aveva capito anche se lui non le aveva mai confessato di aver avuto paura. Paura di combattere e morire. Con lei, Elio continuava a parlare di aerei, solo di aerei. Era rimasto fermo alle sue battaglie nei cieli, come se non fosse mai sceso a terra.

In piazza San Babila, si era fatto buio e Mariuccia era stanca di aspettare. Decise che sarebbe andata a piedi fino in Duomo e che avrebbe preso il tram da lì. Avrebbe fatto tardi e sua madre le avrebbe fatto la predica, ma pazienza. Non era più minorenne.

Le piaceva camminare di notte per il corso Vittorio Emanuele: dopo l'imbrunire, si poteva illudere che la guerra non ci fosse mai stata. Le strade erano scure, i lampioni erano ancora spenti, ma in cima ai palazzi splendevano alcune bellissime insegne luminose e, liberando la fantasia, sembrava quasi di essere a New York. Come molti italiani, uomini e donne, anche Mariuccia era sedotta dal sogno americano di cui tanto si favoleggiava in quei giorni.

Quel giorno, fra l'altro, era stato davvero speciale: era stata invitata al suo primo pranzo in una bella casa del centro. Glielo aveva chiesto Gigliola Bettinelli Curiel, una giovane sarta con grande uso di mondo che conosceva tutta Milano e stava conquistando in fretta le migliori clienti della città. Gigliola aveva pronunciato la parola «pranzo» e Maria si era chiesta per quale motivo gli ospiti avrebbero mai dovuto interrompere le loro occupazioni per vedersi intorno a mezzogiorno.

Poi, quando l'amica aveva specificato che l'appuntamento era alle otto di sera, aveva capito: nella buona società, ci si trovava per pranzo verso quell'ora; più tardi, dopo uno spettacolo, un teatro, un concerto, veniva allestita quella che si chiamava una cena. Mariuccia gongolava nell'apprendere quegli usi e costumi così diversi dai suoi. Senza commentare, prendeva nota e imparava.

Gigliola Bettinelli Curiel veniva da una famiglia di intellettuali triestini, era cresciuta – raccontava – sulle ginocchia del poeta Umberto Saba. Mariuccia non sapeva bene chi fosse, ma da come Gigliola ne parlava, intuiva che doveva essere una persona molto importante. Tutti gli artisti erano importanti. E, comunque, ormai non stava più nella pelle: il suo primo pranzo sarebbe stato fra un mese, il 15 settembre.

Guardando le insegne luminose, Mariuccia si disse che probabilmente per quella data la sua pancia sarebbe stata ancora piatta. Sorrise soddisfatta. Che emozione, quel ricevimento. Si chiese se i camerieri avrebbero avuto i guanti bianchi e gli uomini lo smoking, come aveva visto in certi film al cinematografo. Finalmente anche lei si sarebbe mescolata fra quelle *sciure* dell'alta società che si era dilungata a spiare all'ingresso della Scala tre mesi prima, quando aveva la sua vita in mano, quando ancora non era incinta.

Quel primo concerto postbellico, l'11 maggio del 1946, nel teatro riconsegnato ai milanesi dopo i bombardamenti, era stato battezzato «il concerto della ricostruzione». A Mariuccia era parsa una bellissima definizione. Non vedeva l'ora che ricostruissero tutto.

Camminando svelta sul corso, Maria calcolò che, essendo Ferragosto, erano passati esattamente tre anni dalla sua notte più terribile, quando fra il 13 e il 14 agosto 1943, in soli quarantasei minuti, fra l'una e le due di notte, gli aerei inglesi avevano rovesciato sulla città oltre milleduecento tonnellate di bombe. Erano stati colpiti il Castello Sforzesco, l'ospedale Maggiore, Palazzo Reale, la clinica Mangiagalli, la basilica di Sant'Ambrogio, il Policlinico, la Galleria, la Scala. I morti erano stati quindici, i feriti quarantaquattro.

«Erano aerei Halifax e Lancaster» le aveva precisato Elio, come se quell'informazione fosse importante. A volte, quel suo aviatore proprio non lo capiva. Pareva più interessato a quei maledetti apparecchi che alle persone colpite sotto le bombe che avevano sganciato. A parole, sembrava che la sua sola ambizione fosse quella di tornare a bordo e impegnarsi in qualche spericolata contraerea, o almeno riprendere a librarsi nei cieli, come si diceva nei romanzi di Liala. Qualcuna delle sue amiche li leggeva – anche la scrittrice aveva un grande amore aviatore, le avevano detto – ma Maria non ne aveva il tempo. E non aveva nessuna voglia di pensare ai bombardieri, voleva solo scordarsi il sibilo minaccioso delle sirene, i crolli delle case, i pericoli che lei e i suoi fratelli avevano corso nel loro piccolo appartamento di periferia.

Intravedendo piazza del Duomo, Maria alzò lo sguardo verso l'alto, oltre le scritte luminose. Il passato è fatto solo di brutti ricordi, si disse. Il passato va dimenticato e basta. Doveva guardare al futuro, ed essere pronta a coglierne ogni promessa.

***

Quando quell'11 maggio era andata fuori dalla Scala a spiare le signore abbigliate a festa, le erano sembrate tutte magnifiche, anche quelle con il collo nudo che s'erano impegnate i gioielli per affrontare i dissesti della guerra, anche quelle che non avevano messo l'abito lungo.

La più magnetica era Wally Toscanini. Dirigeva suo padre, quella sera. Il maestro era tornato in Italia dopo quindici anni di volontario esilio americano, in polemica con il fascismo. Così aveva sentito dire Mariuccia, in atelier.

Ormai non aveva più dubbi: fare la mannequin era proprio un gran bel mestiere. Guadagnava piuttosto bene e poteva raccogliere le tante chiacchiere che circolavano in una città che finalmente era tornata a vivere, attraversata da una frenesia sempre più contagiosa. Maria le ascoltava volentieri, anche se per carattere era riservata e non amava troppo i pettegolezzi. Non li divulgava, non le sembrava bene, motivo per cui le sue amiche la consideravano fidatissima. Ma le piaceva essere informata, capire come andava il mondo, sapere quello che non proprio tutti sapevano.

Per esempio, Wally Toscanini non dimostrava affatto i quarant'anni che si vociferava avesse superato già da un pezzo. A maggio, vedendola entrare alla Scala, slanciata e aristocratica, Maria si era resa conto di quanto fosse bella, nonostante il suo naso importante. Aveva raccolto i lunghi capelli neri in complesse volute sul capo, indossava un abito di sapore parigino con tanto di strascico e portava sul viso una veletta punteggiata di pois. Era un suo vezzo, non usciva mai senza veletta: anche per questo tutta Milano la trovava divina. I flash dei fotografi, quella sera, erano stati solo per lei.

Mentre l'ultima signora in lungo faceva il suo ingresso in teatro, Mariuccia, resistendo alla calca dei curiosi che spingevano per capire chi fosse, quasi all'improvviso, aveva sentito di non aver più molta voglia di vedere Elio. Dovevano incontrarsi di lì a poco per andare a mangiare un boccone in una latteria sui Navigli. E lei si era chiesta se non stesse perdendo il suo tempo continuando a frequentare un ragazzo dall'umore sempre cupo e dalle giornate un po' tutte uguali.

In un capannello di gente accanto a lei, qualcuno diceva che il maestro Toscanini, quella sera, avrebbe fatto debuttare Renata Tebaldi, una giovane soprano dalla voce d'angelo. A Maria sarebbe piaciuto almeno sfiorarla, a fine concerto, ma non poteva fermarsi, purtroppo. Aveva detto a sua madre che sarebbe tornata tardi perché voleva vedere la sfilata delle signore milanesi che entravano e uscivano dalla Scala, ma era una bugia: aveva appuntamento con Elio intorno alle nove, appena l'ultima *sciura* avesse varcato la soglia del teatro. Lui si era fatto prestare una macchina da un amico. Una Fiat 500 Topolino, aveva specificato, come se contasse qualcosa. Nemmeno si fosse trattato di una Buick Special o una Buick Century.

L'incidente della gravidanza doveva essere successo quella notte. Fatti e rifatti i conti, era andata proprio così.

Mariuccia sospirò. Avrebbe dovuto dar retta al suo istinto e rimanere davanti al teatro finché non fosse uscita la Tebaldi.

Adesso, ripensando a quella sera, a Wally Toscanini, alla ressa di giornalisti e di baciamano che l'assediavano, rivide quella scena con spirito diverso. Aveva saputo che, quasi trent'anni prima, Wally, diciassettenne, si era innamorata del conte Emanuele di Castelbarco, un aristocratico con parecchi cognomi, il doppio dei suoi anni, una moglie e tre discendenti. Era scoppiato uno scandalo. Il maestro Toscanini l'aveva chiusa a chiave in casa, ma il provvedimento non era stato sufficiente a troncare quel legame vergognoso. Pare che di quella figlia amatissima lui fosse solito dire, scuotendo la testa: «Wally è l'unica opera che non ho saputo dirigere». Fatto sta che dalla relazione tra la ragazza e il più maturo conte era nata una bambina, Emanuela. Un «figlio della colpa» in teoria, proprio come quello che adesso aspettava Mariuccia.

La quale, ora, però, toccandosi la pancia, pensando a Wally, ai fotografi che la bersagliavano di flash e agli uomini in smoking che la guardavano ammaliati, concluse che non sembrava proprio che qualcuno la considerasse «una poco di buono», come avrebbe detto sua madre. La verità, realizzò Mariuccia, è che se sei ricca ed elegante, la gente ti perdona tutto.

***

Arrivata in piazza del Duomo, si fermò un istante. Appoggiò le mani sul ventre. Riprese fiato. Forse stava camminando troppo veloce. Erano i suoi pensieri che correvano più del dovuto.

Per il pranzo da Gigliola, le sarebbe servito un vestito nuovo: voleva essere elegantissima, anche lei, come quelle signore che dal sarto Ventura la guardavano senza vederla, concentrate solo sull'abito con il quale stava sfilando. Doveva trovare il modo di farsi cucire qualcosa che lasciasse tutti senza fiato. Ma aveva a disposizione solo due pezzi di stoffa che aveva appena comprato alla teleria Ghidoli di piazza Fontana, il negozio di tessuti più antico di Milano.

L'aveva servita Rosa Bevilacqua, la più anziana e severa delle commesse. Dapprima le aveva mostrato un taffetà verde, uno shantung azzurro, una seta glicine appena arrivata da Parigi. Mariuccia, però, faceva la difficile.

In realtà puntava agli scampoli, anche se sarebbe morta piuttosto che ammetterlo. Alla fine, la commessa li aveva tirati fuori, per sfinimento, rallentando i movimenti come a dire che non ne valeva la pena. Erano due, di seta, uno nero e uno bianco.

«Da questo non ci viene un vestito» mormorava la commessa mostrando quello nero. «Da questo a stento ci viene un bustino» ripeteva stropicciando sdegnosa lo scampolo bianco.

Ma Mariuccia aveva visto nella sartoria Ventura i figurini della stagione successiva e ce n'era giusto uno costruito su due colori. «Eccole qua, sono proprio le stoffe che cercavo... Peccato, certo, che non bastino per un vestito... Ma, se mi fa un buon prezzo, convinco il sarto a fare uno sforzo di fantasia.»

Mariuccia aveva contrattato a lungo, e alla fine si era portata via quelle due rimanenze scontate della metà.

***

Da quei due scampoli, Maria ne era sicura, sarebbe uscito un capolavoro. L'unico problema era che bisognava trovare i soldi per il taglio e il cucito. Ma sì, in qualche modo farò, si disse lei la mattina successiva, uscendo di casa.

C'era il sole, ma in nemmeno mezz'ora si mise a piovere. Cominciò con una pioggerella sottile che, tuttavia, minacciava di durare a lungo. Mariuccia era senza ombrello. Passò davanti alla sartoria Lorino e tirò diritto. Poi, tornò indietro. Ci passò e ci ripassò. Senza soldi, ora, non aveva il coraggio di entrare, ma si stava bagnando il tailleur, quello buono con il quale era andata a salutare Gigliola Curiel il giorno prima e che si era rimessa per non fare brutta figura nemmeno con il buon

Lorino. Non poteva rimanere lì a bagnarsi. Infilò una mano sotto la giacca, percorse con le dita la cintura della gonna. No, non tirava, non ancora.

Entrò, il sacchetto con la seta nera e la seta bianca stretto al petto.

«Lorino! Amico mio! Come va? E dimmi della tua mamma: s'è ripresa? Sta meglio?»

La mamma era tutto il mondo di Lorino, e se Mariuccia aveva un dono era quello di trovare le chiavi per aprire il cuore delle persone. «Le persone vanno ascoltate» diceva. E lei ascoltava, eccome se ascoltava. A Mariuccia tutti dicevano tutto. E a ognuno lei dava la sensazione di essere lì per lui, solo per lui. Sgranava i suoi grandi occhi e ascoltava.

In breve cominciò il balletto dei complimenti. Lorino le ripeteva che aveva «il più bel personale di tutta Milano». La chiamava «occhi belli» e le girava intorno sospirando: «Che figurino!». Quando capì che si trattava di fare un abito bicolore, però, s'irrigidì.

«Lorino, lo so, è un azzardo, ma me lo devi fare e deve essere pronto fra quindici giorni, mi raccomando. Quanto al prezzo, dimmi tu. Se tu potessi farmi quello che mi faceva la tua santa mamma...»

Le fece quello della mamma, ovviamente. Un prezzo d'anteguerra, buono al più per coprire i costi della confezione di una gonna.

Mariuccia uscì dalla sartoria tutta allegra, sotto la pioggia.

Tremila lire... Tremila lire. E adesso come le trovo tremila lire?, si chiese. Ma sì, le avrebbe trovate, si disse.

Ormai, pioveva a dirotto. Aveva bisogno di un ombrello. Non solo per salvare il tailleur nuovo, ma anche per proteggere il bambino, quello che le si era insediato nella pancia di prepotenza, anche lui deciso a vivere quei tempi che tanto promettevano d'essere straordinari.

Mariuccia si tuffò nella bottega di un rigattiere, coprendosi la testa con la borsetta.

«Bellino quell'ombrello, però un po' sciupato. Quanto fa?»

Centoventi lire le sembrarono uno sproposito, ma l'uomo dietro al banco si mise a salmodiare che gli ombrelli usati erano diventati merce rara, e tuttavia erano assai richiesti, perché ormai di soldi ne giravano pochi.

«Lo prendo per ottanta.»

«Ma che ottanta? L'ho pagato io cento.»

«Lo prendo, ma in cambio le do questo borsellino.»

Maria appoggiò sul banco il suo borsellino sbrindellato, e completamente vuoto, piantando negli occhi del rigattiere il suo sguardo più profondo e offrendogli il più incantevole dei sorrisi.

Era lunga arrivare fino in via Brighenti. C'era da cambiare tram, scendere a un capolinea e fare un pezzo di strada a piedi. Ormai era tornato il sole. L'ombrello non le serviva più. Peccato, aveva sprecato un borsellino, anche se consunto. All'ultima fermata, Mariuccia era rimasta sola. Nel posto accanto al suo, qualcuno aveva dimenticato un ombrello. All'improvviso la sua mente si illuminò: ecco come troverò i soldi per il sarto, si disse.

Mezz'ora dopo essere tornata a casa, Maria uscì di nuovo e, camminando di gran carriera, si trascinava dietro la sorella.

«Nuccia, te l'ho già detto: poche storie. Alla stazione Centrale dobbiamo andarci oggi che è piovuto. Neanche te lo immagini quanti ombrelli la gente può dimenticare sui treni.»

«Tu sei pazza, io mi vergogno.»

«La vergogna è dei fessi che non sanno darsi da fare.»

Ispezionarono le carrozze di tutti i convogli man mano che arrivavano, stettero lì tutto il giorno, fino a tarda sera, ma accumularono un bottino non sufficiente ai bisogni di Maria: una dozzina di pezzi. Per fortuna, si scatenò un acquazzone estivo anche il giorno dopo e le due ragazze poterono tornare in stazione con qualche speranza. Fu così che, in due spedizioni, misero insieme trenta ombrelli. Maria, soddisfatta, calcolò che ci avrebbe ricavato giusto tremila lire.

***

Maria Girani, detta Mariuccia, futura signora Angiolillo, era nata il 9 dicembre 1921, un anno prima dell'avvento al potere del fascismo, a Torrazza Coste, un paesino di contadini dell'Oltrepò pavese, avvolto nella nebbia per buona parte dell'anno. La storia della sua infanzia e della sua prima gioventù si perde nel pulviscolo delle tante famiglie modeste che fecero di tutto per lasciarsi alle spalle un passato stretto tra la faticosa uscita dalla Prima guerra mondiale e gli sconquassi della Seconda. Maria era l'ultima di cinque figli, tre maschi e due femmine, e in casa di soldi dovevano essercene piuttosto pochi. Il padre Angelo, classe 1887, era un rappresentante di vini. La madre, Maria Rosa Alessandrina Betti, detta Sandrina, classe 1888, era casalinga.

Dopo aver lasciato la campagna, per un po' avevano vissuto a Caronno Milanese, oggi Caronno Pertusella, un paese in provincia di Varese che contava cinquemilatrecento abitanti nei primi anni Trenta. Poi se ne andarono anche da lì, in cerca di una vita migliore nella grande città. Ma le vie del centro di Milano sarebbero rimaste a lungo assai lontane dalle modeste stanze in cui approdarono. E le scuole di Maria non furono esattamente i collegi religiosi della più illustre tradizione meneghina, né durarono troppi anni. Sulla sua educazione scolastica Maria avrebbe tenuto steso, per sempre, un velo di mistero.

Da bambina, andava spesso in campagna, non a Torrazza, ma a Guazzora, in provincia di Alessandria, nel paesino natio della mamma, la quale amava far visita ai parenti perché in città si sentiva smarrita. Sandrina non avrebbe mai rescisso il legame con le proprie origini contadine, diversamente da Maria, che fu felice quando poté lasciarsele alle spalle, fingendo che non fossero mai esistite.

Mariuccia fece la cresima il 28 giugno 1933, nella parrocchia di Santa Maria di Lourdes. Celebrava Alfredo Ildefonso Schuster, non ancora diventato cardinale. Ma era pur sempre un arcivescovo, cosa che fece grande impressione sui Girani e sulla giovane Maria che ancora non poteva immaginare quali altre vesti talari, assai più importanti e potenti, avrebbe incontrato, una volta sbarcata a Roma per diventare la signora Angiolillo.

Intanto, la sua vita doveva affrontare cerimonie ben più meste e crudeli.

Il 9 marzo 1935, giorno in cui Hermann Goering annunciò la ricostituzione dell'aeronautica militare tedesca, in contrasto con il disarmo imposto dal trattato di pace di Versailles, il mondo cominciò a tremare; ma in casa Girani la notizia passò del tutto inosservata. Si piangeva per ben altro: Angelo, il capofamiglia, era morto per quello che allora si definiva «un male incurabile», un tumore allo stomaco. Lasciava una vedova senza alcun mezzo di sostentamento e cinque figli non ancora sposati. Giuseppe stava per compiere ventiquattro anni, Costantino ne aveva ventitré, Giuseppina, detta Nuccia, venti, Lina diciassette e Mariuccia era una ragazzina di dodici anni e tre mesi. Quel padre le sarebbe mancato per sempre.

Continuarono a vivere in un piccolo appartamento di un palazzo a tre piani, tinto di marrone, con un minuscolo cortile davanti. Via Costantino e Maria Brighenti 25 stava a nord-ovest della città, tra viale Monteceneri e viale Certosa. Lì a due passi, nel 1941, fu tirato su il ponte della Ghisolfa. E sarebbe stato proprio in quella periferia popolare, abitata da poveri diavoli che s'ammazzavano di lavoro in fabbrica o a bottega, di sfaccendati, di prostitute e ragazzi di vita, di ladri e di aspiranti campioni di boxe, che Luchino Visconti ambientò un suo celebre film del 1960: *Rocco e i suoi fratelli*.

Luchino dei Visconti di Modrone, conte di Lonate Pozzolo, duca di Grazzano Visconti, signore di Corgeno, consignore di Somma, consignore di Crenna, consignore di Agnadello, patrizio milanese, probabilmente non seppe mai che l'amica Mariuccia veniva proprio dalla Ghisolfa. Quando, sul finire degli anni Quaranta e i primi Cinquanta, la prendeva in giro amabilmente dicendole che era la «prima grazia di Milano», la incontrava sempre attorno a piazza San Babila.

Luchino abitava nel settecentesco palazzo di famiglia in via Cino del Duca 8, ma il cui indirizzo era allora via Cerva 44. Nelle strade lì intorno erano concentrate le sartorie per le quali, durante il giorno, lavorava Mariuccia. La notte, di nascosto, se ne tornava alla Ghisolfa.

Mariuccia, riservatissima fin dalla gioventù, non raccontò mai a nessuno come aveva vissuto il periodo della guerra, ma in quel 1946, quando la vita che lei tanto desiderava già minacciava di arenarsi per colpa del figlio che portava in grembo, in casa erano rimaste solo lei e la mamma. Si erano sposati tutti, i maschi facevano i salumieri, e l'ultima a uscire, nell'ottobre del '45, era stata Nuccia. Gli anni più duri Maria li aveva divisi con la madre e con lei. Le due sorelle erano sopravvissute insieme alle bombe e alla fame. Avrebbero rivelato desideri e ambizioni diverse, ma sarebbero state sempre unitissime.

***

Maria aveva diciotto anni quando conobbe Elio. Era estate, e lui indossava una divisa bianca carica di mostrine fra le quali spiccava l'aquila turrita, simbolo della Regia Aeronautica. Le sarebbe sembrato bellissimo ed eroico già solo perché ogni tanto si alzava in cielo, come Italo Balbo, o come Gabriele D'Annunzio, tante volte ritratto sulle copertine della «Domenica del Corriere» esposte nelle edicole. Ma lui, in più, aveva i capelli biondi, gli occhi azzurri, era smilzo e atletico. Mariuccia poteva solo innamorarsene.

In quel 1939 in cui l'Italia era a un passo dall'entrare in guerra, Elio scalpitava, impaziente di mettere alla prova con il nemico il suo valore, di fendere le nuvole pilotando il suo caccia lucente. Vaneggiava di appartenere a «una generazione nuova, a quella generazione che rientrerà nella vita uscendo dal fuoco, scampando la morte». Quando cominciava a camminare avanti e indietro, inveendo contro Mussolini che non si decideva a entrare in guerra, Maria lo guardava ammirata e al contempo impaurita.

«Tu non capisci, Mariuccia! Io voglio salire in groppa al vento e incenerirli tutti, i nemici!» gridava.

Alla fine, l'Italia in guerra ci entrò davvero, e l'ardimento del bell'aviatore venne meno quasi subito. Man mano che i compagni della brigata di volo cominciarono a cadere uno dopo l'altro, nella battaglia d'Inghilterra, o nel Mare del Nord, le sue lettere all'amata assunsero un tono diverso. Si lamentava dei biplani che avevano in dotazione, lenti e poco maneggevoli, nettamente inferiori ai monoplani dei nemici. Diceva che gli equipaggiamenti erano obsoleti, gli stessi con cui si era combattuta la guerra civile spagnola. La sua pignoleria mascherava la paura. L'impatto con la realtà, con la contraerea nemica, gli aveva piegato le ginocchia e reso meno vibranti le parole.

Elio tornò dalla guerra scornato e apatico. Stupito d'esser vivo, senza esserne fiero. Mentre tutti erano desiderosi di ritrovare le proprie occupazioni, lui sembrava appagato di gironzolare a vuoto, passava molte giornate sul divano, facendo monologhi filosofici. La fortuna di famiglia si era dileguata. Lui non aveva un mestiere.

«Andiamo al cinema, Elio. Danno *Paisà*, dicono tutti che è bello.»

«Se ci tieni...»

«Ci tengo. Ci tengo ad andare al cinema e a fare qualcosa.»

«Allora, magari domani o uno di questi giorni...»

Ha il trauma dei sopravvissuti, si diceva Maria, ripetendosi quello che si vociferava in giro a proposito dei soldati tornati dal fronte.

Elio s'innervosiva se la sentiva fare dei progetti. Guardava altrove se Maria parlava di sposarsi e di mettere su famiglia.

Fissava una parete bianca, piegando il collo, con l'aria di chi non desidera nulla.

Un giorno, le disse: «Ti ho mai raccontato l'intuizione che ho avuto mentre pilotavo in una giornata di sole rovente?».

«Non mi pare.»

«Ho pensato che la luce non esiste. Che anche la luce è buio e che si accende solo nel pulviscolo della materia. Il buio è più forte della luce, perché le stelle e il sole non illuminano che un tratto di cielo.»

È il trauma dei sopravvissuti, cercava di convincersi Mariuccia, che invece sapeva guardare solo avanti, vedere tutto illuminato e, in quel dopoguerra, prendeva la vita di petto, pronta ad affrontare ogni problema.

Quando gli disse che era incinta, andò proprio come lei aveva temuto.

«Decidi tu» le disse.

«Decido io che cosa?»

«Sono un aviatore e un gentiluomo, lo sai.»

Un aviatore e un gentiluomo. Non erano quelle le parole che Maria avrebbe voluto sentirsi dire. Parole astratte, retoriche. Lei voleva un uomo capace di affrontare le responsabilità, di prendere iniziative, uno svelto, com'era svelta lei, che non stava mai con le mani in mano.

Mariuccia cacciò indietro le lacrime. Piangere non serve a niente, s'intimò. Eppure, quelle lacrime le ebbe sull'orlo delle ciglia a lungo, per settimane, sempre continuando a ripetersi che doveva ricacciarle indietro, perché piangere non avrebbe cambiato le cose. Lei non voleva chiudersi in casa a fare la mamma e la moglie, non voleva lasciare il suo lavoro di modella, che certo Elio non le avrebbe consentito di continuare, non voleva vivere di economie. Anche se Elio era tutto sommato di buona famiglia, Maria aveva desideri più grandi delle disponibilità di quel ragazzo. Lei sentiva di valere di più di una banale, normale, brava moglie piccolo borghese. No, Elio non era uomo da assicurarle un futuro brillante, sospirò.

Eppure, si ripeteva Mariuccia, che scelta aveva? Poteva mai cavarsela da sola?

***

Mariuccia aveva cominciato a lavorare come mannequin alla sartoria Ventura di corso Venezia sul finire della guerra. Era lì che aveva conosciuto Gigliola Bettinelli nata Curiel, bravissima a disegnare figurini. E a venderli.

Nel '46, Gigliola era bellissima, anche se portava il suo fascino con *nonchalance*, senza farci troppo conto. Piuttosto, aveva il passo deciso di chi sa che può avere ciò che vuole. Durante la guerra, ebrea e ricercata dalla polizia politica, aveva messo in salvo la propria vita e quella di sua figlia grazie a un'eroica fuga lungo tutta l'Italia.

Suo fratello Eugenio Curiel, fisico nucleare, filosofo e partigiano comunista, era capo e fondatore del Fronte della gioventù per l'indipendenza nazionale e per la libertà. Il Nobel della Fisica Enrico Fermi lo voleva negli Stati Uniti come ricercatore, ma lui aveva scelto di restare in Italia per combattere il fascismo. Nel 1939, fu arrestato e poi mandato al confino a Ventotene. Nel 1945 venne riconosciuto per strada, a Milano, dai militi delle brigate nere. Eugenio tentò la fuga ma quelli gli spararono alle spalle, uccidendolo. Aveva solo trentadue anni. In piazza della Conciliazione 4, nel punto in cui fu freddato, oggi c'è una targa a suo nome.

L'idealismo e il carattere fiero erano di famiglia. Gigliola, nel 1942, era sposata e incinta. Erano già in vigore le leggi razziali e suo fratello era considerato un pericolo pubblico numero uno. Quando il marito si limitò a cercarle un'auto per ripararla in una villa a Inverigo, lei rimase di sasso. Gli disse solo: «Mi stai mandando a morire, quello è il primo posto dove verranno a cercarmi».

Non accettò scuse e non lo perdonò mai. Lo lasciò e fuggì da sola, stringendosi forte il pancione, decisa a uscire illesa da quell'inferno assieme al bambino, o alla bambina, che stava per nascere.

Gigliola partorì Raffaella a Gardone Riviera il 9 gennaio 1943. Nove mesi dopo, con l'istituzione della Repubblica di Salò, la cittadina del lago di Garda stava per diventare il quartier generale dei fascisti al seguito di Benito Mussolini, gente che poteva perdonarle di essere ebrea, ma non di chiamarsi Curiel, come suo fratello. Gigliola dovette fuggire di nuovo.

Con Raffaella in braccio, una tata al seguito e una sola valigia, si infilò una noce in bocca per fingere un brutto mal di denti e si buttò per strada, sbracciandosi per fermare la prima auto di lusso che vide passare. Aveva in mente una destinazione precisa: Roma, Hotel Plaza, sede del quartier generale dei nazisti.

In teoria, quello era il posto meno sicuro al mondo per un'ebrea. Ma, in pratica, pensò Gigliola, era l'unico luogo dell'intera penisola in cui nessun nazista avrebbe mai pensato di incontrarne una.

Gigliola poteva contare su fascino, cultura ed eloquio: uniti all'astuzia, le consentivano di stringere i più impensabili contatti. E lei un buon contatto a Roma già lo aveva. Proprio all'Hotel Plaza.

Il giornalista Ferruccio Lanfranchi, nel saggio introduttivo alla *Resa degli ottocentomila*, rivelò che fu il colonnello Eugen Dollmann in persona, il nazista forse più potente di Roma, colui che faceva da interprete nei colloqui fra Mussolini e Hitler, a dare disposizione affinché la «signora Gigliola Bettinelli Curiel non venisse molestata».

Dollmann, SS per caso, nominato colonnello da Hitler senza possedere alcuna preparazione militare, ma solo in virtù delle sue doti di traduttore, si era trasferito a Roma a metà degli anni Venti per studiare la storia dei Farnese. Era un uomo colto, mondano, gran conversatore e ricco di frequentazioni altolocate nella capitale. Molti storici sostengono che non si mostrò un fanatico del nazismo. Anzi. Fu lui ad aiutare

Virginia Agnelli, vedova del fondatore della Fiat e madre di Gianni, a fuggire da Villa San Gregorio al Celio, dov'era stata confinata dai tedeschi dopo l'8 settembre 1943, in quanto cittadina americana e perciò nemica. E fu lui a proteggere Gigliola Bettinelli Curiel.

Rientrata a Milano dopo essersi nascosta prima a Maiori, poi ad Assisi, Gigliola, che aveva imparato a cucire da una zia sarta, cominciò a disegnare figurini. Ben presto avrebbe lavorato solo per il suo atelier, ma talvolta proponeva i suoi modelli anche ad altri, come i Ventura, appunto, dove incontrò Mariuccia: la ragazza le piacque subito. Aveva riconosciuto in lei una spiccata capacità di industriarsi e il desiderio assoluto di affermarsi. Ed era convinta che le donne belle e sole, uscite dalla guerra, dovevano aiutarsi a vicenda.

***

Al ricevimento in casa Curiel di quel settembre 1946, nel suo vestito nero e bianco, Mariuccia trattenne il fiato tutta la sera. La pancia s'intuiva più di quanto avesse previsto. Ma non si fece prendere dal panico. Con quei suoi occhi sempre accesi, prese a osservare ogni cosa, persona o dettaglio: un fiocco grazioso su un abito, i guanti candidi dei camerieri, le posate diverse per il pesce, l'inclinazione nel ricevere il baciamano, la maniera di usare il tovagliolo. Spiava e imparava un alfabeto che le era del tutto sconosciuto.

Gigliola suonò magnificamente alcune arie su un lungo pianoforte a coda e cantò. In quel periodo, il suo salotto era frequentato dai giornalisti Orio Vergani, Indro Montanelli, Dino Buzzati, dai pianisti Arturo Benedetti Michelangeli e Arthur Rubinstein, da Wally e Arturo Toscanini, dalla soprano Renata Tebaldi. Ancora pochi anni e quelle stesse stanze avrebbero accolto gli industriali: il conte Agusta degli elicotteri, il conte Cella della Durbans, i Moratti del petrolio, i Marzotto dei tessuti.

Chi davvero fosse presente quella sera è un dettaglio smarrito nel tempo. Mariuccia, comunque, incontrò alcune delle signore che erano solite ordinare i loro vestiti dal sarto Ventura. Fra queste, spiccava Cicci Menzio, la ragazza più incantevole della Milano degli artisti. Mariuccia la riconobbe da lontano per i tanti braccialetti tintinnanti che sfoggiava ai polsi. Esilissima, con occhi enormi e intelligenti, se non fosse stato per la verve che la distingueva, poteva sembrare la classica aristocratica lombarda d'antico lignaggio. Era, invece, la figlia di Wanda Osiris, la regina del teatro di rivista.

Minorenne, appena uscita dal collegio delle Orsoline, Cicci era scappata di casa per sposare un giovanotto di nome Maner Lualdi, aviatore, giornalista e commediografo.

«Troppi mestieri, nessun mestiere» aveva sentenziato mamma Wandissima, la quale – messa di fronte alla fuga d'amore – aveva denunciato il ragazzo per circonvenzione di minore. Alla fine, la divina aveva dovuto arrendersi perché nel frattempo Cicci e Maner erano diventati la giovane coppia che più animava la bella vita milanese.

Si incontrarono così, Cicci e Mariuccia, destinate a essere amiche inseparabili per il resto della loro vita. Si conobbero grazie alla Curiel, che diventerà la protettrice mondana di tutte le ragazze belle e ambiziose della Milano del dopoguerra.

Quella sera, Mariuccia, trattenendo il fiato nel suo vestito bianco e nero, continuava a guardare tutto quello che Gigliola era riuscita a costruire da sola, mollando un marito, sfuggendo ai fascisti e ai nazisti, salvando una figlia. Doveva farcela anche lei, quella era la vita che desiderava: anche lei voleva essere elegante, importante, ammirata.

Dopo mezzanotte, Maria rientrò a casa accompagnata dalla sensazione sempre più netta che un matrimonio riparatore con Elio non faceva per lei. Che, anzi, forse le avrebbe fatto solo danno. Per essere quello che sognava di diventare, doveva invece affrontare lo scandalo, la disperazione di mamma Sandrina, e tenersi quel figlio, ma non Elio, suo padre.

Un giorno, si disse, io sarò ricca ed elegante come Wally Toscanini, avrò una casa in centro in cui riceverò gente importante e, a quel punto, tutti mi avranno perdonato tutto.

Quando si era zitelle a ventisette anni

L'episodio più mortificante accadde all'Astoria, il night club di piazza Santa Maria Beltrade. Era lì che confluiva tutta la Milano desiderosa di spensieratezze postbelliche, fra camerieri in frac, luci soffuse, velluti rossi e pareti affrescate da cavalli alati e porticati che ricordavano i quadri di De Chirico. Dall'ora di cena in poi, vi si riversavano i milanesi dell'alta società e il bel mondo di passaggio in città. Suonavano Renato Carosone o Bruno Quirinetta e, dopo i nuovi swing, arrivavano le ballerine in costumi licenziosi, seguite da prestigiatori e giocolieri.

All'inizio degli anni Cinquanta, era facile incontrarvi anche Maria Girani: in abiti eleganti, con le spalle semiscoperte, attenta a sedere composta e a tenere una postura elegante, cementava quello che sarebbe stato il sodalizio di una vita con due amiche e colleghe modelle, entrambe di nome Cristina.

«Guarda quello come ti fissa, Mariuccia.»

«Per carità: gli si legge in faccia che è un cretino.»

Mariuccia aveva la straordinaria capacità di mettere a fuoco le persone in un istante. Solo con Elio, doveva ammetterlo, si era sbagliata, ma l'aveva conosciuto che era una ragazza e lui, con la guerra, era diventato un'altra persona.

Ormai era una mannequin affermata. Le sarte più in voga la adoravano: era ligia nel rispetto degli orari, e – dettaglio particolarmente apprezzato – non faceva alcun pettegolezzo sulle clienti. In tempi in cui il prêt-à-porter non esisteva e ogni abito era un pezzo unico, cucito a mano su misura, Maria poteva resistere anche undici ore immobile, senza un solo lamento, mentre le sarte rifinivano un orlo o perfezionavano un giro manica. In più, era molto bella, un vero e proprio schianto. Dopo il parto, aveva ritrovato il suo vitino, nemmeno fosse Wanda Osiris.

L'amica Cristina Vettore era, invece, la sosia bionda di Sophia Loren. Aveva la stessa mascella scolpita, la stessa bocca dal disegno sensuale. A detta di tutti, era la più affascinante delle tre. Faceva furore anche per l'esuberanza. In tempi in cui la Dolce Vita era di là da venire, era celebre perché, per strada, era capace di tuffarsi a ballare nelle fontane.

Nata a Grancona, nel vicentino, figlia di un calzolaio e nipote di un tagliapietre, era rimasta, bambina, orfana del padre e, come Mariuccia, era sopravvissuta alla guerra in assenza del capofamiglia. Fra loro, la sorellanza era nata di slancio.

A quattordici anni, Cristina era stata mandata a Milano, messa «a servizio» come cameriera in casa di una famiglia benestante. Poi si era iscritta a un corso per indossatrici. Nel '46, aveva sposato Robin W. M. Austin, un ufficiale della marina britannica, canadese di Montréal. Più che un amore era stato una scialuppa di salvataggio, in tempi che promettevano miracoli ma erano molto duri, specie per le ragazze senza marito. Lei e il canadese avrebbero vissuto insieme poco più di niente; e dal 1955 sarebbero stati ufficialmente separati, per quanto lei raccontasse di essere vedova.

Da bambina, Cristina sognava di fare la ballerina, ma la madre era stata categorica: «Non vedrò mai mia figlia con le gambe seminude su un palco». Dopodiché erano stati chiamati a consulto preti di diversa formazione – gesuiti, domenicani, benedettini – e tutti avevano sentenziato: nel mestiere di ballerina si annida il diavolo. L'aneddoto era uno dei cavalli di battaglia che più avrebbe divertito quello che sarebbe diventato il suo secondo marito: Henry Ford, il re mondiale delle automobili.

Cristina Bozzo invece era ligure e conquistava tutti per la sua simpatia. S'innamorava solo di ragazzi poveri in canna, e se aveva mille lire ne spendeva duemila. Chiunque incontrasse, veniva da lei accolto con un preambolo che rimarcava la necessità di fare l'amore, invece che la guerra. Una vera e propria antesignana dei figli dei fiori a venire.

Le tre amiche erano assai popolari fra i giovanotti di Milano che, ammirati, le chiamavano «le tre grazie». Anche le milanesi bene usavano questa definizione, ma con una sfumatura un filo più sarcastica.

Una sera, al suo tavolo del night club Astoria, Mariuccia stava sorseggiando champagne con le due Cristine e due giovanotti.

A un certo punto, vide sventolare al suo indirizzo un braccio di donna in guanti neri, ornato di diamanti, e riconobbe la sua adorata Cicci, l'effervescente figlia della Wandissima. Stava puntando di slancio nella sua direzione, quando una ragazza con una complessa architettura di boccoli in testa le afferrò il polso e la trascinò da un'altra parte. Cicci, Maner e altre due coppie si accomodarono a un tavolo dalla parte opposta.

Dopo quattro o cinque canzoni, Mariuccia vide l'amica avviarsi alla toilette e la raggiunse. L'antibagno era pieno di signore che s'incipriavano il naso con ciarliera allegria. Cicci, invece, era furente.

«Ciccina mia, che succede?»

«Ma niente.»

«Chi era quella con i boccoli?»

«Nessuno, Mariuccia, nessuno.»

«Su, Cicci, lo sai che tutto si sistema. Siamo qui per divertirci. Che è successo?»

«Era la Maria Pia. "Vorrai mica buttarti al collo delle tre grazie?" mi ha detto.»

Maria deglutì. «Tutto qua? Fosse la prima con la puzza sotto il naso...»

«Insomma, Maria Pia Tavazzani è mezz'ora che discetta su "chi nasce" e "chi non nasce".»

«E Mariuccia non nasce.»

«Neppure io, se è per questo. Vuoi che non lo dica anche di me?»

«Cicci mia, tu sei la figlia della divina Osiris.»

«Appunto. Figlia di madre nubile. Pensi che io non sappia quello che si dice in giro?»

«Lascia perdere. Queste qui non sapranno mai che cosa significa, per una donna, essere padrona di se stessa.»

Maria ci rimase male, non solo per sé, ma anche per Cicci: fin dal primo incontro, ai suoi occhi era una ragazza baciata dalla fortuna, fornita di casa in centro e di una girandola di amici brillanti e famosi. Indro Montanelli la adorava, Gaetano Afeltra, allora redattore capo del «Corriere della Sera», la venerava con galanteria, Luchino Visconti, che della schiatta degli aristocratici era il genio anticonformista, era pazzo di lei e la implorava di recitare nei suoi film. Harry Winston, il re dei diamanti, diceva che aggiungeva classe a qualunque pietra preziosa. Non tutte le duchesse e le mogli dei *cummenda*, però, l'accoglievano con lo stesso calore.

La Milano di quegli anni, pensò Maria, restava un circolo chiuso, negato a quelle come lei: o sei figlio di industriali, o sei figlio di aristocratici, oppure sei qualcuno che «non nasce».

Persino Cicci vi apparteneva a metà: rimaneva pur sempre la figlia dell'Osvaldo Rivolta, commerciante di cavalli e sponsor di fantini. E Wanda non aveva mai voluto sposarlo. Diceva che era già sposata con il suo pubblico. Vallo a spiegare alle *sciure*. La Milano del tempo, quella delle grandi famiglie «banco in chiesa, palco alla Scala, tomba al Monumentale», era bacchettona e bigotta, almeno di facciata. E la Osiris, che all'anagrafe si chiamava Anna Menzio, aveva tenuto anche a lasciare il suo cognome alla bambina.

Decenni dopo, Maria Pia Tavazzani, diventata Fanfani nel '75 dopo aver sposato il cinque volte presidente del Consiglio Amintore, raccontava serenamente che Mariuccia, ai tempi, le piaceva, per carità, ma non l'aveva mai invitata perché «non nasceva». Non tenerla in considerazione per una serata era naturale.

Chi «nasceva» a Milano, all'epoca, veniva identificato, anzitutto, per il palazzo di famiglia intorno a piazza San Babila o all'interno della cerchia dei Navigli.

***

Una volta, Cicci li aveva descritti a Mariuccia uno a uno, quei magnifici palazzi. Al 20 di corso Venezia, c'era la dimora dei Crespi, padroni del «Corriere della Sera», dei cotonifici e dell'azienda elettrica. Celebre era il loro giardino, nel quale passeggiava un'amica carissima di Cicci, Giulia Maria, la giovane figlia di Aldo, che era solita ricevere gli amici sotto il leccio secolare accanto alla grande terrazza del primo piano, circondata da platani, olmi, rose, ortensie e nasturzi.

Durante i bombardamenti, in quel giardino erano cadute due bombe, e a Giulia era parso un segno di benevolenza del destino che fossero rimaste inesplose. Si diceva che Maria Pia Tavazzani e la coetanea Giulia Maria si detestassero. Quest'ultima era certa che suo padre, ormai vedovo, fosse innamorato di Maria Pia e volesse sposarla, nonostante lei fosse già la moglie dell'ingegner Pepi Vecchi. La faida sarebbe scoppiata il giorno in cui Giulia l'aveva trovata nella stanza del padre intenta a leggergli un romanzo, e lui l'aveva rimproverata: «Che c'è, non bussi? Non vedi che sono con la signora Vecchi?».

Un tempo, i giardini della zona erano tutti confinanti, si poteva andare a cavallo da quello dei Crespi fino a quelli dei conti Cicogna, dei Brunelli, dei Castiglioni, giù fino a Villa

Necchi, in via Mozart. «Era la Milano che Stendhal ha definito "*plongé dans le vert*"» aveva spiegato Cicci a Mariuccia, che ci teneva molto a imparare il francese, la lingua della buona società.

I muri di cinta edificati nel tempo non avevano, tuttavia, allentato i rapporti di casta, semmai solo acuito le gare di sfarzo tra buoni vicini.

Villa Necchi Campiglio era stata la prima casa ad avere il campo da tennis e la piscina. Ci vivevano le sorelle Nedda e Gigina, che andavano alla Scala tre volte a settimana e avevano i cappellini più invidiati di Milano. Nedda era il partito più ambito dai giovani di buona famiglia. Riceveva assai di frequente omaggi floreali e archiviava alla rinfusa appassionati bigliettini d'accompagnamento che nemmeno apriva. Era rimasta nubile per una delusione sentimentale e collezionava ossessivamente opere di Lucio Fontana, Mario Sironi e René Magritte.

Al 32 di corso Venezia rifulgeva Palazzo Invernizzi, con un giardino di faggi e magnolie popolato di fenicotteri rosa, fatti arrivare dal Cile e dall'Africa. «Enrica Invernizzi, detta in società Robiolina in onore del formaggio che ha fatto la fortuna del marito, possiede i diamanti più grossi di Milano» insisteva la Cicci nell'informare l'amica Mariuccia. Una volta, da un palco alla Scala, Robiolina aveva perso un braccialetto in brillanti di Van Cleef & Arpels e tutti i giovanotti si erano tuffati in platea per recuperarlo.

Maria ascoltava quei racconti come una bambina poteva farsi incantare da una fiaba. Ma aveva imparato che, almeno in società, non era bene fare troppi commenti, altrimenti si sarebbe capito che «non nascevi». E lei voleva a tutti i costi dissimulare le proprie origini. Perciò, continuava a pendere dalle labbra di Cicci.

Su, verso la piazza, in via Cerva, c'era quindi il palazzo dei Visconti di Modrone, patrizi di Milano che avevano salvato il patrimonio solo grazie alle nozze del duca Giuseppe con la ricca ereditiera Carla Erba, elegantissima dama della dinastia farmaceutica, morta nel '39 e fino ad allora bestia nera di Wally Toscanini, che abitava nella vicina via Durini, al 20.

Secondo Wally, il conte Emanuele di Castelbarco, che intanto era diventato suo marito, era il vero padre di Luchino Visconti, quarto dei sette figli di donna Carla. Wally era ossessionata da questa fantasia, per quanto il presunto tradimento fosse stato consumato ai danni della prima moglie e in un'epoca, il 1906, in cui lei aveva sei anni. Comunque, continuava a lamentarsene e le pareva un enorme dispetto che l'irriverente Luchino la chiamasse zia Wally.

Questa era la Milano in cui Mariuccia s'azzardava ad affacciarsi, se non altro perché in quella manciata di vie si muoveva tutta la città che le procurava il sostentamento. Gli atelier avevano aperto tutti in quella zona.

Gigliola Curiel aveva il proprio a un passo da casa Toscanini, in via Durini al 15, all'ultimo piano, per poi spostarsi – nel '50 – in un atelier più grande in via Borgogna, all'1. La Biki, nipote acquisita di Puccini e futura artefice del look di Maria Callas, stava in via Senato, vale a dire tra Palazzo Crespi e Villa Necchi Campiglio. Il sarto Giovanni Tranquillo Fercioni riceveva in corso Matteotti, la via che da San Babila porta alla Scala. Mentre, dall'altro lato della piazza, sul corso Vittorio Emanuele che conduce al Duomo, si trovava la celebre sartoria Ventura, poi trasferita in corso Venezia 18.

Mariuccia vi era approdata sul finire della guerra, quando erano ormai lontani gli anni fastosi in cui il sarto Ventura aveva cucito l'abito nuziale e trecento vestiti di corredo per Maria José che andava in sposa a re Umberto II.

In quell'occasione, si era nel 1929, Ventura aveva messo all'opera per un intero mese seicento sarte sparse in varie succursali d'Italia. Fra i tanti sfarzi, aveva cucito un manto intessuto con tre chili d'argento. Ma durante la guerra, quando

Mariuccia aveva cominciato a fare la mannequin, anche gli aghi, il filo e le stoffe erano sottoposti alla tessera annonaria e il lavoro si faceva in economia.

Nel dopoguerra, però, la ripresa degli atelier arrivò in fretta. Le signore avevano voglia di balli, teatri, ritrovi mondani e anelavano a una nuova opulenza. La sarta Germana Marucelli, che era sfollata a Stresa seguendo le signore più ricche riparate sul lago Maggiore, aveva già creato – a conflitto in corso – abiti a vita stretta con amplissime gonne e pettorina a piccione, che rivendicherà come prototipi del New Look, ufficialmente lanciato da Christian Dior nel 1947. Germana aveva rilevato la sartoria Ventura nel '49 e vi aveva aperto anche un salotto, in un rituale appuntamento del giovedì, frequentato da intellettuali, artisti e dalle «grazie» dell'epoca, a cui Maria non mancava mai.

Cicci abitava in quell'epicentro magico, in un grande appartamento affacciato sul verde dei giardini, in via Bigli, a un passo da piazza San Babila. Non era un intero palazzo, ma rimaneva un ottimo indirizzo. Anche Elio abitava in via Bigli: tutto ciò che gli era rimasto dei fasti di famiglia era appunto l'indirizzo, oltre che qualche buona amicizia, come quella con Silvio Tronchetti Provera, che lavorava alla Falck degli acciai e gli aveva trovato un lavoro da dirigente nella farmaceutica, alla Carlo Erba. Ma Mariuccia pensava che per lei ci volesse un padrone d'azienda, non un semplice dirigente.

Quando la sera rientrava dal night club Astoria o dal Porta d'Oro, o da Le Roi de Milan, si faceva riaccompagnare da Cicci, in via Bigli, nel triangolo d'oro della Milano che contava. Farsi portare alla Ghisolfa da un giovanotto elegante non sarebbe stato opportuno, né appropriato ai suoi scopi. Ogni volta, passava anche davanti al portone di Elio e ogni volta si ripeteva che non doveva avere rimpianti, un giorno gli avvenimenti le avrebbero dato ragione.

Se non era troppo tardi, prendeva un tassì, di quelli verdi con la striscia nera. Se invece l'ora era avanzata e i tassisti non circolavano più, saliva da Cicci e all'alba montava sul primo tram che l'avrebbe riportata a casa.

La aspettavano la madre Sandrina e il piccolo Marco, che era nato il 2 febbraio 1947 e che era il figlio della colpa, ma non ancora il figlio segreto di cui avrebbero preso a parlare i giornali più di sessant'anni dopo. Suo padre Elio Bianchi Milella lo aveva riconosciuto all'anagrafe e ormai s'era rassegnato a non sposarne la madre. Lo vedeva solo la domenica e lo portava a giocare a casa del suo amico Silvio Tronchetti: anche lui, nel 1948, aveva battezzato il suo bambino chiamandolo Marco. Si trattava proprio del Marco Tronchetti Provera che sarebbe diventato presidente e amministratore delegato del Gruppo Pirelli.

Pare che Mariuccia si rifiutasse perfino di farsi mantenere da Elio: non sopportava l'idea di dovergli alcuna gratitudine. «È un debole» diceva, «e di un uomo debole di carattere non me ne faccio niente.»

Mamma Sandrina aveva dovuto accettare la situazione, anche se ogni tanto provava a buttar lì che, in fondo, se solo Mariuccia avesse voluto, Elio l'avrebbe ancora portata all'altare. Quanto desiderava che sua figlia le assomigliasse e avesse meno ambizioni... Se ancora le diceva che era meglio sposarsi, lo faceva per il suo bene, anche se man mano che il tempo passava cominciava a capire che, per Maria, il bene non corrispondeva all'idea che lei aveva del buon senso.

Così quando la figlia ribatteva che «un uomo che non affronta le sue responsabilità non vale un marito», Sandrina la assecondava, in fondo contenta che si stesse rivelando forte e orgogliosa e anche stupita che riuscisse a mandare avanti da sola tutta la baracca.

Maria continuava a ripetere che a quell'aviatore che l'aveva delusa non avrebbe fatto sconti. Negli anni a venire, la vita non avrebbe mancato di mettere a dura prova il suo amor proprio, costringendola talvolta a piegare il capo. Intanto, però, manteneva sé, suo figlio e sua madre.

Se potessi avere mille lire al mese era il refrain di una canzoncina di gran successo che impazzava nel Paese dal 1939. L'immaginario protagonista dello stornello assicurava di anelare solo a «un modesto impiego». E giurava: «Io non ho pretese... Una casettina in periferia, una mogliettina giovane e carina, tale e quale come te». Era tutta la costellazione di quei desideri piuttosto modesti che Mariuccia aveva rifiutato.

Nel 1950, con i prezzi gonfiati dall'inflazione del dopoguerra, guadagnava diecimila e perfino ventimila lire a sfilata. Lo stipendio medio di un operaio era sulle trentamila lire al mese. Le modelle come lei, e come le due amiche Cristina Vettore e Cristina Bozzo, avevano cominciato al momento giusto, in tempi ancora pionieristici per le sartorie. Però, assieme a quelle sartorie cresciute vorticosamente fino a raggiungere la fama dei *couturiers* francesi, erano cresciute anche loro e si erano fatte un nome. Ora le sartorie di tutta Italia se le contendevano. Nasceva in quegli anni la figura della «volante», la modella chiamata a presentare le collezioni negli atelier delle varie città.

Mariuccia si era potuta comprare finalmente una stola di visone, mentre le volanti e le mannequin più giovani possedevano al più una sciarpina di lapin. Marta Vacondio, che diventerà la contessa Marta Marzotto, era una di quelle giovani. Poco più che bambina, era stata mondina nelle risaie della Lomellina e ancora faceva la pendolare con Mortara. A quindici anni, nel '46, aveva cominciato a indossare per le sorelle Aguzzi a Milano e, in quel 1950, guardava con invidia alle «volanti della vecchia guardia».

Si cominciava da mannequin, fungendo da stampelle per nove ore al giorno e, alla bisogna, si andava avanti per altre due ore di straordinari, non rifiutabili. Solo le ragazze più belle, e di esperienza, diventavano volanti, sfilando nei diversi atelier, cittadini e non, davanti alle clienti e ai mariti che le accompagnavano per pagare il conto. Mariuccia, per guadagnare di più e mantenere la madre e il figlio, faceva entrambe le cose ed era richiestissima. Aveva un portamento naturalmente elegante e un'aria da signorina snob che mandava in deliquio le sarte e anche i mariti delle clienti.

Le più belle in assoluto, infine, venivano convocate per i *défilés* nei grandi alberghi dell'epoca: a Milano, il Principe di Savoia, il Gallia o il Grand Hotel et de Milan. Erano le uscite più ambite per tutte, ma non per Mariuccia. Lei aveva un suo recondito pudore, o forse una sua lungimiranza.

Sapeva bene che, ai *défilés*, le ragazze venivano fotografate e finivano sui giornali e lei sui giornali non ci voleva proprio andare. Alle luci della ribalta mediatica preferiva quelle più morbide dei salotti, quelle atmosfere da circolo esclusivo, da cerchia nascosta e importante, in cui la buona borghesia faceva gli affari con un'amichevole stretta di mano, in cui tutti si conoscevano fra loro, avendo frequentato le stesse migliori scuole. I giornali bruciavano i visi delle mannequin, le marchiavano per sempre come *parvenues*, mentre lei riteneva che il suo mestiere dovesse essere, al contrario, un viatico per consentirle l'accesso a quei luoghi ovattati in cui stava imparando a mimetizzarsi alla perfezione e in cui, ne era certa, un giorno sarebbe entrata da signora, concludendo un buon matrimonio.

L'unica sarta che l'aveva capita, leggendo nei suoi occhi sogni più grandi di una celebrità effimera e che non insisteva per trascinarla al Grand Hotel di Stresa o di Menaggio, era Gigliola Curiel.

Naturalmente, Mariuccia poteva contare anche sulla solidarietà dell'amica Cicci. La quale, per reazione al divismo della madre Wanda, aveva sviluppato una riservatezza che faceva il paio solo con quella di Mariuccia, l'unica che, quando vedeva arrivare Luchino Visconti, le diceva, tutta divertita: «Nasconditi che se no t'acchiappa e ti fa fare l'attrice in uno dei suoi film!».

Un giorno, Cristina Bozzo stava sfogliando una copia del settimanale «Oggi» che celebrava il flirt fra Walter Chiari e Lucia Bosè e se ne uscì con uno dei suoi stravaganti commenti: «Io dico che, a questo mondo, fra tutte le brutture che ci sono e gli orrori che se Dio vuole non vedremo più, non esiste nulla di meglio che fare all'amore con uno come Walter Chiari».

Per tutta risposta Mariuccia le fece una smorfia: «Brava! Così, poi, pure quando ti ci arrabbi, devi star lì a spiattellarne il perché e il per come a tutto il mondo».

«Ma tu te la ricordi la Lucia Bosè quando faceva la commessa alla pasticceria Galli? A pensarci bene, io non so che cosa avrei scelto fra il paradiso dei pasticcini e Walter Chiari.»

Maria sorrise: «Cristina mia, tu finirai povera».

Mariuccia rinunciava sistematicamente alle grandi sfilate, ma non aveva perso quella che Cicci chiamava, divertita, «la capacità diabolica di far soldi». Per quanto parlasse poco di sé, tutte le amiche favoleggiavano del suo particolare talento nel combinare buoni affari in ogni circostanza possibile. Circolava la leggenda secondo la quale Mariuccia era stata la prima a intuire che, alle sfilate in atelier, indossando un accessorio a corredo dell'abito, e trattandola come un'occasione pubblicitaria per la ditta che aveva prodotto l'oggetto in questione, si poteva guadagnare del denaro in aggiunta: cinquemila lire per indossare un cappello, tremila per i guanti, altre cinquemila per le scarpe del tal calzolaio, diecimila lire per la pelliccia di Bernini, mille per fare un giro con un ombrello al polso. Forse l'idea le era venuta in mente ripensando alla storia degli ombrelli smarriti sui treni che le erano valsi l'abito con il quale aveva fatto il suo ingresso in società.

Marta Marzotto ricorderà quegli anni da volante come una vera e propria pacchia. Le ragazze avevano carnet di lavoro per tutti gli atelier delle principali città italiane. In stagione, facevano cinque, sei sfilate a Milano, poi montavano in treno. Prima tappa: Bologna, altre tre, quattro sfilate. E, quindi, altre trenta o quarantamila lire, più altrettante di cachet per i guanti e i cappellini sfoggiati in passerella. C'era inoltre la diaria, con il rimborso del pranzo e della cena, anche se il più delle volte la cena veniva offerta dai giovanotti che, nelle diverse città, stazionavano sotto le sartorie con le loro rombanti automobili. Le ragazze si mettevano d'accordo. Bastava che una accettasse un invito a cena e si portava dietro tutte le altre. Erano soldi della trasferta intascati e civetterie innocenti. Tutte sapevano di essere talmente belle da poter gratificare gli spasimanti solo sedendosi con loro al tavolo di un ristorante.

«Ricordati, Cristina» diceva Mariuccia alla Bozzo: «Gliela devi far piovere dall'alto, senza che mai tocchi terra».

Quando Mariuccia si lasciava sfuggire qualche racconto sui suoi viaggi di lavoro, Cicci rideva come una pazza, facendo suonare, ai polsi, tutti i suoi braccialetti. Capitava di rado, comunque: Mariuccia era già allora assai vigile, sempre attenta a fare e dire la cosa giusta. Ma con Cicci, a volte, quando finivano a chiacchierare sul lettone, allentava il controllo e tornava la bambina allegra e divertita dalle stupidaggini che era stata prima della morte di suo padre, quando tutta la sua famiglia era unita e ancora non aveva perso il proprio baricentro.

Ora, solo le sue più care amiche le davano un po' di quel calore. Prima fra tutte la Cicci, naturalmente. Insieme potevano ridere a crepapelle per delle ore. Ma Wanda Osiris non apprezzava quella frequentazione. Mariuccia non le piaceva.

«Le manca l'afflato dell'arte» diceva.

E Cicci: «Ma no, non capisci, Maria è una ragazza concreta, sa fare...».

La mamma si portava la mano alla fronte come a scacciare il mal di testa: «Per carità, non cominciamo con queste storie».

In fondo, anche per Wanda Osiris, che pure era scappata di casa a diciotto anni e si era ritrovata nubile e incinta a ventidue, Mariuccia «non nasceva».

***

La Wanda di quei tempi era la divina magistralmente raccontata da Indro Montanelli in un ritratto del 1952. Mancavano due giorni alla prima di *Gran Baraonda*, la rivista della Osiris che debuttava il 3 settembre al Teatro Nuovo di Milano. Montanelli stava a Roma, e da Roma ricevette una telefonata di Maner Lualdi, il genero di Wanda, agitatissimo: «Domattina, con il treno delle sette, arriva mia suocera... Ti supplico, Indro: non abbandonarmi in questo momento».

E Montanelli: «Tua suocera a Roma!? Ma dopodomani non va in scena con il nuovo spettacolo a Milano?».

«Il problema è proprio questo: bisogna farla ripartire con il treno delle undici, in tempo almeno per l'ultima prova... Indro, te ne prego: vieni anche tu domattina alla stazione...»

Montanelli promise, abbassò la cornetta e di nuovo il telefono squillò, da Milano questa volta. Era Remigio Paone, l'impresario del Nuovo. Diceva: «Quella è pazza, Indro... Quella è capace che mi rimane sulla tomba!».

«Quale tomba?» provò a chiedere timidamente l'Indro.

«Sulla tomba, perdio! Seguila con Maner, e alle undici fammi una telefonatina per dirmi che è ripartita.»

La telefonata successiva era di Cicci. Voce sussurrata, intrisa di lacrime: «Mamma arriva domattina...».

«Lo so. E so anche che non deve restare sulla tomba...»

«Allora sai tutto...»

Il giornalista, in verità, non aveva capito granché della situazione, ma il giorno dopo, puntuale, si presentò alla stazione. Sperava di avere qualche delucidazione sul posto, ma Maner, la sera prima, aveva annegato le sue apprensioni nel whisky e arrivò solo all'ultimo momento, assieme al treno da Milano.

Racconta Montanelli che Wanda si affacciò dal predellino tutta vestita di nero come per una visita al papa, ma con il volto rosa e fresco come dopo una notte di sonno tranquillo nel suo letto. Balzò a terra con passo elastico, abbracciò suo genero in silenzio e si avviò risolutamente verso l'uscita della stazione alla testa di un folto gruppo di persone, che costituivano la sua corte abituale: la sua cameriera; il marito, la figlia e il genero della sua cameriera; la sua sarta privata con la sorella e il figlio della sorella; la portinaia della sua casa di Milano con una nipote...

Il corteo raggiunse il cimitero e davanti al cancello Wanda ordinò a tutti di aspettare. Un fioraio le venne incontro prodigandosi in inchini e porgendole un mazzo di garofani bianchi. Lei prese i fiori con divina grazia, ordinò al genero di pagare e, incedendo come una regina in gramaglie, si avviò lungo il viale del camposanto, seguita soltanto dalla cameriera.

Maner si dedicò a trattare il prezzo con il fioraio, trentanovemilacinquecento lire: quello di trentanove mazzi di garofani, uno al giorno per trentanove giorni, più cinquecento lire di telegramma alla signora Osiris per assicurarle che l'ordine era stato espletato.

Il defunto così magnificamente onorato era il fratello della Wandissima, morto da vent'anni. Da allora, alla vigilia di ogni prima, la diva interrompeva la prova generale e correva a rendere omaggio alla sua tomba.

La Osiris ricomparve alle dieci e venti. Riprese la testa del corteo e lo fece fermare davanti al negozio di un celebre pellicciaio. Vi entrò e ne riemerse con un visone in braccio. Lo diede a Maner: «È per la Cicci» disse.

Montata sul treno, mise fuori la testa, per urlare al genero: «Dammi diecimila lire, non ho un soldo!».

La sera della prima, Cicci era in teatro, al collo sette file di preziose perle che sua madre le aveva regalato poche ore prima. Montanelli, seduto accanto a lei e al marito, sentì Maner sussurrarle: «Hai pagato il conto del parrucchiere per Wanda?». E la Cicci: «Sì, anche le bollette del gas e della luce».

***

In quel 1950 in cui Mariuccia frequentava il night club Astoria, si era zitelle già a ventisei o ventisette anni, e lei di anni ne aveva ventinove, per quanto – se costretta a dichiarare l'età – dicesse di averne ventidue. Toglieva gli anni anche al piccolo

Marco. «Ne ha uno, ma è molto alto» sosteneva. Persino alla Cicci, che era del '28, diceva di essere sua coetanea.

Ogni sera, sul tram con il quale rientrava alla Ghisolfa, poggiava il capo al finestrino e si chiedeva dove stesse andando, come e quanto a lungo avrebbe potuto mantenere sua madre e suo figlio. E se non fosse il caso di tornare con Elio e lasciar perdere i propri sogni. Forse aveva ragione mamma Sandrina, pensava. Forse era troppo ambiziosa.

Smaltita l'euforia e spente le luci del night club, Mariuccia si ritrovava sola. Cicci aveva il suo Maner, «adorato dalle donne e conteso dai barman», come lo sfotteva il giovanissimo scrittore Guido Vergani. Nel 1937, su un Caproni Libeccio, Maner aveva compiuto la prima traversata aerea fra il Monviso e l'Himalaya e, nel 1949, aveva commosso l'Italia con la missione «L'angelo dei bimbi»: un volo nell'America del Sud per raccogliere mezzo miliardo di lire a favore dei mutilatini di don Gnocchi. Ogni tanto, avrebbe fatto prendere alla Cicci qualche forte spavento. Alla fine del 1951, per esempio, mentre tentava la prima trasvolata dall'Europa all'Australia, il suo aereo fu sopraffatto dai monsoni e lui venne dato per disperso nella giungla dell'isola di Sumatra.

Se non stava rischiando la vita in volo, inseguendo qualche record di velocità o di solidarietà, o per un reportage in presa aerea dalla guerra di Corea da pubblicare sulla «Stampa» o il «Corriere», Maner metteva in scena commedie. «Faceva l'impresario da simpatico pasticcione» dirà con affetto Montanelli, ricordando il primo esperimento in un teatro di Milano: «Una serie di atti unici commissionati ad autori non meno dilettanti di lui, e rimessi al giudizio del pubblico, che alla fine di ognuno dava il suo voto».

I «dilettanti» sarebbero diventati tutti grandi nomi: erano Guido Vergani, Mario Soldati, Achille Campanile, Giuseppe Marotta, Dino Buzzati e Montanelli medesimo, il cui testo, che si intitolava *Resisté*, nonostante per sua stessa ammissione «riducesse a sputacchiera il mito della Resistenza», vinse il primo premio.

Con non celata invidia, Gaetano Afeltra – che con Cicci si comportava da cavalier servente, con il beneplacito di sua moglie, che a sua volta l'adorava – lo descriveva così: «Maner è l'aviatore che fa innamorare le ragazze. Un personaggio da leggenda. È Balbo senza la Tripolitania: gli mancano il potere, la ricchezza, lo scettro; per il resto ha tutto». Con quel marito, Cicci non poteva annoiarsi, e avevano anche avuto una deliziosa bambina, Fiorenza, di un paio d'anni più piccola di Marco.

Intanto, la svitatissima Cristina Bozzo aveva trovato quiete con Angelo Magliano, un giornalista, ligure come lei, a tratti balbuziente e sempre senza una lira, però con una testa brillante. Lavorava al «Corriere Lombardo» e tutti dicevano che avrebbe fatto carriera.

Maria non era ancora legata a nessuno.

Gigliola Bettinelli Curiel, nel frattempo, aveva fatto fortuna. Nel suo grande appartamento di via Dogana, affacciato sulle luminarie di piazza Duomo, era di casa Maria Callas con il marito Giovanni Battista Meneghini ed erano approdati gli industriali. Il vecchio conte Gaetano Marzotto, che aveva creato un impero con le nuove fibre sintetiche e il raion, nutriva per Gigliola una spiccata predilezione. La invitava in crociera nei mari del Nord sul *Trenora*, un panfilo di sessantaquattro metri e con ottanta persone di equipaggio, di cui era gelosissimo e che diede in prestito una sola volta, a Frank Sinatra.

Partivano in allegre comitive, facevano rotta su Montecarlo, dove li riceveva, a palazzo, Ranieri di Monaco. Il più caro sodale del conte era Giorgio Tremi della Solvay, il colosso della soda. Gigliola gli aveva presentato Cristina Vettore e le due donne salpavano spesso insieme, raccogliendo amici a Ischia, a Capri e Portofino. Qualche *sciura* di quelle «palco alla Scala e tomba al Monumentale» storceva il naso, le chiamavano «l'amica di Gaetano» e «l'amica del Tremi», ma Gigliola e Cristina – diversamente da Mariuccia – erano due donne padrone di se stesse, separate, quando addirittura non passavano per vedove come la Vettore, e potevano infischiarsene delle chiacchiere.

Per puntiglio, anzi, Gigliola si ostinava a rifiutare al marito Bettinelli l'annullamento del matrimonio. Lui voleva tornare libero ma lei aveva tutte le intenzioni di rendergli la vita difficile. Un giorno, nella sartoria di via Borgogna, si presentarono ben dodici prelati in tonaca per perorare la causa del consorte. Gigliola, senza alcun timore, li rispedì in Vaticano mettendoli in fila indiana.

Insomma, la Curiel e la Vettore, che un marito lo avevano avuto, potevano fare quel che volevano. Mariuccia no. A lei restava addosso il marchio imbarazzante della «ragazza madre».

***

Fu forse a casa della Curiel, o all'Astoria, o all'ippodromo di San Siro, dove accompagnava Cicci, a cui la passione per le corse era stata trasmessa per linea paterna, che Mariuccia incontrò per la prima volta Ettore Tagliabue.

Petroliere, proprietario di una scuderia da trecento cavalli che sfornerà il leggendario Ribot, il *cummenda* Tagliabue era un cinquantenne con una faccia simile a quella di Aristotele Onassis, abbronzatissima e sovrastata dallo stesso naso imponente. E aveva la rara camminata di chi sa prendersi tutto lo spazio davanti e attorno a sé. Maria valutò all'istante che era un purosangue della razza più difficile da domare, ma che la fatica poteva valere l'investimento. In breve, mise a punto la propria strategia. Cercava sempre di sapere dove sarebbe andato e faceva in modo di capitarvi per caso anche lei.

La prima cosa che lui le disse, quando finalmente si ritrovarono vicini, fu: «*E ti chi sé, bela tusa? Parè 'n gatt che l'ha mangià i lüsert*».

Le stava dicendo che era magrissima, come un gatto randagio che si nutre solo di lucertole. A suo modo, era un complimento.

«*Va' a ciapà i ratt, va'*» gli rispose Mariuccia con un sorriso soave.

Per gli eccessi da *bon vivant* e la munificenza, i giornali lo definivano il «Grande Gatsby» italiano. La sua villa di Monza, con il salone rosa, il salone turchese, il salone blu, la biblioteca in *boiserie* e un'enorme scala nell'atrio, era teatro di fantasmagoriche feste con luci e orchestre, dove si potevano incontrare Walter Chiari e Ava Gardner, Rita Hayworth e il marito principe Ali Khan, Macario ed Esther Williams, la diva hollywoodiana dei musical acquatici.

La sua tenuta di Balocco ospitava le battute di caccia più fruttuose d'Europa, complice uno speciale pastone inventato dai fattori del petroliere, che faceva proliferare i fagiani come in nessun altro luogo in cui si cacciava. A Balocco, Ettore riceveva industriali e teste coronate. Con grandi aspettative, vi arrivavano Bernardo e Giuliana d'Olanda, Leopoldo e Astrid del Belgio, Filippo di Edimburgo.

Di lì a poco, Mariuccia fu invitata a una caccia riservata agli amici, di quelle che riunivano gli industriali come Umberto Marzotto o Attilio Monti o il Necchi delle macchine da cucire, assieme alle personalità più varie, come il torero Luis Miguel Dominguín o il *couturier* Christian Dior.

Ettore le regalò una tenuta all'inglese che Maria ritirò in un'armeria del centro di Milano. La Cicci e le due Cristine si liberarono da tutti gli impegni per assistere alla vestizione. Mariuccia, con la gonna a ruota in tweed, il giacchino in loden e il pullover in shetland arancione, sembrava la regina d'Inghilterra pronta per la caccia alla volpe.

Venne a prenderla un autista alla guida di una Buick nera.

Per tutto il giorno, Mariuccia si ripeté più volte la raccomandazione di non manifestare mai troppo stupore. E la regola che bisognava farla piovere dall'alto, senza che mai toccasse terra.

I modi dell'uomo erano spicci. Ettore Tagliabue si vantava di far filare i fantini e i camerieri. Ostentava il suo dialetto milanese stretto. Il *cummenda* editore Angelo Rizzoli, che pure era stato un *martinitt* cresciuto in orfanotrofio, lo chiamava «il cavallaro».

A dire il vero, infatti nemmeno Tagliabue, «nasceva», ma neanche s'era fatto del tutto da solo. Suo padre, ai primi del Novecento, importava il carbone e il petrolio dal Belgio: trasporti all'ingrosso, in cui aveva coinvolto tutta la famiglia. I traini dalle ruote gigantesche attraversavano Monza tirati da cavalli di razza traits du nord, per i quali il piccolo Ettore andava pazzo. Adorava dormire nelle stalle al punto che, una volta, da bambino, lo avevano trovato che ronfava, abbracciato al dorso di uno stallone.

Per Ettore Tagliabue era forte l'amore per i cavalli e quello per la famiglia. Nella villa di Monza, bivaccavano ogni giorno una ventina di congiunti, tutti assai occhiuti nel valutare ogni nuova compagnia femminile del ricco parente. Ancora scapolo.

Mariuccia si accomodava a tavola con grazia, scrutando i dodici camerieri in livrea e aspettando che gli altri convitati cominciassero a mangiare per essere sicura di non sbagliare la posata da utilizzare.

Non è dato sapere se toccò anche a lei la temuta prova dell'uovo alla coque cui sarebbe stata sottoposta anni dopo Ljuba Rosa, che fu per sette anni la seconda moglie di Tagliabue. Sotto gli occhi attenti di tutti i parenti, Ljuba si ritrovò alle spalle il maître di sala che rompeva la punta dell'uovo con un apposito attrezzo in argento, mentre a destra un cameriere ossequioso avrebbe rimosso la calotta con un altro gingillo, e a sinistra un terzo cameriere sarebbe stato lesto a porgerle il burro fuso, pericolosamente fumante. Un incubo che ancora oggi Ljuba ricorda.

Di tanto in tanto, Ettore portava Mariuccia fuori per il weekend. Non erano esattamente trasferte romantiche. Magari bisognava accompagnarlo alle aste di cavalli di Deauville. Lei lo guardava scegliere le bestie e trattare, rimanendo in silenzio per ore. Faceva poche domande: a lui piaceva quel distacco che Maria sapeva mantenere, come se fosse sempre in un luogo del tutto suo, dove era impossibile avvicinarla o ipotizzarne il prezzo d'acquisto. In realtà, gli piaceva anche perché – nonostante quell'aria snob – era sicuro di averla a disposizione.

E comunque, lei era brava a stargli accanto durante le competizioni ippiche. Capiva quando era in tensione, quando si trattava di rassicurarlo e quando era il caso di stare zitta. Lui la trovava bellissima, con quelle gonne ampie che le segnavano la vita sottile e gli occhi che ridevano, quando dava gli zuccherini ai cavalli.

Le diceva: «Devi ridere sempre, *bela tusa. Dòna che la piang, e cavall che süda, hinn fals me Giuda*».

Vale a dire: donna che piange e cavallo che suda sono falsi come Giuda.

La *bela tusa* voleva Ettore con tutta se stessa. Passava interi pomeriggi ad arricciarsi i capelli con il ferro, a laccarsi le unghie e fare maschere di bellezza nel caso lui si facesse vivo per portarla fuori. Ma lui non prendeva mai nessun impegno, chiamava solo in preda all'impeto del momento. Magari mezz'ora prima di cena, perché così gli girava. Aveva l'indole del padrone. Non gli si poteva dire di no.

Poteva succedere che Maria si liberasse anche per tre giorni, consapevole di mettere a rischio il proprio lavoro, se solo a lui veniva in mente di montare in macchina in direzione di Cap-Ferrat per vedere un cavallo.

A cena, nei night club e alle feste, lei lo marcava stretto, non consentiva a nessuna di avvicinarlo. Continuava a ripetersi: questo non devo farmelo scappare. Del suo amor proprio non si ricordava più: la posta in gioco, ora, era più alta.

Quando rientrava a casa, prendeva le mani del suo piccolo Marco e, pensando che prima o poi ce l'avrebbe fatta a portarlo via dalla Ghisolfa, gli giurava: «La mamma ti farà vivere in un posto pieno di cavalli. Avrai un pony tutto tuo, te lo prometto».

Il giorno in cui anche quel sogno svanì, Marco aveva la febbre altissima. Maria continuava a cambiargli le pezzuole intrise d'acqua fredda sulla fronte, senza riuscire a farlo smettere di piangere. Aveva passato la notte in bianco. Era sfinita e preoccupata. Sua madre era uscita a cercare un medico e non rientrava ancora. Ettore l'aspettava per portarla al Gran Premio di Merano. L'aveva allertata la sera prima. Era molto teso, aveva in gara un buon cavallo che però non era in condizioni ottimali.

«Pronto? Ettore, io non vengo.»

«Come sarebbe a dire, non vieni?»

«Il bambino, sta male.»

«Non è mai morto nessun bambino nel pieno di un Gran Premio di Merano.»

«Dai. Non mi va di scherzare.»

«Stai mica piangendo? Non mi piacciono le donne che piangono.»

«Sono stanca.»

«Lascialo con una cameriera.»

«Stacci tu con una cameriera.»

Finì così. Ettore Tagliabue uscì dalla villa di Monza deciso a trovare subito una donna di rimpiazzo. Non poteva sopportare di non essere assecondato. Scelse una soubrette. Era Elena Giusti, l'antagonista di Wanda Osiris, quella che cantava *Dove vai se il cavallo non ce l'hai?*

Per lei fece costruire una piscina a forma di due cuori intrecciati, arricchita da una scultura in ceramica rossa di Lucio Fontana, che ancora adorna Villa Tagliabue. Non avrebbe sposato neanche la Giusti, ma si arrese solo davanti alla nobiltà della baronessa Elvira Laricchiuta Cillis, detta Vivì, ragazza viziatissima, dalle abitudini raffinate, che mandava a stirare le tovaglie a Venezia.

Vivì fu sempre ossessionata dal fantasma della Giusti, non da quello di Mariuccia. Non poteva mandar giù che quella soubrettina da strapazzo avesse un giorno, al culmine di un litigio, gettato dalla finestra i diamanti che Ettore le aveva regalato.

Quanto a Maria, rimase ferita a lungo per quell'abbandono. Più che altro, ce l'aveva con se stessa. Non capiva come avesse potuto mandarlo a quel paese. Si chiedeva come le fosse venuto in mente di rispondergli in così malo modo.

Fu Gigliola Curiel, un giorno, a fornirle la risposta: «È facile, Maria» le disse, «tu non sei fatta per essere ricca ma succube. A che ti serve accalappiare il Grande Gatsby italiano se poi non puoi neanche decidere di startene a casa accanto a tuo figlio malato?».

«Ma no. È stato solo un impeto di rabbia.»

«Fidati. Io e te siamo uguali: siamo fatte per essere padrone della nostra vita.»

«Posso firmarmi contessa?»

Alla fine, un diamante arrivò anche per Mariuccia, accompagnato da una proposta di matrimonio. Forse la pietra è quella dal taglio baguette che qualcuno ricorda di averle visto all'anulare sinistro in anni lontani e della quale, però, si sono perse le tracce. Un solitario: il classico anello di fidanzamento. Finalmente, Mariuccia era in procinto di sposarsi. Era il 1953 e lei stava per compiere trentadue anni, pur dichiarandone venticinque e attribuendone quattro al figlio di sei.

Sul suo viso e sulla sua linea, il tempo non aveva lasciato alcun segno. Una foto dell'epoca la ritrae snella e volitiva, la pelle dalla grana perfetta, le onde dei capelli impeccabili, un abito superbo e castigato in seta, stretto in vita e drappeggiato sui fianchi, con le maniche leggermente a sbuffo.

Lo sguardo è il suo: profondo e sempre più deciso a prendersi quello che voleva.

A breve, Marco avrebbe cominciato la prima elementare. Mariuccia era piena di aspettative: suo figlio avrebbe frequentato le migliori scuole. Si sarebbe laureato. Sarebbe diventato un uomo importante.

A lei, la mancanza d'istruzione un po' pesava. Quando sentiva parlare di letterati, di attualità o di storia d'Italia, stava zitta e attenta. Assorbiva tutto e cominciava perfino a capire qualcosa di politica. Del resto, passando molto del suo tempo con Cicci, Afeltra e Montanelli, era quasi inevitabile.

Ci furono le elezioni, quell'anno, e manifestazioni contro la cosiddetta «legge truffa», che assegnava il 65 per cento dei seggi alla coalizione che avesse raggiunto il 50 per cento dei voti.

Indro raccontò, una sera, di un certo senatore liberale Renato Angiolillo che, dopo il mandato a Bari, si era ricandidato a Rieti e non era stato eletto, ma che nell'ambiente giornalistico era noto soprattutto per essere fondatore, editore e direttore del «Tempo», il primo quotidiano dell'Italia libera, stampato a Roma. Lui lo aveva conosciuto nel '46, quando Angiolillo, dopo aver aperto una redazione a Milano in via Verdi 2, aveva poi avuto l'idea di creare una vera e propria edizione milanese e gliene aveva offerto la vicedirezione. Montanelli ne era stato entusiasta, tant'è che il 26 aprile del '46 aveva scritto al collega Giuseppe Prezzolini: «Angiolillo [...] è qui a Milano a preparare l'uscita di un secondo "Tempo", ambrosiano stavolta, ma confratello di quello romano con cui cumulerà i servizi [...]. Io ne sono il vicedirettore. Come vede, vinta la partita della Capitale, ci accingiamo a giocarne una più grossa nella roccaforte del "Corriere"».

Quella vicedirezione, però, non andò in porto e, anche se il progetto del «Tempo» ambrosiano ebbe vita breve, da allora Montanelli avrebbe parlato e scritto in modo non proprio lusinghiero di Renato Angiolillo, come fece quel giorno con Maria e le sue amiche, compiacendosi del suo tracollo elettorale.

«Premesso che sarebbe meraviglioso fare all'amore tutti i giorni, dimentichi del mondo e soprattutto della politica, devo dirti, Mariuccia, che questo Renato Angiolillo, invece, non è niente male e, a mio avviso, sarebbe stato grandioso conoscerlo già quando contattò Indro. Adesso ha qualche filo bianco, ma doveva essere un gran bel moraccione: dov'eri tu nell'aprile del '46?» chiese quella sera Cristina Bozzo Magliano all'amica Mariuccia.

«Che ne sai tu di Angiolillo?»

Cristina lo aveva incontrato a Roma, insieme a suo marito, giornalista. Ci si era trasferita quando Angelo Magliano era diventato direttore dell'agenzia Ansa. Da allora, saliva spesso a Milano, per ritrovare le sue amiche e per ordinare vestiti nelle sartorie dove un tempo era stata mannequin.

«Renato gira sempre con dei diamanti o dei rubini nella tasca della giacca e ci giocherella con le dita» le rivelò Cristina. «Sono i suoi portafortuna. Sta con una modella adesso. Mary Qualcosa. Ah sì: Mary Sessa. La tiene chiusa in una villa da mille e una notte sull'Appia Antica e non la fa vedere a nessuno. Ci vive da sola, circondata da decine di cavalli! Forse è per via di tutti questi cavalli che lo chiamano il "senatore ippico". In ogni caso, siccome io sostengo che nella vita conta solo l'amore, la trovo una situazione romanticissima.»

«Capirai che bella vita. Star lì a fare... come si dice? La geisha» commentò Maria.

Mariuccia, in quei giorni, era invece affascinata da Clare Boothe Luce, appena arrivata in Italia dagli Stati Uniti per ricoprire l'incarico di ambasciatrice. Una donna così potente e autorevole poteva solo suscitare tutta la sua ammirazione. Maria ritagliava dai giornali le sue foto e aveva fatto copiare da un pellettiere una borsetta in lucertola che aveva visto al braccio dell'americana. Clare Boothe era sposata a un editore: Henry Luce, quello di «Time», «Life» e «Fortune». Un editore... Anche Renato Angiolillo era editore, pensò Maria, però con le donne non sembrava emancipato come Henry Luce.

Sua moglie Clare non è certo una geisha come quella Mary Qualcosa, si disse. Con l'incedere delle stagioni, metteva a fuoco con maggiore lucidità quale potesse essere il suo modello di successo femminile, al di là della sua carriera di mannequin che non sarebbe durata per sempre. Guardava lontano, Mariuccia.

Ma intanto, la cronaca incalzava, politica o nera che fosse. E l'argomento che più appassionava lei e le amiche in quel periodo era il caso Montesi.

Era successo che l'11 aprile del '53, nella tenuta di Capocotta, sul litorale romano, era stato trovato il corpo – privo di reggicalze – di Wilma Montesi, una bella ragazza di ventun anni, figlia di un falegname, che aspirava a fare l'attrice e frequentava ambienti «importanti».

Pochi giorni dopo, un giornale satirico, «Il Merlo giallo», aveva pubblicato una vignetta nella quale un piccione reggeva con il becco un reggicalze. Evidente l'allusione a Piero Piccioni, poi diventato musicista di grido, allora accreditato di un flirt con l'attrice Alida Valli. Piccioni era figlio di Attilio, vicepresidente del Consiglio di Alcide De Gasperi, ministro degli Esteri e peso massimo della Dc, al quale Amintore Fanfani contendeva la leadership del partito. Nonostante l'evidente allusione, per mesi, polizia e magistratura avrebbero insabbiato l'inchiesta ritenendo che la morte della Montesi fosse frutto di un incidente.

Poi un giornalista chiamò in causa Piccioni e altre persone, alludendo a festini a base di droga, ma non fornì troppe spiegazioni e fu denunciato. A farlo scagionare provvide Fanfani, diventato nel frattempo ministro dell'Interno e perciò con un forte ascendente, in quegli anni, sul mondo giudiziario.

Quando sul suo tavolo arrivò il memoriale di una giovane milanese, Anna Maria Moneta Caglio, che accusava Piero Piccioni di aver fatto pressioni sulla polizia, ordinò al comandante dei carabinieri di Roma di riaprire le indagini. Una copia del memoriale fu consegnata da un padre gesuita anche a Giulio Andreotti, sottosegretario alla Presidenza con De Gasperi. Andreotti non solo non lo trasmise al presidente, ma lo consegnò al cestino della carta straccia dopo averne lette le prime due righe.

L'inchiesta – che appassionò l'opinione pubblica per la caratura delle persone coinvolte e per i continui colpi di scena, moltiplicando la tiratura dei giornali – portò all'arresto di

Piccioni; ma al processo celebrato a Venezia, poiché fu fatta valere la legittima suspicione, il figlio del politico fu completamente scagionato. Attilio Piccioni era il leader della fazione più anticomunista della Dc e il Pci picchiò duro: al punto che in molti sono a tutt'oggi convinti che il peso dello scandalo influì sulle elezioni di quell'anno non facendo passare la legge truffa per lo 0,2 per cento. Una grande occasione perduta per ammodernare il sistema politico italiano.

In ogni caso, Piccioni padre dovette dimettersi, lasciando libero il campo a Fanfani, che infatti fu eletto segretario della Dc. Sul suo ruolo nella vicenda si sono confrontati senza esito pareri opposti. E nemmeno sulla morte della Montesi è mai stata fatta chiarezza.

In quelle tavolate fra giornalisti e «grazie milanesi», davanti a una bottiglia di vino, c'era chi diceva che, dietro Fanfani, la regia mediatica fosse opera di Renato Angiolillo, il quale contro Piccioni s'era sfidato a Rieti per un seggio al Senato, soccombendo. Angiolillo era amico del marchese Montagna, proprietario della tenuta di Capocotta ai cui margini era stato trovato il corpo della Montesi. E a casa del marchese si tenevano i festini che furono inutilmente al centro dell'inchiesta. Angiolillo era poi amico sia di Attilio Piccioni sia di Fanfani. Ma nella drammatica vicenda manifestò una curiosa, e solo apparente, neutralità.

«Angiolillo è un genio» ripetevano i giornalisti nel corso di quelle cene a cui partecipava Mariuccia, «da vero signore, non ha scritto una sola riga contro Piccioni, per non fare quello che approfitta della disgrazia del suo avversario. Ma pare che sia lui, amicissimo di Fanfani, a indirizzare le fonti sui giornali di sinistra, non riconducibili né a lui né a Fanfani.» Un altro confermava: «Pietro Ingrao, il direttore dell'"Unità", lo ha ammesso: ambienti fanfaniani». Maria ascoltava, vigile, e pensava che questo Angiolillo doveva essere davvero diabolico.

In quel 1953, la sera, Mariuccia non rientrava più in via Brighenti, ma in via Cenisio, al numero 87. L'indirizzo era un po' meno periferico dell'altro e l'appartamento si trovava in un bel palazzo signorile. Era comunque piccolo, solo un bilocale, all'ottavo piano, scala B. Ci abitavano in tre: lei, sua madre e Marco, che – a parte la casa non sontuosa – veniva cresciuto come un principino.

Maria lo educava a star diritto a tavola, i gomiti stretti ai fianchi, le gambe unite, come vedeva fare ai veri signori. E ci teneva che fosse vestito con biancheria, abiti e scarpine di ottima qualità, nonostante sua madre ogni tanto le dicesse che lo viziava troppo e che, invece di comprargli tutti quei regali, avrebbe fatto meglio a stare a casa con lui un po' di più.

Maria, invece, era spesso via per lavoro o per viaggetti di piacere a Parigi o in Costa Azzurra. Anche se le voleva bene, Mariuccia pensava che mamma Sandrina sapeva poco della vita vera, fuori dalle mura domestiche. Superato lo shock, e la vergogna, per il fatto che sua figlia fosse una ragazza madre, la donna aveva preso a fidarsi e talvolta si divertiva perfino quando Maria le raccontava delle feste a cui era invitata sempre più spesso e, se rientrava tardi, brontolava un po' meno. Avrebbe pensato lei a quel nipote che riempiva la sua vita di vedova prematura. Dal canto suo, Maria pensava che Marco vedeva poco la sua mamma, ma aveva accanto una brava nonna.

A volte, nei pomeriggi d'estate, gli faceva lo shampoo con la camomilla e lo metteva a sedere al sole, sul balcone, perché i capelli gli si schiarissero. Lo copriva di tutti i regali che lui le chiedeva; e il bambino, sapendo che li avrebbe ottenuti, puntava i piedi, faceva il broncio e arrivava a intenerire Maria, felice di accontentarlo. Quegli acquisti, per lei, erano il segno tangibile che stava diventando una donna di successo: spendeva tanto per il suo Marco e tanto per essere bella, all'altezza della sua Milano del centro, ma era riuscita ugualmente a risparmiare abbastanza da acquistare una casetta. E perfino a mettere qualcosa da parte. Ora sfilava un po' meno, si sottraeva a qualche trasferta troppo faticosa, ma continuava a restare ben in sella nel giro. Ancora per quanto?

***

Fu a questo punto, nei primi anni Cinquanta, che nella sua biografia comparve la labile traccia di un uomo che stava per diventare suo marito. Oggi che tutti i protagonisti sono morti, risulta impossibile ricostruire i fatti con precisione.

Alcuni frammenti della vicenda si riscontrano negli atti del divorzio da un altro marito, un tedesco, che arriverà anni dopo e sul quale sarà mantenuto il più assoluto riserbo fin oltre la morte di quella che, nel frattempo, era diventata la signora Angiolillo; anche se Maria aveva già sposato Angiolillo mentre era ancora coniugata all'altro, il tedesco. Ma non precorriamo i tempi. Come si dice, questa è un'altra storia.

Si può, dunque, solo immaginare la gioia di Mariuccia, ragazza madre in procinto di maritarsi a più di trent'anni. Verosimilmente fu felicità vera e propria, intensa, orgogliosa, coniugata a qualche senso di rivalsa sociale, e anche all'intima soddisfazione per aver saputo aspettare. Lei non aveva ceduto al compromesso del matrimonio riparatore con Elio, né si era sottomessa a quel marito-padrone che rischiava di essere Ettore Tagliabue.

In quel 1953, il matrimonio che stava per celebrare era il sacrosanto riconoscimento che esisteva una giustizia. Tanto più che il suo fidanzato – il cui nome è stato risucchiato nell'incrollabile silenzio di Maria sul proprio passato – era un buon partito.

Questo, almeno, sosterrà in futuro il marito tedesco, accusandola, a riprova della sua avidità, di aver ricevuto da lui alcuni beni di valore, non meglio specificati.

Comunque, si può supporre che fosse prevista una festa, che le due Cristine avrebbero indossato abiti d'organza e grandi cappelli, come ad Ascot, e che suo figlio Marco avrebbe sfoggiato un vestito da paggetto, con la camicia bianca di pizzo.

Non ci fu niente di tutto questo. Un brutto giorno, il promesso sposo morì in un incidente d'auto prima di portare Mariuccia all'altare.

In poco tempo, insorsero in lei i sintomi di una malattia nervosa: «fragilità psichica»; «priva di capacità mentali»; «incapace di intendere e di volere»; «prostrazione fisica e psicologica»... Almeno, questo è scritto nelle memorie che Maria stessa avrebbe presentato in tribunale nella causa intentatale dal marito tedesco, come vedremo fra non molto.

Quelle carte registrano parole forse eccessive, perché, quando si tratta di convincere un giudice ad annullare un matrimonio, chiunque inventa il peggio. Tuttavia, è verosimile immaginare che Mariuccia abbia sofferto parecchio per quel matrimonio mancato.

Accanto a lei, c'era – come sempre – soprattutto Cicci, con la sua grazia, il suo sorriso, i braccialetti che tintinnavano allegri, i teatri, i salotti dopoteatro con Maria Callas e Wally Toscanini, con Giulia Maria Crespi e Maria Pia Tavazzani Vecchi, che si lamentava di dover troppo spesso consolare Dino Buzzati, innamorato ora di una ballerina della Scala, ora di una ballerina di rivista, ritrovandosi puntualmente roso dalla gelosia.

Mariuccia sedeva in disparte, spesso muta. Guardava la Cicci volteggiare fra gli invitati e accertarsi che tutti avessero il bicchiere pieno. La vedeva sussurrare a Cristina Vettore di essere gentile con quell'ospite importante rimasto in un angolo senza nessuno con cui conversare. La coglieva nell'atto di fermare un cameriere che stava porgendo il cubano sbagliato a Meneghini, e lo pregava di sostituirlo con il sigaro preferito dal consorte della divina Callas.

A Mariuccia non restava che osservare, mentre si chiedeva, desolata, sconfitta, cosa mai ne avrebbe fatto di tutta quell'arte del ricevere che spiava da anni in Cicci o Gigliola. Lei non sarebbe mai stata una moglie, né una padrona di casa.

Nei giorni del lutto, Mariuccia si malediva per aver creduto di poter sfidare la sorte e le regole, confidando di sovvertire il mondo. Avrebbe dovuto tenersi Elio. O sottomettersi a Tagliabue. Dove aveva creduto d'andare, da sola? Forte di quale arma? Forse avrebbe dovuto stare a sentire sua madre.

E quando le sorelle Nuccia o Lina la invitavano a cena, nel tentativo di alleviarle la pena con un po' di calore familiare, s'intristiva ancora di più. Si chiedeva perché non era nata come loro, che erano così posate, così inquadrate, così appagate dallo starsene a casa con i loro bravi mariti e, per Lina che li aveva, i loro bravi bambini. E poi detestava essere chiamata zia. La faceva sentire una vecchia zitella.

Ogni tanto, Cicci o le due Cristine o Gigliola riuscivano a portarla con loro per un weekend a Parigi o a Montecarlo o a Eden Roc. Forse c'era anche lei, e forse rise anche lei la volta che, all'Hotel George V di Parigi, la Curiel combinò una marachella fantastica.

Gigliola, che nel 1953 era stata la prima sarta italiana a portare negli Stati Uniti il prêt-à-porter, già girava l'Europa con le sue sfilate. Una sera, ospite dell'Hotel George V in occasione di un suo *défilé*, fece colpo sullo scià di Persia Mohammad Reza Pahlavi.

Rientrando in camera, Gigliola trovò la vasca da bagno colma di rose rosse, innaffiate di Arpège, il profumo da lei prediletto e sul quale lo scià aveva espresso appassionati apprezzamenti.

Leggenda vuole che Gigliola si chiuse a chiave nella stanza e rispedì al mittente tutte le rose. Nella suite che lo scià divideva con la consorte Soraya.

La vita delle «grazie» continuava a essere allegra, lo sguardo di Maria a restare triste. Ma un giorno Cicci la prese da parte.

«Tesoro mio. Non ne posso più di vederti così. Ti ricordi quando Maner finì disperso nella giungla di Sumatra?»

«Ho già capito cosa mi vuoi dire. Lascia perdere.»

«È il caso che tu mi stia a sentire, invece, dato che, come sai, stavolta quel pazzo è partito per il Polo Nord. L'ennesima eroica missione! Non sa più che cosa inventarsi: il volo celebrativo di uno morto venticinque anni fa per soccorrere i dispersi del dirigibile *Italia*... Omaggio a Roald Amundsen, dimmi tu.»

«Che poi Amundsen non è morto senza salvare nessuno?»

«Precipitato con il suo idrovolante e disperso in mare.»

Silenzio.

«Cicci, tu come fai?» chiese Mariuccia all'amica.

«Ci ho fatto i conti. Ho cominciato a farli quando lo credevo morto a Sumatra. Fino ad allora, avevo paura ogni volta che partiva, ma era una sensazione vaga. Però, quando l'ho immaginato carbonizzato nella giungla, mi sono sentita come se mi mancassero le gambe e le braccia. Sapevo solo dirmi che l'unica via d'uscita da quel dolore era morire anch'io. Te lo ricordi, no?»

«Se non dovessi pensare a mio figlio, sarei già morta.»

«Ci stai andando vicino. Sei magra come un chiodo, sembri una larva, cammini sbandando. Capace che un giorno caschi in mezzo alla strada.»

«Il punto è che tu resti tu, anche senza Maner. Io sono in cerca d'autore.»

«Chi decide chi sei tu? Uno che ti sposa o che non ti sposa? Puoi dipendere dalla volontà di qualcun altro o dalla sfortuna di perderlo? Tu sei tu, se ci credi. Non hai bisogno di qualcuno che in società ti presenti come "mia moglie".»

«Dimmi che ce la posso fare.»

«Ne hai tutte le risorse, Mariuccia.»

Maner Lualdi tornò sano e salvo dalla sua missione al Polo Nord, che gli valse una medaglia d'oro al valore. Lentamente,

Maria si rimise. Riprese a uscire, sentendosi talvolta in colpa e meritevole di punizione, come chiunque sopravviva a una persona molto amata.

Ma quel maledetto 1953 non era ancora finito. Anche stavolta parlano vecchie carte e citano cartelle cliniche, perizie mediche.

Mariuccia ebbe un incidente. Non cadde per strada come avevano temuto le amiche vedendola camminare barcollando. Era lei a bordo di un'auto, invece. Finì in ospedale, gravemente ferita. Trauma cranico, commozione cerebrale, danni all'ipofisi e all'ipotalamo.

Nel sonno del dolore e dei farmaci, rivisse quel terribile impatto, all'infinito e in tutte le varianti possibili. Si schiantò a velocità folle diretta verso Montecarlo, pigiata in una Buick nera con le Cristine e due giovanotti; si schiantò alla guida dell'aereo impazzito di Maner; si schiantò mentre cercava di governare un tram lanciato verso il vuoto sul ponte della Ghisolfa; si schiantò al suolo, incinta, cascando dal dorso di uno stallone imbizzarrito della scuderia di Tagliabue e rimanendo impigliata nelle briglie, mentre l'orribile bestia ancora correva e correva, trascinandola.

Ritornata cosciente, il suo unico pensiero fu Marco. Per sempre le sarebbe rimasto il terrore di lasciarlo orfano, solo, povero, senza una guida, abbandonato a se stesso.

Ormai anziana, negli ultimi giorni di vita, quando era in ospedale, anche se non rischiava la morte che comunque l'avrebbe colta di lì a poco all'improvviso, continuava a lamentarsi nel dormiveglia, bisbigliando: «Marco come farà?».

Per fortuna, Mariuccia, quando ebbe l'incidente, aveva da parte qualche risparmio. Appena si fosse rimessa, avrebbe ripreso a sfilare. Ma ancora per quanto, per quanto?

Nelle tavolate con i giornalisti, Mariuccia sentiva dire sempre più spesso che Renato Angiolillo era in grande ascesa. Aveva cominciato a leggere i quotidiani e a partecipare alle conversazioni con crescente sicurezza. In realtà, glieli leggeva Nuccia: era un'abitudine presa quando Maria era ricoverata in ospedale, un rito che le due sorelle avrebbero mantenuto per sempre, anche quando Maria sarebbe diventata la signora dei salotti della Prima e della Seconda Repubblica.

Tuttavia, la notizia che comparve sui giornali di fine dicembre 1954 e che più dovette colpirla, Maria l'aveva saputa in anteprima.

Alle otto e mezzo del mattino del 18 dicembre 1954, a Milano, nella chiesa del Santo Sepolcro, Marta Vacondio aveva sposato il conte Umberto Marzotto, secondogenito del cavalier Gaetano. Aveva conosciuto il suocero solo la sera prima, all'Hotel Duomo, tremante di paura. Pensava di essere stata portata a Milano dal fidanzato solo per le presentazioni, ma l'indomani si era ritrovata in chiesa, con lo stesso vestito in cachemire beige che indossava il giorno precedente.

I giovani Marzotto, tutti appassionati di auto d'epoca e della favolosa Mille Miglia, venivano chiamati «i conti correnti» e il brillo che Marta si ritrovò al dito era degno del soprannome di famiglia.

Era stata Gigliola Bettinelli Curiel a convincere il *cummenda* che la ragazza meritava di essere impalmata. Quando Marta aveva conosciuto Umberto, nel 1952, a una sfilata al Lido di Venezia, Gigliola si era subito attivata lodandone la serietà, gli sforzi che faceva, con l'afa o con la neve, per arrivare da Mortara sul treno dei pendolari e, soprattutto, assicurando al cavaliere che la potenziale nuora era illibata.

Mariuccia, Cicci e le due Cristine sfogliarono insieme i giornali. Dopo le nozze, il *cummenda* Marzotto aveva indetto una conferenza stampa. Tutti avevano titolato «l'asso della volante», invece che «del volante».

«Premesso che sulla faccia della terra non c'è niente di più bello che fare l'amore, e che auguro lunga vita a tutte le ragazze innamorate, ma ti ricordi, Mariuccia, quando la Vacondio arrivò per la prima volta a Milano con quella treccia spelacchiata sulle spalle?» chiese Cristina Bozzo Magliano, cinguettando.

Mariuccia rimase muta. Si era sposata anche la Vacondio, la mondina, quella che le invidiava la stola di visone. Erano tutte, tutte sistemate.

Marta era diventata pure contessa. La attendeva, a Portogruaro, una villa di famiglia da settemila metri quadrati; con i Tiepolo alle pareti, fece notare la Cicci. «Hanno una collezione di cristalli Baccarat che è la più importante d'Europa» aggiunse.

«Tremi della Solvay vuole che andiamo in viaggio di nozze con gli sposi novelli: tutti con il panfilo *Trenora* a Montecarlo. Si fa Capodanno a palazzo. Viene anche Gigliola» chiosò Cristina Vettore.

Quel Capodanno del 1955, Mariuccia rimase con sua madre in via Cenisio. A mezzanotte, fece una carezza al suo bambino che dormiva. Si chiedeva se sarebbero rimasti soli per sempre, lei e Marco. Rifece i conti di quanti anni aveva. A furia di mentire sull'età, a volte non se lo ricordava più. Trentatré, ne aveva trentatré. E un altro anno stava finendo. Maria s'accostò al balcone e rimase a guardare alcuni tremolanti bagliori di fuochi d'artificio che andavano spegnendosi, in lontananza.

***

Qualche mese dopo, la prima volta che Mariuccia arrivò a Juan-les-Pins, la folla sul lungomare ingannava il tempo ascoltando un'orchestrina suonare sotto un gazebo. Era una di quelle limpide serate d'estate in cui il cielo della Costa Azzurra promette di esaudire ogni desiderio.

Al tramonto, nella luce che si colorava di viola e di rosso, a bordo di un'auto scoperta, lato passeggero, un foulard di Hermès a proteggerle le onde dei capelli freschi di parrucchiere, Maria ascoltava le spiegazioni che le stava fornendo l'uomo che era al volante e che l'aveva invitata a visitare la sua casa, poco lontano da Antibes. Era lì, in un locale alla moda, che si erano conosciuti alcune settimane prima quando, finalmente, Mariuccia aveva accettato di tornare a vivere.

Dopo molti mesi di solitudine aveva lasciato il figlio Marco alla madre, ed era partita per un lungo weekend con le amiche. Destinazione: Costa Azzurra.

Di giorno, prendevano un po' di sole, andavano in barca, salutavano i tanti milanesi che avevano avuto la stessa brillante idea. E insieme a quel tepore lei sentiva di poter ritrovare almeno un po' dell'energia perduta nel silenzio della sua casa di via Cenisio.

La sera, in gruppo, giravano da un night all'altro. E, mentre la notte avanzava, Mariuccia ritrovava anche il suo sorriso, perfino qualche allegria. La vita andava vissuta. La Costa Azzurra lo pretendeva.

Era stato proprio in una di quelle chiassose soste notturne che aveva conosciuto Udo: Udo Arnim Joseph Arnold Franck, conte de Beurges, «un aristocratico» aveva soppesato Mariuccia e la sua mente era corsa alla neocontessa Marzotto, Marta Vacondio... Lo aveva trovato *charmant*, sicuro di sé, un eccellente ballerino, seduttivo ma non troppo con le signore, mondano al punto giusto.

Nel cuore della notte l'aveva invitata a ballare e lei gli aveva risposto un sì, non radioso come avrebbe voluto. Mai mostrarsi troppo sedotte dalle galanterie, anche questa era una regola appresa e messa in opera da tempo.

Di lì a qualche settimana, si erano rivisti, stesso locale, stessi amici. Era stata Maria a proporre di tornare a Cap d'Antibes. Aveva detto alla Cicci che l'aria del mare le faceva bene.

Udo aveva offerto un aperitivo a tutti e poi le aveva chiesto di accompagnarlo il giorno dopo a Juan-les-Pins. Verso sera. In tre chilometri sarebbero arrivati e lui le avrebbe mostrato la sua dimora di famiglia. Ormai la guardava rapito. E Mariuccia gli aveva risposto che per l'indomani aveva solo l'impegno del coiffeur.

A pomeriggio inoltrato, erano montati in macchina, non prima che lui le avesse aperto la portiera con eleganza impeccabile. I sogni di Maria ripresero a galoppare, ma il rumore della decappottabile di Udo coprì ogni soave scalpitio di zoccoli.

Mentre la macchina entrava sul lungomare affollato, lui prese a spiegarle le architetture che si affacciavano sulla strada. Così Mariuccia vide Villa Saint-Louis, che era stata di Francis Scott Fitzgerald, poi Villa Paquita, che aveva ospitato Ernest Hemingway. Ascoltava con convinzione, anche se non era certa di aver capito tutto: un po' per il rombo potente dell'auto e un po' perché il suo corteggiatore pronunciava qualche frase in italiano e molte in francese, una lingua che lei praticava con qualche difficoltà, avendola imparata alla meno peggio nelle gite a Montecarlo, Cannes, Cap-Ferrat o Parigi.

Udo era tedesco, però parlava divinamente il francese, con una voce bassa e roca e un accento leggermente affettato. Aveva un patrigno francese, le aveva spiegato: il conte William Henry Louis de Beurges. Grande fotografo, aveva aggiunto. Mariuccia era intimorita e insieme divertita da quell'uomo di quarantacinque anni, più grande di lei, estroverso, spiritoso, con l'allegria di un ragazzo e l'andatura dinoccolata di chi è abituato ad attraversare la vita senza guadagnarsela. Indossava sempre abiti gualciti come possono esserlo solo quelli dei veri signori e portava al dito mignolo uno *chevalier*. Era un uomo, ma sembrava un adolescente, e a Mariuccia aveva fatto tenerezza, minimizzando sulle lievi asperità che aveva subito intuito: dietro al suo aspetto un po' *blasé*, nascondeva qualche arroganza. Sembrava, come Tagliabue, uno a cui piaceva avere le persone a disposizione.

L'auto rallentò in Boulevard Charles Guillaumont, avvicinandosi a una lunga villa fronte mare che tremolava di arabeschi nella luce rossastra del tramonto. Maria non aveva mai visto nulla del genere: Villa El Djézaïr aveva una strana torre – era la copia di un minareto, spiegò Udo – e un'alta cupola, preceduta da un loggiato con tre enormi archi moreschi sostenuti da doppie colonne. Una palma prospiciente alla facciata rendeva ancora più esotica la visione.

«Non farci caso. L'ha costruita un pazzo, negli anni Venti, in ricordo dei suoi soggiorni ad Algeri» disse Udo, gioviale, parcheggiando.

«La palma è altissima» osservò Maria, che non sapeva che altro dire.

«Quella non c'entra niente: Juan-les-Pins è tutta una pineta.»

Maria misurò con gli occhi la lunghezza sconsiderata di quel palazzo e guardò, ipnotizzata, i merletti che ornavano il gioco di alti e bassi dei tetti. Le sembrava di essere entrata in un miraggio, dentro una realtà che non poteva esistere davvero.

Per il resto della vita, Cicci l'avrebbe presa in giro, dicendole che doveva essere assai suggestionata, quel giorno: a lei, Villa El Djézaïr – quando la vide – parve subito tetra come una casa delle streghe. Ma Cicci era sempre deliziosamente snob: quella casa sarebbe poi diventata monumento nazionale.

All'interno, la sala da pranzo era sovrastata da una cupola alta dieci metri e le pareti erano ricoperte di grandiosi arazzi a disegni minuti. Ovunque c'erano antichi vasi in porcellana, piccole sculture sacre di madonne e santi, maestose poltrone lise dal tempo, imponenti mobili antichi.

«Sono tutti di famiglia questi mobili?» chiese Mariuccia, accarezzando una consolle con i piedi torniti che sembrava risalire al Rinascimento o a chissà quando.

«Della mamma o del mio patrigno e adesso tutti tuoi» rispose Udo, agguantandola per la vita e baciandola.

Alcuni tavoli e i divani erano ancora coperti da teli bianchi, come se il lavoro di riordino della casa, in previsione dell'arrivo di ospiti, fosse stato lasciato a metà, ma Maria non ci fece caso. Ormai, volteggiava fra le braccia del conte. Mariuccia e Udo avevano difficoltà a comunicare, ma quello che non seppero dirsi a voce cercarono di dirselo con i baci e con l'incontro dei corpi. Si raccontarono storie, romanzi, favole, ciascuno libero di capire ciò che voleva.

Quella notte, Maria si addormentò udendo in lontananza un'orchestrina che suonava *La vie en rose*.

Lui prese l'abitudine di portarla a Juan-les-Pins per i weekend. La cittadina non era in quel 1955 la località più *à la page* della Costa Azzurra, né lo sarebbe mai stata. Il lungomare aveva una passeggiata più popolare che elegante, ma fu proprio questo che a Mariuccia parve molto romantico. Le piaceva quell'atmosfera animata di grida, famiglie, musichette, e trovò incantevole la vecchia villa, nella quale i domestici si muovevano discreti, comparendo il meno possibile. Man mano che la esplorava, si accorgeva che ovunque erano sparse fotografie della madre di Udo, la contessa Maria Frank Rosenthal de Beurges, bellissima e con un'aria superba.

Quando lui era al telefono per i suoi affari, Maria restava per intere mezz'ore a guardare nel dettaglio le foto di quella donna. Le trovava nello sguardo qualcosa che gliela rendeva affine, ma che allo stesso tempo la inquietava.

A volte, sentiva Udo parlare al telefono con lei; la chiamava *maman* e le si rivolgeva in francese, salvo passare al tedesco quando la discussione si faceva più concitata. Succedeva quasi sempre. La sensazione era che *maman* lo stesse rimproverando o che lui stesse reclamando invano qualcosa che gli spettava. Gli veniva allora un tono da bambino viziato che a Mariuccia produceva un sorriso. Le ricordava i capricci di Marco e nulla poteva muoverla a maggiore intenerimento che un bambino guastato dalle troppe concessioni.

Ogni tanto, Udo spariva per qualche settimana, per seguire gli affari di famiglia in giro per l'Europa. Prima del conte de Beurges, aveva avuto per patrigno il Rosenthal delle porcellane tedesche, perciò, oltre a occuparsi di un'azienda di vini, aiutava il fratellastro Philipp Rosenthal.

Quando tornava da Mariuccia, era carico di regali: portava gioielli, vestiti e borse per lei e abiti, liquori rari, scarpe e quadri per sé. Aveva le mani bucate. Ridendo, le raccontava spesso che, quand'era ragazzo in Baviera, il patrigno Rosenthal lo aveva cacciato di casa, sostenendo che gli stava dilapidando il patrimonio. Lui si era piazzato al Grand Hotel di Monaco finché sua madre non aveva convinto il vecchio che pagare il conto dell'albergo e delle sue gozzoviglie con gli amici gli sarebbe costato, alla fine, molto di più che tenerselo in casa.

Sei mesi dopo, Maria era già incinta. E, finalmente, lasciò il suo lavoro di modella. Non fu un figlio programmato, ma nemmeno del tutto indesiderato. Tant'è vero che già nel 1956 Mariuccia in dolce attesa, sua madre Sandrina e il piccolo Marco cominciarono a soggiornare per lunghi periodi nella casa di Udo a Juan-les-Pins e in un'altra sua tenuta, a Bolzano, dove c'era l'azienda vinicola. Verosimilmente, dunque, Udo non reagì con particolare insofferenza all'idea di diventare padre.

Era evasivo solo quando Mariuccia gli chiedeva di sua madre, la *comtesse* de Beurges.

Maria non ci teneva a incontrarla, anzi. Le faceva paura lo sguardo altero con cui la scrutava da tutte le fotografie. Ed era ovvio che la contessa non avrebbe gradito per nuora una ragazza madre. Quando si ritrovò incinta, si mise a pregare di venir presentata alla suocera il più tardi possibile: una gravidanza fra i trentaquattro e i trentacinque anni, a quei tempi, era un pericoloso azzardo. Maria passò alcuni mesi a letto per cautela, si vedeva brutta, sformata, e proprio non ci teneva a conoscere la contessa in quelle condizioni.

Trascorse l'estate a Villa El Djézaïr. La Cicci e le due Cristine andavano a trovarla quando erano di passaggio a Montecarlo, dove intanto Grace Kelly aveva appena sposato Ranieri di Monaco, accendendo la fantasia di Cristina Vettore: «Adesso arriveranno gli americani, vedrete» diceva, «i divi del cinema, i produttori e anche i magnati dell'industria. Gli americani ricchi sono tutti divini».

Cristina Bozzo Magliano, invece, era ormai romano-centrica. Parlava solo di Renato Angiolillo, con il quale lei e il marito salivano tutti i venerdì a Montecarlo. E non mancava di dire all'amica: «Premesso che l'amore è quanto di più prezioso e sensato esista al mondo, dovresti conoscerlo questo Angiolillo, Mariuccia. Da luglio, ha dato la casa a Fellini. Ti ricordi la villa sull'Appia di cui ti ho parlato, piena di cavalli e con la fidanzata prigioniera d'amore? Ci stanno girando un film che si intitolerà *Le notti di Cabiria*».

Ai primi di ottobre del 1956, Cicci arrivò a Juan-les-Pins con un bagagliaio pieno di valigie. La notte del 22, alla Clinique Wilson di Antibes, quando Mariuccia iniziò un travaglio difficilissimo, era accanto a lei. Udo Maria Gregory Franck de Beurges nacque la mattina dopo, alle 7.50. Era un bambino grosso e sano, che somigliava tutto a sua madre.

Udo spese più per le cure a Maria che per il parto in sé. Pagò 57.000 franchi per la clinica, 28.480 per la levatrice e 97.500 per rimettere in piedi Mariuccia, per giorni affidata alle arti del dottor Roger Brandeis e incapace di alzarsi dal letto.

Ancora malconcia, Maria convocò Cicci per compilare il biglietto con cui rendeva partecipi amici e conoscenti del lieto evento.

«"*Le jour du 23 Octobre 1956, à Antibes, est né Udo Maria Gregory Franck de Beurges*", Cicci, tu che hai studiato dalle Orsoline, mi controlli l'ortografia?»

«*Ça va très bien, mon amie.*»

«Che dici, firmo "Comtesse Maria Girani Franck de Beurges". *Ça va?*»

«Ma sei impazzita? Dimmi, piuttosto: questo bambino è stato riconosciuto, ha il cognome del padre, è tutto a posto?»

«Mah, direi di sì. Ha fatto tutto Udo.»

Le prime foto a Villa El Djézaïr ritraggono Mariuccia bella come non mai. Posa in giardino, davanti a una parete di felci, con indosso un abito in seta scuro, accollato e dalle maniche lunghe, ha in braccio il piccolo Udo, le loro teste accostate, gli occhi di entrambi socchiusi.

In un'altra immagine, Maria sorride con il suo bimbo sulle ginocchia, seduta a un tavolo rotondo, apparecchiato con una magnifica tovaglia in pizzo macramè e un'alzatina in cristallo ricoperta da una piramide di bignè.

Più in là negli anni, avrebbe riguardato quelle foto molte volte, sempre rapita dall'incanto di quel momento perfetto, quando tutto le era parso possibile: una famiglia, una dimora importante da governare, un marito appassionato...

In quei giorni, Maria era certa che Udo l'avrebbe sposata, che avrebbero vissuto a Juan-les-Pins, avrebbero ancora corso sulla Spider Lancia Aurelia B24 lungo i tornanti a picco sulla Baie des Anges, che avrebbero avuto un'auto più grande per le gite con i bambini, magari una Cadillac Eldorado rossa, anzi, champagne. Color champagne era molto più elegante. E che sarebbero andati a Parigi, a far spese da Dior e a cenare da Maxim's.

Poco dopo il parto, invece, Udo s'incupì senza apparente motivo. Discuteva sempre al telefono con *maman* e, un giorno, aggredì Maria, lamentandosi delle spese di casa, presentate dalla sua contabile Fräulein Bettina Pauli. La rimproverò perché aveva speso troppo nel dare ospitalità ai suoi parenti italiani, vale a dire il figlio Marco, la madre e una nipotina venuta a far loro compagnia durante le vacanze estive.

I loro rapporti precipitarono. Lui cominciò a viaggiare sempre più spesso, per seguire i suoi affari. Lei dovette tornare a Milano, perché Marco frequentava la scuola lì. Un paio di volte al mese, raggiungeva Juan-les-Pins per stare con Udo Maria Gregory, rimasto a Villa El Djézaïr e affidato a una bambinaia, Madame Brosst. Udo senior non c'era quasi mai.

Quando riuscivano a incrociarsi, Maria cercava un chiarimento, ma Udo abbassava il capo, borbottava qualcosa e si allontanava. Lei ormai parlava abbastanza bene il francese, lui meglio l'italiano, ma le parole non li aiutavano a comprendersi. E gli abbracci erano sempre più rari.

Poi, di colpo, senza preavviso, Udo le chiese di sposarlo.

Erano sul loggiato della sala da pranzo, guardavano il mare. Lui se n'era stato a lungo silenzioso, sorseggiando un liquore sulla sua poltrona. Maria, poggiata alla balaustra, gli dava le spalle, la sua figura si stagliava sottile nella luce morbida della Costa Azzurra, il vitino tornato quello dei vent'anni.

Udo le disse, in francese: «Dovremmo sposarci. Ti va?».

Maria non si voltò. Si chiese se aveva capito bene. Non sapeva che pensare. Restò a fissare la palma davanti a sé, che si dibatteva nel vento salmastro, sola in un posto che non era il suo. Si disse che, se avesse risposto sì, avrebbe sentito per sempre – proprio come quella pianta esotica, sradicata dal suo mondo – la nostalgia per una terra che le fosse amica, familiare. Era troppo pretendere di abitare in un luogo non ostile? Pretendere, in definitiva, l'amore?

Sentì i muscoli, tutti, irrigidirsi. Aveva due figli. Due figli senza padri. Senza una vera famiglia. Sarebbe stato così doloroso sopportare le frustate del vento, ancorata però a un terreno solido, a un cognome per sé e per i suoi bambini?

Maria non aveva scelta.

Si voltò verso Udo, sorridendo, e rispose: «Certo che mi va».

Diciassette mesi dopo la nascita del bambino, il 20 marzo 1958, Udo e Maria divennero marito e moglie, a Milano, in municipio. Erano presenti le amiche della sposa, le sue sorelle, sua madre, ma non la suocera.

«Tua madre verrà?» aveva chiesto Mariuccia a Udo.

«Le cerimonie la annoiano. Mi sono risparmiato di avvertirla.»

«Il padre ha rapito il mio bambino!»

Nuccia, accomodata sul sedile di dietro, giornali alla mano, stava leggendo alla sorella gli articoli più interessanti: «*Firenze, al Teatro della Pergola, il VII Congresso nazionale della Democrazia cristiana. Ci sarà l'apertura a sinistra?*».

La Lancia Flaminia bianca guidata dall'autista aveva imboccato l'ultimo tratto verso Juan-les-Pins. Era il 23 ottobre 1959. Maria, contessa de Beurges da appena un anno e mezzo, era già separata da un mese. Aveva l'impressione di aver fatto quella strada milioni di volte; ne conosceva ogni curva a memoria.

Quel venerdì, Udo Maria Gregory compiva tre anni e lei aveva stipato l'auto di regali. Aveva comprato alcuni vestitini e una giostra con il carillon che da sola occupava mezzo bagagliaio. Era un viaggio diverso dagli altri, e non solo perché era il compleanno del bambino.

Stavolta, Maria stava andando a prendere suo figlio per tenerlo con sé. Il tribunale lo aveva affidato a lei.

«Nuccia, non vorrei trovarci mia suocera, venuta a fare la nonna premurosa.»

«Chi, la vecchia strega? Stai tranquilla e tieni i nervi saldi.»

Quando l'auto imboccò Boulevard Charles Guillaumont e Maria scorse Villa El Djézaïr, sentì subito che qualcosa non andava. La villa le sembrò tetra, proprio come diceva sempre Cicci.

Erano le finestre, ecco che cos'era. Tutte chiuse, con le persiane serrate. E il cancello d'ingresso era fermato da una sbarra messa di traverso, che pareva un ghigno mostruoso. Maria scese dalla Lancia Flaminia, dimenticando di infilarsi le scarpe che s'era tolta durante il viaggio. Scalza, i piedi nella polvere mista alla sabbia portata dal vento, s'avvicinò al cancello e percorse palmo a palmo la sbarra, come a cercare una chiave o un meccanismo segreto. La sbarra era fissata con un lucchetto grosso e pesante. Sembrava essere stata apposta da qualcuno partito per un lungo viaggio.

Maria afferrò il cancello e cominciò a scuoterlo. Avrebbe voluto urlare, ma ogni suono le si fermava in gola. Continuò a scuotere e scuotere e scuotere ancora. Le si scomposero tutti i capelli.

Smise, infine, senza fiato, e si sedette per terra. Con gli occhi, implorò Nuccia di fare qualcosa. Sua sorella stava impalata davanti alla portiera spalancata dell'auto, in un crepitio di fogli di giornale accartocciati che volavano ovunque, nel vento. Di fronte allo sguardo supplicante di Maria, si sistemò meccanicamente il cappello in testa, si stirò le pieghe della gonna, quindi si accostò alla casa e cominciò a chiamare: «Madame Brosst... Madame Brosst...».

***

Udo Franck de Beurges aveva rapito il bambino sei giorni prima, il 17 ottobre. Dal suo guardaroba da piccolo conte aveva prelevato solo pochi abiti di ricambio. Poi la casa di Juan-les-Pins era stata chiusa, sigillata come una bara.

Il timore di Maria fu subito che l'avesse portato in Sudafrica con sé. Udo, laggiù, aveva stabilito la sua residenza poche settimane dopo averla sposata, comunicandoglielo a decisione presa.

Con il passare del tempo, lei si sarebbe convinta che Udo avesse voluto quella rapida cerimonia in comune solo per riconoscere il piccolo come figlio legittimo, invece che naturale, assicurandosi così di poterlo avere sul passaporto e portarlo via con più facilità, il giorno in cui l'avesse voluto. Sì, la verità era che il conte l'aveva sposata solo per toglierle il bambino. E forse quel matrimonio non l'aveva deciso nemmeno lui.

Quando Udo le aveva comunicato che intendeva trasferirsi a Johannesburg, lei stava leggendo una rivista. Era immersa nella storia strappalacrime della principessa Soraya che era appena stata ripudiata dallo scià di Persia perché non poteva avere figli. Erano i primi di aprile del 1958, appena due settimane dopo le nozze.

«Dov'è Johannesburg, esattamente?»

«In Sudafrica. All'interno. Zona subsahariana.»

«E che cosa mai avresti da fare, laggiù?»

«Cavalli. Devo occuparmi di un allevamento di cavalli.»

«E da quando ti occupi di cavalli?»

«Da adesso.»

«Stai scherzando?»

«È possibile che debba anche aprire una filiale della Rosenthal.»

«Mi serve un bicchiere d'acqua.»

«Non vuoi venire?»

«Perché? Mi hai chiesto di venire?»

Udo era uscito dalla stanza, sbattendo la porta.

In realtà, da quando era nato il bambino, Udo e Maria non avevano quasi mai vissuto insieme. Nella causa di divorzio, Udo sosterrà che lei non voleva stare insieme al figlio e non voleva occuparsene. Dal canto suo, Maria lo incolperà di essersi sottratto alla convivenza e di aver preteso che il bambino abitasse a Juan-les-Pins invece che con lei.

L'unica cosa certa è che, fra loro, si mise di mezzo la madre di Udo, la contessa Maria Carolina Franziska Frank vedova Rosenthal e vedova de Beurges.

L'aveva sempre fatto, con le fidanzate del figlio. Nessuna le era mai sembrata all'altezza. L'ultima, prima di Maria, era «solo» una baronessa. Quando *maman* l'aveva saputo, aveva indurito i lineamenti del viso: «Non ti ho cresciuto come un principe per consentirti di uscire con una ragazza così dozzinale» gli aveva detto.

Dopodiché, aveva comunicato al suo contabile di sospendere l'assegno di Udo fino a nuovo ordine. E aveva cominciato a salmodiare la sua solita lagna ricattatoria: «Vieni qui a dare un bacio a *maman*». E ancora: «A volte, io m'irrigidisco, ma lo faccio per il tuo bene. Non potrei sopportare che qualcuno ti facesse soffrire. Tantomeno una donna».

La *comtesse* de Beurges diventava folle di gelosia ogni qualvolta una ragazza s'accostava al figlio. Le trovava tutte brutte, ineducate, troppo interessate, troppo volgari.

C'era un motivo, dunque, se, la prima volta in cui Maria aveva messo piede a Villa El Djézaïr, aveva visto che i mobili erano ancora in parte coperti dalle lenzuola, come se i domestici avessero lasciato la preparazione della villa a metà. La contessa era stata avvisata dalla governante che Udo sarebbe arrivato con un'amica e che aveva dato ordine di aprire i saloni. La rabbia l'aveva assalita all'istante: «Da quando mio figlio ritiene di avere un'ospite senza avvisare sua madre? La prego, signorina, di interrompere subito il lavoro. La prossima volta, il conte Udo de Beurges si ricorderà prioritariamente di informarmi».

Quel giorno, *maman* non poteva sapere chi fosse la donna che Udo stava portando a Juan-les-Pins.

Qualche tempo dopo, il giorno in cui alla contessa giunsero le ultime e più accurate informazioni su Mariuccia, la dama di compagnia dovette sorreggerla e somministrarle i sali. La gentildonna si confinò nel proprio letto, lamentò un inesistente attacco di cuore e Udo dovette correre al suo capezzale.

Maria, ragazza madre di modeste origini, era la peggior candidata che le potesse capitare in sorte come possibile nuora.

«So ben io, che ho molto vissuto, che razza di donna dev'essere quell'*italienne*» sospirava sul millantato letto di dolore.

***

In effetti, la contessa aveva molto vissuto. Anche la sua scalata sociale partiva da lontano.

Nata Maria Frank nel 1890, era figlia di un avvocato di Monaco ed era cresciuta, assorbendone tutti gli umori, in quella tipica borghesia tedesca da fine impero, affetta da pesanti frustrazioni e sfrenate ambizioni. Androgina, il viso oblungo, aveva una bellezza singolare, rara per i tempi, che faceva impazzire gli uomini.

Era nata primadonna, tanto è vero che aveva studiato canto fino a diventare una brava interprete di arie d'opera, pagina che, tuttavia, scomparve ben presto dalla sua biografia perché Maria Frank sposò ancora giovane quello che sulle prime le era sembrato un buon partito: un medico, tale Alfred Franck, stavolta Franck con la «c». Da lui aveva avuto, diciannovenne, il figlio Udo. Ma il matrimonio e la maternità non avevano placato le sue inquietudini.

Tra i clienti importanti del padre, c'era il ricco e non più giovanissimo Philipp Rosenthal, il re delle porcellane, un uomo che s'era fatto da sé. Tedesco di origini ebree, era cresciuto fino a diciassette anni negli Stati Uniti, dove aveva fatto i mestieri più disparati: il garzone, il lavapiatti e il postiglione. Rientrato in patria, si era messo a commerciare in porcellane.

Nel 1880, vicino a Selb, in Baviera, aveva aperto il suo primo laboratorio. Comprava vasellame e lo faceva decorare dalla moglie Mathilde, che poi lo caricava su un carretto e lo portava alla stazione di Plößberg per spedirlo ai clienti trovati dal marito finanche in America. Quella santa donna di Mathilde, continuando a lavorare come un mulo, gli aveva dato due figlie, Klara e Anna. Intanto, le fabbriche erano diventate otto.

Viaggiando per tutta Europa, Rosenthal si affermò sui mercati esteri, al punto da insidiare il primato delle celebri porcellane Limoges. Il suo motto era: «Il segreto è conquistare la psiche femminile e modestamente, nessuno conosce la psiche femminile come la conosco io».

Ormai ricco, amava atteggiarsi a gran signore. Ostentava la sua passione per cani, cavalli e belle donne. Monocolo, pantaloni da cavallerizzo e plastron bianco erano la sua divisa. In America, lo prendevano per un colonnello prussiano, con sua viva soddisfazione.

Nel 1913, creò il suo servizio di piatti destinato ad avere maggiore fortuna, ancora oggi un classico per le case borghesi: era in porcellana bianca e oro, i bordi con decori di frutta in rilievo. Lo battezzò «Maria», e in tanti, specie la moglie Mathilde, si chiesero a chi mai corrispondesse quel nome. Il tempo svelò che si trattava della figlia del suo consulente legale, ovvero Maria Frank coniugata Franck, che aveva all'epoca solo ventitré anni: trentacinque meno di lui.

Nel 1916 i due amanti, avendo ottenuto entrambi il divorzio, convolarono a nozze. Philipp Rosenthal junior nacque subito dopo.

Per lui, la madre pianificò un'educazione da erede al trono, prima in Svizzera e poi in Inghilterra. Ovviamente, segnalò al marito che trovava inelegante non garantire al suo Udo un pari trattamento.

Quando Hitler, nel 1935, varò le leggi razziali, la scaltra Maria capì che quella era la sua occasione per allontanare dal controllo dell'azienda le figlie di primo letto del consorte. Philipp junior era ancora troppo giovane per essere utile ai suoi scopi, e comunque era un Rosenthal ebreo; per fortuna c'era Udo, di pura razza ariana.

Il ministro dell'Interno della Baviera, però, diede all'ormai settantottenne Philipp garanzia scritta che non gli sarebbe stato torto un capello, e uno dei direttori ottenne da Goebbels l'assicurazione che all'azienda sarebbe stato risparmiato il boicottaggio antisemita. Maria Frank Rosenthal, tuttavia, non abbandonò i suoi piani e continuò ad assillare il marito.

«Philipp, amore mio, non si sa mai che cosa può succedere, la situazione è grave, dobbiamo mettere in salvo la Rosenthal, per le tue figlie e i tuoi nipoti, non soltanto per noi...»

«Goebbels dice che Hitler in persona ha garantito che non ci succederà niente.»

«Non si può mai sapere: anni e anni di sacrifici e ti portano via le fabbriche, vedrai, fossi in te, valuterei di affidare l'azienda a Udo...»

«Tu dimentichi che, qualche anno fa, ho dovuto cacciarlo di casa per colpa dei conti stratosferici che mi lasciava in sarti, viaggi e vizi.»

«Poverino, tu non consideri che, quand'era bambino, l'ho dovuto strappare al padre per amore tuo.»

«Non mi pare che ci abbia perso.»

«Mettilo alla prova: ha capito la lezione, sono sei mesi che vive di niente.»

«Proprio di niente non direi.»

Maria l'ebbe vinta. Philipp Rosenthal senior cominciò con il girare a Udo soldi e mansioni, finché annunciò la nomina del ragazzo a consigliere d'amministrazione. Lo fece con un discorso che, secondo la testimonianza di un genero, suonava grosso modo così: «Illustri consiglieri, desidero ricordarvi che l'azienda per la quale lavorate è nata cinquant'anni fa per mio merito, in un minuscolo laboratorio, e che se è diventata un impero, ciò si deve alle mie vittoriose campagne di conquistatore dei mercati. Io sono, in quest'azienda, pari allo zar di Russia e, come tale, ho potere assoluto di deciderne i destini. Pertanto, considerata la gravità del momento, ho designato un principe ereditario. Ho deciso che il mio figliastro Udo Franck cominci non da soldato semplice, ma da comandante di reggimento».

I due generi dello «zar» e i nipoti, cioè i figli di Klara e Anna che sedevano in consiglio, a quel punto si unirono in una causa civile per interdirlo.

Per tutta risposta, il vecchio Rosenthal cominciò a rastrellare azioni e a passare somme enormi a Udo, che intanto aveva nominato amministratore del suo patrimonio. E a Udo donò i due terzi di un'altra fabbrica di porcellane, la GmbH Bahnhof-Selb. Questo, almeno, ha poi ricostruito il settimanale «Der Spiegel», che ancora nel 1956 dedicò un lungo articolo a quell'antico scandalo.

In tribunale, oltre che della presunta infermità mentale del vecchio, e delle doti manipolatorie della di lui graziosa consorte, si discusse anche del futuro marito di Mariuccia, ovvero della «presunta inettitudine di Udo a ogni lavoro» e «della sua spropositata tendenza a spendere». Alla fine, il fondatore fu ritenuto incapace di intendere e di volere, fu interdetto e posto sotto tutela, con effetti retroattivi che datavano dal 12 marzo 1934 e che inficiavano tutti gli atti posti a favore del figliastro.

L'ultima perizia risale al 15 febbraio 1937. Sei settimane dopo, Philipp Rosenthal morì. Aveva ottantadue anni e lasciava una vedova quarantasettenne, piuttosto facilmente consolabile.

Il 29 novembre 1938, infatti, a distanza di poco più di un anno, Maria Frank Rosenthal sposava a Parigi il conte William Henry Louis de Beurges, cinquantasette anni, fotografo, *bon vivant*, imparentato con tutta l'aristocrazia europea da entrambi i lombi, in virtù anche di una nobile mamma madrilena.

Fu così che l'inquieta figlia di un avvocato di Monaco diventò contessa francese e si trasferì a Cannes.

Nel frattempo, i Rosenthal erano stati costretti a cedere l'intero pacchetto azionario a causa delle disposizioni naziste sul patrimonio degli ebrei. Tuttavia, dopo la guerra, Maria, vedova Rosenthal, ormai contessa de Beurges, e suo figlio Philipp trattarono con il governo tedesco la restituzione di una parte della società, ottenendo l'11 per cento delle azioni. Un patrimonio notevole, considerando che in quel 1955 in cui Udo conobbe la nostra Maria, Maria Girani, il fatturato della Rosenthal copriva il 15,1 per cento dell'intera industria di porcellane della Germania Ovest.

A questo punto, la *comtesse* Rosenthal de Beurges godeva di un patrimonio e anche di un titolo nobiliare, che si era premurata di trasmettere ai due figli, facendoli adottare dal conte. Non le restava che concentrare i suoi sforzi nell'ulteriore affermazione mondana sua e dei suoi adorati rampolli.

Dava balli grandiosi invitando aristocratici e attrici celebri come Bettina Moissi e Margot Hielscher. Ma più di tutto, andava fiera dell'amicizia con il principe Oscar di Prussia e con sua figlia Herzeleide Ina Maria. E, a questo proposito, il suo unico cruccio era che la principessina si fosse sposata a Ferragosto del 1938, solo un attimo prima che lei la conoscesse e riuscisse a sistemarla con uno dei suoi ragazzi. Se proprio doveva perderli, tanto valeva che fosse almeno con la discendente di una famiglia imperiale.

Quando la contessa seppe di Mariuccia, la odiò come si può odiare solo qualcuno che più ci somiglia. Suo malgrado, aveva individuato in quella italiana l'avventuriera che era stata a sua volta. Anche se non l'avrebbe ammesso neanche con se stessa.

***

Guardando le foto della potenziale suocera, durante le sue prime visite a Juan-les-Pins, Mariuccia aveva infine capito cos'era che gliela rendeva così familiare e che cosa, a tratti, la inquietava. *Maman*, era chiaro, «non nasceva». Glielo si leggeva nello sguardo, che esprimeva insieme sfida e rivalsa.

E man mano che le foto la ritraevano in là negli anni, si faceva sempre più palese sul suo viso un tratto di durezza. Le crescenti angherie della donna, poi, le confermarono quella che dapprincipio era stata solo una vaga intuizione, e cioè che la contessa vivesse nell'ossessione di dover difendere quanto era riuscita a realizzare. I figli erano la perfetta proiezione del suo disegno e non avrebbe mai permesso a nessuno di alterarne i contorni.

Tanto è vero che, appena la contessa de Beurges seppe della relazione con Maria, tagliò i fondi al caro Udo, lasciando che seminasse conti un po' ovunque, senza saldarglieli. Quando la informavano che Maria stava arrivando a Villa El Djézaïr, metteva in ferie la servitù. Sembrava avesse spie dappertutto. Bastava che Maria andasse una sera all'Astoria, a Milano, che nel giro di due giorni Udo le chiedeva chi fosse quel tale con il panciotto bianco che sedeva al suo tavolo.

Alla nascita di Udo Maria Gregory, *maman* si fece ricoverare in clinica lamentando un altro crepacuore. E lì decise che bisognava prendersi il bambino ed eliminare la madre. Non era possibile fare diversamente, gli ostacoli andavano rimossi.

Fu lei a pretendere che il piccolo rimanesse a Juan-les-Pins; e fu lei che cominciò a spedire Udo da una città all'altra d'Europa, inventandosi incontri di lavoro per la Rosenthal, al solo scopo di tenerlo lontano da Mariuccia. Ovviamente, dopo il matrimonio fu lei a stabilire che Udo sarebbe andato a vivere in Sudafrica, pena il taglio dei viveri a oltranza.

Mise a punto la propria strategia e prese tempo. La vendetta, si sa, è un piatto che si serve freddo e con raziocinio.

***

Il temuto incontro con la suocera avvenne quando Udo Maria Gregory aveva un anno e mezzo e Maria si era appena sposata. Un giorno, Mariuccia arrivò a Villa El Djézaïr da Milano e, stranamente, trovò la servitù al gran completo. Intuì subito che c'era poco di che rallegrarsi.

Non si era ancora tolta il cappello che la *comtesse* de Beurges piombò in salotto. Proveniva da Cannes e aveva ben calcolato l'orario del suo ingresso alla villa.

Nei mesi precedenti, *maman* aveva preferito vedere il piccolo Udo quando Maria non c'era; non aveva ancora smaltito la rabbia per l'oltraggio sociale che aveva dovuto subire, accettando, strategicamente beninteso, che il figlio sposasse quell'impresentabile *italienne*. Ma ancora non si erano mai incontrate.

Ora era venuto il momento di riprendere in mano la situazione, sfidare Maria sul proprio territorio e farle capire chi fosse davvero a sovrintendere sui destini di tutti. Era lei il vero regista della favola bella a cui Maria aveva creduto e lei non aveva previsto alcun lieto fine.

Quella mattina, entrando all'improvviso nella villa, la contessa colse di sorpresa tutti. Alle sue spalle, sopraggiunse sinuoso un gatto persiano, uno dei tanti di cui aveva riempito la sua dimora di Cannes, preferendo ormai convivere solo con domestici e felini.

La nobildonna lanciò la borsetta su una poltrona e la stola per terra, mentre una cameriera si affrettava a farle la riverenza e a raccogliere le sue cose. Maria ammutolì. Era sposata da poco ma, con Udo sempre in viaggio ancora non si sentiva al sicuro in quella grande casa. Troppo grande.

La contessa salutò uno per uno, chiamandoli per nome, i camerieri, la cuoca, il giardiniere e, continuando a ignorare la nuora, ai suoi occhi trasparente più di una tenda di *voile*, si diresse a passo deciso verso Madame Brosst, che teneva in braccio il piccolo Udo. Con una leggiadria studiatissima, si chinò verso il bambino.

«Guarda chi c'è? La nonna!»

Poi, rivolgendosi alla Brosst: «Come sta mio nipote, *madame*? Ha risolto quel fastidio al pancino?».

«Il bambino, *comtesse*, adesso sta benissimo.»

«Non direi proprio: si vede che è trascurato. Lo dia a me.»

La contessa de Beurges afferrò Udo d'imperio.

Maria pregò dentro di sé che il piccolo cominciasse a strillare: ti prego, piangi, lo scongiurò in silenzio. Ma Udo era un bimbo buonissimo, giocava con le perle della nonna e continuava a sorridere. A quel punto, la contessa voltò le spalle a Maria e s'avviò verso il terrazzo, rampognando che suo nipote aveva bisogno di aria e di luce. Ormai era primavera e c'era il sole, il tenero sole della riviera, gorgheggiava.

In quel preciso momento, però, *madame la comtesse* inciampò sul bordo di un tappeto non perfettamente steso. E in una frazione di secondo, tutta la servitù scattò verso di lei. Un solerte valletto la sostenne un attimo prima che rovinasse su un prezioso Aubusson insieme al preziosissimo nipote. Maria ne approfittò per strapparle il bambino.

Udo Maria Gregory cominciò a piangere, spaventato. Maria, lo strinse al seno, gli fece alcune carezze, giusto il tempo per ritrovare il controllo.

«Si è fatta male, contessa? Geraldine, porti un bicchiere d'acqua» ordinò Mariuccia a una cameriera.

La governante e il maggiordomo stavano intorno alla Rosenthal de Beurges che intanto aveva raggiunto un divano.

«Nulla, non è stato nulla» disse appena si fu seduta. Era furente.

«Allora, Geraldine, niente bicchiere d'acqua» controbatté Maria, ormai ostentatamente serena.

«Così, lei è la nonna di Udo Maria Gregory? Lieta di conoscerla, finalmente. Io sono Maria.»

I servitori erano ancora tutti nella stanza, ognuno a suo modo impaurito, immobile. Mariuccia sapeva che l'ordine di ritirarsi doveva darlo la de Beurges, ancora padrona della dimora, nonostante il suo recente matrimonio potesse autorizzarla a vestire un po' dei suoi panni. Ma non volle impugnare subito l'arma della provocazione.

«Non si inquieti, capita a tutti di inciampare, *comtesse*. E una donna di carattere si distingue dalla capacità di tenersi in piedi» disse Mariuccia, riconoscendo alla suocera la sua personalità, ma affidando a una sottile ironia anche le proprie ragioni, e la medesima fermezza.

«Nessuno le ha detto che bisogna fare la riverenza al cospetto di una nobildonna?»

«Da nonna, vorrà perdonarmi se evito di far cadere suo nipote.»

«Ha detto bene: mio nipote.»

«Ci tengo particolarmente, trattandosi di mio figlio.»

«Il sangue, come il cognome, è affare di linea paterna.»

Maria accusò il colpo: «Tuttavia, ci sono donne che fanno propri i figli e riescono a dar loro tutti i cognomi possibili e persino titoli nobiliari non trasmessi dai padri» disse, già meno conciliante.

La contessa non si scompose: «Si sente al sicuro solo perché mio figlio l'ha sposata? Se fossi in lei non sarei così tranquilla». Ora sul collo della Rosenthal de Beurges i nervi guizzavano come serpenti. Maria rimase impassibile di fronte a quella minaccia, feroce e subdola. E giocò la carta della mozione degli affetti.

«A me non penso troppo. Mi è parso, invece, che lei sia molto affezionata a questo bambino. Il padre di certo lo è.»

«Mio figlio Udo è affezionato, sopra ogni cosa, a sua madre.»

«Comportamento giustissimo e assennato. Educo anch'io mio figlio agli stessi valori.»

«Suo figlio! E l'altro figlio che ha? Quello senza padre? Come lo educa?» Il fendente della contessa arrivò a lambire il cuore di Maria. Che ancora una volta, però, le rispose abbassando i toni.

«Lo educo a farsi strada da solo. E a farsi voler bene. Udo gliene vuole molto. Anche lui sa che cosa significa crescere lontano dal padre.» Quest'ultima battuta era stata un po' meno soave.

«Con la differenza che mio figlio, il conte Udo Franck de Beurges, un padre lo aveva.»

«Ne sono al corrente. Ricorda ancora quando all'improvviso, bambino, lo salutò e a lungo non poté vederlo.» Stavolta fu lei ad affondare il fioretto.

«Lei è un'impertinente. Non le hanno insegnato l'educazione?»

«Quella dei buoni sentimenti *oui, comtesse.*»

«Con i buoni sentimenti non si va da nessuna parte.»

«Se è un consiglio, lo seguirò. Ora, però, mi scusi, Udo Maria Gregory deve mangiare.»

«Lo so benissimo. Sono io che, prima di arrivare, ho ordinato a Madame Brosst di essere puntualissima con il pasto di mezzogiorno.»

Basta, Maria era esausta, la sua dose di autocontrollo era finita. Si ritirò in camera sua, si chiuse la porta alle spalle e per un attimo sentì un brivido percorrerle la schiena. Andò verso la finestra, incerta se il refolo di gelo che aveva sentito provenisse dall'inquieta primavera di Juan-les-Pins. Avrebbe tanto voluto sentire accanto a sé il calore di un marito, ma Udo ormai era distante da tempo.

***

Il freddo era cominciato subito dopo la nascita di Udo Maria Gregory, Udo senior aveva preso a correre da Parigi a Berlino, da Londra a Vienna, inseguendo gli appuntamenti di lavoro che gli combinava la madre. Maria continuava a vivere a Milano, ma ormai aveva smesso di lavorare. Quando andava a trovare il piccolo a Villa El Djézaïr, spesso da lì raggiungeva le due Cristine o Cicci e Maner a Montecarlo.

Fu durante uno di quei weekend che una sera, al casinò, Cristina Bozzo Magliano le presentò Renato Angiolillo.

Le ragazze stazionavano a un tavolo di baccarà quando il crocchio di persone alle loro spalle si aprì per lasciare il passo a qualcuno. Si fece strada il senatore, non bello, ma sfrontato e imponente, un monocolo con la montatura in oro all'occhio sinistro, elegantissimo nel suo smoking tagliato da un sarto napoletano e portato con una disinvoltura pari solo a quella sfoggiata da Gianni Agnelli e da Winston Churchill.

«Premesso, Renato, che vederti è una gioia quasi quanto

fare l'amore con il mio Angelo, permettimi di presentarti la mia amica Maria Girani, contessa de Beurges.»

«*Enchanté.*»

Il senatore le fece un impeccabile baciamano e prese posto al tavolo del baccarà. Quando cominciò a maneggiare le sue carte, Maria notò che tutti giocavano «punto», cioè scommettevano su di lui, invece che sul banco. Ipnotizzata, lo vide vincere tre mani di seguito. Alla terza, Angiolillo raccolse le sue *fiches* e si fece da parte.

«Senatore, me l'avevano ben detto che lei è un giocatore fortunato.»

«Abile, contessa. La fortuna è dei mentecatti.»

«*Pardon*. Devo allora dedurne che sia falsa anche l'altra affascinante leggenda che la riguarda.»

«E quale sarebbe?»

«Che lei giri con le tasche piene di pietre preziose, i suoi portafortuna.»

«Questa sì che è bella! No, quello che se ne riempie le tasche è mio fratello Amedeo, il più napoletano di noi due. Io ne tengo una sola alla volta, ma per il puro piacere di ammirarla. Se ha voglia di accompagnarmi alla roulette e se vinco, gliela mostro.»

Puntò sull'11 e il 10. Uscendo dall'Hotel de Paris, dove abitualmente prendeva alloggio, s'appuntava sempre i due numeri che segnava l'orologio di fronte all'albergo e giocava quelli.

Andò bene. E quando infilò la mano nella giacca, ne venne fuori un piccolo lucente rubino del quale, nell'euforia dell'ulteriore vincita, fu lieto di fare omaggio a Mariuccia. Poi le chiese di rivederla l'indomani, per una passeggiata.

A questo punto, è opportuna una precisazione per quanto concerne le date. Nonostante Maria si presentasse già come contessa de Beurges, e più tardi racconterà di aver conosciuto Angiolillo nel 1959, quel loro primo incontro avvenne, in realtà, nel 1957, addirittura un anno prima del matrimonio con Udo. Lo conferma Ljuba Rosa che quell'anno sposò Ettore Tagliabue e fece il viaggio di nozze a Montecarlo.

Fu proprio lì, a passeggio sul porto, che Ljuba incontrò Maria e Renato. Tagliabue e Maria, lo abbiamo già visto, si conoscevano da alcuni anni per cui, definitivamente superate le reciproche incomprensioni, quella mattina decisero di proseguire la *promenade* tutti insieme.

Ljuba racconterà che a un certo punto si fermarono di fronte alla vetrina di Hermès. Renato entrò, si fece tirare fuori tutte le borse e scelse la più bella per regalarla a Maria, non prima di avervi fatto apporre le iniziali di lei in oro: era una grossa Kelly nera, il modello di Hermès lanciato nel '56 da Grace, principessa di Monaco. L'acquisto fu subito emulato da Tagliabue, il quale ne comprò una gemella per la sua fresca sposa.

Postdatare il suo primo incontro con il senatore Angiolillo, sembrò sempre opportuno a Maria, che molto teneva alla sua reputazione.

***

Dovette passare del tempo, comunque, almeno due anni, prima che i due decidessero di unire i loro destini. Anche se nel '57 l'unione di Maria e Udo era già in crisi e loro non si erano nemmeno sposati, lei doveva ancora vedere svanire per sempre il suo sogno di contessa felice.

Da parte sua, Renato Angiolillo aveva sostituito Mary Sessa con una girandola di amiche e amanti. E, in quel 1957, era impegnato a curare lo scrittore Curzio Malaparte, autore di *La pelle* e *Kaputt*, suo collaboratore al «Tempo» e suo carissimo amico.

Malaparte era tornato dalla Cina sostenendo con alcuni di essere convalescente dalla malaria, con altri dalla tubercolosi. Temendolo infetto, nessuno lo voleva ospitare, ma Angiolillo lo aveva accolto nella villa sull'Appia Antica. Poi si era saputo che Malaparte aveva un cancro ai polmoni. Le sue condizioni erano peggiorate ed era stato ricoverato alla clinica Sanatrix.

Sul letto di morte, Malaparte blaterava le cose più diverse: affermava di essere ateo, si dichiarava figlio del diavolo, sosteneva di essere buddista.

Il senatore Angiolillo prese allora con sé il giornalista Alberto Giovannini e andò a chiamare padre Virginio Rotondi nella sede della rivista «Mondo migliore», a piazza del Gesù.

«Un giorno avrò bisogno anch'io di un prete, ma *mo'* è presto. *Mo'* bisogna stare accanto a Malaparte» disse al sacerdote.

Rotondi, suo padre spirituale, era un gesuita celebre per gli affollati comizi di piazza e perché era vicinissimo a papa Pacelli: fu lui a convincere il Santo Padre a posare per il celebre reportage fotografico di «Epoca», quello in cui lo si vede ritratto con i canarini Dompfaff e Gretchen. A lui il pontefice affidava le missioni diplomatiche più delicate. In particolare, padre Rotondi aveva il ruolo di messaggero fra il Vaticano e il Quirinale, ovvero fra il santo padre e il presidente Giovanni Gronchi.

Alla clinica Sanatrix, padre Rotondi prese a parlare intensamente con Malaparte. E Angiolillo ce lo condusse tutti i giorni, finché il prete non riuscì a convertirlo. Quindi, con una dispensa speciale di papa Pacelli, il religioso amministrò allo scrittore battesimo, cresima e comunione.

A contendersi l'anima di Malaparte, però, c'era anche il Pci. Il 12 aprile 1957, Palmiro Togliatti in persona firmò la tessera del partito destinata allo scrittore, piazzando un proprio emissario fuori dalla porta della sua stanza alla Sanatrix, per impedire l'ingresso del gesuita. Angiolillo non si diede per vinto e riuscì a sistemare il prete in una camera comunicante con quella del moribondo, con un accesso segreto. Fu così che il 19 aprile, alle tre del pomeriggio, padre Rotondi poté impartire a Malaparte l'assoluzione da tutti i peccati e l'estrema unzione.

Vulcanico e irruente, Renato Angiolillo era sempre coinvolto in mille affari che non necessariamente lo riguardavano. Nella primavera del 1958, mentre Maria si lasciava cadere sulle ginocchia la rivista con la lacrimevole storia di Soraya ripudiata dallo scià, e contestualmente apprendeva che il neomarito se ne voleva andare in Sudafrica, pare che lui stesse, invece, tentando di far sposare la principessa Maria Gabriella di Savoia proprio con lo scià di Persia. Di mezzo, c'era il solito padre Rotondi.

Il presidente dell'Eni Enrico Mattei aveva da tempo in progetto di forzare il cartello delle cosiddette «sette sorelle», le compagnie petrolifere che monopolizzavano i giacimenti persiani. L'anno prima, aveva fatto visita allo scià con il presidente Gronchi, senza però ottenere granché. Quando lo scià ripudiò Soraya, Mattei sperò di rinsaldare i rapporti fra Italia e Iran combinando un matrimonio conveniente per entrambi i Paesi. Padre Rotondi fu incaricato di negoziare con papa Pacelli una soluzione che consentisse le nozze fra la principessa cattolica e il sovrano musulmano e di trovare una via per piegare la terzogenita di re Umberto II alla ragion di Stato.

Se c'era da guadagnare un credito, Angiolillo non si tirava indietro e, in quella storia, oltre a conoscere Rotondi, conosceva Mattei: avevano in comune l'amicizia con Fanfani, anche se da direttore, in quegli anni, Renato non era stato tenero nei suoi confronti. Bendisposto verso la politica di Mattei era, invece, il giornalista a lui più vicino, quel Giovannini insieme al quale aveva prelevato padre Rotondi e assistito fino alla fine Curzio Malaparte. Sul «Tempo», Giovannini bilanciava la linea dura nei confronti dell'Eni, secondo la nota tecnica di «un colpo al cerchio e uno alla botte».

In più, Angiolillo poteva contare su un rapporto privilegiato con la principessa Isabelle Colonna, detta l'«Arcipapessa», vicinissima a Pio XII. Con i Savoia in esilio, la nobildonna veniva considerata una sorta di viceregina, con dignità di mettere il becco in tutto ciò che riguardava i rapporti fra la nobiltà e la

Chiesa. La morte di papa Pacelli arenò, alla fine, le trattative. Lo scià Reza Pahlavi chiese la mano di Maria Gabriella, ma non la ottenne. La principessa avrebbe sempre sostenuto che non si era piegata all'unica soluzione trovata: ovvero, limitarsi a osservare la religione cattolica privatamente.

***

Renato Angiolillo era un personaggio già da bambino. Nato il 4 agosto 1901, a Ruoti, un paesino in provincia di Potenza, ultimo di quattro fratelli e quattro sorelle, figlio di un avvocato, a tredici anni orecchiò di essere stato destinato al seminario. Salì, dunque, su un treno a carbone e scappò di casa. Scese a Napoli, cercò il fratello Amedeo e ottenne di poter restare con lui. Crebbe facendo suoi la teatralità, il dialetto e l'arte di arrangiarsi che impregnavano la città. Diciottenne, già scriveva per il «Giornale della sera», diretto dal fratello, ma soprattutto dimostrava uno spiccato talento nel far soldi.

Una volta, per giocargli uno scherzo, alcuni amici fecero pubblicare una sua foto nella rubrica *Chi l'ha visto?* di un giornale del Nord. Attendevano la sua reazione, ma Renato non si trovava: era andato a Milano a pretendere un risarcimento dalla casa editrice per l'equivoco di cui era stato vittima, oltre che per la divulgazione di una foto che, sostenne, non gli rendeva affatto giustizia. Inutile dire che ottenne quanto aveva richiesto.

All'università, s'inventò un commercio inusuale: la sera, andava al comune, controllava chi fosse morto e si presentava a casa dei parenti per vendere dei libricini di preghiere sul cui frontespizio aveva fatto incidere il nome del caro estinto. Con i morti, ebbe sempre una certa dimestichezza commerciale. Si mise a vendere ai familiari dei defunti anche le giacenze dell'editore Laterza, fingendo che i libri fossero stati ordinati prima della dipartita.

E, più avanti, «Il Tempo», il quotidiano da lui fondato, si

specializzò in necrologi a pagamento. Diversamente dagli altri giornali, che quasi li nascondevano, Angiolillo li pubblicava di spalla in seconda pagina, rendendoli evidentissimi. Comperare il giornale diventava quasi un obbligo per la nobiltà e la borghesia romane che volevano tenersi aggiornate sui lutti cittadini. Mentre alle notizie dei matrimoni più altolocati provvedeva Diego Calcagno, nella popolarissima rubrica *Mosconi.*

«*I muorti so' 'a vita do' giornale*» diceva Angiolillo. E i necrologi, essendo pagati in contanti erano, inoltre, una bella iniezione di liquidità. Così, nacque ben presto la leggenda che il venerdì l'editore passasse in amministrazione per prelevare il denaro fresco dei necrologi e procurarsi una generosa paghetta da spendere nel fine settimana a Montecarlo.

Renato Angiolillo non distingueva molto fra i conti del giornale e quelli personali. Nei weekend al casinò, consolidò con Vittorio De Sica un'amicizia fondata sulle perdite al gioco. De Sica, come Fellini, Totò, Eduardo e Peppino De Filippo, apparteneva a una sua prima vita cinematografica. Una passione, quella del cinema, che non lo avrebbe mai abbandonato.

Nel 1941 aveva firmato da soggettista, sceneggiatore e produttore, il film *Caravaggio, il pittore maledetto*, con regista Goffredo Alessandrini e interprete Amedeo Nazzari. Nel '42, aveva scritto il soggetto di *Un garibaldino al convento*, che fu diretto e interpretato da De Sica nel ruolo di Nino Bixio.

L'amicizia tra i due durò nel tempo, cementata anche dall'incrollabile amore per il gioco. Si ritrovavano spesso a Montecarlo, dove De Sica portava volentieri in vacanza i figli Christian e Manuel, costretti a scegliere soltanto località in cui ci fosse un casinò. Le perdite per il grande regista erano quasi sempre di un certo rilievo. Il senatore Angiolillo era, ai tempi, non si sa se più accorto o fortunato. Amava, comunque, trattarsi bene e godersi ogni lusso possibile. Un suo costoso vezzo, per esempio, consisteva nel farsi recapitare «Il Tempo» fresco di stampa sulla Costa Azzurra: una copia della prima edizione del giornale veniva caricata sul treno della notte per Genova, da lì un autista la portava al mattino presto all'Hotel de Paris.

Renato Angiolillo, giovanissimo, aveva sposato la figlia di un possidente terriero sorrentino, Olga De Gregorio, che gli diede due eredi, Mario e Gaetano. Gli anni di Mussolini li visse rocambolescamente, poiché, da liberale antifascista, continuò a scrivere quel che gli pareva. Scampò a un primo mandato di cattura grazie a una soffiata del conte Garzilli, podestà di Sorrento, il quale informò del pericolo suo suocero, cosicché lui e Olga, incinta di Mario, poterono riparare a Messina.

La coppia rientrò poi a Napoli, e lì Renato fondò «Il Vecchio Paese». In poco tempo, ne fece un'importante voce dell'antifascismo e lui finì al confino a Bari con il divieto di scrivere sui giornali. Sulle prime aprì una pizzeria, quindi si inventò il mestiere di pubblicitario, all'epoca pressoché inesistente, e pubblicò un volume, *Puglia d'oro*, in cui illustrava il profilo delle aziende e degli imprenditori pugliesi, ricavandone un bel po' di soldi.

La capacità di arrangiarsi e far denaro nei modi più disparati non lo avrebbe mai abbandonato. Un giorno, mentre assisteva a un dressage, cioè a una gara di addestramento per cavallo e cavaliere, un concorrente si sentì male, e lui, che non aveva mai montato nessun cavallo, si offrì di sostituirlo. Non si trattò di una goliardata fine a se stessa: il regolamento assicurava un buono in denaro al cavaliere che avesse superato i primi duecento metri. Renato, abbracciato all'equino, riuscì nell'impresa: volò nei campi solo a traguardo raggiunto, portandosi a casa l'assegno.

Quando la moglie Olga morì di un'epatite fulminante a soli trentatré anni, Renato mise i figli in collegio a Cava de' Tirreni e si stabilì a Roma, dove lavorò nel cinema, poi trafficò con la stampa clandestina e si scontrò di nuovo con il regime. Stavolta, evitò la cattura grazie alla nuova compagna, l'austriaca

Olga Tschenet, che intrattenne in tedesco le SS che le si erano presentate alla porta, mentre lui scappava dai tetti, rifugiandosi dal vicino di casa Peppino De Filippo, suo sodale di partite a carte. In quell'appartamento in via Eustachio Manfredi al 17, a qualche civico dal suo che abitava al 31, Renato Angiolillo restò a lungo, avendo a disposizione un armadio in cui nascondersi alla bisogna.

Fu a un tavolo di poker con i De Filippo e altri compagni di giocate che Angiolillo sbancò il proprietario della tipografia Il Vascello. Vinse duemila lire in contanti e un mezzo chilo di cambiali: era il capitale con cui avrebbe fondato «Il Tempo».

Il 5 giugno 1944, mentre gli americani entravano a Roma, mandò in stampa il primo numero. Per pubblicare un giornale nella capitale appena liberata, tuttavia, non era sufficiente avere un credito aperto presso un tipografo: gli alleati, infatti, decretarono che potevano uscire in edicola solo il «Corriere di Roma», quotidiano ufficiale del Pwb (vale a dire l'ufficio anglo-americano che aveva il compito di controllare la stampa nei Paesi di occupazione militare alleata) e i fogli dei sei partiti governativi del Comitato di liberazione nazionale. Quando ricevette l'ordine di sospendere le pubblicazioni, Angiolillo, incurante, lo buttò nella spazzatura, si mise il cappello e si avviò verso il quartier generale degli americani.

Nei mesi precedenti, aveva pubblicato clandestinamente un bollettino con le notizie di Radio Londra. Forte di questo viatico, riuscì a farsi ricevere dal governatore alleato Charles Poletti, o forse direttamente dal generale capo dell'esercito statunitense Mark Wayne Clark, e a ottenere, sorprendentemente, l'autorizzazione a stampare.

Angiolillo aveva aggirato il divieto di creare nuove testate comperando «L'Italie» da un tal Leprotti: questi gliela cedette insieme con il marchese Guglielmo Serafini, redattore capo del giornale, che fu poi, per decenni, il cronista parlamentare del «Tempo».

La redazione – formata da lui, dal condirettore Leonida

Rèpaci, presto liquidato, e da quattro giornalisti – nacque in due piccoli locali di via della Stelletta, vicino piazza di Montecitorio. La tipografia era, appunto, Il Vascello di via Mario de' Fiori 104, la stessa in cui veniva stampato «Avanti!», organo del Partito socialista. Il primo colpo di Angiolillo fu farsi passare dal quotidiano socialista la pubblicità che il direttore Pietro Nenni rifiutava quando veniva da capitalisti non amati.

L'asso calato da Angiolillo fu tuttavia la pubblicazione a puntate dei diari di Galeazzo Ciano, il genero di Mussolini, marito di Edda. Le copie vendute schizzarono da trentamila a centocinquantamila e nel 1945 arrivarono a trecentomila: «Il Tempo» fu il più clamoroso successo editoriale del dopoguerra.

Come Renato avesse ottenuto quei diari non si sa. C'è chi sostiene che furono i servizi segreti americani a consegnarglieli; altri ricordano che a farli avere all'amministratore Tugnoli fu un tizio scalcagnato, e le due versioni non sono necessariamente incompatibili.

«Non posso offrirle più di duecentomila lire» pare abbia detto Angiolillo al poveraccio che glieli portò, «giusto per aiutarla: questi diari li hanno rifiutati tutti.» Firmò un assegno postdatato di venti giorni: in cassa aveva soltanto cinquantamila lire.

A onor di cronaca, circolò anche una versione più maliziosa: ovvero che il direttore avesse convinto la vedova Edda a cedere il prezioso documento a furia di rose e whisky.

Di certo, Angiolillo rese subito grande «Il Tempo», anche accaparrandosi, o scovando, le migliori firme dell'epoca: «il conte rosso» Guido Piovene, Luigi Barzini junior, Enrico Falqui, Curzio Malaparte, Vittorio Zincone, Gian Luigi Rondi, Giuseppe Prezzolini, Leo Longanesi. Scrivevano per lui fieri comunisti, come Alberto Moravia, e anche ex fascisti e repubblichini, incluso Pino Rauti, futuro segretario dell'Msi, nonostante il giorno in cui il cadavere di Benito Mussolini venne esposto a piazzale Loreto, «Il Tempo» avesse titolato: *Giustizia è fatta.*

Nel 1948, Renato Angiolillo fu eletto senatore in una lista indipendente, con la complicità della Dc, che per agevolarlo, aveva rinunciato a presentare la propria. Si era poi iscritto al Pli e si ricandiderà, senza successo come abbiamo visto, nel '53, poi chiudendo definitivamente con la politica attiva. Tuttavia, l'appellativo di «senatore» gli sarà sempre tributato in segno di rispetto.

Pur dando spazio a voci molteplici, Angiolillo fece del giornale il baluardo del blocco della destra economica e politica. E più si profilava il «pericolo comunista» più flirtava con l'Msi. Nel telegramma 1941, datato 31 ottobre 1950, l'ambasciatore americano in Italia James C. Dunn riportò al segretario di Stato Dean Acheson le voci di un cospicuo finanziamento di Angiolillo – dieci milioni di lire si diceva – al Movimento sociale. Gli americani tenevano d'occhio il senatore. Il 30 agosto 1955, l'Usis, lo United States Information Service, deputato a orientare l'opinione pubblica all'estero, lo indicherà in una lista di «creatori d'opinione» italiani utili a diffondere i valori della democrazia e del libero mercato di stampo statunitense.

Al di là delle personali convinzioni, però, Renato Angiolillo era maestro nel cogliere ogni minima mutazione degli umori del Paese. Diceva: «Fare i giornali è come fare il salumiere. Devi tenere sul banco gli ziti, gli spaghetti e i rigatoni, perché ogni cliente ha la sua preferenza. Ma, in ogni momento, devi sapere qual è il cliente migliore e devi essere pronto a dargli quello che vuole». E ancora: «La verità non esiste: esiste solo quello che vogliono i lettori».

Questo era l'uomo che Maria conobbe nel mezzo della tribolata relazione con il conte Udo Franck de Beurges. Geniale, diabolico nel far soldi come lo era lei, e però anche abile a perderli al gioco, *charmant*, ma troppo sentimentalmente volubile per essere considerato affidabile...

Angiolillo vuole la tv privata. E Maria

Quando Maria conobbe il senatore Angiolillo, sapeva che non era monogamo. Cristina Bozzo Magliano le aveva raccontato che, nel 1949, Renato aveva avuto il terzo figlio da Tina Perna, attrice nei film di Totò e poi interprete di Cesira in *Europa 51* di Roberto Rossellini. E non le aveva taciuto che quella relazione era durata solo tre anni né che i due non si erano sposati. Poi era arrivata Mary Sessa, la modella: un legame non propriamente esclusivo. Il senatore amava le donne, non ne faceva mistero e tutti pensavano che non si sarebbe mai più ammogliato. Amava anche il gioco e i cavalli.

Diventato ricco in pochi anni, oltre a trasferire la sede del «Tempo» a Palazzo Wedekind, nel cuore politico di Roma vicino a Palazzo Montecitorio, aveva comprato Villa Torlonia, sull'Appia Antica, in quella che era all'epoca la Beverly Hills d'Italia, affollata di divi del cinema e di nuovi magnati. La tenuta gli piaceva perché era strategicamente a un passo dalle Capannelle e il senatore si fece vanto, quando aprì la sua scuderia, la Don X, di poter portare i cavalli all'ippodromo sulle loro zampe, risparmiando sul trasporto. Quei purosangue avevano nomi ispirati alla terminologia giornalistica come Elzeviro, Bodoni, Terza Pagina e Vignetta. Disco Rosso gli fece vincere il Gran Premio Città di Varese e Marino lambì il Gran Premio d'Italia.

Negli anni Cinquanta, il «senatore ippico», definizione del

corsivista dell'«Unità» Fortebraccio, era un uomo ricco. Dal poker, era passato al casinò. Ormai, andava a Montecarlo tutti i venerdì sera e rientrava a Roma la domenica.

Come faceva Angiolillo ad avere tanti soldi? Nella sua storia, «Il Tempo» non è mai stato in utile, come del resto molti quotidiani importanti. Non a caso gli editori «puri», che avessero la stampa come interesse esclusivo, in Italia sono stati sempre una rarità assoluta. Ciascun giornale aveva (ha) alle spalle un imprenditore con altri interessi che usava (usa) il giornale per coltivarli. E le perdite del giornale erano (sono) poca cosa dinanzi al potere che il giornale conferisce all'editore per sostenere gli interessi più importanti di altra natura.

Angiolillo non aveva imprese alle spalle. Maestro di quell'arte di arrangiarsi tutta napoletana di cui aveva dato prova vendendo libricini sui morti e necrologi, quando bussava a destra e a manca per chiedere pubblicità per «Il Tempo» e otteneva, poniamo, cento milioni, cinquanta li dava al giornale e cinquanta li teneva per sé. Razzolava, insomma, in tanti pollai. E ne usciva sempre con le uova fresche in tasca.

***

Tra la fine del 1958 e l'inizio del 1959, Renato Angiolillo era alle prese con un progetto che inseguiva dal 1956; un'idea originale, ardita, per certi versi inaudita, visionaria, in anticipo sui tempi di almeno vent'anni: la creazione di una televisione in concorrenza con la Rai.

Prima di ogni altro, assai prima di Silvio Berlusconi, aveva capito che disporre di una tv era un modo per acquisire potere e per ampliare la raccolta pubblicitaria, specialità di cui era campione riconosciuto. A Milano, nel dopoguerra, aveva anche creato il Trofeo della Pubblicità. E lui, che si era fatto dal niente, era abituato a superare se stesso, sempre.

Per questo, Angiolillo aveva costituito una società, Il Tempo Tv, dividendo le quote azionarie con Raoul Chiodelli, che era stato un pioniere della radiofonia italiana e come tale era diventato direttore generale e amministratore delegato della Eiar, l'azienda radiofonica di Stato poi trasformata in Rai nel dopoguerra. Il governo, però, aveva negato alla nuova società il permesso di trasmettere e Angiolillo aveva promosso una serie di ricorsi.

Qualcuno lo vinse anche, ma alla fine non ci fu niente da fare. I tempi non erano ancora maturi. Tuttavia, fu lui a partorire per primo l'idea di fare concorrenza alla Rai di Stato. E non sarà un caso, forse, se nei primi anni Ottanta, quando Berlusconi iniziò a darsi da fare per promuovere le sue televisioni, troveremo il Cavaliere nel salotto di Maria Angiolillo...

Il senatore, però, sarà già morto da qualche anno.

A Montecarlo, nei fine settimana, Renato Angiolillo incontrava sempre più spesso Maria, ogni volta restando stupito di come quella donna sapesse comprenderlo e riuscisse a farlo parlare anche dei suoi affari più riservati.

Una sera, al tavolino dove prendevano l'aperitivo, lei spostò di lato le loro coppe di champagne e lo guardò negli occhi.

«Renato, come vanno le cose con la televisione?»

Quando Maria passava a quel tono diretto, concreto e insieme confidenziale, il senatore perdeva la sua guasconaggine da ex scugnizzo napoletano.

«Abbiamo impugnato la decisione del ministero davanti al Consiglio di Stato.»

«Il presidente Fanfani che dice?»

«Quello che sostengo io: che il monopolio della Rai non è sancito da nessuna parte.»

«Allora, vedrai che tutto si sistema: avrai quello che vuoi, te lo devono dare per forza.»

«Contessa mia, le cose in Italia sono sempre complicate. La televisione è potere e chi ha il potere non ne cede neppure un pezzettino.»

«Hai detto che gli americani ti sostengono.»

«Ma qui anche per loro non è un buon momento. L'altro giorno, il "New York Times" se l'è presa con i nuovi diplomatici nominati da Fanfani: hanno scritto che sono troppo legati al Vaticano, troppo vicini agli interessi dell'Eni di Mattei, troppo filoarabi.»

«Per ora va così, ma vedrai che tutto si aggiusta.»

«Lo sai *ch' si' 'nu bijou*, contessa?»

«Amico mio, vedi di stare al tuo posto.»

Maria era felice di quelle confidenze. Renato non era il retrogrado che aveva immaginato quando aveva saputo che teneva la fidanzata reclusa nella villa sull'Appia. Sembrava invece un uomo moderno, uno che apprezzava le donne in gamba, proprio come doveva essere quell'editore americano che aveva sposato la Clare Boothe poi diventata ambasciatrice.

Anche a Renato Angiolillo piacevano le conversazioni con Maria. Avvicinandosi ai sessant'anni, sentiva di dover fare un salto di qualità e, allo stesso tempo, di dover trovare un nuovo passo. Il gioco, le corse dei cavalli, le bisbocce fino all'alba non lo avevano stancato. Dormiva quattro ore per notte, a volte nella villa sull'Appia, più spesso al Grand Hotel, ma si rendeva conto che era una vita inappropriata a un uomo della sua posizione e della sua età. Gli serviva una moglie: non una qualsiasi, però. Aveva bisogno di una consorte capace di fargli da sponda in affari sempre più importanti.

In quel periodo, aveva perso la testa per una giovane romana, la bellissima Ismene Larussa, ex fidanzata di un principe che Renato conosceva bene: Mario Chigi Albani della Rovere, figlio di un Chigi e di una Torlonia.

Quando, dopo qualche mese, lei lo aveva lasciato per tornare con l'aristocratico, il senatore si era sentito come se gli avessero fregato sotto il naso il più veloce dei cavalli. Lo scorno era tale che gli sembrava che tutta Roma lo additasse alle spalle. Il fatto che, poi, la bella Ismene gli avesse preferito un principe di famiglia nobilissima, rendeva ancor più insopportabile lo smacco.

Con la veemenza che gli era propria quando una nuova idea s'impossessava di lui, decise che doveva sposare Maria.

Quella donna gli piaceva. Lo attraeva, anzi, terribilmente. Ma, fino a quel momento, aveva pensato che tra loro due fosse possibile, semmai, solo una storia di letto. Il problema era che lei si era sposata da poco, anche se era evidente che il matrimonio con quel conte non funzionava. Per uno come lui, quel vincolo formale era solo un dettaglio che si sarebbe divertito a cancellare.

***

Di tutti gli uomini che Maria aveva conosciuto, Renato era l'unico per il quale provava un'autentica venerazione, un'ammirazione che le toglieva il respiro.

Fu Cristina Bozzo Magliano, la più edotta sui pettegolezzi romani, a raccontarle che Ismene aveva lasciato Renato per tornare dal suo principe. Maria sentì un'ondata di calore salirle dallo stomaco alle guance. Avvampò come non le capitava forse dagli anni Quaranta.

«Ma guardala! È innamorata!» disse Cristina Vettore.

«Oh che meraviglia! Dovete proprio sposarvi voi due, Mariuccia! Con te sono certa che Renato potrebbe mettere la testa a posto e finirla di correre dietro a tutte le gonne. Pensa che bello: verresti a vivere a Roma anche tu!» aggiunse Cristina Magliano.

«Ma che dite? Vorrei ricordarvi che sono già sposata.»

«Sei la solita provinciale: nessuna donna può restare sposata a uno che dipende dai cordoni della borsa di mammetta» intervenne la Vettore.

«Sposata per modo di dire, poi... Da quando, esattamente, non vedi tuo marito?» chiese Cicci.

«Più di un anno. Da quando se n'è andato in Sudafrica.»

«Allora mi sembra arrivato il momento che ti separi.»

«Voi siete pazze... Vedrete che le cose si sistemano.»

***

Il 15 luglio di quel 1959, la quarta sezione del Consiglio di Stato dichiarò infondata la sussistenza del monopolio statale televisivo, dando ragione al ricorso del senatore Renato Angiolillo e inviando il fascicolo alla Corte costituzionale affinché si pronunciasse su alcuni articoli del Codice postale e delle telecomunicazioni che trattavano di televisione. Quel giorno, Angiolillo si sentì il mondo in mano: il suo visionario progetto poteva realizzarsi, la sua missione si stava facendo possibile. Avrebbe avuto la sua tv, i giornali, la pubblicità, quattrini a piovere, il potere e Maria, anche Maria.

Insieme sarebbero stati i più forti, una coppia invincibile.

Doveva solo farla separare da quel conte, tedesco o francese che fosse.

Il 26 luglio, Udo tornò dal Sudafrica. Maria lo aspettava a Juan-les-Pins, nella grande sala con i lisi arazzi alle pareti e con la cupola che ormai perdeva pezzi d'intonaco. Dalle tende pesanti tirate a metà, filtrava una luce che s'avviava al tramonto e, fiacca, illuminava solo la polvere che galleggiava nell'aria. Di ciò che lei e Udo erano stati restava solo quel pulviscolo, pensò Maria. E non era polvere di stelle.

Quando Udo entrò nella stanza, abbronzatissimo, si muoveva con una rigidità che Maria non gli aveva mai visto. Era un fascio di nervi.

«Ho deciso di portare il bambino a Johannesburg» le comunicò.

«Non puoi farlo. Come puoi far crescere un bambino in Africa?»

«Tanto tu non te ne occupi.»

Maria tese tutti i muscoli. Era la leonessa in allerta per difendere i suoi cuccioli: «Sei tu che lo tieni ostaggio di Madame Brosst e sai bene che, appena mi avvicino a questa casa, tua madre scatena l'inferno. Vorrei sapere perché mi hai sposato».

«Non ti avrei sposata, se avessi saputo che non venivi in Sudafrica.»

«Smettila. Non mi hai mai chiesto di seguirti. E sei stato via quattordici mesi senza mai farti sentire.»

«Mi avevi detto che Marco era nato da un matrimonio annullato.»

«Questo che c'entra? E comunque io non l'ho mai detto.»

«L'ha detto tua madre. Ha sostenuto che hai speso un sacco di soldi per ottenere l'annullamento.»

«Santo cielo, Udo! Quando sei diventato il mostro che ho davanti? L'influenza di tua madre ti devasta.»

«*Maman* è quella che consente a tutti noi di fare la bella vita.»

«Quale bella vita? Pensi che sia bello per me avere un figlio dall'altra parte della frontiera? E un marito dall'altra parte del mondo?»

«Appena *maman* sistema i suoi affari e potrà venire con me e Udo, li avrai entrambi dall'altra parte del mondo e tu sarai libera di fare quel che ti pare.»

«Potevi dirlo subito che stiamo parlando dell'ennesima macchinazione della contessa.»

«Ci vorranno un paio d'anni ancora, comunque.»

Maria sentì i muscoli allentarsi. Udo non aveva intenzione di portare via il bambino subito: «In ogni caso, se in Sudafrica ci viene tua madre, vuol dire che non ci posso venire io. Quindi, smetti di dire che sono io che non voglio seguirti».

«Tu ti sei sempre rifiutata di essere gentile con *maman*. Ma lei non ti è ostile, come sostieni. Anzi, mi ha detto che per lei è meglio se restiamo sposati. Lo trova più opportuno.»

Quella vecchia arpia, pensò Maria, voleva tutto: lasciando Udo sposato, gli avrebbe impedito di trovarsi un'altra moglie. La Rosenthal de Beurges voleva il figlio, il nipote e salvare le apparenze, inchiodandola per sempre alla sua solitudine.

Maria rifletté a lungo sul da farsi, furibonda, impotente: per nulla al mondo voleva perdere suo figlio né tantomeno l'acquisito titolo nobiliare, anche se, a dire il vero, essere la moglie di un conte non la rendeva tecnicamente contessa. Era accecata dalla rabbia: era stato Udo a volerla sposare, e proditoriamente, ed era stata la sua *maman* a creare quella situazione impossibile. Non intendeva darla vinta a quei due. Anche lei voleva tutto: figlio, marito e titolo.

Fu Renato a farla ragionare e a convincerla a chiedere la separazione e l'affido del bambino. Non che Maria fosse tipo da scendere in dettagli, neanche quando si lasciava andare alle confidenze. Si era limitata a raccontargli, con il distacco che poteva trovare in quella circostanza, che Udo voleva portare il bambino a Johannesburg, tra un anno o due, ma senza separarsi.

Il senatore aveva il dono di centrare il nocciolo delle questioni: «Non ti chiede la separazione per non discutere l'affido del bambino davanti a un giudice. Te la chiederà, ma solo dopo che se l'è portato via».

Dopodiché, la affidò a un bravo avvocato.

Il 7 settembre 1959, Maria depositò la sua richiesta di separazione presso il tribunale di Milano, auspicando che, in attesa della sentenza, fosse disposto che Udo junior restasse dov'era, con Madame Brosst. Voleva essere tutelata da ogni trasferimento del bambino.

Il 15 settembre, ricevette un telegramma dal marito: Udo le comunicava che stava lasciando Johannesburg e le proponeva un incontro a Juan-les-Pins per il 26 settembre.

In quegli stessi giorni, venne fissata l'udienza per il 23 del mese e Maria si guardò bene dal farla notificare in Francia, invece che in Sudafrica.

Per cui, il 23 settembre 1959, mercoledì, considerata l'assenza di Udo Franck de Beurges, il tribunale di Milano si trovò nell'impossibilità di intraprendere il previsto tentativo di conciliazione e dichiarò la separazione di fatto dei coniugi, affidando il bambino alla madre.

Maria impazzì di gioia. Non le sembrava possibile che fosse filato tutto così liscio.

Il 26 settembre non si presentò a Juan-les-Pins. Lo stesso giorno, a Roma, Renato Angiolillo firmava la costituzione della società Il Tempo Tv. Tutto sembrava volgere per il meglio. Maria, però, doveva trovare il modo di riprendersi Udo junior e non voleva farlo finché l'ex marito era in Costa Azzurra.

Purtroppo, Udo senior si fermò abbastanza a lungo da venire a sapere che Maria aveva ottenuto la separazione e l'affido del figlio. Sua madre, la contessa Rosenthal de Beurges, quando ne venne informata, fu perentoria: si doveva prendere il bambino e portarlo via. Subito.

Il 17 ottobre, il conte, maledicendo il giorno in cui s'era fatto abbindolare da quell'*italienne*, ubbidì. Liquidò Madame Brosst e prese con sé Udo Maria Gregory.

***

Il 23 ottobre 1959, Maria davanti a Villa El Djézaïr sbarrata, con la Lancia Flaminia inutilmente carica di regali di compleanno, si sentì come se le avessero strappato il cuore dal petto.

«Sono stata stupida, stupida, stupida» si ripeteva.

Avrebbe invece dovuto dar retta a Renato, che le aveva consigliato di prendersi il bambino il mese prima, appena ottenuta la separazione. Ma come poteva immaginare che il conte arrivasse a rapirlo?

«L'ha sicuramente portato in Sudafrica, Renato. Ti rendi conto? Un posto appestato dalle zanzare, dalla malaria e pieno di negri che lo spaventeranno e lo faranno piangere» si disperava al telefono.

«Calmati, Maria. Andremo a riprendercelo» la rassicurava lui.

«Ma tu lo sai che laggiù i bianchi devono girare armati?

Hanno fatto questa cosa dell'apartheid che ha incattivito tutti i neri. Oh mamma mia! Quelli sequestreranno mio figlio e non oso immaginare che cosa ne faranno...»

Renato Angiolillo fece di tutto per ritrovare il bambino. Assoldò avvocati e investigatori privati. Chiamava Maria anche tre, quattro volte al giorno per tranquillizzarla. Le diceva che Udo Maria Gregory doveva essere da qualche parte in Europa, ancora rintracciabile. L'avrebbero riportato a casa.

Il sabato mattina, arrivava a Milano con il treno della notte e trovava Maria ad aspettarlo in stazione, prelevata da un suo autista e pronta a salire con lui sul convoglio per Nizza. Da lì un'auto li conduceva a Montecarlo.

Accanto a Renato, Maria imparò a conoscere più da vicino tutti i personaggi che ruotavano fra l'Hotel de Paris e il casinò. Winston Churchill aveva una doppia suite all'ultimo piano dell'albergo, con i suoi mobili personali e una sua biblioteca. Il suo motto, ai tavoli del blackjack dove sedeva anche Angiolillo, era: «Mai, mai, mai rinunciare». Una volta, si narrava, svegliò la moglie Clementine, ferocemente avversa al gioco, in un fruscio di banconote: aveva inondato il letto con tutti i diecimila franchi vinti quella notte.

Al casinò, si incontravano l'Aga Khan, Aristotele Onassis, Gianni Agnelli. Il maggior diletto di quest'ultimo era prendere in giro Cristina Vettore per le sue generose scollature e per quanto erano ammiccanti le sue belle gambe.

Ad animare le sale c'erano i duchi di Windsor, con Wallis sempre straordinariamente chic, e il produttore Dino De Laurentiis, talvolta in compagnia della moglie Silvana Mangano, la cui bellezza faceva dimenticare l'estrema semplicità dei modi. De Laurentiis giocava sempre l'8, l'11, il 17 e il 23, riuscendo spesso a perdere un mucchio di soldi.

Il *cummenda* Angelo Rizzoli, invece, non era un vero giocatore: si muoveva fra un tavolo e l'altro puntando *fiches* a caso, e quando era stanco di giocare regalava agli amici quelle che gli restavano.

Assai spesso compariva anche Giovanni Borghi, il re dei frigoriferi, proprietario della Ignis, uomo ricchissimo, dalle battute taglienti. Arrivava con un aereo privato, si metteva al tavolo da gioco e perdeva con disinvoltura cifre inaudite. Dopodiché, con sprezzatura da gentiluomo rinascimentale, commentava: «Se la gente vincesse sempre, i casinò sarebbero tutti chiusi e noi non potremmo divertirci».

L'Italia era nel pieno del boom economico, al suo zenit, e ogni imprenditore, di prima o seconda generazione che fosse, si sentiva onnipotente, un dio invincibile. Il gioco era un modo per sfidare la sorte che fino ad allora si era mostrata benigna. Avrebbero continuato a vincere loro, ognuno ne era convinto. E se poi perdevano, poco importava. La loro potenza economica non smetteva di crescere, il denaro correva a fiumi.

Da quando Grace Kelly aveva sposato il principe Ranieri, erano davvero arrivati anche gli americani, come aveva pronosticato Cristina Vettore: Yul Brynner, che giocava spesso con Renato Angiolillo, De Sica e Agnelli; Sam Spiegel, il produttore del *Ponte sul fiume Kwai* e *Fronte del porto*; Jack Warner della Warner Bros; Charles Revson della Revlon Cosmetici; il magnate degli immobili Bill Levitt; Darryl Francis Zanuck, il cofondatore della 20th Century Fox, che tutte le notti ripeteva: «Domani parto». E non partiva mai.

Una sera, De Laurentiis gli chiese che ci faceva ancora lì e lui, indicando la giovane e attraente fanciulla che gli stava accanto: «Qui in Europa ho scoperto delle belle novità». Quindi, accostandosi all'orecchio del collega italiano, gli confidò che in America le ragazze erano tutte assai puritane e si concedevano solo dopo il matrimonio.

A volte, Maria incrociava le *sciure* milanesi, come Robiolina Invernizzi, i cui gioielli facevano furore alla Scala, ma scomparivano al cospetto di quelli della maharani di Baroda. La maharani era figlia del maharaja di Pithapuram e moglie di Pratap

Singh Gaekwad, ultimo maharaja di Baroda e ottavo uomo più ricco del mondo, la cui famiglia per secoli aveva regnato su quel pezzo d'India che custodiva le leggendarie miniere di Golconda da cui si estraevano le pietre preziose che ornavano le corone dei sovrani di tutto il mondo.

Quando, nel 1947, l'India aveva raggiunto l'indipendenza dall'Impero britannico, suo marito aveva dovuto rinunciare al trono e la coppia aveva stabilito la propria residenza a Montecarlo, dove aveva trasferito molti dei tesori di Baroda. La maharani, per vivere all'altezza dei fasti millenari del casato, ogni tanto vendeva qualche gemma.

Lei e la duchessa Wallis Simpson si detestavano ed evitavano di salutarsi. Sita Devi, così si chiamava la principessa indiana, aveva infatti ceduto a caro prezzo a Harry Winston un paio di cavigliere di smeraldi e diamanti, trasformate dal gioielliere in collane e poi acquistate dalla duchessa di Windsor. Nel 1957, a un ballo newyorkese, Wallis le sfoggiava al collo con la consueta eleganza e alcune ospiti si stavano complimentando con lei, quando la maharani s'avvicinò al gruppo di signore ed esclamò con *nonchalance*: «Quelle pietre ornavano giusto i miei piedi non troppo tempo fa». La duchessa non glielo perdonò mai.

Maria era estasiata nel muoversi fra un tavolo e l'altro del casinò. Ascoltava, salutava, immagazzinava informazioni e conoscenze e continuava a cercare di capire come girava quel mondo luccicante. Ormai vi apparteneva, era pur sempre una contessa, ma qualcosa le diceva di continuare a fare attenzione, a stare guardinga. Gentile, cordiale, ma sulle sue.

In realtà, aveva paura, una terribile paura di perdere tutto. La sua separazione da Udo era rischiosa.

***

Un giorno, un paio d'ore dopo che Maria era salita sul treno per raggiungere Montecarlo, Renato Angiolillo, accanto a lei, abbassò la voce per non farsi sentire dagli altri passeggeri e le disse: «Senti un po', Mariu'...». A volte, la chiamava così, alla napoletana.

«Dimmi.»

Lui si fece più vicino: «Vediamo se indovini che pietra ho in tasca stavolta».

«Uno smeraldo.»

«Sbagliato.»

«Uno zaffiro.»

«Niente da fare.»

«E dai... sarà un rubino.»

«Sssh... Hai sbagliato pure *mo'*.»

«Allora un diamante.»

«Eeeeh... *Si'* banale come tutte le femmine.»

«Che sarà mai? Un diamante blu o giallo o rosa.»

«Se riesci a prenderlo, lo vedi da sola.»

Angiolillo si coprì la tasca della giacca con la mano e Maria allungò la sua. Si azzuffarono per un po', facendo attenzione a non attirare troppo gli sguardi di chi gli stava intorno. Ma non c'era modo che lui mollasse la presa.

«Vieni qua, stai buona.»

Renato le prese la mano e le guidò le dita nella tasca, finché Maria sentì una pietra, decisamente più grossa di quelle che lui si portava dietro di solito, ma, soprattutto, montata su un anello.

«Mi vuoi sposare, Mariu'?» le sussurrò.

«Ma io non mi posso sposare: sono solo separata.»

«E che *c'azzecca*? Queste sono cose che si sistemano.»

Maria strinse quell'anello e in pochi istanti, fuori dal finestrino, vide scorrere veloci il cielo azzurro, le ore passate immobile a fare da manichino alle sarte, le nuvole bianche, l'aereo da guerra di Elio, la *comtesse* de Beurges che le chiedeva: «Nessuno le ha insegnato a far la riverenza, signorina?», la nebbia della pianura pavese, la gioia di sua madre quando, durante la guerra, le aveva portato a casa mezzo chilo di caffè, il primo vagito di Marco e quanto s'era sentita persa in quel momento, il cancello sbarrato di Juan-les-Pins... Poi, all'improvviso, il mare riempì il suo sguardo e quello che Maria vide fu solo una placida distesa blu cobalto che tremava nella luce del mattino.

Tutto il resto scomparve e ciò che rimase fu il tepore delle braccia possenti dell'uomo che aveva accanto, la sensazione di affondare i piedi in una terra buona, dove mettere solide radici.

Come sapeva fare solo lei, Maria ingoiò ogni emozione. Si disse che quello non era il tipo a cui piaceva giocare facile. Fermò i suoi occhi profondissimi in quelli del suo pretendente e gli disse: «Fammici pensare, Renato».

***

Alla fine del 1959, il senatore Angiolillo comprò una casa più consona a quella che doveva essere la sua nuova vita. Il Villino Giulia si trovava vicino alla piazza più bella di Roma, incastonata come una pietra preziosa sulla scalinata di piazza di Spagna, dal lato di via Gregoriana. Vi si accedeva dalla rampa Mignanelli. Era una villa Liberty di settecentotrentacinque metri quadrati su tre piani, affacciata su un curatissimo giardino all'italiana, adorno di una scenografica fontana: soltanto un fragile muro di siepi lo separava dalla scalinata più famosa del mondo.

La villa gli fu ceduta da Bruno Pazzi, compagno di scommesse ippiche, proprietario di sale cinematografiche e del famoso brandy Cavallino Rosso, originario di Avezzano.

Di Avezzano era anche un giovane giornalista che l'anno precedente era andato a lavorare a Palazzo Wedekind, dopo essere stato corrispondente dall'Aquila per la Rai e l'Ansa, poi capo della redazione aquilana del «Tempo». Quel giornalista si chiamava Gianni Letta e, parecchi anni dopo, avrebbe avuto, insieme a Maria, un ruolo decisivo nel fare del Villino Giulia la discreta e ambitissima appendice del Parlamento italiano.

In quel 1959, era però solo un ventiquattrenne molto sveglio che era piaciuto subito a Renato Angiolillo. Avevano molto in comune: erano entrambi figli di avvocati e laureati in legge, venivano da una famiglia di otto fratelli e li univa uno spiccato senso giornalistico nonché una notevole propensione per le pubbliche relazioni. Letta, oltre a lavorare al «Tempo», divenne anche addetto stampa della Federazione nazionale dei cavalieri del Lavoro, un incarico strategico per stringere contatti importanti. Per il resto, era l'opposto del senatore: riservatissimo, preciso in tutto, non giocava, andava a letto presto ed era un marito premuroso. Aveva sposato la fidanzata di gioventù, una ragazza di Avezzano, Maddalena Marignetti, figlia del direttore generale di un grande zuccherificio, dove Letta aveva lavorato da studente per rendersi autonomo.

Quando Maria vide il Villino Giulia, all'inizio del 1960, ne restò incantata. La casa era tutta un'infilata di saloni, ricoperti da pavimenti in marmo bianco di Carrara bordati di greche ocra o verdi, arricchiti da colonne in marmo verde del Brasile. Le pareti erano ornate di stucchi e antichi bassorilievi. Ogni sala aveva un camino. Dalle finestre, entrava il verde profumato del giardino e l'azzurro del cielo di Roma.

Visitando il piano più alto, il terzo, Maria scoprì due grandi camere da letto, munite di stanze guardaroba e bagni dai colori leziosi, uno rosa e uno azzurro. Si rese conto allora che quella era una magnifica villa di rappresentanza, una dimora in cui forse non era previsto che fossero accolti dei figli. D'altra parte, rifletté, Amedeo, il minore di Angiolillo, stava in collegio. Il suo Marco doveva forse restare a Milano con la nonna? Avrebbero vissuto ancora tutti insieme? Maria sentì che si stava avvicinando l'ora di una decisione dolorosa.

«Allora, Mariu'. In questa casa io devo ricevere e mi serve una moglie. Ti sei decisa?» le chiese quel giorno il senatore, piantandosi in mezzo alla stanza da letto padronale.

«Che ruvidezza, Renato! Mi stai proponendo un matrimonio d'amore o un rapporto d'affari?»

«Ti sto proponendo di essere la signora di questa villa e di questo cuore.»

«Adesso va meglio.»

«Mariu', la vecchiaia avanza, la passione passa, ma i patti, quando sono chiari, restano.»

«Sei un gran personaggio...»

«Allora?»

«Allora, penso che in questa casa potremo essere una splendida coppia.»

«Affare fatto, dammi la mano.»

Nell'afferrarle la mano, il senatore attirò a sé Maria e se la incollò alle labbra.

Quando riemersero da quell'abbraccio, lei aveva qualcosa da mettere in chiaro: «Ho un figlio che sta crescendo, una madre...» gli ricordò, «li porterei tutti e due a Roma, se sei d'accordo. Magari non subito... Però qui non c'è posto... Credo che servirà, prima o poi, un altro appartamento».

Negli stessi giorni, il conte e la contessa de Beurges ricevevano da un investigatore privato un rapporto sulla vita di Maria a Milano. Era stata tenuta sotto osservazione per quindici giorni, ma, ai fini di quello che volevano sapere per usarlo contro di lei, l'investigatore non era stato fortunato. Il rapporto era datato 18 gennaio 1960 e, in quelle due settimane, forse bloccata da un'influenza, Mariuccia non aveva visto Angiolillo e non s'era mossa di casa, se non per sbrigare qualche rapida commissione. Scriveva l'investigatore che la donna conduceva vita ritirata, non frequentava estranei, si limitava a occuparsi della madre e del figlio. Soltanto, notava, poteva contare su un certo agio economico, pur non svolgendo all'apparenza alcuna attività.

Il rapporto non placò, tuttavia, la furia dei due tedeschi, ormai decisi a tenersi il bambino con le buone o con le cattive.

In una dichiarazione giurata dell'11 febbraio 1960 da presentare in giudizio, la contessa Rosenthal de Beurges scriveva che la nuora non aveva voluto seguire il marito in Sudafrica, né aveva voluto tenere il figlio con sé, costringendo il padre ad affidarlo a una tata da lui pagata, la signora Brosst, a Juan-les-Pins; andava a trovare il piccolo «solo di tanto in tanto», facendoselo portare in albergo per qualche ora. Su questo punto, cadeva in contraddizione con quanto dichiarerà suo figlio Udo in una memoria giurata davanti al notaio, l'8 ottobre di quell'anno, quando si lamenterà che fra il 1956 e il 1958 Maria aveva soggiornato per mesi a sue spese, con i parenti, nelle sue proprietà di Juan-les-Pins e Bolzano.

Dettagli a parte, i due de Beurges s'erano mossi con il tribunale di Berlino, sul quale avevano una qualche influenza. La contessa restava, infatti, una Rosenthal, nome che in Germania incuteva un indiscutibile rispetto.

***

Fu probabilmente all'inizio del '60, nei giorni in cui Maria non si mosse da Milano, che il senatore accusò una perdita rilevante al casinò. Da Montecarlo, le chiacchiere si rincorsero di bocca in bocca, dilagarono, tracimarono su Roma e all'ippodromo delle Capannelle, nei salotti, al giornale; nel giro di poco tempo, tutti furono certi che Angiolillo stava rischiando il fallimento. A sostegno della tesi, si riportava il pettegolezzo secondo il quale aveva dovuto impegnare una vecchia casa di Pescasseroli.

Il fatto che il Villino Giulia, in quei primi mesi del 1960, fosse un via vai di operai e tappezzieri non fugava le chiacchiere, anzi le corroborava: quell'uomo era impazzito e andava incontro a una rovina certa.

Quando nel Villino cominciarono a essere consegnati preziosi mobili del Settecento francese, ci fu già chi parlò di bancarotta, prevedendo, per Angiolillo, la prossima galera. Maria era all'oscuro di tutto.

Da parte sua, il senatore faceva finta di niente, affaccendato più che altro a sbarazzarsi delle varie fidanzate. La voce che frequentava una signora di Milano e che l'aveva portata in visita a Roma aveva creato una certa agitazione fra quante, a vario titolo, gli s'accompagnavano di tanto in tanto. Renato minimizzava con tutte: riteneva dovere di un gentiluomo non essere mai il primo a troncare una relazione. Piuttosto, rimandava all'infinito gli appuntamenti, finché la favorita di turno non si stufava e volgeva altrove la sua attenzione.

Una di queste gli si presentò al giornale il 25 marzo, proprio nel momento in cui Angiolillo stava mandando in pagina la notizia della caduta del secondo governo Segni. Non era cosa da poco, anche alla luce di un recente attacco dell'«Osservatore Romano», che scriveva di «novelli anticristi», prendendosela con i fautori del dialogo fra democristiani e socialisti e alludendo in particolare a Fanfani. Se ne sarebbero viste delle belle. Il senatore sapeva che l'umore degli elettori virava a favore della destra e già si sfregava le mani al pensiero del bailamme che ne sarebbe seguito e delle copie che avrebbe potuto vendere.

La signorina s'era piazzata in portineria e gli uscieri lo avevano informato che non dava segni di volersi allontanare. Intanto, lui stava controllando un'ultima breve: la notizia che, a Londra, una settimana prima, il 17, era stato battuto all'asta un diamante della maharani di Baroda, il fantasmagorico Princie Diamond, una pietra rosa da 34,65 carati estratta dalle miniere di Golconda. Se l'era aggiudicato la gioielleria Van Cleef & Arpels, per quarantaseimila sterline, pari a quarantotto anni di stipendio di un operaio inglese.

Il senatore vistò la pagina e filò via da un'uscita secondaria, dribblando la fanciulla inopportuna. Aveva ben altri pensieri per la testa. Mancava poco al matrimonio con Maria, un mese più o meno, e si dovevano definire gli ultimi dettagli. Maria restava comunque sposata, per quanto fosse legalmente separata.

La loro intenzione era quella di fare il cosiddetto «matrimonio all'italiana», vale a dire di celebrare il rito discretamente in casa, con un prete. Non c'erano alternative, dal momento che la promessa sposa era coniugata in comune. Con il tempo, una volta ottenuto l'annullamento del primo matrimonio di Maria, avrebbero potuto registrare il loro in municipio.

Un personaggio come Angiolillo, tuttavia, non poteva accontentarsi di una cerimonia modesta, celebrata in salotto da un sacerdote qualsiasi. Quello che lui voleva era un matrimonio officiato da un alto prelato e con un testimone importante, il presidente del Consiglio, per esempio. Restava da capire chi sarebbe stato quello nuovo.

A Milano, intanto, Maria preparava il trasloco e il corredo per la sua vita romana. Con l'avvocato, si dedicava a rispondere al ricorso promosso da Udo contro la sentenza di separazione.

Una sera, uscita dallo studio del legale, mentre rientrava a casa in tassì, Maria poggiò il capo sul finestrino, lasciando che le luci fioche della città le scorressero davanti lente. Pensò che, forse, il suo piccolo Udo Maria Gregory sarebbe stato meglio con suo padre. Ormai, non avrebbe potuto vivere con lei, in procinto di stabilirsi a Roma, in una dimora tutta dedicata a ricevimenti e pranzi. Si chiese che senso avesse lottare tanto per riprendersi Udo Maria Gregory, se non poteva tenerlo con sé in quella casa di rappresentanza, tutta marmi freddi, troppo freddi. Un bambino che parlava solo francese, forse tedesco... Era giusto sradicarlo da quella che, fino a quel momento, era stata la sua vita? Non era forse meglio per lui crescere con i Rosenthal de Beurges, con gli agi e il futuro che il padre e la nonna gli avrebbero garantito? Forse lei era terribilmente egoista a pretendere quella creatura per sé...

Lo stesso valeva per Marco, del resto. Anche lui sarebbe stato più sereno con la nonna, a Milano. Aveva senso allontanarlo dalla sua scuola, dai suoi amici, portarlo a Roma, se poi neanche poteva vivere in casa con lei? A sua madre,

Maria aveva detto che, per il momento, si sarebbe trasferita da sola. E Sandrina si era fidata. Ancora una volta. Non capiva, non approvava, era intimorita dalle conoscenze altolocate della figlia, dalla sua ambizione, ma continuava a fidarsi. E, in fondo, le stava bene prendersi cura di Marco, come sicuramente Maria avrebbe potuto fare sempre meno, impegnata a conquistare il suo posto nella capitale dei ricchi e dei potenti.

Maria provava tenerezza per quella mamma così comprensiva, e ogni tanto si chiedeva se gliel'aveva detto abbastanza che le voleva bene, o se si era solo limitata a non farle mancare mai nulla. Forse aveva fatto la stessa cosa con Marco.

Alle volte Maria si sentiva in colpa, si sentiva in colpa, con tutti. Anche se non lo dava a vedere.

A Renato, però, non avrebbe confessato alcuno di quei pensieri. Non era il momento. C'era da preparare il loro matrimonio.

***

L'8 aprile di quell'anno, il governo Tambroni ottenne la fiducia con un monocolore Dc sostenuto dal Movimento sociale italiano, armonizzandosi al richiamo della Chiesa ostile alle sinistre. Buona parte dei missini era stata convinta a votare per Fernando Tambroni da un giornalista del «Tempo», quell'Alberto Giovannini che con il direttore Angiolillo s'era premurato di salvare l'anima di Malaparte portandogli in clinica padre Rotondi e impedendo ai comunisti di trafficare nella sua stanza alla Sanatrix.

Mentre nel Paese covavano i focolai di una stagione che rasenterà la guerra civile con in campo sindacati, partigiani e neofascisti, il 28 aprile 1960, alle ore dieci, Maria e Renato si unirono in matrimonio nella basilica di Santa Maria sopra Minerva. Celebrava monsignor Marcello Magliocchetti, presidente del tribunale di appello del vicariato di Roma, già cameriere segreto soprannumerario di Sua Santità Pio XII.

I testimoni erano il presidente del Consiglio Tambroni e la quarantunenne Maria Di Bernardo, moglie di Franco Palma, proprietario della Squibb, l'azienda che produceva il celebre dentifricio, quell'anno primo contribuente di Roma, con un reddito dichiarato di centocinquantasette milioni di lire.

Maria che, con Tagliabue e poi con Udo, aveva conosciuto cosa fosse la ricchezza, non aveva ancora sperimentato, fino a quel giorno, il vero potere. Quella mattina, mentre il presidente del Consiglio le faceva da testimone di nozze, svettava più alta di un palmo, anche se il suo era, di fatto, un matrimonio semiclandestino.

Ora sono anch'io la moglie di un editore, come Clare Boothe Luce, si disse. Ma sì, pensò, fatte le debite proporzioni, l'editore del «Tempo» non aveva nulla da invidiare a Henry Luce.

Non aveva tutti i torti: il giornale fondato da Angiolillo era il primo di Roma, era considerato un quotidiano importante in tutto il Paese, e lui era un uomo potente, che dava del tu ai presidenti del Consiglio e della Repubblica.

Maria e Renato ancora non lo sapevano, ma tre giorni prima il tribunale di Berlino aveva annullato la separazione da Udo, da lei ottenuta a Milano. E, in attesa di nuove udienze da tenersi nell'ostile terra tedesca, i due freschi sposi, giurandosi eterno amore, avevano peggiorato il pasticcio in cui già si trovavano.

Comunque, nessuno scattò alcuna foto. Non sarebbe stato prudente. Le circostanze consentirono solo una piccola colazione, cui partecipò il ristretto gruppo degli amici degli sposi. Cicci, che era con Maner sebbene ormai fossero separati, aveva gli occhi lucidi e si sforzava di sorridere composta. Cristina Vettore sfoggiava invece un sorriso smagliante: il 20 marzo, a Parigi, aveva conosciuto Henry Ford II, il magnate americano delle auto, e nonostante lui fosse sposato, lei si sentiva già Lady Ford e passava il tempo a riflettere su cosa avrebbe indossato quando il presidente degli Stati Uniti l'avrebbe ricevuta alla Casa Bianca. Lo aveva conosciuto da Maxim's, ospite a una cena offerta dall'amica Rosemarie Ravelli Kanzler, zia di Henry. Il magnate era con la moglie e i tre figli e si ritrovò seduto fra Grace di Monaco e Cristina Vettore. Era stato un colpo di fulmine. Con le amiche italiane, al matrimonio di Maria con Angiolillo, Cristina già fantasticava di viaggi in America che avrebbero fatto tutti insieme. Sussurrava alla sposa che avrebbero portato Renato a sbancare tutti i casinò di Las Vegas. Intanto, Cristina Magliano piangeva senza ritegno.

Eppure fu lei, dopo l'ultimo brindisi, salutando Maria, dandole di nuovo il benvenuto a Roma, facendosi promettere che sarebbe andata a tutte, ma proprio tutte, le feste che dava nella sua casa di piazza del Popolo, che riuscì, suo malgrado, a rovinarle la giornata, oltre ai mesi che seguirono.

«Premesso che non c'è niente di più straordinario di un matrimonio celebrato da una ragazza dopo i trent'anni, devo dirti, amica mia, che sei stata tanto coraggiosa a sposarti, con tutto quello che si dice... Ma io lo sapevo: io l'ho sempre detto che l'amore supera tutto.»

«Perché, che cosa si dice?»

«Come che cosa? Che Renato è fallito, che ha perso tutto al casinò.»

«Ah sì? E me lo racconti così?»

«Lo sa tutta Roma. Come te lo devo dire? S'è pure impegnato la casa di Pescasseroli.»

Maria incassò il colpo, senza mostrare, da par sua, alcuna emozione: «Cristina mia, se ne dicono tante. Se stai a sentire quello che dice la gente, stai fresca».

Al cospetto dell'Arcipapessa

Nei suoi nuovi saloni sotto la chiesa di Trinità dei Monti, ormai arredati con i più eleganti mobili d'antiquariato francese, Maria si aspettava di ricevere le principesse romane, quelle con le quali suo marito intratteneva rapporti di amicizia e che, nel «Tempo», conservatore e anticomunista, avevano il loro quotidiano punto di riferimento: Anna Maria Odescalchi, che aveva appena dato un pranzo per il neopresidente Tambroni; Ninì Pallavicini, di cui Maria era molto curiosa perché era rimasta vedova a venticinque anni mentre aspettava un figlio dal marito aviatore, inabissatosi con il suo Savoia Marchetti al largo delle Baleari; Ismene Larussa, la più giovane, la ex di Renato che l'anno prima aveva sposato Mario Chigi Albani della Rovere. Quest'ultima, Maria un po' la temeva, perché era rimasta intima di Renato, e insieme ogni tanto se ne andavano a prendere il sole a Ostia.

Quanto a ricevere l'ormai settantenne Isabelle Colonna, vedova del principe Marcantonio Colonna, conosciuta anche come l'Arcipapessa o «la regina supplente», Maria sapeva di non poter sperare.

Nonostante la principessa avesse una simpatia spiccata per il senatore Angiolillo, usciva raramente dal suo palazzo, limitandosi a dare ricevimenti solo per i capi di Stato, le teste coronate, i nobili di provata fede papalina. Tra quelle antiche mura erano invitati, fra i borghesi, giusto finanzieri e banchieri che non fossero divorziati. L'editore Angiolillo, che addirittura aveva avuto il figlio Amedeo al di fuori del matrimonio, era un'eccezione, ammessa in nome della sua verve, dei suoi rapporti con il Vaticano e dei trascorsi antifascisti e antinazisti.

Maria, che ricordava tutto, aveva sentito parlare dei ricevimenti della Colonna già da Gigliola Curiel, poiché la principessa, con la scusa di far salotto, ma in realtà per raccogliere informazioni sui tedeschi, aveva incontrato anche Eugen Dollmann, l'SS che aveva salvato sia Gigliola sia Virginia Agnelli.

Per avere qualche informazione in più, Maria aveva letto qualche pagina dei diari di Galeazzo Ciano pubblicati sul «Tempo», dove più volte compariva l'abile donna Isabelle. Renato andava fiero di quei primi, vecchi numeri del suo quotidiano e li conservava su uno scrittoio Luigi XV in un salottino della nuova residenza.

I pranzi dell'Arcipapessa erano leggendari, impostati come in un altro secolo. Le sedie accostate al tavolo da pranzo avevano la spalliera alta, la doppia sella di vitello giaceva su un vassoio quadrato che i camerieri – uno ogni quattro commensali – dovevano tenere con la sola mano destra, lasciando la sinistra appoggiata alla schiena. Fra i trenta ospiti le signore indossavano l'abito lungo, come l'inflessibile padrona di casa. I cardinali non erano inferiori – per numero e grado – a quelli incontrati negli stessi salotti da Stendhal, all'inizio dell'Ottocento. Si viveva in pieno Stato della Chiesa: che fuori ci fosse ormai la Repubblica era solo uno sgradevole incidente della storia.

Durante la guerra, Palazzo Colonna era diventato una sorta di quartier generale del conte Galeazzo Ciano. Al Duce, arrivavano lettere anonime in cui si segnalava che in quella dimora si ordivano macchinazioni antitedesche e che, nelle alcove del genero, marchesine e principessine decidevano chi dovesse far carriera e chi no. In effetti, tra le pareti di quel palazzo, Ciano chiamava «crucchi» i tedeschi e «rammollito» il suocero. Un Malaparte in malevola vena aveva scritto in *Kaputt*: «Era la corte di un principe vanitoso e capriccioso, nella quale non si entrava che per favor di donne e non se ne usciva che per sfavore del principe».

Negli sterminati saloni adorni di Rubens, Lotto e Botticelli, la principessa Colonna riceveva anche l'ambasciatore inglese presso il Quirinale, Sir Percy Loraine, e l'ambasciatore britannico presso la Santa Sede, Sir D'Arcy Osborne, attraverso il quale papa Pio XII sollecitava il governo di Londra a incoraggiare i militari tedeschi dissidenti a ordire un colpo di Stato contro Hitler.

La stessa Isabelle Colonna era in stretto contatto con papa Pacelli, soprattutto attraverso il cardinale Luigi Maglione, segretario di Stato e anch'egli di sentimenti antinazisti. Heinrich Himmler definiva Isabelle «la quinta colonna».

Tuttavia, nonostante tutto il suo potere, anche la Colonna «non nasceva». Non aristocratica, almeno. Arrivata a Roma dal Libano, figlia e nipote dei ricchissimi banchieri Sursock, all'inizio veniva chiamata con spregio «la petite Sursock».

Maria si ripeteva con disappunto che non sarebbe mai stata ammessa al cospetto di donna Isabelle, sovrana di una corte in cui le regole si violavano forse soltanto in tempo di guerra. Palazzo Colonna era l'unico in cui fosse stata ospite la regina Elisabetta e una delle sole due dimore, insieme a Palazzo Doria Pamphilj, che conservasse un baldacchino pontificio la cui presenza legittimava a invitare un papa in casa. Ammettervi Renato era un'eccentricità. Ma l'essere sfuggito alla cattura dei tedeschi, e averli beffati pubblicando un foglio clandestino con le cronache trasmesse dalle radio nemiche, costituiva un titolo di merito non estendibile a una moglie di cui non fosse chiaro il precedente stato civile. Nonostante a Roma nessuno sapesse che Maria era separata, era arrivata la voce che aveva un figlio, Marco, di cui non si conosceva la provenienza. E nessuno che non fosse in regola con i canoni della tradizione di Santa Romana Chiesa metteva piede a Palazzo Colonna.

***

In una delle poche interviste che rilasciò nella sua vita, Maria, ormai da tempo signora Angiolillo, quando Alain Elkann le chiese chi fossero stati gli ospiti della sua prima festa al Villino Giulia, rispose snocciolando sei nomi di politici fra i più importanti dell'estate del 1960: «Saragat, Segni, Fanfani, Merzagora, La Malfa, Malagodi». Ma in verità non furono quelli i primi ospiti del Villino Giulia.

All'inizio, non senza un certo rammarico, la neosignora Angiolillo si ritrovò la casa invasa da giornalisti, scrittori e gente di cinema. Il che non corrispondeva esattamente alle sue ambizioni.

Era la primavera del 1960, Federico Fellini aveva appena portato nelle sale *La dolce vita* e, a Roma, il punto di ritrovo dei talenti artistici più disparati era la via Veneto immortalata in quel film. Nei bar all'aperto vi si incontravano tutti: uomini e donne per lo più brillanti, desiderosi di scrivere, recitare, dirigere, ma soprattutto di vivere intensamente, stando svegli fino all'alba, a bere, chiacchierare, pensare film, libri, giornali.

Maria vi passava a volte, la sera, diretta in qualche ristorante, e vi incrociava da Enrico Mattei dell'Eni, che si divertiva a scroccare un caffè ai giornalisti bivaccanti ai tavolini, alla solita ungherese ossigenata che intratteneva chiunque con i racconti delle sue improbabili avventure con i grandi della guerra. La pittrice Novella Parigini spiattellava a tutti il bollettino degli arrivi dei divi di Hollywood, riservando particolare riguardo alle visite del suo amico Marlon Brando.

In via Veneto, tutti conoscevano Maria Angiolillo: la moglie dell'editore, o del senatore, che dir si voglia. E lei, con appropriato distacco, si fermava a salutare tutti: la sceneggiatrice

Suso Cecchi d'Amico, gli scrittori Vitaliano Brancati e Giuseppe Berto e il giovane Alberto Arbasino. I paparazzi erano a ogni angolo. L'anno in cui Maria approdò a Roma e prese possesso della casa su piazza di Spagna, se la ritrovò invasa dai protagonisti della Dolce Vita manco fosse una succursale di via Veneto.

Erano ospiti abituali Vittorio De Sica, Totò, i fratelli De Filippo, Aldo Fabrizi e Federico Fellini, già buoni amici del marito.

Sul presto, si palesava spesso Eduardo De Filippo con la moglie Thea. Arrivava dalla sua villa sull'Appia, dov'era andato a vivere quando anche lui era diventato più che benestante. Se era di buonumore, s'aggirava per il Villino Giulia parlando da solo: si faceva domande, rispondeva, controbatteva, si prendeva in giro.

«Oh com'è bella questa casa e com'è lussuosa e come hai fatto bene Renato a venirtene in centro, a lasciar quel posto triste e lontano che è l'Appia. Oh... Io ci sto bene, ma è lontano da tutto e isolato. I-so-la-to. Va bene per me, che sono vecchietto. E poi, qua fuori, c'è un cielo! Piove che Dio la manda, ma da qui vedi il paradiso. Posso avere un whiskyno? Ma sì, datemi un whisky. Anzi, forse oggi mi ci vuole una camomilla.»

Certe volte, però, Eduardo De Filippo non era affatto ben disposto nei confronti del mondo e tutto gli sembrava tinto di nero. Allora parlava da solo, si faceva domande, rispondeva, controbatteva. Ma non si prendeva in giro.

«Oh com'è sfarzosa questa casa... Troppo. Ma non ti manca la villa sull'Appia? Così isolata, così nel verde. Qua intorno c'è un traffico... non s'arrivava mai. E c'erano i vigili che facevano bordello e c'era *'na 'mmuina* per strada. Sull'Appia, ci sta invece una pace e cantano gli uccellini, una cosa che ogni volta che me ne vengo in centro non mi capacito, e mi domando chi me l'ha fatto fare. Posso avere un whiskyno? Che dico? Oggi mi ci vuole una camomilla. Anzi, no, un rosolio, dammi il tuo rosolio. Ma che veramente mi hai dato il rosolio? Pure questo rosolio oggi è *'na schifezza*.»

La volta seguente, si ricominciava da capo. O Eduardo era in buona, o era di pessimo umore.

Anche Federico Fellini si vedeva spesso. Il 20 maggio aveva vinto la Palma d'oro a Cannes, proprio per *La dolce vita*, che in Italia stava provocando feroci dispute a causa dell'immagine dissoluta che dava della capitale. Fellini aveva avuto Renato Angiolillo ospite a una delle prime proiezioni private del suo film, prima che la pellicola uscisse nelle sale. Per l'occasione, aveva riunito un gruppetto di vitelloni di via Veneto che potevano in parte riconoscersi nella storia.

«Ah Renato, di quel gruppo, nel buio della saletta, tu solo sorridevi divertito» ricordava sempre Federico, con la consueta ruffianaggine.

Maria amava il cinema e i cineasti, ma cominciò ben presto ad averne abbastanza. A stento si trattenne dallo sbottare la volta che qualcuno prese a spettegolare sul presunto rientro a Roma di Roberto Rossellini. Durante un viaggio in India, il regista si era innamorato di Sonali, sposata e già madre, e fin sulla via del ritorno aveva deciso di andare a vivere a Parigi con la bella indiana, provocando un enorme scandalo.

Fellini raccontava di aver chiesto al collega quali eccezionali doti possedesse Sonali per avergli fatto dimenticare addirittura Ingrid Bergman. E Rossellini, con sguardo sognante, gli aveva risposto: «Ha la saggezza antica dell'Oriente e la calma profonda dell'Oceano Indiano». A quel punto Federico gli aveva chiesto a bruciapelo: «Va bene, ma come scopa?». E lui, ringalluzzendosi, aveva esclamato: «Ah, la vedessi che acrobata! Tutte le posizioni conosce... Tutte».

Riservata, controllata, sedotta dalle buone maniere, Maria ambiva a un maggiore contegno. Ma Fellini non si poteva tenere a freno. E, sistematicamente, tornava a rievocare i giorni in cui, con Amedeo Nazzari, aveva girato *Le notti di Cabiria* nella villa sull'Appia Antica del senatore Angiolillo, e della volta che il cavo di un elettricista maldestro aveva fatto cadere, sfasciandolo, un prezioso comodino. Secondo Fellini, Renato, che a suo dire avrebbe dovuto fare l'attore, aveva improvvisato una sceneggiata, intonando un requiem per quel mobiletto a lui tanto caro e destinato alle stanze di maggior rappresentanza della villa.

In breve, Maria si convinse che erano una banda di cialtroni, per quanto geniali. Meritavano d'essere relegati al periodo «villa sull'Appia», ora che aveva preso avvio l'era «Villino Giulia». E si ripromise di fare al più presto piazza pulita.

In quei primi mesi romani, però, le cose per Angiolillo sembravano volgere al peggio. A preoccuparlo non era solo la minaccia della sciagura economica. Tambroni, che gli era stato testimone di nozze, andava progressivamente ritrovandosi all'angolo a causa dell'appoggio dato al suo governo dall'Msi. Nel Paese, la ferita del fascismo era ancora aperta, troppo cocente il ricordo del ventennio per un'intesa fra la Democrazia cristiana e la destra.

Il 30 giugno, la Camera del lavoro proclamò lo sciopero generale contro il congresso dell'Msi convocato a Genova. Per l'occasione si radunò una folla di ex partigiani: in piazza De Ferrari, scesero in centomila e le cariche della polizia fecero circa quaranta feriti. A Licata, in Sicilia, il 5 luglio, i poliziotti aprirono di nuovo il fuoco provocando un morto e ventiquattro feriti. Lo stesso giorno le squadre di neofascisti distrussero, a Milano, la sede del Partito radicale e, a Roma, del Partito comunista. L'indomani, la capitale era una città in guerra. Davanti al Parlamento, i manifestanti malmenarono, schiaffeggiarono e bastonarono alcuni deputati. Gli onorevoli Walter Audisio e Oreste Lizzadri, e il senatore Gianguido Borghese fecero il loro ingresso in aula sanguinanti.

Lo stesso giorno, Renato Angiolillo tornò al Villino Giulia con la faccia scura e gli occhi furenti, muto come mai. Maria ripensò subito a quello che le aveva raccontato Cristina Magliano il giorno delle nozze, a quella storia secondo la quale il senatore si era giocato tutto al casinò. Si trattava dell'ennesima resa dei conti, stavolta più repentina: sola, in una città che non conosceva, bigama, separata per modo di dire da un inetto che le aveva rapito il figlio e lo nascondeva chi sa dove, sposata per modo di dire a un altro che aveva compiuto un'ascesa mirabolante e che adesso, in soli due mesi, stava andando in rovina davanti ai suoi occhi. Al contempo, però, si disse che così non poteva essere. Non con Renato.

Era più forte di lei, nei confronti di quell'uomo nutriva una fiducia incondizionata. Anche in quel momento in cui, a esser lucidi, c'era solo da aver paura. Respirò. Respirò ancora e ancora, finché non sentì che era di nuovo padrona di se stessa, di nuovo in grado di modulare quel tono di voce accattivante che apriva il cuore e i segreti di chi lo ascoltava.

«Senatore, che succede? È inutile che fai questa faccia nera, a questo mondo non c'è niente che non s'aggiusti.»

«La Corte costituzionale ha bocciato la mia richiesta per le televisioni.»

«Be', ce l'aspettavamo. In questo momento, se possono far danno a un editore con simpatie di destra lo fanno. E se ne fregano se antifascista come te non c'è mai stato nessuno.»

«Devi leggerla, sembra una sentenza di Ponzio Pilato: rigettano le eccezioni sollevate dalla Rai, rigettano le obiezioni dell'avvocatura dello Stato, riconoscono che la televisione non può essere un monopolio e però riescono a darmi torto lo stesso.»

«E come è possibile?»

«Dicono che, considerata la scarsezza delle frequenze utilizzabili, la televisione è "naturalmente destinata quantomeno all'oligopolio" e che, tuttavia, va sottratta alla libera iniziativa in quanto attività "di preminente interesse generale". Hanno avuto il coraggio di scrivere che solo lo Stato è in grado di esercitare quest'interesse generale con obiettività e imparzialità. Accendi la televisione e dimmi tu se il telegiornale di oggi fa davvero vedere Roma a ferro e fuoco così com'è qua fuori, con tutte le manifestazioni contro il governo.»

«T'inventerai qualche altra cosa, Renato. L'hai sempre fatto e ti verrà un'idea anche adesso.»

Toccò a Gianni Letta, allora giovane cronista, scrivere il resoconto della sconfitta sul «Tempo». Letta conservò sempre tutta la documentazione del Tempo Tv: il progetto avveniristico di Chiodelli, i ritagli dei propri articoli e l'accorata lettera che l'avvocato Antonio Sorrentino, difensore della società, scrisse ad Angiolillo dopo la sentenza. «L'insuccesso era nelle previsioni, ma lascia la bocca amara...» scriveva il legale «tutti i mezzi d'informazione sono per loro natura limitati e dunque agiscono in termini di oligopolio... Se avessimo un Parlamento efficiente, la Rai ne uscirebbe con le ossa più rotte di noi perché la sentenza lascia aperta la porta alla rottura del monopolio...» Chiodelli sarebbe diventato presidente dei cavalieri del Lavoro e Letta, che curava l'ufficio stampa dell'associazione, lo avrebbe conosciuto lì.

Maria pensò che le belle speranze e i grandi progetti di Renato si stavano sgretolando tutti insieme. Le ambizioni televisive, gli agganci politici, la fortuna economica... Tutto stava sfumando. E l'Italia stava andando a rotoli.

L'indomani, prese a leggere i giornali con occhi diversi. Forse, per la prima volta, cercava fra le righe il suo destino. A volte, s'incantava sulle pagine, e intanto si chiedeva dove fosse suo figlio Udo e se davvero era valsa la pena di perderlo inseguendo l'ennesima svolta.

Pochi giorni dopo, il 7 luglio, a Reggio Emilia, ci fu un'altra manifestazione di piazza. Furono cinque i morti e molti i feriti. Il ministro dell'Interno Giuseppe Spataro parlò di «destabilizzazione ordita dalle sinistre con appoggi internazionali». Il presidente del Consiglio Tambroni evocò il viaggio a Mosca di Togliatti e diede la colpa «a un piano prestabilito dentro i palazzi del Cremlino», giustificando l'intervento della polizia. Renato diceva che, per carità, era tutto vero, ma calcare la mano sullo scontro fra comunisti e fascisti e dar ragione agli agenti che sparavano non piaceva alla gente.

C'era il boom economico, le persone aspiravano a comprarsi l'utilitaria, la lavatrice e il televisore; volevano uscire a divertirsi, andare al cinema, al ristorante, in vacanza. Trovò che il più ragionevole di tutti fosse stato il presidente del Senato Merzagora, che aveva proposto di tenere le forze di polizia in caserma e invitato la popolazione a non scioperare.

Finì che Tambroni dovette dimettersi e che, il 26 luglio, Fanfani mise in piedi un governo definito «di restaurazione democratica», un monocolore Dc che ebbe la fiducia anche di Psdi e Pli e il voto contrario di comunisti e Msi. Quel che contava di più era l'astensione dei socialisti. Fanfani aveva attuato quell'ossimoro della politica che il collega di partito Aldo Moro, al congresso democristiano di Firenze dell'anno prima, aveva definito «convergenze parallele».

Angiolillo, da abile navigatore degli umori popolari, capì subito che, da quel momento, l'Msi sarebbe stato a lungo fuori dai giochi e che l'unica possibilità, per lui, era di sposare e cavalcare la nuova linea. Lo fece con la consueta abilità e, poco dopo la caduta di Tambroni, gli riuscì di avere a cena tutti coloro che avevano affossato colui che solo una manciata di mesi prima era stato suo testimone di nozze: il vittorioso Fanfani e i due suoi principali sostenitori, il segretario del Psdi Giuseppe Saragat e il segretario del Pli Giovanni Malagodi, oltre che il «ragionevole» presidente del Senato Cesare Merzagora; insomma, la formazione che a Maria piacque ricordare nell'intervista con Elkann e che includeva gli autorevoli nomi del ministro degli Affari esteri Segni e del direttore della «Voce Repubblicana» Ugo La Malfa.

Non deve stupire quindi, se Maria, o la sua memoria selettiva, quando si trattò di consegnare alla storia il suo primo ricevimento nella villa sopra piazza di Spagna abbia ricordato proprio quello con i potenti dell'estate del 1960. Tale serata dovette sembrarle più consona alla figura e alla statura di Renato rispetto alle gozzoviglie pettegole con De Filippo e Fellini. E soprattutto, più coerente con l'immagine che stava costruendo per se stessa.

Quella sera, fiera del suo Renato, le piacque molto il momento in cui, dopo cena, le signore restarono a chiacchierare in una sala, mentre i signori si appartavano nel salottino dei sigari a discutere di politica. Fanfani era al meglio della forma e raccontava soddisfatto che volevano farlo fuori, ma che non c'erano riusciti.

Già un anno prima, il 9 settembre del '59, lui stesso aveva informato Moro, con una lettera, del fatto che in tutta Italia sottufficiali dei carabinieri avvicinassero i dirigenti e gli iscritti alla Dc, raccomandandosi di non sostenerlo al congresso di ottobre. Al centro delle sue recriminazioni Antonio Segni, allora presidente del Consiglio e ministro dell'Interno, e soprattutto Giulio Andreotti, che stava alla Difesa. Fanfani sosteneva, inoltre, che, dai comandi dei carabinieri, erano partite disposizioni scritte, affinché lui fosse seguito e venisse riportata ogni sua parola; mentre l'ufficio politico della polizia stava indagando, attraverso i propri confidenti, sulla sua attività politica e privata. Volevano spostare il Paese a destra e il risultato fu opposto, disse Fanfani agli altri ospiti del Villino Giulia.

Maria aveva preparato un menù francese, come sapeva essere consuetudine dalla principessa Isabelle Colonna, nella cui nobile dimora si parlava e si mangiava solo francese. Si era informata attraverso la servitù. E si era procurata da un antiquario sontuose tovaglie in pizzo Valencienne, simili a quelle con le quali si apparecchiavano i tavoli a Palazzo Colonna. Se l'era cavata abbastanza bene, si disse a fine serata. Aveva amabilmente intrattenuto le signore, sorvegliato che i bicchieri degli ospiti fossero sempre pieni, e durante l'aperitivo e nel dopocena si era fatta aiutare da Cristina Bozzo affinché nessuno dei presenti restasse isolato, senza conversare. Avrebbe conservato questa attitudine per tutta la vita.

Tuttavia, durante quello e gli altri primi pranzi, Renato continuava a introdurla agli ospiti dicendo: «Ti presento Maria». Non «mia moglie», soltanto «Maria».

Tale eccessiva informalità era un'altra delle spine nel cuore che rattristavano la sua nuova vita. Renato non aveva rivelato d'essersi sposato nemmeno ai figli. Quell'estate, prima che si chiudesse l'anno scolastico al collegio Alla Querce di Firenze disse, al più piccolo, Amedeo: «Devi andare a Londra a imparare l'inglese. Ti ho trovato un compagno di viaggio: un ragazzo simpatico che ti piacerà». Amedeo fu fatto salire su un aereo assieme a Marco Bianchi Milella.

Erano diretti a casa di Carlo Maria Franzero, corrispondente del «Tempo» e scrittore, autore del romanzo *Cleopatra VII* da cui la 20th Century Fox stava per trarre il kolossal con Liz Taylor e Richard Burton. Ricorderà Amedeo che fu proprio Marco a parlargli, a Londra, del matrimonio di sua madre e suo padre, pensando che lui già lo sapesse.

In quelle prime sere romane, quando gli ospiti sciamavano via, ancora garbatamente chiassosi, e qualcuno dimenticava perfino di salutarla, quando le luci dei saloni si spegnevano e si accendevano quelle della zona notte all'ultimo piano, Maria avrebbe voluto chiedere molte spiegazioni a suo marito, ma se ne tratteneva. Renato ha una sua riservatezza, si raccontava, a sessant'anni deve sembrargli assai strano ritrovarsi sposato.

Non si confidava neppure con Cicci, che però coglieva nella sua voce una mancanza d'entusiasmo che la insospettiva. Un giorno, dopo un'ora di telefonata, l'amica milanese riuscì a farla parlare.

«Ti conosco, Maria. Che cosa c'è che non va con Renato?»

«C'è che non capisco. Non mi ha ancora presentata a nessuno come sua moglie. Continua a dire: questa è Maria, e basta.»

«Tesoro mio, ma hai visto che sta succedendo alla Loren? Lottano da tre anni con la procura di Roma, accusati di concubinaggio lei e di bigamia lui.»

«La Loren e Ponti si sono sposati per procura in Messico.

Noi abbiamo avuto come testimone di nozze il presidente del Consiglio.»

«Peccato che tre giorni prima, a Berlino, ti avessero annullato la separazione.»

«Ma noi non lo sapevamo.»

«Ma sì, stai tranquilla. Prima o poi avrai l'annullamento e tutto andrà a posto.»

«Guarda come sono ridotta: di solito sono io quella che va dicendo agli altri che con il tempo tutto si sistema.»

«Dai che ci vediamo sabato a Montecarlo.»

«Montecarlo! Non mi ci far pensare... perché, poi, c'è anche la faccenda del gioco.»

«Ma è vero che ha perso così tanto?»

«Io non lo so. So, però, che contava sulla creazione di certe televisioni, per raccogliere pubblicità, diceva. Poi la Corte costituzionale gliele ha bocciate e, da allora, è sempre nero.»

«Mmh... Per il resto, ti sembra che vada tutto bene? Spende?»

«Sì, questo sì. Però sono scomparsi i principi e i nobili.»

«Di questo ti volevo parlare.»

«Le cose importanti me le dici sempre per ultime...»

«Ho saputo dalle sorelle Visconti di Modrone che le nobildonne romane chiacchierano. La nobiltà lì è antiquatissima, lo avrai capito. Insomma, sanno che hai un figlio, si chiedono se sei stata sposata...»

«Ho capito. È la solita storia. E io, che mi preoccupavo solo di Isabelle Colonna... Ma lo sai che, certe mattine, Renato esce con l'autista, va a prendere Ismene Larussa, quella per la quale aveva avuto una sbandata e che ora se la tira perché si è sposata un Chigi, e insieme se ne vanno a Ostia, e mai, dico mai, che poi l'abbia portata in casa a prendere un tè? Non so cosa pensare. Ma sì... Va tutto bene. Dimmi della nostra squinternata Vettore, piuttosto.»

«Ehhh... Henry Ford è pazzo di lei, però...»

«Scommetto che indovino: anche per lei è la solita storia... Nel suo caso, l'America è troppo puritana per accettare che il grande Henry Ford divorzi. Per un'avventuriera europea, poi... Sai che ti dico, pazienza: c'è gente che muore di fame, di che ci dobbiamo lamentare?»

Fu allora che Maria prese l'abitudine di far avere la colazione ai barboni che stazionavano in piazza di Spagna. E poi di comprare qualunque cosa si vendesse agli eventi di beneficenza promossi dalle nobildonne romane: sculture, quadri, vecchi centrini all'uncinetto. Lo faceva sia che il ricavato andasse agli orfanelli romani, ai poveri dell'India, o alle missioni cattoliche in Africa, ma agiva discretamente, mandando magari a pagare un maggiordomo. La neosignora Angiolillo prese anche a fare beneficenza alla basilica di Santa Maria sopra Minerva, quella dove s'era sposata. Elargiva donazioni anonime e sempre generose.

Ogni tanto, andava ad accendere un cero davanti al sepolcro di Santa Caterina da Siena e pregava. Pregava per il piccolo Udo che si trovava chi sa dove, pregava per Marco rimasto a Milano con la nonna, e pregava per sé, per la sua anima perduta. Ne usciva con il volto più disteso, dicendosi che, comunque, stava meglio di tanti altri, perché in quel momento era in condizione di poter dare e non di dover chiedere. Era già tantissimo, considerando da dov'era partita. Andava già bene così, finché fosse durata.

Renato venne a saperlo dalla servitù e apprezzò. Amava apparire tirchio, ma non lo era affatto. Il giornalista Igor Man, suo corrispondente per «Il Tempo», ricordava spesso di quando, agli albori del giornale, pretendeva che i redattori andassero a cena con lui dal costosissimo Nino, in via Borgognona. Angiolillo non si offriva di pagare il conto, però, e nessuno voleva seguirlo. Così, istituì «la mensa»: i giornalisti gli versavano le trecentocinquanta lire che avrebbero pagato alla Taverna Margutta e lui consentiva loro di mangiare da Nino «senza limiti», purché non prendessero per frutta la banana.

Piero Accolti, Enrico Falqui, Carlo Belli e lo stesso Igor Man obbedivano senza fiatare, con sua grande soddisfazione.

Solo Adriano Grande, il poeta fondatore della rivista «Circoli», distratto com'era, regolarmente afferrava dal cesto la più gialla e grossa. Angiolillo sbiancava d'ira. Sulla via del ritorno al giornale, poiché allora si chiudeva anche alle due o alle tre di notte, mentre Grande confabulava con Falqui, ringhiava: «Quello là, quel poeta di merda, io lo caccio, se tocca ancora le banane». Era il capo e voleva essere ubbidito.

Angiolillo era però un uomo generoso. Aveva istituito «La Befana del Tempo» per elargire doni ai bambini, e con Maria aveva fondato «Il cuore di Roma» per premiare i cittadini onesti, specie quelli che collaboravano con la giustizia. A Palazzo Wedekind, circolavano le più svariate storie su altre sue malcelate prodigalità. Raccontavano i suoi collaboratori che avesse aiutato la famiglia di un redattore, colpita dalla tubercolosi, fingendo che i soldi venissero da un anonimo benefattore. E anche che, quando aveva saputo che il cronista Moggia faticava a mettere insieme il pranzo con la cena perché aveva undici figli, per sostenerlo senza umiliarlo, aveva improvvisato una finta scommessa: «Offro centomila lire a chi di noi ha il pisello più lungo» aveva proclamato.

Dopodiché, impantanato nell'impossibilità di procedere alla verifica, aveva decretato vincitore «il più prolifico».

***

Una notte, qualche tempo dopo il matrimonio, Renato portò Maria ad assistere allo spettacolo della rotativa che stampava il giornale. Quando scesero nei sotterranei di Palazzo Wedekind era l'una, ma lì sotto sembrava pieno giorno. Nel rumore assordante delle macchine, i tipografi urlavano da un capo all'altro del salone reclamando al proto le lastre con il piombo da mandare in stampa. Il proto litigava con i caporedattori per un titolo che sforava o per tagliare una riga di troppo da un articolo.

Quando si avvicinò alle rotative, Maria si sentì piccola piccola. Erano enormi e sputavano pagine a getto continuo. C'era una puzza asfissiante d'inchiostro e di piombo. Tutti bevevano latte per disintossicare i polmoni e Renato gliene passò un bicchiere. Qualcosa nell'aria le faceva bruciare gli occhi. Strizzandoli, si fermò incantata a guardare i cilindri che macinavano veloci grandi bobine di carta trasformandole in pagine di giornale.

«Guarda, sono stampate in "bianca e in volta", su tutte e due le facciate» le spiegò, orgoglioso, Renato.

Poi Maria osservò affascinata le copie del quotidiano che, veloci, andavano impilandosi l'una sull'altra, generando un gran traffico di fattorini non meno rapidi nel ricavarne delle balle annodate con pezzi di corda.

Quando finalmente ebbe fra le mani «Il Tempo» che sarebbe arrivato nelle edicole di lì a poco, Maria fissò la prima pagina con gli occhi sgranati, guardò i titoli senza davvero leggerli, come se venissero da un pianeta di un'altra galassia.

«Hai visto che meraviglia?» le disse Renato. «Costa milioni. Quando ho cominciato a fare "Il Tempo", avevo in tasca solo duemila lire. Tutti mi davano del pazzo. Ma questa macchina comprata in Germania io l'ho sognata fin da quando, bambino, me ne scappai a Napoli e vidi le rotative del giornale di mio fratello.»

Maria, che era la freddezza fatta persona, quella notte si emozionò, anche se finse di avere gli occhi rossi per le esalazioni di piombo. E di nuovo, si disse che faceva bene a credere a Renato.

Uscendo dal «Tempo», marito e moglie si avviarono verso il Villino Giulia a piedi. Attraversarono piazza Colonna, ma invece di svoltare a sinistra, il senatore la guidò verso destra.

«Andiamo a vedere la chiesa dove ci siamo sposati, Mariu'.»

Era estate, una bellissima e tiepida notte di stelle.

Quando arrivarono davanti alla basilica di Santa Maria sopra Minerva, il senatore le strinse solo più forte il braccio. E le disse: «Sei brava Mariu'. Sei brava». Nient'altro.

Sapeva. Sapeva della beneficenza che da un po' andava facendo con zelo e quello era il suo modo, brusco e affettuoso, per dirle quanto fosse contento di lei.

Si ritrovarono di nuovo su via del Corso e lui ancora, invece di svoltare a sinistra, deviò.

«Attraversiamo: ti voglio far vedere Palazzo Colonna.»

Il palazzo dove dormiva l'Arcipapessa si aprì davanti a loro, maestoso, con la sua torretta e tutte le finestre sormontate dalle cornici marcapiano mirabilmente scolpite.

«Sembra una reggia, Renato.» A Maria pareva impenetrabile.

«I Colonna ci abitano da otto secoli. Nel 1400, ci visse uno dei papi di famiglia, Martino V. Prima di lui, c'erano stati lo scisma d'Occidente e la cattività avignonese: i pontefici avevano abbandonato Roma, che si ridusse in condizioni vergognose. Fu il papa Colonna a rimetterla in sesto. E nel 1527, durante il sacco di Roma, mentre i lanzichenecchi mettevano sottosopra la città, il palazzo diede asilo a tremila persone. Vieni di qua, guarda quant'è grande...» Arrivarono in via IV Novembre. «La vedi questa facciata? È lunga più di settanta metri: è la galleria, tutta piena di quadri di Pinturicchio, dei Carracci, di Tintoretto, del Guercino...»

Maria si chiese dove Renato stesse andando a parare. Lui stette zitto per un po' e lei pure. Poi, di nuovo, le strinse forte il braccio: «Ho chiesto alla principessa di riceverti. Fatti fare un abito nero con il velo». Maria avrebbe voluto buttargli le braccia al collo. Essere ricevuta dall'Arcipapessa significava ottenere un lasciapassare per tutti i più aristocratici palazzi romani. Da quel momento, nessuno avrebbe più osato storcere il naso sentendola nominare. Avrebbe voluto battere le mani, saltare per la gioia, ma era troppo abituata a nascondere ogni emozione, a misurare ogni reazione per timore di apparire puerile o, peggio ancora, provinciale. Allora, si voltò, guardò Renato negli occhi, sorrise, accomodando più stretto il braccio sotto quello del marito e, insieme, fecero dietro front, dirigendosi verso piazza di Spagna.

***

Maria si lisciò le pieghe dell'abito nero lungo fino alle caviglie. Si aggiustò sul capo il velo nero in pizzo francese uguale a quello indossato da Grace di Monaco quando, nel 1957, era andata in visita da Pio XII.

Gigliola Curiel era stata categorica: da Isabelle Colonna ci si va vestite come dal papa, in nero castigato, con il velo, i guanti in pizzo neri che però vanno tolti, una borsa piccola e, soprattutto, senza gioielli. Al massimo un filo di perle al collo, uno solo. Quando Maria andò a Milano per l'ultima prova dell'abito, Gigliola le fece perfino provare la riverenza che avrebbe dovuto fare al cospetto della principessa.

Sui gioielli avevano discusso a lungo. Cristina Vettore sosteneva che Maria avrebbe dovuto fregarsene di tutta quell'etichetta e sfoggiare una bella parure di rubini. La Magliano diceva che ci voleva almeno una *broche* sul petto. Cicci inorridì al solo pensiero che sopravvivessero riti tanto arcaici e si raccomandò tuttavia di rispettarli alla lettera. Anzi, il giorno in cui seppe dell'invito, richiamò l'amica a notte fonda, perché si era ricordata all'improvviso un consiglio fondamentale: Maria non doveva assolutamente ordinare il vestito da Roberto Capucci, poiché Ninì Pallavicini, che della Colonna era l'arcinemica storica, vestiva solo Capucci.

«Ma io non sono mai andata da Capucci, Cicci.»

«Si sa mai. Anzi, ricordati di non metterci mai piede. Tu ormai sei fazione Colonna.»

Già... A Maria lo aveva spiegato Renato. I Colonna erano i capofila della nobiltà nera, i Pallavicini della nobiltà bianca. Era una storia che risaliva al 1870, quando i primi non avevano accettato l'abolizione del potere temporale pontificio, restando fedeli al papa, e i secondi si erano adattati ai Savoia.

Maria si guardò allo specchio, mentre la cameriera le allacciava le perle. Si vide magnifica. Ma sì, meglio rispettare ogni singola tradizione, le norme d'etichetta, ogni dettaglio del cerimoniale. Non sarebbe stato un gioiello a rovinare quella visita per lei così importante, un privilegio che per Maria rappresentava un punto d'arrivo. Poi lanciò un'occhiata fuori dalla finestra, accarezzando con lo sguardo la chiesa francese della Trinità dei Monti, e si fece il segno della croce.

«Renato, sei pronto?»

«*Pe' fa' che?*»

«Come per far che? Ci aspetta l'Arcipapessa, amica tua.»

«La principessa ha invitato te, Mariu'.»

«Significa che devo andarci da sola? E che cosa le devo dire?»

«Lei ti farà l'interrogazione e tu rispondi.»

Maria varcò l'ingresso di Palazzo Colonna alle dieci meno tre minuti, ripassando a mente un po' di francese. Un valletto in livrea, con i calzoni blu e la marsina scarlatta decorata di nero, i colori del casato, la accompagnò agli appartamenti della principessa. Tagliarono la grande corte con al centro la colonna simbolo della famiglia e due alte palme che svettavano nel cielo di Roma. Entrarono, al piano terra, accolti da un coccodrillo in porfido, testimonianza dell'antico santuario romano che in origine sorgeva in quel punto. Da lì, si aprì davanti a Maria una sequenza di saloni maestosi.

Attraversarono la Sala della Fontana, con i pavimenti veneziani che risalivano al Rinascimento, i divani in broccato azzurro, le pareti affrescate da vedute di rigogliosi giardini, i soffitti con scene delle gesta di famiglia e, al centro della volta, lo stemma dei Colonna. Quindi, passarono nella Sala del Vanvitelli, adornata da dodici vedute dell'artista napoletano e che aveva pavimenti intarsiati in marmo orientale e soffitti affrescati con un cielo celeste nel quale svolazzavano soavi putti.

La sala delle visite era sterminata. Su una parete, Maria notò un immenso baldacchino con i simboli di famiglia. La principessa stava in piedi, in mezzo alla stanza, accanto a un tavolo in legno dorato. Segnata dall'età in volto, i capelli ancora castani raccolti in un'elaborata acconciatura, indossava un abito nero lungo fino ai piedi, di foggia ottocentesca, e portava al collo un numero di giri di perle che sarebbe stato difficile contare. Era più minuta di come Maria se l'era figurata, ma le trasmise comunque un'enorme soggezione.

Maria fece la sua riverenza. E tacque.

Tacque anche la principessa, squadrandola per un tempo che a Maria parve interminabile. Infine, in francese, accennando uno sguardo al tavolo, le chiese: «Vede questi bassorilievi? Raffigurano turchi incatenati. Guardi come sono sofferenti e come si contorcono. Questa scena commemora la gloriosa battaglia di Lepanto, anno 1571. L'avanzata dei turchi fu fermata eroicamente dal nostro avo Marcantonio Colonna. Il mio povero marito portava il suo nome. È mancato, ormai, da tredici anni. In questo palazzo, ogni cosa ne ricorda un'altra. Sopravvivo, di quei secoli andati, solo io. Sono condannata a non invecchiare e a conservare memoria di tutto, finché i miei figli e nipoti non imparino, a loro volta, la storia di ogni soprammobile. S'immagini che qualcuno osa persino invidiarmi».

Maria stette zitta, attendendo l'interrogazione. La principessa, piantata al centro della stanza, fin lì non aveva cambiato espressione, e lei non sapeva come interpretare quello strano preambolo.

Poi, Isabelle Colonna si mosse e cominciò a vagare da una sala all'altra, fermandosi ogni tanto davanti a quadri e affreschi e continuando a parlare di battaglie, matrimoni, storie di papi. Per ultimo, le mostrò un curioso orologio il cui movimento veniva alimentato da candele. Ormai Maria vedeva tutto offuscato. Tornarono, quindi, nella sala dei turchi incatenati. I due valletti in livrea, che le avevano seguite discretamente a distanza, si fermarono alle loro spalle, ai lati della porta.

«Venga, si accomodi su quel divanetto doppio. È detto il "confidenza". Da seicento anni, accoglie le dame di questo casato, le loro ospiti e i loro segreti.»

I valletti sull'uscio abbassarono lo sguardo, indirizzandolo sulle scarpe a pantofola. Maria sentì un sudore freddo imperlarle la fronte. Era arrivato il momento. Si rese conto che non aveva ancora pronunciato una parola.

«*Oui, princesse*» rispose meccanicamente.

Ora, si disse, serve uno scatto di reni. Si rimise in guardia, si accertò che ogni singolo nervo fosse in stato di allerta. Sedette.

«Io vengo dal Libano. Sono arrivata a Roma che il Regno d'Italia era di là da finire. Altri tempi. Lei da dove viene?»

«Da Milano. Anzi, da un paesino vicino Pavia. E da nessuna famiglia, *princesse*.» Maria sapendo di «non nascere» preferì giocare d'anticipo.

«Anch'io da nessuna famiglia» disse l'Arcipapessa, sempre imperscrutabile. «Mi chiamavano, pensi, "la petite Sursock". Mio padre era un banchiere. Maneggiava quel vil denaro che pure tanto alletta le antiche aristocrazie.»

Maria si sentì tremare le gambe. Ma non cambiò espressione, nemmeno lei.

«Suo padre era un banchiere?» chiese la principessa.

«No, era nel commercio. È mancato quando avevo dodici anni.»

«E dunque lei ha ereditato?»

«Non c'era molto da ereditare, *princesse*.»

«Però è stata sposata.»

Non era una domanda. Era un'affermazione. Maria capì subito che non poteva mentire: «Sono stata sposata con un conte, Udo de Beurges».

«Ha sposato un conte, pur non possedendo un patrimonio?»

«Era sufficiente quello di sua madre, *princesse*. La *comtesse* de Beurges era già vedova di Philipp Rosenthal, il tedesco delle porcellane.»

«Lei ha una dote interessante di questi tempi, signora Angiolillo: la modestia. Nessun aristocratico sposa una borghese senza mezzi, a meno che costei non abbia una personalità eccezionale, oppure...»

«Lei è molto generosa, *princesse*.»

«Dicevo: una personalità eccezionale, oppure astuzie molto particolari.»

Una impercettibile malizia si stese sul sorriso della principessa. Maria si disse che doveva tenerle testa: «Se ho dei meriti, non sono stati sufficienti a far durare i voti sui quali avevo giurato».

E, a questo punto chinò il capo, con espressione umile, molto umile.

«E dunque lei si è fatta strada da sola, come il nostro Renato.»

«Renato ha costruito cose ben più grandi delle mie.»

«Ma alle donne non è richiesto di essere condottiere, quanto di stare accanto ai condottieri. E, mi ascolti, di attenderli, qualunque avventura corrano.»

La principessa, stavolta, la guardò in maniera eloquente, come ad accertarsi che avesse capito e che la parola «avventura» fosse andata a segno. Evidentemente, temeva che Maria fosse una di quelle donne capricciose che si separano per un'infedeltà.

«Renato è un grand'uomo. E io ho scelto di stargli accanto qualunque cosa accada.»

«Bene. Mi dicono che lei otterrà l'annullamento del suo primo matrimonio. È così?»

«*Oui, princesse*.»

«Allora, sappia che le preghiere di questa vecchia dama di Gran Croce di Giustizia del Sovrano militare ordine costantiniano di San Giorgio saranno, nel frattempo, per la sua anima.»

La principessa si alzò. Maria fece un'altra riverenza e attese che la nobildonna si ritirasse, incedendo solenne nel suo abito ottocentesco verso saloni di un'ala per lei rimasta inesplorata. La seguì con lo sguardo e stava per voltarsi e andarsene, quando Isabelle Colonna si fermò e, girandosi di nuovo verso di lei, disse: «Aspetti. Dimenticavo».

«Prego, *princesse*.»

«Lei è una donna assennata: convinca Renato a smettere di giocare.»

Il favoloso diamante rosa

A Montecarlo, Cristina Vettore parlava solo di Henry Ford: «Henry mi ha promesso che porta il suo panfilo in Costa Azzurra»; «Henry è un genio: dirigeva la Ford a soli ventisette anni»; «Henry è un amore: mi guarda estasiato, come se fossi una dea». Al ristorante chiedeva pane di soia, perché Henry mangiava solo pane di soia; al bar esigeva latte di soia perché Henry beveva solo quello. Quando la vedevano arrivare, i camerieri tremavano.

«Cristina, stai zitta un momento, per favore. Ora dobbiamo pensare a Maria» le intimò un giorno Cicci.

«Perché, che succede?»

«Renato fa troppo tardi al casinò e perde troppi soldi.»

«Per carità, Cicci! Lascia perdere... E tu, Cristina, non darle retta: è tutto a posto» protestò Maria.

«Brava, Mariuccia! Henry dice sempre: "*Never complain, never explain*", mai lamentarsi, mai dare spiegazioni.»

In realtà, non era tutto a posto. Al contrario. Al bar dell'Hotel de Paris, De Sica, De Laurentiis e gli altri compagni di gioco continuavano a prendere in giro Angiolillo, che sembrava aver perso il suo tocco fortunato, o la sua abilità. Ai tavoli del casinò il senatore lasciava somme considerevoli, sempre maggiori. Si ritirava all'alba, ogni volta più sgualcito e tetro, e trascorreva il resto del giorno vagando, con aria truce, tra i saloni dell'albergo.

Cristina Vettore, invece, era al culmine dell'orgoglio. E, una sera, non mancò di rispondere con una battuta feroce all'indirizzo di Gianni Agnelli che le si era avvicinato per apprezzare, come faceva sempre, le sue gambe e il suo bel décolleté.

«Zitto» gli disse con un sorriso ammaliante, «bada che la Ford ci mette niente a comprarsi la tua fabbrichetta.» Non era ancora la signora Ford, ma con il suo carattere esuberante, se ne preoccupava poco: sentiva che le sue azioni stavano salendo alle stelle.

Quelle del senatore Angiolillo, invece, erano in deciso ribasso.

Un pomeriggio, Maria e Renato si sedettero a un tavolino con Ljuba Rosa Tagliabue e la maharani di Baroda. La prima andava dicendo, piuttosto risentita, che la principessa indiana aveva venduto, inaspettatamente, il favoloso Princie a un'asta londinese. Sproloquiava di lotti da cui il grosso diamante rosa sarebbe uscito o rientrato, togliendo a lei il piacere di farselo regalare dal marito, che glielo aveva promesso. Renato conosceva già la storia della pietra avendola pubblicata sul suo giornale.

La maharani, malcelando la soddisfazione di non aver ceduto la gemma a Ljuba, spiegò a Maria che si trattava di un diamante assai speciale, di un rosa mai visto: «34,65 carati, taglio cuscino, due centimetri per due e mezzo. Colorazione IIa: la più pura, come sai. Devo dirti: m'aveva stufato, non lo mettevo più. Quando l'ho venduto, mi hanno detto che è il terzo diamante rosa al mondo, imparentato al Koh-i-noor: sai? Quello incastonato nella corona della regina Elisabetta. Non a caso, viene sempre dalle mie miniere di Golconda. I più belli vengono tutti da lì, ma io ne possiedo a bizzeffe: non mi basta una vita per metterli tutti...».

La maharani raccontò poi di essere in partenza per Parigi: la boutique di Place Vendôme di Van Cleef & Arpels, i gioiellieri che avevano acquistato il Princie, dava un party in onore suo e del diamante. Aggiunse che ci avrebbe portato anche il figlio quindicenne, il principino Sayajirao Gaekwad: «Da quand'è nato lo chiamiamo Princie e il diamante ha preso il suo nomignolo. Gli ho ordinato una camicia nuova con i bottoni di rubino» squittì.

Dopo tale dovizia di particolari, la conversazione cadde nel vuoto e per un po' stettero tutti a osservare chi arrivava all'hotel, chi partiva, chi si accompagnava con chi. Poi il senatore Angiolillo si alzò di scatto e se ne andò senza salutare nessuno, nemmeno Maria.

***

In quel 1960, Maria e Udo erano nel pieno della guerra per il divorzio. Non si risparmiarono colpi bassi. Lui, dipingendola come un'arrampicatrice sociale e un'approfittatrice, allegò agli atti destinati al tribunale di Berlino anche uno di quei biglietti che Maria aveva spedito ad amici e parenti per annunciare la nascita di Udo Maria Gregory: sottolineò che si era firmata «contessa Maria Girani Franck de Beurges», pur non essendo all'epoca ancora sposata, e aggiunse che non avrebbe potuto dirsi contessa neppure da coniugata, poiché il titolo si trasmetteva ai figli, non alle consorti.

Lei gli contestò di non averle mai mandato un soldo dal Sudafrica e, anzi, di non averle mai restituito un prestito che gli aveva accordato, dopo che era stato lasciato senza mezzi dall'augusta contessa madre Maria Frank Rosenthal de Beurges: una signora che lei chiamava «contessa» per devozione di nuora, oltre che per buon uso di mondo e per il riguardo dovuto a qualunque donna sposata a un conte, pur non essendo, detta signora, figlia di nessun conte.

Udo negò ogni prestito e controbatté che, se pure lo avesse ricevuto, doveva considerarsi saldato con l'ospitalità concessa, nel corso degli anni, ai familiari della signora Girani. Fece pure dell'ironia su certi vestitini comprati da Maria al figlio, dicendosi disposto a rimborsarli, qualora non fossero stati acquistati nelle boutique più eleganti e care che la sua consorte era solita frequentare, «come Dior, Balenciaga o Emilio Schuberth». Poi ribadiva che il matrimonio era finito perché lei si era rifiutata di seguirlo in Sudafrica, mentre lei ribatteva di essere stata abbandonata dal marito.

Difficile stabilire come andarono davvero le cose, solo le carte di quel dibattuto, feroce divorzio possono dire ancora qualcosa: a futura memoria restano i pronunciamenti del tribunale di Berlino e le memorie di Udo che furono conservati nella soffitta di una grande villa coloniale a Rivonia, il ricco sobborgo di Johannesburg dove il conte stabilì la sua residenza. Tali documenti escludono, tuttavia, la voce di Maria, desumibile solo dalle citazioni contenute nelle lettere del marito, dalla deposizione giurata della suocera, dalle sentenze emesse dai tribunali che si occuparono del caso.

È certo che, dopo aver prelevato il bambino da Juan-les-Pins, il 17 ottobre 1959, Udo Franck de Beurges lo portò in Germania, a Berg, sul lago Starnberger See, dove sua madre possedeva Villa Haus Rasten, ereditata dal primo marito Rosenthal. Desiderava che suo figlio imparasse il tedesco, oltre che il francese, affermò davanti ai giudici. Quando lo scoprì, Maria tirò un sospiro di sollievo: aveva temuto che il bambino fosse già in Sudafrica.

Dopo quel pomeriggio di chiacchiere all'Hotel de Paris, con Ljuba e la maharani di Baroda, a cui Renato aveva assistito muto, Maria rientrò nella sua suite e trovò una lettera del suo avvocato. Conteneva una citazione di Udo: il conte allegava alcune ricevute per dimostrare come Madame Brosst, la tata di Udo junior, fosse sempre stata pagata da lui e, con assoluta *nonchalance*, lasciava cadere l'informazione che Udo Maria Gregory si trovava a Rivonia, nei pressi di Johannesburg.

Maria sentì un tuffo al cuore. Il suo bambino, in quel posto alla fine del mondo... Se lo rivide davanti, con i suoi occhioni smarriti. Si domandò com'era diventato. Non lo abbracciava da un anno. Doveva essere cresciuto. Forse, si disse, non si ricordava già più della sua mamma.

Appena Renato entrò nella stanza, Maria gli corse incontro.

«L'ha portato in Sudafrica. L'ha rapito!»

Renato si fece paonazzo, una grossa vena gli spuntò sul collo. Biascicando qualche parolaccia, chiamò l'avvocato, gli parlò a lungo. Quindi, si versò due dita di bourbon e si sedette accanto a sua moglie.

«*Stamme a senti', Mariu'. Mo'* la cosa importante è che tu gli rispondi a 'sto farabutto, ma non devi scrivere che ha rapito tuo figlio.»

«Ma è quello che ha fatto!»

«L'avvocato dice che la parola "rapimento" farà incazzare i giudici tedeschi. Il bambino lo hanno affidato a lui per tutta la durata del processo di separazione. Può fare quello che vuole.»

«Però, quando se l'è portato via da Juan-les-Pins, era stato affidato a me dai giudici italiani.»

«Parli di una sentenza non riconosciuta dai tedeschi. Carta straccia, per loro.»

«Sei di cattivo umore.»

«Io? Io sto *comme 'na Pasqua*.»

«No, Renato, la verità è che tu stai male da mesi. Giochi troppo e fino all'alba. E la gente sparla. Se ti fa piacere che tutti dicano che ti sei rovinato, continua pure così.»

«Mariu', tu mi hai conosciuto al casinò, mica all'opera pia. Sapevi a cosa andavi incontro.»

«E tu mi hai detto che volevi una moglie perché non avevi più l'età per fare quella vita. Allora, sappi che, se stanotte torni di nuovo alle sei, non mi trovi. Me ne vado a cercare mio figlio.»

Renato prese un mazzo di carte dal cassetto della scrivania e le allestì per un solitario.

«A che ora mi concedi la ritirata, signora mia?»

«Alle due.»

Dopo poco, Renato uscì. Maria cenò in camera e, una volta che ebbe spiluccato un po' di pesce, prese a camminare su e giù per la stanza, incapace di concentrarsi su qualunque cosa, controllando compulsivamente l'orologio e rileggendo le carte dell'avvocato. Alle due meno dieci si mise a letto, fingendo di dormire e tenendo le orecchie ben tese. Poco dopo, sentì una chiave che entrava nella toppa. Era Renato, che rientrava all'ora stabilita. Maria s'infilò ancora di più sotto le coperte e si addormentò, macinando silenziosi Padre Nostro di ringraziamento.

La mattina seguente, senza nemmeno dire buongiorno, Renato ordinò alla governante che li aveva seguiti da Roma di preparargli le valigie.

«Parti?» chiese Maria.

«Parto.»

Passò un giorno, una notte, un altro interminabile giorno, ancora una notte. Maria perse ogni colore dal viso. Chiusa nella suite dell'Hotel de Paris, non sapeva che fare.

Pensò che chi si era giocato tutto era lei, non suo marito. Si disse che doveva tornare a Roma e mettere insieme le sue cose. Poi si disse, invece, che avrebbe fatto bene ad andarsene per un po' a Milano. Cicci l'avrebbe ospitata volentieri e Nuccia avrebbe provveduto per lei a prendere le sue cose al Villino Giulia. Pianse, stando attenta a che la governante non se ne accorgesse. Pianse, ma in fretta si asciugò le lacrime e si schiarì la voce quando Cicci e Nuccia la chiamarono per sapere se Renato era tornato.

Rilesse la memoria da inviare al tribunale di Berlino. Sottolineò la parola «rapito» con dispetto. Ripensò all'incontro con Isabelle Colonna; al suo primo pranzo importante, quando aveva avuto ospiti Fanfani, Saragat, Segni... Si chiese se avesse sbagliato qualcosa. Ripercorse ogni momento della sua storia con Renato, cercando indizi, segnali, l'intuizione di un suo errore. Soprattutto si domandò per quale motivo Renato continuasse a giocare con tanta cocciutaggine: lo faceva perché non aveva nessun problema di soldi o perché sperava di recuperare quanto aveva perso?

Più di una volta aprì l'armadio e cominciò a staccare i vestiti dalle grucce per andarsene, ma ogni volta una certezza interiore la fermava: doveva avere fiducia. Renato non era un quaquaraquà, come avrebbe detto lui.

Infine, decise che doveva calmarsi e rimanere dov'era, ad aspettare, facendo finta che niente fosse successo. Renato sarebbe tornato, l'avrebbe trovata lì, vestita alla perfezione, truccata, profumata, pronta per andare a cena al Grill, e tutto si sarebbe aggiustato.

Il terzo giorno, verso sera, Renato rientrò, splendente in viso, il monocolo a dargli un'espressione beffarda, e, sotto la giacca, una delle sue camicie in crêpe di un bianco accecante.

«Ti va un aperitivo prima di cena?»

«Sono pronta. Andiamo» rispose lei, riponendo in un attimo tutti gli angosciosi pensieri degli ultimi giorni.

Al Cafè de Paris, Mariuccia sentì che il bicchiere del suo Martini pesava più di quanto avrebbe dovuto e tintinnava, come tintinnavano i braccialetti di Cicci quando la salutava agitando la mano.

Scrutò la coppa. Dentro, qualcosa luccicava.

«Guarda un po' che ho comprato, Mariu'.»

Maria armeggiò nel bicchiere e, aiutandosi con un lungo stecchino per le olive, estrasse una catena d'oro dalla quale pendeva un enorme diamante rosa, circondato da altri diamanti bianchi taglio baguette. Stavolta faticò a controllare l'espressione di meraviglia. Guardò la pietra che ormai le gocciolava fra le mani: era di un rosa speciale, taglio cuscino. Stimò che doveva misurare due centimetri per due e mezzo. Le si accesero gli occhi, le venne da ridere.

«Cos'è? Non sarà mica? Ma no...»

Rideva e non riusciva a smettere. Anche Renato rideva, serrando le labbra e contemplando lo stupore sul viso della moglie.

«Ho comprato il Princie, Mariu'. Quello della Baroda.»

«Ma tu... Ma...» Maria non riusciva a finire le frasi. Asciugò la collana con un tovagliolo, se la poggiò al petto.

«*Ma tu si' pazzo!*» gli disse in napoletano.

«Mettitelo, Mariu': *mo'* nessuno potrà più dire che mi sono rovinato.»

Dopo aver comprato il Princie, Renato non smise di andare al casinò. Anzi, ogni fine settimana, a Montecarlo, si dedicava allo chemin de fer e al baccarà con ancora maggior accanimento. Maria lo guardava giocare, silenziosa e, a tratti, accigliata. Che il marito vincesse o perdesse, restava impassibile, per quanto non riuscisse a smettere di tormentare il Princie che portava al dito.

Renato lo aveva fatto montare su un anello: «Si nota meno. Come ciondolo era troppo sfacciato» le aveva detto.

Una sera, fra una mano e l'altra di chemin de fer, Renato fece una puntata alla roulette e fu avvicinato da un ragazzo giovanissimo, smilzo e con gli occhi azzurri, che lo abbracciò con festosa allegria. I due si misero a chiacchierare, Renato si scordò di tornare al tavolo dello chemin de fer e, poco dopo, si avvicinò a Maria, annunciandole: «Ti presento Francesco Bellavista Caltagirone, un giovanotto che farà strada. È figlio di un caro amico, ma è sveglio di suo. Andiamo tutti al Bec Rouge?».

Maria sgranò gli occhi, esterrefatta. Che cosa aveva mai quel ragazzo per riuscire a staccare Renato dal tavolo da gioco?

Il miracolo riuscì anche la sera dopo. Fu allora che Maria comprese che quel giovane, forse nemmeno ventenne, avrebbe potuto essere la sua salvezza. Lo invitò a prendere un tè, ci entrò in confidenza e gli confessò a cuore aperto che lui era l'unica persona dell'universo mondo in grado di distogliere Renato dal gioco pesante.

Da quel momento, al casinò, bastava un occhiolino di Maria e Francesco scattava in missione. Lei si eclissava con le amiche, e gli lasciava il campo; ma preferì non chiedergli mai con quali lusinghe riuscisse a distrarre il marito dalle sue puntate pesanti. L'indomani, comunque, c'era sempre qualcuno che le riferiva d'aver visto Renato al Grill o al Bec Rouge attorniato da avvenenti fanciulle.

Purtroppo, però, il giovane Bellavista Caltagirone aveva i suoi amori giovanili da inseguire, e le tasche non sempre piene. Ragion per cui, non andava a Montecarlo tutti i fine settimana. Fu così che a Capodanno del 1961, Renato Angiolillo, in una sola sera, perse, pare, un centinaio di milioni, una cifra enorme per l'epoca. Maria lo scortò in camera, muta, e non gli rivolse la parola per giorni.

Rientrati a Roma, il senatore si chiuse nel suo studio, impugnò una penna, stette pensieroso a lungo, poi scrisse una lettera.

Quando finì, andò da Maria e gliela porse.

«Leggila» ordinò.

Roma, 4 gennaio 1961

Cara Maria,
pur ritenendo non necessaria questa precisazione, nel caso che possano sorgere delle assurde contestazioni da parte di chicchessia, desidero pienamente riconoscere che i mobili, i tappeti, l'argenteria e i soprammobili contenuti ed elencati nei tre inventari da me controfirmati in ogni pagina sono di tua assoluta proprietà, avendoli tu acquistati con tuoi mezzi e senza alcun mio intervento.

In fede
Renato Angiolillo

Maria mascherò lo stupore nell'espressione più neutra che poté trovare.

«Hai paura che vengano a pignorarci i mobili?» gli chiese.
«Quando mai. Ho scritto la verità.»
Il senatore girò sui tacchi e uscì dalla stanza.

***

Erano gli anni del boom economico, il «miracolo italiano». Nel 1960, il «Financial Times» aveva tributato alla lira «l'Oscar delle monete». Fra il 1953 e il 1961, la produzione industriale aveva segnato un più 84 per cento, mentre i salari erano cresciuti del 49 per cento. Il parco auto degli italiani era raddoppiato, la vendita di abbigliamento e scarpe triplicata, la produzione petrolchimica aumentata di ventitré volte in otto anni.

Maria era rimasta impressionata da quanto le aveva detto, una sera al casinò, Giovanni Borghi, «il signor Ignis»: nel 1957 erano usciti dalle fabbriche italiane trecentosettantamila frigoriferi, ma entro il 1963 ne sarebbero stati prodotti un milione e mezzo l'anno.

Si respirava ottimismo, fiducia, voglia di spendere. Maria non volle essere l'unica ad angustiarsi. Decise che poteva solo mettersi a lavorare d'impegno per diventare una straordinaria padrona di casa. Per il resto, doveva affidarsi al Signore.

Così, intensificò le visite nella basilica di Santa Maria sopra Minerva per accendere alcuni ceri e pregare, e si adoperò affinché i suoi pranzi fossero all'altezza di quelli di Isabelle Colonna. Selezionò lei stessa il personale, scegliendo camerieri che avessero lavorato dalla principessa o al Quirinale, e fece cucire per tutti delle livree su misura, verdi e con i fregi dorati, di foggia ottocentesca.

«A questo tavolo ci starebbe bene un ambasciatore, Mariu'» disse un giorno Renato, mentre compilava con lei la lista degli invitati a un pranzo.

«Ci proviamo con quello americano?»

«Lo segno.»

Poi, sotto il nome dell'ambasciatore, il senatore Angiolillo scrisse: «Eduardo De Filippo». Maria lo guardò di traverso.

«Mariu', non so come usa a Milano, ma Roma è fatta di nobili, politici, ambasciatori e anche di artisti» disse lui.

«A Milano, se inviti un'artista, è la Callas o la Tebaldi, non Eduardo De Filippo.» Maria non sapeva che Eduardo era la Callas del teatro di prosa.

«*Vabbuò*, lo inviteremo meno spesso, tanto già si presenta di suo quando gli pare.»

Ci si avviava verso la fine del settennato di Giovanni Gronchi, il cui mandato sarebbe scaduto nel maggio del 1962. Già l'anno prima erano cominciate le grandi manovre per decidere il nuovo inquilino del Quirinale.

Nonostante Gronchi fosse stato eletto grazie anche ai voti della destra monarchica, era il presidente più a sinistra del primo quindicennio repubblicano e, paradossalmente, la sua elezione non era stata una vittoria della sinistra fanfaniana, ma di Andreotti, il quale aveva appoggiato Gronchi per far dispetto a Fanfani, che avrebbe preferito Cesare Merzagora.

Nella primavera 1961, nella villa sopra piazza di Spagna, quando ormai Renato presentava Maria dicendo «mia moglie», tranquillizzato dalla benedizione ricevuta dalla principessa Colonna, il presidente del Consiglio Amintore Fanfani smaniava.

Si sentiva l'unico gallo in un partito di capponi, disse una volta a Montanelli, e a stargli accanto si notava il fumo uscirgli dal cervello, come dalla ciminiera di un altoforno sempre acceso. A un lungo sentiero tranquillo, preferiva le direttissime. Spesso rovinava al suolo e quando gli «amici» accorrevano sperando di vederlo sfracellato per sempre, lui apriva un occhio, abbozzava un mezzo sorriso che avrebbe spaventato Satanasso in persona e diceva: «Rieccomi». Fu chiamato, infatti, il «Rieccolo».

In quel periodo, ospite assiduo del Villino Giulia era Fernando Tambroni, amicissimo e testimone di nozze del padrone di casa. Ma Angiolillo stava molto attento a non invitare i due insieme. Sia perché il gallo Fanfani non avrebbe accettato di sedere alla stessa mensa di quello che considerava un cappone. Sia perché il cappone, da ministro dell'Interno, aveva cercato più volte di fare il gallo arrosto. Lo faceva spiare fin dentro l'università dove il professor Fanfani fingeva di rifugiarsi per depistare gli avversari sulle proprie reali intenzioni.

Un giorno, un questurino si mescolò agli studenti; ma poiché non c'è nessuno di più identificabile di un poliziotto che finga di non esserlo, Fanfani lo stanò facendogli una domanda di diritto. Il pover'uomo balbettò e il professore lo crocifisse in pubblico: «Vada a ripetizione dal ministro dell'Interno».

In quella primavera del '61, Fanfani era presidente del Consiglio. A casa Angiolillo, non servì a distrarlo né la faraona andalusa in salsa olandese accompagnata da asparagi d'Albenga, né una bottiglia di Cheval Blanc 1954, tuttora reperibile al prezzo medio di millecinquecento euro, straordinario blend bordolese di Cabernet Franc e di Merlot allora curato dalla famiglia Fourcaud-Laussac, che possedeva lo Château fin dal 1832 e solo nel 1998 avrebbe ceduto alle cospicue lusinghe del re del lusso Bernard Arnault.

Gronchi, diceva Fanfani a quel pranzo nella casa su piazza di Spagna, lo faceva diventare matto: voleva essere rieletto a tutti i costi, pur rifiutandosi di ammetterlo. E, da febbraio, premeva perché fosse approvata una nuova legge costituzionale che riducesse il settennato. Con ogni evidenza, sperava che i parlamentari l'avrebbero votato con più facilità, se fossero stati certi di un mandato più breve.

«Insomma, Gronchi vuole una legge per farsi rieleggere, però non vuole dare ufficialmente la sua disponibilità a ripresentarsi» si accalorò Fanfani.

Poco dopo, abbassando la voce, raccontò a Renato ciò che gli era stato riferito dal suo ministro Giorgio Bo: Gronchi voleva affossargli il governo per andare a elezioni anticipate e propiziarsi un Parlamento più favorevole alla sua rielezione.

Maria, seduta accanto ai due, ascoltava concentrata, sorseggiando anche lei lo Cheval Blanc.

Fanfani ora sussurrava: «Gronchi ha chiesto a Guido Gonella di dimettersi da ministro per provocare la crisi di governo. Gonella l'ha riferito a Bo e Bo è andato al Quirinale a chiederne conto al presidente. Pare che Gronchi sia diventato rosso come le rose in quel vaso... Ha risposto che Gonella parla troppo perché aspira a fare il presidente del Consiglio. Al che, Bo ha ribattuto che Gonella, evidentemente, aspira anche a fare il presidente della Repubblica».

«Mi perdoni, presidente. Gronchi ha promesso Palazzo Chigi a Gonella e Gonella si è rivenduto l'informazione sperando di meritarsi il Quirinale?» chiese, stupita, Maria.

«È la politica, signora» rispose asciutto Fanfani.

Lei non replicò. Sapeva quando era il momento di tacere e lasciare il terreno al marito.

Poi Fanfani si mise a raccontare, infastidito, di quanto Mattei tenesse alla rielezione di Gronchi.

In fondo, il Rieccolo non amava il presidente dell'Eni. A Maria lo aveva spiegato Renato. Mattei era un grande finanziatore trasversale, si vantava di «usare partiti e correnti come taxi»: «Arrivo dove voglio, pago la corsa e ciao» diceva. Amintore ne aveva bisogno, ma ne soffriva le interferenze. Mattei aveva messo la zampa anche nell'elezione di Gronchi al Quirinale, contribuendo alla *débâcle* del suo candidato Merzagora. Dopodiché, mentre prima considerava Fanfani il suo principale referente nella Dc, prese talvolta a saltarlo e a parlare direttamente con Gronchi.

Ogni tanto, Fanfani si lasciava prendere da uno dei suoi celebri scatti d'ira, convocava Mattei e gli diceva di non tollerare intrusioni indebite nel partito.

Nel 1958, quando vi fu la visita di Stato a Rabat, nel corso della quale sarebbe stato firmato un accordo fra l'Eni e il governo marocchino, lo depennò dalla delegazione ufficiale.

«Tu non sai, Renato» disse Fanfani ad Angiolillo, «che nel '56, quando lanciò "Il Giorno", Mattei mi giurò: "Professore, questo giornale è anche tuo"; poi andò da Gronchi e gli disse: "Giovanni, da questo giornale non dovrai mai temere attacchi". Questo è l'uomo.»

Quella sera, appena il marito e il presidente del Consiglio cominciarono a parlare dello scandalo delle squillo di lusso, gestite dalla maîtresse Mary Fiore nel Salon de Beauté Jeunesse di via dei Serviti, scandalo nel quale si diceva fosse coinvolto anche il presidente dell'Eni, Maria si allontanò, discretamente. Trovava volgari i pettegolezzi sugli affari di letto e doveva occuparsi degli altri ospiti.

Si accostò a un tavolo al quale sedevano due ministri e un deputato, ma anche lì si spettegolava di sesso, oltre che di Gronchi. Gli ospiti discorrevano della porticina che il presidente pare avesse fatto aprire sul retro del Quirinale, in via dei Giardini, dalla quale sarebbe stata vista entrare più di una celebre signora dello spettacolo, forse chiamata ad alleviare le angosce presidenziali per il mandato in scadenza.

«Ma è vero che era una presentatrice...?» chiese uno.

«Ma no, io ho sentito parlare di un paio di attrici di cinema...» rispose un altro.

«Dobbiamo chiedere al ministro dei Trasbordi» aggiunse il primo, mentre gli altri scoppiavano a ridere.

Gronchi aveva infatti un'amante a Livorno e, con l'auto del Quirinale era solito partire per Antignano, trecento chilometri a nord di Roma, dove balzava sulla berlina del ministro dei Trasporti, suo amico, per raggiungere la signora in incognito. Per questo Montanelli aveva coniato il nomignolo di «ministro dei Trasbordi» per il complice del capo dello Stato.

Mentre si allontanava anche da quel tavolo, Maria pensò che doveva ricordarsi di non invitare mai quel ministro. Sarebbe stato inelegante propinarlo ai suoi ospiti: avrebbe catalizzato l'attenzione su pettegolezzi che lei non aveva alcun desiderio di sentir echeggiare in casa sua.

***

Alla fine, il 6 maggio 1962, fu eletto quarto presidente della Repubblica Antonio Segni, il candidato di Moro. Era un conservatore e la sua ascesa al Quirinale fu una sorta di compensazione per l'apertura a sinistra decisa, a gennaio, dal congresso Dc di Napoli. Il segretario del partito Aldo Moro, che ormai guardava ai socialisti come alleati organici di governo, era convinto che servisse un garante a destra per salvaguardare gli equilibri di tutte le correnti.

Fanfani aveva appoggiato Gronchi e si era arreso solo all'ottavo scrutinio. Quando Segni giurò, presentò delle dimissioni di cortesia che furono respinte. Restò in carica fino alle elezioni politiche della primavera 1963 e fece in tempo a varare la più traumatica riforma della Prima Repubblica: la nazionalizzazione dell'energia elettrica e l'istituzione dell'Enel. Approvato in via definitiva alla Camera il 27 novembre 1962, con trentotto Dc contrari, il provvedimento suscitò le aspre proteste della stampa confindustriale e moderata; provocò un forte calo della Borsa; sollevò lo scontento dell'elettorato democristiano delle grandi città del Nord.

Fanfani aveva ora nuovi nemici fra i grandi nomi dell'industria, come Carlo Pesenti di Italmobiliare e Italcementi, Vittorio Valletta della Fiat, Giorgio Valerio di Edison, il conte Carlo Faina della Montecatini, l'industria della chimica e delle miniere: tutti potenziali finanziatori che venivano a mancare alla sua corrente.

La nazionalizzazione dell'energia fu, però, di fatto, un successo della politica fanfaniana e un po' anche del salotto Angiolillo, dove tanti protagonisti di quella stagione s'incontravano.

Il conto, tuttavia, fu salato: alle elezioni della primavera 1963, la Dc perse il 4 per cento dei voti, punita anche da quella parte dell'elettorato scontenta dell'apertura a sinistra. Fanfani dovette lasciare Palazzo Chigi. Si andò a un «governo ponte» di Giovanni Leone, un monocolore Dc con mandato limitato all'ordinaria amministrazione, nell'attesa di un accordo programmatico fra Dc e Psi. Poi si arrivò a un governo Moro, con Dc, repubblicani, socialdemocratici e socialisti: era il primo governo di «centrosinistra organico».

Nei primissimi anni Sessanta, si alternarono in casa Angiolillo quasi tutti i maggiorenti della Dc, senza distinzione di corrente. Tambroni fu ospite assiduo fino alla morte avvenuta nel '63. Partendo da destra, s'incontravano Guido Gonella, una delle figure storiche del partito, centrista convinto e perciò avversario di Fanfani che attaccava sulle colonne del «Tempo»; Giuseppe Pella, cattolico liberale, che da presidente del Consiglio minacciò l'invio di truppe ai confini nord-orientali per rispondere alla minaccia di Tito di invadere Trieste; Mario Ferrari Aggradi, ministro dell'Agricoltura, fanfaniano; Luigi Gui, ministro della Pubblica istruzione, amico di Moro così come un altro ospite, Bernardo Mattarella, uno dei fondatori della Dc in Sicilia, amico di Sturzo della prima ora, padre di Piersanti, presidente della Regione Siciliana ucciso dalla mafia nel 1980 e di Sergio, che diventerà presidente della Repubblica nel 2015. Fanfaniano era il trentenne Franco Maria Malfatti di Monte Tretto, che Maria adorava perché discendeva da Filippo IV di Francia, e che conobbe a casa Angiolillo la moglie, Franca Spinola. Franca, figlia di Maria Concetta, una delle prime donne a diventare cavaliere del Lavoro come imprenditrice agricola, fu invitata per rimpiazzare un assente dell'ultimo momento e messa a fianco di Malfatti. Da quella sera, furono inseparabili.

L'abilità diplomatica del senatore Angiolillo, ereditata da

Maria alla sua morte, si manifestò in quegli anni nella gestione di due personalità incompatibili tra loro come Fanfani e Andreotti. Fedele al motto «a casa mia entra solo chi conta», Angiolillo tenne la barra su Fanfani virando al momento opportuno su Andreotti, diventato presto lo sponsor principale del «Tempo».

Deputato a ventotto anni e subito dopo sottosegretario alla Presidenza con De Gasperi, il giovane Andreotti acquistò in breve un grande potere. Legatissimo al Vaticano (da Pio XII a Benedetto XVI), accompagnava sempre De Gasperi a messa. Si diceva che il presidente del Consiglio parlasse con Dio e il suo giovane allievo con il prete. «È vero» ammise Giulio più tardi, «ma il prete vota, Dio no.»

Sopravvissuto brillantemente alla strage dei degasperiani seguita alla morte del leader, si districò con abilità tra le beghe di partito preferendo incarichi di governo, che l'avrebbero visto sette volte presidente del Consiglio e ventidue ministro. Imbattibile nelle raccomandazioni, illustrava le virtù dei suoi protetti garantendone la carriera.

Un imprenditore raccontò a Montanelli che ricevette un così lusinghiero ritratto di un cliente di Andreotti che si preparava a farlo dirigente. Quando scoprì che la richiesta era per un posto di fattorino, pur promuovendolo a impiegato, si sentì per sempre in debito con la persona alla quale aveva pur fatto un favore.

Sposato nel '45 con Livia Danese, ebbe sempre fama di marito fedele, anche se da giovane sottosegretario allo Spettacolo fu tentato da molte attrici. Quando uno degli autori di questo libro dopo molto tempo lo riferì alla moglie, la signora rispose, con ironia: «Vuole farmi venire dei sospetti dopo sessant'anni di matrimonio?».

A casa Angiolillo, il mix dei primi anni era composto da ambasciatori, nobili, politici, grandi imprenditori. I principi, tranne i Pallavicini, c'erano tutti: i Belmonte, gli Orsini, i Ruspoli, i Boncompagni, gli Aldobrandini, i Torlonia, i Lancellotti, gli Alliata, i Del Drago, i Potenziani, i Giovanelli e c'era, talvolta, Sua Altezza Reale il duca Enrico d'Orléans, pretendente al trono di Francia, con la gentile consorte, Maria Teresa di Württemberg.

Isabelle Colonna, che poco o nulla si muoveva dal suo palazzo, arrivò nella casa della Trinità dei Monti il 4 dicembre 1961. L'evento aveva dell'eccezionale e Maria non ci avrebbe mai sperato. La collocò al posto d'onore, fra il marito Renato e Randolfo Pacciardi, che era stato il primo vicepresidente del Consiglio accanto a De Gasperi.

Quella sera, la signora Angiolillo era tesissima. Si sentiva sotto esame. L'Arcipapessa aveva occhietti mobili e attenti con i quali misurava ogni sua mossa. Non le ci volle molto per capire che Maria era fatta della sua stessa pasta: sorvegliava che la conversazione scorresse fluida, interveniva lieve a sfumare una discussione che si stava facendo noiosa, o a ravvivarne una che languiva. Maria era elegantissima, in lungo, aveva un tono adeguatamente composto, gioielli splendidi, con orecchini a goccia di smeraldo che dovevano superare i 40 carati e un anello con un altro smeraldo da 20 carati. I camerieri erano impeccabili, il *placement* degli ospiti era intelligente. Isabelle Colonna decise che la ragazza era da sgrezzare, ma aveva buone potenzialità.

Considerata l'importanza degli invitati e il rilievo che andava assumendo il suo salotto, per Maria ogni pranzo era una vera fatica. E ormai ne dava uno al mese, ogni volta con dodici ospiti. Stremata dall'ansia, temeva fino all'ultimo che mancasse qualche commensale, o si creasse qualche incidente diplomatico. Compilando le liste degli ospiti ai pranzi, imparò a conoscere la complessa geografia delle alleanze, delle amicizie e delle inimicizie. Così come aveva appreso che fra i Pallavicini e i Colonna era necessaria una scelta di campo, imparò, per esempio, che Fanfani e Andreotti andavano invitati in serate diverse.

Al mattino, la lettura di quattro o cinque quotidiani continuava a essere la sua prima bussola. Anche se, senza Nuccia ad aiutarla nella rassegna stampa, si sentiva smarrita. Le conversazioni che ascoltava alle cene, e le chiacchierate con Renato, le davano, man mano che passava il tempo, maggior sicurezza mondana.

***

Il primo libro dei pranzi fu inaugurato da Maria il 13 aprile 1961. La prima volta che ne aveva visto uno era stato a Villa El Djézaïr, in un tempo che ormai le sembrava assai lontano. Il librone apparteneva alla contessa Rosenthal de Beurges. Non lo avrebbe mai ammesso, ma perfino dalla tanto detestata suocera aveva appreso qualcosa.

Maria aprì la copertina verde e, sulla prima pagina di sinistra, appuntò la data, l'indicazione che si trattava di un pranzo e non di una colazione, e riportò menù e i vini. Ovvero: crema al pomodoro, sfoglia Trinità dei Monti, stracotto di manzo, asparagi di Albenga, salsa tartara, torta Maria Luisa, frutta assortita. Il bianco era un Traminer non meglio precisato, ma Maria imparò dalla seconda cena a non lasciarsi sfuggire alcun dettaglio. Il rosso uno strepitoso Cheval Blanc 1954, lo champagne il Krug 1949.

Nella pagina di destra, dov'era stampata la sagoma di un tavolo, segnò i nomi degli ospiti e riportò il *placement* di ciascuno. Quel giorno, si sentì una padrona di casa perfetta, una vera professionista nell'arte del ricevere.

A quel pranzo, l'ospite di maggior rilevanza fu il politico più di ogni altro intimo di Renato. Giovanni Leone, presidente della Camera e futuro presidente della Repubblica, conosceva Angiolillo dai tempi dell'università. Era originario di Pomigliano d'Arco, in Campania. Come Renato aveva studiato giurisprudenza alla Federico II di Napoli. Leone era del 1908, Renato del 1901, ma nonostante qualche anno di differenza i due erano buoni amici, si davano del tu e parlavano tra loro in napoletano. Erano assai diversi: tanto Angiolillo era mondano, tanto Leone aveva un'indole schiva. Leone, grande avvocato e giurista, professore amatissimo dai suoi studenti per la chiarezza di libri e lezioni, trovava terribilmente noiose le chiacchiere da salotto che piacevano tanto a Renato. Fra loro ogni pretesto era buono per litigare, divertendosi come se tornassero ragazzi.

La moglie di Leone, invece, Vittoria, più giovane del consorte di diciannove anni, amava stare in compagnia, era socievole con tutti e tutti ammaliava per quanto era bella ed elegante. Di giorno portava dei tailleur dai colori pastello, e di sera abiti lunghi, in prevalenza bianchi, che ben contrastavano con i suoi capelli corvini.

Era cresciuta a Caserta, sognando il grande amore mentre passeggiava nei giardini della Reggia realizzati dal nonno, un botanico inglese chiamato a disegnare il parco da Carolina di Borbone. Quello che sarebbe diventato suo marito, tuttavia, era bruttino; quando Vittoria se l'era trovato in salotto, ospite di suo fratello, si era innamorata dell'intelligenza e dell'umanità di quell'uomo già maturo. Si erano sposati dopo pochi mesi di fidanzamento, nel 1946.

Si racconta che nel 1963, durante una visita di Stato in Italia, John Fitzgerald Kennedy se la ritrovò seduta accanto a una cena ufficiale e incantato dalla sua bellezza le disse: «Lei è Vittoria Leone? Ora capisco il successo di suo marito». La signora gli rispose in un inglese perfetto: «Evidentemente, signor presidente, lei non conosce i suoi meriti».

Maria era affascinata da quella giovane donna. Ogni volta che la nominava, sospirava: «Ah... Vittoria sì che è una vera moglie».

Tuttavia, Vittoria Leone era anche amica di Ismene Chigi, la principessa che era solita fare gite al mare con Renato e che mai si era palesata al Villino Giulia, né aveva mai degnato Maria di un invito.

Appena arrivava un po' di sole e di bel tempo, Renato passava a prendere Ismene, la principessa Laetitia Boncompagni Ludovisi, Vittoria Leone e le portava tutte a Ostia, allo stabilimento balneare La Vecchia Pineta.

Chiamava la Leone già alle otto e trenta del mattino.

«Vittoria, sei pronta?»

«Renato, sto ancora dormendo.»

«Sbrigati, sto lì fra mezz'ora.»

«Ma è troppo presto, vieni verso le dieci e mezzo, per cortesia.»

«Vitto', muoviti, che si guasta il tempo.»

Maria detestava Ostia, la trovava volgare. Scendeva in spiaggia solo al Beach di Montecarlo dove, anziché dei dozzinali ombrelloni, c'erano degli eleganti tendoni bianchi e, al posto delle cabine, dei raffinati e confortevoli bungalow, che garantivano la più assoluta privacy. Comunque, se anche avesse adorato l'affollata spiaggia di Ostia, mai avrebbe concesso a Ismene Chigi la soddisfazione di condividere con lei l'ombrellone, né avrebbe dato adito alla gente di chiacchierare facendosi vedere al mare con la principessa, passato flirt del marito. La rassicurava sapere che con loro c'era Vittoria: una signora del suo contegno, se solo avesse sospettato un residuo d'intrigo fra Ismene e Renato, non avrebbe mai accompagnato quei due da nessuna parte.

Ogni volta che aveva i Leone a cena, si presentava a Maria un rompicapo di protocollo. Giovanni, terza carica dello Stato, era spesso l'ospite più illustre a tavola: stando alle regole del galateo, doveva essere sistemato alla destra della padrona di casa e accanto alla signora di rango più alto. Maria, aveva perciò cura di farlo sedere sempre vicino all'ospite aristocratica più importante: la prima volta, lo aveva messo di fianco alla contessa Saint Just; la seconda alla principessa Belmonte.

Ma Leone, a fine cena, si lamentava sempre con Renato:

«Rena', il salotto tuo mi annoia. Ma, secondo te, io di che devo parlare con queste signore?».

Si lasciava andare alla confidenza solo una volta che tutti gli altri ospiti erano andati via, e si attardava per giocare a gin rummy con Angiolillo, mentre Vittoria e Maria sedevano a chiacchierare.

Quando era ormai davvero molto tardi, e anche la parte più informale della serata volgeva al termine, Renato chiedeva a sua moglie di sfilarsi i gioielli, per metterli in cassaforte. Maria, allora, si concedeva di scherzare: «Me li toglie perché non sono miei, sono suoi. Mi permette di sfoggiarli, ma non me li regala» sussurrava divertita.

Vittoria stava al gioco: «Maria vieni qui, fammi vedere le mani: hai delle mani bellissime. E l'anello, fammi vedere che anello hai oggi...».

Il preferito di Vittoria era lo zaffiro: un cabochon enorme di 44,65 carati.

Davanti alla scena della spoliazione dei gioielli, Giovanni Leone si spazientiva e, con burbera ironia, coglieva l'occasione per congedarsi: «Renato, *mo'* me ne devo proprio andare. Siamo arrivati a parlare di gioielli e questo è troppo per un vecchio professore come me».

Una sera, Maria, per agevolare la conversazione, arrivò a far torto alla principessa Barberini, sistemando Leone fra la signora Cosmelli, che era moglie di un ambasciatore e collezionista d'arte, e la Cavalletti, che era sia marchesa, sia moglie di ambasciatore. Niente, il presidente della Camera si annoiò lo stesso. E arrivò il momento in cui Leone affrontò Angiolillo: «Rena', te lo dico una volta per sempre: il salotto tuo non mi piace. Fammi una cortesia... Non mi invitare più. Mi metti sempre vicino a certe mammalucche di nobildonne: io non so di che parlare. Invita Vittoria. A me, lasciami stare».

E Renato: «Ah sì? Non ti piace il mio salotto? *Nun te preoccupa'!* Io non ti invito più». E così fu.

Il direttore e il presidente rimasero amici come sempre erano stati e donna Leone continuò ad andare ai pranzi e alle colazioni del Villino Giulia, ma sempre da sola. Lo fece anche dopo il 1971, quando il marito divenne presidente della Repubblica, con enorme gioia degli Angiolillo, che pure di presidenti ne avevano già frequentati. Gronchi, uscito dal Quirinale, era stato loro ospite e Giuseppe Saragat era stato più volte a casa loro, prima di essere eletto nel 1964.

Con Leone, tuttavia, c'era un legame più forte. Lui era un amico di gioventù di Renato, il quale, però, sarà già morto nel '75, quando Leone e i suoi familiari si ritrovarono bersaglio di attacchi durissimi e il Partito radicale di Marco Pannella e il settimanale «l'Espresso» avviarono una campagna diffamatoria contro di loro.

Nel '76, il nome di Giovanni Leone fu tirato in ballo nello scandalo Lockheed, chiamato in tal modo dal nome dell'azienda aeronautica americana che, per vendere i suoi aerei militari Hercules C130, aveva distribuito tangenti in mezzo mondo: in Germania, nei Paesi Bassi, in Giappone. Nel Rapporto Church – il documento stilato dall'omonima commissione del Senato statunitense che raccolse le prove di corruzione da parte della Lockheed – il personaggio chiave della vicenda in Italia veniva indicato con il nome in codice «Antelope Cobbler». Alcuni ipotizzarono che la parola «Cobbler» fosse stata trascritta male, scambiando una G per una C. La versione corretta del nome del collettore di tangenti era dunque, secondo questa ipotesi, «Antelope Gobbler», vale a dire «mangiatore di antilopi», ovvero «Leone».

La summa di questi scandali fu raccolta da Camilla Cederna nel pamphlet *Giovanni Leone: la carriera di un presidente*, pubblicazione per la quale la giornalista e l'editore Feltrinelli verranno poi condannati per diffamazione e tardivamente obbligati alla distruzione del libro.

Intanto, però, Giovanni Leone fu costretto a dimettersi sei mesi prima del termine del suo mandato.

Nel pieno della bufera, Maria non chiamò mai Vittoria per

chiederle come stava, ma non smise mai di invitarla ai suoi pranzi e alle sue colazioni.

Quando poi tutti i veleni si rivelarono infondati, e lo stesso Pannella chiese pubblicamente scusa a Leone, un giorno Vittoria, uscendo dal Villino Giulia, abbracciò Maria e le disse: «Grazie, sei una delle poche persone che non ha smesso di invitarmi. Mi dispiace solo che non ci sia più Renato. Se fosse stato ancora vivo, avrebbe fatto il diavolo a quattro e sul "Tempo" si sarebbe battuto a favore di Giovanni come nessun altro. Sappi che, in me e nella mia famiglia, avrai sempre degli amici fraterni».

L'amaro prezzo del potere

Una volta al mese, il Villino Giulia era teatro di pranzi eleganti, ma durante le altre serate continuava a restare un porto di mare, nonostante le perplessità di Maria. Gli amici di Renato arrivavano senza preavviso, ci si metteva a tavola tardi e via via si univano alla compagnia altri ospiti, appena usciti dal cinematografo o dai teatri. A un certo punto, Renato scappava a chiudere il giornale. Rientrava ben oltre mezzanotte e trovava ancora in salotto Fellini, De Filippo, gli scrittori Alberto Arbasino e Alberto Bevilacqua, il critico cinematografico Gian Luigi Rondi, il giornalista e marchese fiorentino Dino Frescobaldi.

Lo stile di quelle serate ricordava quello di casa Magliano, dove politici e giornalisti piombavano spesso dopo cena. Cristina Magliano telefonava a Maria all'ultimo momento: «Ci sono qui da noi Emilio Colombo, Leo Valiani e sta per arrivare Mario Missiroli. Mi serve una donna, Maria. Sei sola? Vieni? C'è Renato? Venite tutti e due, ma subito, vi prego!».

Colombo era un giovane ministro già potente, Leo Valiani uno storico che era stato uno dei fondatori della Repubblica come uomo del Partito d'azione e Missiroli aveva appena cessato di dirigere il «Corriere della Sera» dopo dieci anni. Dei tre, solo Colombo aveva ancora il tratto ascetico di alcuni democristiani. Agli altri due la vita mondana piaceva.

Maria non faceva mai mancare il suo soccorso all'amica Cristina. Tra piazza di Spagna e l'attico dei Magliano di piazza del Popolo c'erano, per fortuna, solo cinque minuti a piedi. Nel 1962, Angelo era diventato direttore del «Giornale d'Italia», che seguiva una linea decisamente antifanfaniana, favorevole ai dorotei e al ministro Colombo.

Nell'appartamento sopra al bar Canova, che fu il primo di Roma ad avere una moquette di design con motivi geometrici, gli ospiti erano accolti con calore da una padrona di casa che giocava a fare la svampita, ma in realtà era molto ben informata su quanto succedeva nel mondo della politica e nel Paese, e vigilava sulla carriera del marito.

Ogni tanto, anche Cicci calava a Roma. Ormai, si era separata da Maner Lualdi. Soffriva l'imprevedibilità del marito, era stufa di temere per le sue missioni in volo, le perdite al gioco, le mille temerarie imprese anche teatrali nelle quali metteva a rischio i suoi altalenanti capitali.

Il 9 novembre del 1961, Maria diede una colazione, felice di farle frequentare un po' di mondanità romana. Invitò Fernando Tambroni, suo testimone di nozze ed ex presidente del Consiglio, i marchesi Litta, i conti Branca del liquore Fernet-Branca, i principi Lancellotti, Ruspoli e Boncompagni ed Ercole Locatelli, industriale dei formaggi, inventore del Formaggino Mio, immensamente ricco, il tipo d'uomo solido – pensò Maria – che sarebbe stato perfetto per l'amica provata da anni di batticuore e incertezze accanto allo scapestrato e simpatico Maner. Era giusto un'idea la sua, perché quel giorno era angustiata da ben altre preoccupazioni.

Al telefono, Maria chiese a Cicci di arrivare un po' prima. La ricevette in camera da letto e la abbracciò un po' più forte del solito. Ma c'era qualcosa di meccanico nei suoi gesti; continuava a ripassarsi il rossetto sulle labbra, si aggiustava i capelli con la coda del pettine, mai contenta della cotonatura, si controllava le unghie temendo sbavature dello smalto.

«Aiutami a portare giù questi due vasi» disse a Cicci quando ebbe finito di indossare un paio di orecchini con rubini cabochon di Van Cleef & Arpels.

«Sono i due antichi vasi Rosenthal che avevi a Villa El Djézaïr. Te li regalò Udo, o sbaglio? Che vuoi farci?»

«Ho appena firmato la richiesta di annullamento del nostro matrimonio. Li ho tenuti in soffitta, finora. Ma adesso voglio metterli nelle due vetrine della sala da pranzo.»

«Perché?»

«Perché sono l'unico ricordo tangibile che ho di mio figlio. Così, ogni volta che ricevo degli ospiti, potrò rammentarmi che tutto quello che ho mi è costato la rinuncia al mio Udo Maria Gregory.»

«Di che farnetichi? Stai parlando di non vederlo più? Ma io ero lì quando è nato, non ti ho più visto raggiante come quel giorno. Che cosa stai dicendo?»

«Non posso fare altro, Cicci. Sono in un vicolo cieco.»

Finalmente l'amica incontrò gli occhi di Maria: erano grandi come non mai, spaventati, accecati dalla rabbia e dal dolore. Ma non versavano una lacrima.

«Devo arrendermi alla realtà e chiamare le cose con il loro nome. Io sono mezza bigama e di sicuro adultera. Udo lo sa e, se mi denuncia, vado diritta in galera. In galera, capisci?»

«E vacci! Sono assurde queste leggi. Tu sei potente, puoi impiantare una battaglia. La Loren e Ponti la stanno facendo...»

«No, non posso permettermi uno scandalo. Mia madre ne morirebbe e troppa bella società smetterebbe di frequentare Renato. Non dimenticarti che lui mi ha sposata perché cercava una moglie perfetta. Non posso fargli questo. E se anche affrontassi lo scandalo, i giudici non affiderebbero mai un bambino a una madre scellerata come me. Finirei in carcere e mio figlio resterebbe dov'è.»

«Ma non puoi far ragionare Udo? Come può volere che il bimbo cresca lontano per sempre da sua madre?»

«Ah be', dimentichi la *comtesse* de Beurges. Si è impossessata di Udo Maria Gregory come se lo avesse partorito lei.»

«E quindi?»

«Udo mi accorderà l'annullamento solo se acconsento a non veder mai più mio figlio e a non cercarlo. Al bambino verrà detto che sono morta e gli sarà risparmiato il dolore di sapere che l'ho abbandonato. Forza, aiutami a portare giù questi vasi.»

«Maria, tu così vuoi punirti, ma non è colpa tua...» le sussurrò Cicci con affetto, afferrando uno dei vasi che Maria le porgeva risoluta. Gli occhi le caddero sulle pantere e le tigri che vi erano riprodotte: felini che sembravano incarnare l'ultimo feroce messaggio a Maria della suocera, la *comtesse* de Beurges. Anche Maria guardò quelle bestie e pensò che, al confronto, il sinuoso soriano con il quale la contessa era giunta a Juan-les-Pins, era stato solo un amabile avvertimento. Nel frattempo, la nobildonna aveva affilato le sue unghie e le aveva affondate nel suo cuore, dilaniandolo senza rimedio.

La richiesta di annullamento fu inviata al tribunale svizzero di Moesa due giorni dopo, l'11 novembre. Mesi prima, Maria aveva preso la residenza a Castaneda, nel cantone dei Grigioni, e lì aveva pagato le tasse. Per una complessa e temeraria architettura di cavilli giuridici, questo le consentiva di chiedere lo scioglimento del matrimonio ai giudici elvetici, aggirando il diritto di famiglia italiano che non prevedeva il divorzio.

Maria dichiarò che nel periodo in cui aveva incontrato Udo, e ne era diventata la moglie, era incapace di intendere e di volere. Sostenne che la morte dell'uomo che avrebbe dovuto sposare, nel 1953, le aveva scosso profondamente i nervi, causandole disturbi psichici, e che l'incidente stradale di cui lei stessa era stata vittima aveva ulteriormente aggravato il suo stato di confusione.

Nel corso del 1961, Maria si sottopose a tre diverse perizie psichiatriche: una da lei commissionata al professor Emilio Raverdino di Milano, una richiesta da Udo al dottor Ugo

Marzuoli di Milano e una ordinata dal tribunale di Moesa al dottor Zanini di Taverne-Lugano. Tutti e tre i medici confermarono che, al momento del matrimonio con Udo Franck de Beurges, la signora Girani non era in grado di intendere il significato e la portata giuridico-morale dell'atto che si accingeva a compiere, ma certificarono che in seguito, grazie a cure appropriate, aveva recuperato le facoltà mentali.

Alla luce delle perizie, e del fatto che i due coniugi non avessero sostanzialmente mai coabitato per un anno consecutivo, il 24 ottobre 1962 i giudici di Moesa dichiararono nullo il matrimonio. Maria ricevette la sentenza il 27, il giorno in cui il presidente dell'Eni Enrico Mattei moriva in un incidente, mentre a bordo del suo aereo privato rientrava da Catania a Milano. Un incidente ancora misterioso oltre cinquant'anni dopo e destinato a incidere profondamente sugli equilibri petroliferi e geopolitici mondiali.

La sentenza di nullità dei giudici svizzeri ne citava una precedente del tribunale di Berlino che sanciva il divorzio, affidava il bambino al padre in via esclusiva, e condannava Maria a pagare le spese del processo.

Verrà un giorno, come vedremo più avanti, in cui Udo Maria Gregory, ormai più che cinquantenne, si aggirerà nelle stanze spoglie della casa di piazza di Spagna, cercando invano tracce della madre ormai morta. Una madre vagheggiata, desiderata, inseguita per tutta la vita. Quel giorno, Udo continuerà a guardarsi intorno smarrito, e non smetterà di ripetere, sottovoce, scuotendo la testa: «Perché? Perché non mi hai voluto?».

***

Il matrimonio con Angiolillo poté essere registrato solo nel 1964, quando la sentenza di annullamento fu finalmente riconosciuta dal tribunale di Milano. Renato e Maria dovettero anche affiggere le pubblicazioni, che furono esposte al municipio di Roma dal 30 aprile al 9 maggio 1964, e a quello di Milano dal 14 al 23 maggio 1964. Il 29 maggio, infine, il matrimonio venne registrato all'anagrafe di Roma, senza che nell'atto fosse riportata l'indicazione dell'anno in cui era avvenuto. Eppure, nonostante questi pasticci certo non graditi a Santa Romana Chiesa, il senatore Renato Angiolillo era riuscito a farsi ricevere in udienza privata con Maria da papa Paolo VI.

L'udienza era stata chiesta da Angiolillo a monsignor Mario Nasalli Rocca di Corneliano, maestro di camera di Giovanni XIII e di Paolo VI che nel '69 l'avrebbe fatto cardinale. Renato aveva scritto la domanda in poche righe autografe su carta del «Tempo» e l'intestazione «Segreteria», invece che «Direzione». I pontefici non ricevono mai coppie non sposate: nel caso degli Angiolillo valsero le nozze religiose celebrate a Santa Maria sopra Minerva, anche se non trascritte nei registri dello Stato italiano.

Nei giorni in cui venivano affisse le tardive pubblicazioni di matrimonio, i coniugi Angiolillo diedero uno di quei pranzi che erano ormai celebri e molto ambiti nella Roma che contava. Il 13 maggio 1964, a tavola, sedevano Maria Palma, che era stata loro testimone di nozze quattro anni prima, e, caso straordinario, sia Andreotti, allora ministro della Difesa, sia Fanfani, provvisoriamente sprovvisto di incarichi di governo. In politica, alleanze e rivalità sono mobili, una verità che Maria aveva presto imparato.

Ospite della serata era anche l'ambasciatore americano Frederick Reinhardt, detto Fred, che fino al '57 aveva svolto il suo incarico diplomatico nel Vietnam del Sud. Proprio in quei giorni soffiavano venti di guerra: si temeva che gli Stati Uniti stessero per scatenare la loro offensiva sul Vietnam del Nord, come poi fecero in agosto, su ordine del presidente Lyndon Baines Johnson. Ma non era il Vietnam a riunire eccezionalmente Fanfani e Andreotti.

In quel 1964, il miracolo economico italiano poteva considerarsi finito. Il governo Moro, il primo a coinvolgere anche il Partito socialista, in una formula di centrosinistra organico, aveva dovuto varare nuove tasse, aumentare il prezzo della benzina e invitare i sindacati ad accettare il blocco dei salari. Il Fondo monetario internazionale aveva concesso all'Italia un prestito da duecentoventicinque milioni di dollari e, a marzo, nel pieno degli attacchi speculativi contro la lira, gli Stati Uniti ne avevano stanziato uno da un miliardo e duecentosettantacinque milioni, che scongiurò la svalutazione della nostra moneta. Si trattava di una cifra senza precedenti, nemmeno il Canada e la Gran Bretagna avevano ottenuto tanto.

Si può comprendere, dunque, con quale riguardo, al Villino Giulia, l'ambasciatore americano Fred Reinhardt fu fatto accomodare al posto d'onore, alla destra di Maria, mentre Giulio Andreotti sedeva alla sinistra della padrona di casa. Alla moglie dell'ambasciatore fu riservato il capotavola opposto, fra Renato e Amintore Fanfani.

Sul lato lungo, al centro della tavolata, sedeva Egidio Ortona, direttore generale degli Affari economici, già per quindici anni ambasciatore negli Stati Uniti, poi rappresentante italiano presso le Nazioni Unite, a New York. A imblasonire la tavola, furono invitate le principesse Pignatelli e Boncompagni.

La serata inorgoglì a tal punto la padrona di casa che nel libro degli inviti non si limitò a scrivere al posto di capotavola semplicemente «Maria», come era solita fare, ma il nome affiancato al cognome. E per Angiolillo non bastò Renato: scrisse il nome, il cognome e il titolo di senatore, ormai onorario. Curatissimo anche il menù: ristretto di tartaruga, gamberi all'indiana con riso pilaf, noce di vitella tartufata con salsa périgourdine, asparagi d'Albenga in salsa avorio, soufflé ghiacciato con crema di lamponi. Si scelse il meglio della Borgogna con un Puligny-Montrachet 1953 e di Bordeaux con il consueto Château Cheval Blanc dello stesso anno. Il Krug era del '55.

La presenza allo stesso tavolo di due personalità tradizionalmente incompatibili come Fanfani e Andreotti aveva una spiegazione che andava ben al di qua del delicato momento internazionale. Qualche settimana prima, Fanfani aveva pronunciato un discorso dirompente nella sezione Dc Appio di Roma, quindi «in casa» di Andreotti, contestando l'irreversibilità della formula del centrosinistra. Il fucile era puntato sul presidente del Consiglio Moro. Eugenio Scalfari aveva scritto sull'«Espresso»: «È cominciata nella Democrazia cristiana una corsa a destra alla quale ha dato il via lo stesso Fanfani».

Fanfani si stava facendo mediatore fra le correnti dorotee e andreottiane da una parte, e la sinistra Dc dall'altra, guidando l'ala moderata del partito. Lui che era stato il primo a sdoganare i socialisti al governo, adesso non accettava che Moro proseguisse il cammino. I due «cavalli di razza» della Dc erano fatti per non intendersi. Anche se nella primavera del '78 Fanfani sarà l'unico leader democristiano a battersi fino in fondo per la salvezza di Moro.

Il ministro del Tesoro Emilio Colombo aveva a sua volta fiutato un cambio dei tempi. Con la scaltrezza abituale il 15 maggio, due giorni dopo quel pranzo, Colombo – che era stato fanfaniano, era ai tempi doroteo e si sarebbe avvicinato ad Andreotti – scriverà a Moro per dirgli che, se si continuava così, il Paese sarebbe andato al collasso economico. La lettera, che doveva restare riservata, venne però pubblicata sul «Messaggero», probabilmente per iniziativa dello stesso Colombo.

Quattro settimane dopo Moro si dimise sotto il bombardamento del «Tempo»: per compiacere Fanfani, Angiolillo definì Moro «tenebroso, inetto, alchimista impazzito». Anche il «Corriere della Sera» lo attaccava, facendosi portavoce delle inquietudini dell'industria del Nord.

Seguirono i giorni del Piano Solo, il supposto colpo di Stato che il generale dei carabinieri Giovanni De Lorenzo avrebbe minacciato di attuare con il sostegno del presidente della Repubblica Antonio Segni se non si fosse ridimensionato il programma di centrosinistra del costituendo governo Moro II.

Il 16 luglio, Segni spedì De Lorenzo a casa del luogotenente di Moro Tommaso Morlino, presenti Rumor, Zaccagnini, Gava e lo stesso Moro. Segni avrebbe voluto un governo tecnico guidato dal presidente del Senato Cesare Merzagora: un governo di unità nazionale fatto per ridurre le pretese dei socialisti, ma in cui era prevista anche una presenza, seppure marginale, dei comunisti. Moro, spaventato, accettò a quel punto l'incarico di formare un nuovo governo di centrosinistra, che vedeva fortemente ridimensionati i programmi riformatori siglati con i socialisti di Pietro Nenni. Lo stesso Nenni si piegò, intimorito da quello che definì «tintinnio di sciabole».

Nel 2010, lo storico Mimmo Franzinelli avrebbe ricostruito in modo minuzioso la vicenda, pur senza chiarirla del tutto. Non ci fu mai, a suo giudizio, un vero pericolo di golpe, ma è indubbia l'influenza del generale De Lorenzo nell'indurre Segni a una sterzata politica.

***

A metà degli anni Sessanta, Renato Angiolillo rientrò in possesso delle quote del «Tempo» vendute all'armatore genovese Fassio nel 1958. Era tornato in grande spolvero economico e di nuovo lo pungolava il desiderio di impegnarsi in una qualche grande, visionaria impresa. Il fallimento del «Tempo» ambrosiano del 1946 ancora gli bruciava, così come la bocciatura, da parte della Corte costituzionale, del suo progetto per la creazione di nuove televisioni che avrebbero dovuto scalzare il monopolio Rai. Cominciò, dunque, a sognare una cordata di testate giornalistiche che coprisse gran parte d'Italia, una miniera per la raccolta pubblicitaria e uno strumento di pressione che avrebbe accresciuto la sua influenza e il suo potere.

Gli servivano, però, soldi, sponsor politici e l'appoggio degli americani. In verità, il senatore aveva già individuato il suo uomo: Henry Ford II, il magnate mondiale delle auto che aveva appena divorziato da Anne McDonnell, conosciuta ai tempi di Yale e subito sposata, e stava per impalmare Cristina Vettore.

Il 19 febbraio 1965, a Washington, Cristina divenne la signora Ford. Negli stessi giorni, a Roma, gli Angiolillo diedero un pranzo di cui furono ospiti il governatore della Banca d'Italia Guido Carli, il presidente dell'Iri Giuseppe Petrilli, l'ambasciatore inglese John Guthrie Ward. Ai due opposti capotavola sedevano Renato e l'ambasciatore, mentre Carli e Petrilli erano stati collocati uno di fronte all'altro: Petrilli fra la padrona di casa e la moglie dell'avvocato Filippo Ungaro, Carli fra la contessa di Frassineto e la principessa Isabelle Colonna. Maria avrebbe voluto che a occupare il posto d'onore fosse Carli, ma l'Arcipapessa l'aveva fermata. Era ormai diventata un'*habituée* del Villino Giulia e aveva trovato in Maria una allieva diligente.

«È l'ambasciatore che deve sedere a capotavola» le aveva detto, e così era stato fatto.

Erano tempi e luoghi in cui la diplomazia era tenuta in gran conto, soprattutto presso la «nobiltà nera», un'abitudine retaggio dello Stato della Chiesa in cui nobili, diplomatici e alti prelati s'incontravano abitualmente nei salotti.

Con il passar dei decenni, Maria avrebbe progressivamente ridotto e poi quasi eliminato i diplomatici: gli ospiti d'onore sarebbero diventati i ministri. Però, avrebbe sempre seguito i preziosi consigli di Isabelle, a volte appuntandoli nei suoi libri dei pranzi, come quando scrisse che il soufflé andava servito assieme alla torta o il tuorlo d'uovo messo nell'insalata grattugiato e non a pezzetti.

Il 23 maggio 1965, anche la colazione per i neosposi Ford richiese un attento *placement*. Renato smaniava affinché tutto andasse alla perfezione, ma Maria non parlava inglese. Con Ford comunicavano in francese. Era comunque la padrona di casa e, per rispettare le regole d'etichetta, fece accomodare Henry Ford II alla sua destra, di fronte all'ambasciatore americano Fred Reinhardt. Il diplomatico sedeva accanto a Cristina, il cui dirimpettaio era Filippo Caracciolo, principe di Castagneto. Il gentiluomo parlava un ottimo inglese e, soprattutto, era esperto del mercato delle auto, presidente dell'Automobil Club d'Italia e suocero di Gianni Agnelli, che ne aveva sposato la figlia Marella.

All'altro capotavola, Maria fece sedere l'arcivescovo Fiorenzo Angelini, destinato poi a straordinaria longevità cardinalizia. Pensò che un monsignore avrebbe favorevolmente impressionato Henry, un po' bacchettone come tutti gli americani, e che forse proprio per questo era stato conquistato e travolto dalla vitalità di Cristina. In più, Angelini, già allora potente in Vaticano e intimo di Giulio Andreotti, era un prelato attento agli affari e di certo avrebbe informato nel dettaglio il suo amico sull'andamento della colazione. Angelini, per intenderci, era quello che nel film *Il Divo* partecipava alle riunioni ristrette della corrente andreottiana, assieme a Vittorio Sbardella, Franco Evangelisti, Paolo Cirino Pomicino, Giuseppe Ciarrapico. Ma soprattutto, la presenza del potente prelato doveva costituire agli occhi dei Ford una straordinaria prova di potere degli Angiolillo.

I Ford, infatti, subito dopo il matrimonio, erano stati scomunicati dal cardinale americano John Francis Dearden, in quanto entrambi cattolici ed entrambi divorziati. La scomunica non era passata inosservata in Italia. Il giornale vaticano «L'Osservatore della Domenica» aveva pubblicato un editoriale giudicando appropriato il provvedimento. Nell'occasione, era stato svelato anche un vecchio altarino di Cristina: un rotocalco aveva rintracciato il suo ex marito Austin, di cui si diceva vedova, trovandolo invece vivo e vegeto in Canada. Il fatto che un potente monsignore di stanza in Vaticano sedesse a tavola con due scomunicati aveva dell'eccezionale.

Negli altri posti, Maria distribuì i Magliano, la principessa

Elettra Marconi Giovanelli, la contessa Arrivabene, il principe Lanfranco di Campello Boncompagni. Purtroppo Maria dimenticò di annotare il menù della colazione: scrisse il giorno e l'ora (13.30 secondo le abitudini romane) e il suo tacitiano commento: «Tutto bene».

Cristina giunse al Villino Giulia ubriaca di gloria. Non le pareva vero di aver sposato uno degli uomini più ricchi e influenti del mondo. Al contrario di Maria, amava la ribalta e arrivò sventolando tutta fiera una copia di «Life» del 5 marzo.

«Senti che meraviglia, Maria: scrivono che in questi anni ho sofferto tanto, temendo che il mio sogno d'amore non si coronasse.»

«Ma sei pazza a far sapere questi fatti in giro? Ci fai la figura della rovinafamiglie!»

«Perché no? Henry è felicissimo di credere che l'ho desiderato tanto. Gli uomini vanno lusingati.»

«E chi ha dato al giornale questa tua foto in costume?»

«Che domande!»

«Sembri una pin-up! Tu sei una signora, Cristina. E questa in cui sei bruna?»

«Quello è il provino che feci a Hollywood, nel '55. Ti ricordi, vero, quando partii? Ah, Mariuccia, tu non sai... Henry mi ha regalato una collana di diamanti e smeraldi grossi come chicchi d'uva e, a Detroit, ha una casa in stile georgiano... Devi venire a vederla: Grosse Pointe Farms ha set-tan-ta-sei stanze: settantasei.»

Dopo le nozze con il suo magnate, Cristina aprirà proprio a «Life» le porte di quella tenuta e anche dell'appartamento di New York, lasciandosi fotografare mentre gioca a basket, in bicicletta con il cane, fa ginnastica in giardino e si occupa della nipotina di Henry: una piccola Niarchos, nientemeno, poiché Charlotte, figlia di primo letto del marito, aveva sposato l'armatore greco Stavros Spyros Niarchos.

Nell'intervista, ovviamente, Cristina si vanterà di avere saputo coltivare ottimi rapporti con tutte e tre le figliastre. Presto, passò per essere una delle donne più eleganti del mondo. Elegante, però «selvaggia, esotica, non addomesticabile», come la definì il biografo dei Ford Robert Lacey. Al primo ricevimento alla Casa Bianca, dal presidente Lyndon Baines Johnson, diede scandalo: di quella serata, due foto fecero il giro del mondo.

In una, la spallina dell'abito eccessivamente scollato della signora Ford era scivolata, lasciandola in semitopless; in un'altra, sembrava che lei e Johnson si baciassero sulla bocca. Henry la rimproverò duramente: «Il nostro problema non è andare sui giornali, ma starne fuori» le disse. Quindi, le vietò di uscire per un anno. Ma durò appunto, solo un anno.

Dopo, Cristina fu sempre in viaggio, sempre pronta a balzare su un aereo per presenziare agli eventi più glamour del jet set o per unirsi a battute di caccia al leone nella savana africana. Spesso, invitava anche Maria a seguirla in quei viaggi avventurosi, ma la signora Angiolillo declinava ogni volta: era abitudinaria e preferiva non lasciar solo Renato, temendo la passione del marito per le belle donne.

A un certo punto, nei primissimi anni Settanta, Cristina si ritrovò a dover scappare dalle grinfie del dittatore della Repubblica Centrafricana Jean-Bédel Bokassa, lo stesso che avrebbe messo nei guai il presidente francese Valéry Giscard d'Estaing regalandogli dei diamanti.

Erano partiti in sei: la signora Ford; Cristina Magliano; Gloria Venturi, un'ereditiera romana che sarebbe poi diventata grande amica di Maria; lo scenografo Piero Zuffi; il giornalista Federico De Salvo, che lavorava per il marito della Magliano e un altro italiano. A Bangui li aspettava un vecchio amico, l'asso dell'aviazione Beniamino Del Giudice, appena nominato ambasciatore dal presidente della Repubblica Giovanni Leone. La Magliano aveva con sé una lettera del ministro del Tesoro Emilio Colombo da consegnare al dittatore e tutta la compagnia trovò eccitante l'idea di farle da seguito nella delicata missione.

L'ambasciatore raccomandò alle signore di vestirsi in maniera castigata e di tenere gli occhi bassi, poiché la passione di Bokassa per le donne poteva rivelarsi irrefrenabile e pericolosa. Ma la Ford, «selvaggia, non addomesticabile» e anche molto sventata, ignorò il consiglio. Quando il presidente centrafricano la vide, biondissima, occhi azzurri con una tunica che ne fasciava il fisico scolpito da sport, fitness e massaggi, accartocciò la lettera di Colombo e invitò tutti a unirsi a lui per festeggiare il Capodanno nella sua fattoria fuori dalla capitale.

L'ambasciatore scongiurò le signore di rifiutare, ma la Ford non ne volle sapere di perdere una simile occasione e trascinò con sé tutti gli altri. Del Giudice decise di restare a Bangui, mentre il resto della compagnia montò sullo scalcagnato aereo privato di Bokassa e, dopo un volo accidentato, atterrò in una landa arida, persa nel nulla.

La festa era stata allestita in un grande cortile all'aperto: attorno a una sorta di pista da ballo sedevano accovacciati un centinaio di pigmei, agghindati con i succinti indumenti tradizionali del luogo. A Cristina Ford, parvero tante scimmie mentre le tre signore realizzarono subito di essere le uniche donne presenti. A quel punto, invece, apparve dal nulla, correndo e gridando, una ragazza che si gettò verso di loro: «Aiutatemi a scappare da quest'uomo! Aiuto! Aiuto» invocava.

La poveretta venne immediatamente acciuffata, zittita e fatta sparire dalle guardie del presidente. Bokassa si incollerì e, con tono perentorio, ordinò alla Ford e a Gloria di salire sulla pedana e di ballare per lui. De Salvo, Zuffi e l'amico cominciarono a innervosirsi. Scrutavano le guardie armate del presidente e si chiedevano cosa avrebbero dovuto inventare per uscire indenni da quella situazione, che, evidentemente, stava volgendo al peggio. Mentre ballava al ritmo martellante dei bongo, la Ford finse di sentirsi male e chiese di ritirarsi.

Bokassa s'incollerì, fece una gran scenata e decretò che tutte le gite previste nei giorni a venire fossero annullate.

I sei amici rimasero ospiti forzati del dittatore per tre lunghi giorni. A un certo punto, Bokassa ricevette una statua commissionata a uno scultore italiano, urlò che non gli piaceva e si rifiutò di pagarla. Aspettava solo un pretesto per prendersela con l'ambasciatore, che gli aveva tirato il brutto scherzo di presentargli tre donne bellissime, ma dal carattere – per i suoi gusti – troppo schizzinoso. Del Giudice, che era alle prime esperienze e non spiccava per doti diplomatiche, dovette prontamente raggiungerlo.

«Sono molto offeso» lo assalì Bokassa. «Se voi italiani non vi riprendete la statua, chiamo Leone.»

«E io chiamo la tigre» scappò detto all'ambasciatore. Si scatenò un caso diplomatico. Cristina Ford e compagnia riuscirono a rientrare sani e salvi in Italia per puro miracolo.

Quando le due Cristine tornarono dall'Africa, Maria non seppe trattenere la predica, mentre loro sghignazzavano, ancora eccitate dall'avventura. La sventataggine delle sue amiche era lontana dall'indole cauta di Maria. O, forse, lei non si era mai potuta permettere di agire senza giudizio.

«In fondo» disse quella sera alla sorella Nuccia, «loro hanno avuto una vita facile. Si sono sposate presto tutte e due e hanno sempre avuto la possibilità di sbagliare e cadere in piedi.»

Nel 1965, Nuccia si era trasferita a Roma, con il marito, un rappresentante di prodotti sanitari che era spesso in viaggio, con la mamma e con Marco, che ormai aveva finito il liceo e si era iscritto all'università a Roma. Abitavano tutti in un grande appartamento in via di Porta Pinciana, al 6. Per Maria era stata una consolazione poter riunire la famiglia nella sua nuova città. Nuccia, in particolare, si era adattata a essere una sorta di sua dama di compagnia. Quando Maria le parlò della bravata con Bokassa delle amiche, lei osservò: «Però anche Cicci ha avuto una vita facile, ma è assennata e schiva come te».

«Forse per questo è l'unica con la quale m'intendo veramente» rispose Maria. Le sole persone depositarie dei suoi segreti più intimi furono sempre Nuccia e Cicci.

La più grande, nuova, amica di Cristina in Ford, divenne invece Imelda Marcos, moglie del presidente delle Filippine.

I Ford conobbero i Marcos in occasione di una visita a Manila, dove si recarono per decidere se aprirvi uno stabilimento. In quei giorni, Imelda diede ordine alle guardie della sicurezza presidenziale di tenere la signora Ford lontana dalle fontane pubbliche: aveva sentito dire che, in Europa, era solita saltarci dentro e mettersi a ballare. A Cristina, invece, era arrivata voce che Imelda fosse una bigotta contraria all'emancipazione femminile e quindi, prima di partire, chiamò Maria per chiederle conferma: si ricordava che lei l'aveva conosciuta a Roma, a un dopoteatro dell'Opera, subito prima di sposare Angiolillo.

«Antifemminista quella?» le rispose Maria. «Imelda si mette il marito in saccoccia. Però è piccola e bruttina. Anche se, quella sera, eravamo a tavola con Gina Lollobrigida e, al suo cospetto, tutte noi signore sembravamo un po' racchie.»

Contrariamente a ogni previsione, Cristina Ford e Imelda Marcos si piacquero subito. Condividevano la stessa passione per le scarpe, che collezionavano ossessivamente, e avevano lo stesso carattere irruente e impulsivo.

Imelda si convinse che gli italiani fossero tutti come Cristina. Diceva: «Se vogliono piangere piangono, se vogliono ridere ridono all'improvviso, se sono felici cantano. Cantano anche in mezzo alla strada». Cristina chiamava Imelda «Bambola», Imelda chiamava Cristina «Bambina».

Quando, nel 1971, si celebrarono in Iran i duemilacinquecento anni dell'impero di Persia, Cristina Ford piombò *in loco* senza aver prenotato alcuna camera e subito cercò Imelda: «*Help me, please.* Ho bisogno di un posto dove dormire» e si piazzò prontamente nella tenda riservata alla First Lady. Nei tre giorni delle celebrazioni stette sempre accanto a lei, mentre Imelda si intratteneva con re, regine e ministri. E, una sera, Lady Ford scandalizzò tutti presentandosi a un ricevimento con un abito bianco dalla schiena completamente nuda, mentre al collo esibiva la collana di enormi smeraldi e brillanti regalatale dal marito.

Rientrata a New York, Cristina Ford chiamò subito Maria.

«Tu non sai che è successo, Mariuccia...»

«Sono certa che stai per dirmelo.»

«Ero in Iran, ai festeggiamenti dello scià, ospite nella tenda di Imelda. E qualcuno ha detto a Henry che io e lei abbiamo diviso anche il letto!»

«Il letto? In che senso?»

«Quanto sei antica, amica mia! In "quel" senso!»

«Impossibile. Imelda è del tutto disinteressata al sesso.»

«Ah, ecco: l'hai capito anche tu.»

«Henry ci ha creduto?»

«Oh, Henry è una tale disperazione, è così bacchettone in certe cose...»

«Anche tu, però... Ti devi contenere. Devi avere più compostezza! Per come è fatto Henry, è capace di lasciarti anche solo per un pettegolezzo.»

Il pettegolezzo sulla presunta passione saffica fra le due, mai provata e verosimilmente infondata, sarà poi riportato in più di una biografia, sia sui Marcos sia sui Ford.

Cristina e Imelda si vedevano spesso a New York, dove i Marcos avevano un lussuoso appartamento, e anche in Italia. Entrambe adoravano fare shopping a Roma. Mario D'Urso, amministratore della banca d'affari americana Lehman Brothers, grande amico di entrambe e di Maria, le accompagnava nelle boutique del centro e prendeva in giro Imelda: «Qui potresti trovare una grande, grande *shopping bag* per metterci dentro una piccola, piccola filippina».

Un giorno, stando alle confessioni di un ambasciatore filippino contenute in una biografia dei Marcos, Imelda chiese di spostare gli orari di una visita di Stato al presidente della Repubblica italiana. «Doveva andare a fare shopping con Cristina Ford e la contessa Pallucchini o qualcosa del genere» raccontò l'ambasciatore, che le rispose: «Lei non può trattare i presidenti stranieri come *muchachi*». Alla fine, Imelda salì al Quirinale nell'ora e nel giorno previsti, ma l'ambasciatore impertinente fu costretto a dimettersi.

Maria comunicava con la Marcos in francese, anche se i loro rapporti restarono sempre poco più che formali. Le loro educate conversazioni vertevano, per lo più, su fatti di Chiesa. Imelda era di sbandierata fede cattolica e in Vaticano godeva della massima considerazione. Fu ricevuta da Paolo VI ben tre volte: il 5 settembre 1970, il 14 febbraio 1973 e il 27 giugno 1976. E una da Giovanni Paolo II, il 17 febbraio 1979.

Ciò che mancava a Maria per conquistare la filippina era la leggera spensieratezza che, invece, era il tratto distintivo di Cristina. Tuttavia, alla signora Angiolillo non difettava l'astuzia necessaria a sfruttare l'amicizia fra la First Lady e Lady Ford.

Da tempo, Mariuccia sognava di convincere Isabelle Colonna a dare un pranzo in onore dei Ford: gli americani andavano pazzi per le case nobiliari, le principesse e i rituali dell'antica aristocrazia europea, e un simile invito sarebbe stato utile a Renato per fare colpo su Henry e consolidare con lui il suo progetto editoriale. Isabelle, però, ormai ottantenne, apriva i suoi saloni sempre più raramente e solo se c'era da dar lustro alla tradizione papalina del casato.

«Senti un po', Renato» chiese, un giorno, Maria. «E se convincessimo Isabelle a dare un pranzo per la Marcos? Un bel pranzo in onore di una First Lady cattolica, a cui non potranno mancare i Ford, che di Imelda sono intimi amici! Che dici? La chiamo subito.»

In un attimo, fu al telefono e non le ci volle molto per persuadere l'Arcipapessa, che accoglieva sempre volentieri i potenti della terra ben visti in Vaticano.

Quel pranzo a Palazzo Colonna fu uno dei più grandi successi diplomatico-mondani degli Angiolillo.

Renato stimava molto Henry Ford e anche quest'ultimo lo teneva in grande considerazione, come dimostrò assumendo alla General Motors sia il figlio di Renato, Amedeo, sia quello di Maria, Marco Bianchi Milella. Attraverso Amedeo, il senatore inviò al magnate una spilla della bandiera americana in zaffiri, rubini e brillanti.

Con ogni probabilità, Ford sapeva che Angiolillo veniva ritenuto dalla Cia persona influente, vicina e utile alla causa anticomunista e al Patto atlantico, come era scritto nel rapporto Usis del 1955. Pare, infatti, che Henry Ford II fosse quello che la Cia definiva «persona al corrente».

Nel libro *La guerra fredda culturale – La Cia e il mondo delle lettere e delle arti* di Frances S. Saunders, si racconta che Ford era nel National Committee for a Free Europe: ufficialmente, un club di americani potenti anche in Europa e uniti dall'amore per la libertà e dall'intento di diffondere i valori d'oltreoceano, ma in realtà un'associazione creata dal servizio segreto per fare propaganda politica sullo scacchiere europeo. Per la Cia, stando a Saunders, «una persona al corrente apparteneva a quel club, conosceva il linguaggio, le parole in codice, gli usi e i simboli del riconoscimento».

Fatto sta che quando Renato Angiolillo espose a Henry Ford la sua idea di una cordata di quotidiani locali, trovò in lui un interlocutore attento, anche perché gli promise che i giornali avrebbero spalleggiato le ragioni della politica estera americana.

Renato avviò trattative per mettere le mani su una decina di affermati quotidiani a diffusione regionale. Lavorò al progetto affiancato dal nipote Renato Angiolillo junior, figlio di Gaetano, un ragazzo che reputava in gamba e che, già da studente, raccoglieva pubblicità per un giornalino universitario.

Renato Angiolillo senior sarebbe stato presidente del gruppo, mentre l'onorevole Ugo La Malfa, che era allora segretario del Partito repubblicano, fu individuato come «garante» dell'operazione presso gli americani.

Erano anni di fermento nel mondo dell'editoria e i piani del senatore Angiolillo si scontravano con molti stravolgimenti in corso. Nel 1966, il petroliere e finanziere Attilio Monti acquisì la Siall, che controllava la holding dello zucchero Eridania e la Poligrafici Editoriale, editrice del «Resto del Carlino» e «Stadio», due quotidiani di Bologna, nonché della «Nazione» di Firenze.

Girava voce che Monti volesse impossessarsi anche del «Tempo». Lo riferì, nei suoi diari, Indro Montanelli, il quale ormai disprezzava Angiolillo, probabilmente in seguito al fallimento della trattativa che, nel 1946, avrebbe dovuto portarlo a diventare vicedirettore del «Tempo» ambrosiano.

Il 18 dicembre 1966, Montanelli annotò nel suo diario una voce riferitagli da Giovanni Spadolini, suo direttore al «Corriere della Sera»: non era chiaro se Monti avesse acquistato il «Carlino» e «La Nazione» in proprio o come prestanome d'altri, probabilmente di Montedison, ipotesi avvalorata dal fatto che il finanziere cercava di comprare anche «Il Tempo», che non avrebbe potuto pagare da solo.

A margine, Indro scrisse: «Il resto del discorso non l'ho sentito, perso com'ero nella voluttuosa contemplazione di un Angiolillo finalmente restituito al suo naturale elemento e ridotto a vendere cartoline pornografiche come faceva nei suoi anni di debutto».

A Maria, che aveva mille antenne e tutto veniva a sapere, non sfuggì l'antipatia maturata da Montanelli verso il marito. Anzi, anni dopo, rimasta vedova, se ne ricordò assai bene quando dovette fare una scelta decisamente importante.

Probabilmente, certi commenti velenosi di Indro le vennero riportati da Cristina Magliano. Non per amicizia, ma per dispetto. Nell'estate del 1966, infatti, Angelo era stato silurato dal «Giornale d'Italia» e qualcuno gli aveva riferito che Maria e Renato commentavano che se l'era meritato, perché era un incapace. A Cristina non dovette sembrare vero di poter rendere l'offesa agli Angiolillo, facendo loro sapere quanto poco Montanelli considerasse Renato. Trovandosi in difficoltà, i Magliano non amavano più così tanto gli amici di un tempo. Lo racconta lo stesso Montanelli, che li aveva incontrati a Venezia l'11 settembre 1966.

Quel giorno, si era appena chiuso il Festival del cinema, si era nel pieno della Biennale e i conti Volpi davano un ballo che richiamava ospiti da tutto il mondo. Montanelli passò dai Magliano, all'Hotel Danieli, e fu ricevuto nella loro camera.

La scena che seguì è segnata nei suoi diari: Angelo gli stava assicurando che Mariano Rumor, segretario della Dc dal '64, ed Emilio Colombo gli avrebbero procurato un'altra direzione, quando dal bagno entrò nella stanza Cristina «discinta come al solito». La signora Magliano si sdraiò sul letto «lasciando intravedere sotto l'accappatoio una buona porzione di tette», recitò «il solito preambolo sulla opportunità di deciderci finalmente a far l'amore», poi venne al sodo: la sistemazione futura di Angelo, poiché lei non credeva affatto «alla gratitudine di quegli stronzi di Rumor e Colombo».

Annotò ancora Montanelli: «Cristina voleva ridiventare direttrice di un quotidiano serio, grosso, con autorità a palanche, "anche per chiudere la bocca a quello stronzo di Angiolillo e alla sua gentile signora, i quali vanno dicendo che Magliano è un somaro che affonda i giornali". Questa, credo, è la cosa che più la fa sanguinare. Delle sue più intime amiche di Milano, una, la Vettore ha sposato Henry Ford; l'altra, Mariuccia, è diventata moglie di Angiolillo e direttrice del "Tempo". Lei è rimasta la cenerentola del gruppo».

Ciò che alla penna di Montanelli sfuggì era che l'altra amica della compagnia, Cicci Menzio, ormai divorziata da Maner Lualdi con una sentenza ottenuta a San Marino, l'anno prima si era sposata con il magnate del Formaggino Mio Ercole Locatelli e ormai sfoggiava gioielli che facevano invidia a Robiolina Invernizzi.

Agli sconquassi nel mondo dell'editoria, il senatore Angiolillo reagì decidendo che bisognava pensare in grande. Chiese alla moglie di intensificare gli inviti. Fu un crescendo: a dicembre 1967, Maria imbandì tre pranzi di Natale da trentasei persone l'uno, nell'arco di soli nove giorni. Per la prima volta, inaugurò serate da tre tavoli, ognuno con decorazioni di fiori e frutta, denominandoli «uva», «sorbes» e «ciliegie marine». E, per la prima volta, dispose su ogni posto menù scritti in francese. L'aveva convinta Isabelle Colonna. Maria aveva timidamente obiettato che lei non era né di madrelingua francese né un'aristocratica, e che perciò aveva sempre preferito scriverli in italiano, ma l'Arcipapessa era stata lapidaria: «Noi siamo quello che mostriamo di essere».

Isabelle partecipò alla terza serata. Maria aveva ormai avuto più di cento ospiti in una manciata di giorni. Era stata una maratona, soprattutto per far quadrare gli inviti. Forse, quell'ultima sera era un po' stanca. Dar retta a una trentina di persone contemporaneamente non era uno scherzo. Forse ne aveva trascurato qualcuno e si era attardata un tantino più del dovuto con altri. Alla fine, però, tutti l'avevano salutata riempiendola di complimenti. Maria si sentiva distrutta, ma felice. Pensò che aveva fatto un buon lavoro. Le sarebbe piaciuto sentirselo dire anche da Isabelle, che era ormai forse al suo ventesimo pranzo e l'aveva vista crescere passo passo. Ma quando l'Arcipapessa la salutò, le si piantò di fronte, seria in viso. «Tutto bene, ma sbagli ancora una cosa: devi essere misurata allo stesso modo con tutti. Ricordati: gentile e distaccata e senza far differenze fra un ospite e l'altro. Senza picchi.

Un pranzo ha successo non solo se gli ospiti sono stati bene, ma se, uscendo, si chiedono se saranno invitati di nuovo.»

Il 1969 fu un *annus horribilis* per il senatore. Angiolillo dovette vedersela con un mercato che cambiava. La Poligrafici Editoriale di Attilio Monti rilevò «Il Telegrafo» di Livorno e «Il Giornale d'Italia» di Roma, raggiungendo le seicentomila copie di diffusione quotidiana. «Il Tempo» rischiava una nuova crisi e Angiolillo temette di perdere l'appoggio di Henry Ford. Si adoperò, dunque, per agevolare un'importante operazione di Henry in Italia: l'acquisto della Lancia da parte della General Motors. Mise in campo tutte le sue conoscenze, diede pranzi e colazioni al Villino Giulia, invitando tutti gli interlocutori che potessero rivelarsi utili al progetto di Ford. Convinse l'ambasciatore Egidio Ortona, che era un *habitué* della casa, a nominare Cristina commendatrice della Repubblica, in virtù degli aiuti da lei mandati nella Firenze colpita dall'alluvione. Nonostante i suoi sforzi, però, la Lancia passò alla Fiat di Gianni Agnelli.

Per Cristina lo smacco fu particolarmente cocente; aveva desiderato oltre ogni modo che fosse il suo Henry ad acquistare il marchio italiano, se non altro per vendetta nei confronti dello sfrontato Gianni e delle immancabili battute sulle sue provocanti gambe, ogni volta che la incontrava a Montecarlo. Ma non ci fu niente da fare: l'alleanza Angiolillo-Ford ne uscì sconfitta. Renato reagì malissimo e non nascose nemmeno in pubblico il suo furore.

***

Fu allora che Renato Angiolillo decise di far periziare i gioielli che costituivano il tesoro di famiglia, comprati nel corso degli anni e spesso pagati a rate. Si rivolse a Harry Winston, il più grande gemmologo esistente. La lista includeva ventiquattro voci, ma una era una parure di quattro pezzi e tre voci indicavano «completi», senza specificare di quanti pezzi fossero composti. La stima complessiva, firmata a Ginevra il 25 agosto 1970, era di 10.173.800 franchi svizzeri. Al cambio dell'epoca, facevano quasi un miliardo e mezzo di lire, esattamente 1.474.772.794 lire.

Il senatore ebbe modo di fare un rapido calcolo: lo stipendio medio di un operaio ammontava, più o meno, a centoventimila lire, pari a un introito annuo di circa un milione e quattrocentomila lire. Quel suo tesoro, dunque, valeva mille anni di lavoro di una persona comune.

Sperò di non doverlo mai vendere per necessità. Tuttavia, se fosse morto, lasciando un giornale indebitato, quelle pietre costituivano un patrimonio che non sarebbe stato tassato, né si sarebbe svalutato. Prima di riporre la lista in cassaforte, la rilesse un'ultima volta:

1. Un anello con diamante rosa da 34 carati, di Van Cleef & Arpels 1.560.000 FCH
2. Un anello di smeraldo da 20 carati, di Van Cleef & Arpels 572.000 FCH
3. Un anello di rubino cabochon da 20 carati, di Van Cleef & Arpels 78.000 FCH
4. Un anello di perle coltivate, di Van Cleef & Arpels 52.000 FCH
5. Una coppia di orecchini cabochon di rubino, di Van Cleef & Arpels 41.600 FCH
6. Una coppia di orecchini di zaffiri da 60 carati, di Van Cleef & Arpels 520.000 FCH
7. Una collana cabochon di rubini, di Van Cleef & Arpels 520.000 FCH
8. Un completo (collana, bracciale, orecchini e anello) di diamanti, ametiste, zaffiri gialli, di Van Cleef & Arpels 208.000 FCH
9. Una collana (combinazione braccialetto e cinta), oro, turchese e corallo, di Van Cleef & Arpels 67.600 FCH

10. Un completo d'oro, diamanti tormaline «jaguar», di Van Cleef & Arpels 36.400 FCH
11. Un completo d'oro, diamanti e rubini, di Van Cleef & Arpels 39.000 FCH
12. Un anello con zaffiro cabochon da 40 carati, di Gerard 182.000 FCH
13. Una spilla con quattro rubini cabochon, di Gerard 156.000 FCH
14. Un braccialetto in oro, diamanti e rubini, di Gerard 156.000 FCH
15. Orecchini di diamanti, corallo e oro, di Gerard 31.200 FCH
16. Una collana di perle coltivate, di Bulgari 78.000 FCH
17. Un bracciale-orologio (a forma di serpente), di Bulgari 26.000 FCH
18. Un bracciale-orologio (a forma di serpente), in oro e diamanti, di Bulgari 78.000 FCH
19. Un completo di turchese, zaffiri, oro e diamanti, di Bulgari 18.200 FCH
20. Una spilla a forma di pappagallo con turchesi 7.800 FCH
21. Un bracciale con zaffiri, rubini e diamanti 26.000 FCH
22. Un anello con zaffiro da 44,65 carati, di Harry Winston 520.000 FCH
23. Un paio di orecchini a forma di goccia, in diamanti da 66 carati, di Harry Winston 3.900.000 FCH
24. Un paio di orecchini di smeraldo da 43,53 carati, di Harry Winston 1.300.000 FCH

Totale: 10.173.800 franchi svizzeri

Il Princie era la prima gemma in elenco, ma non la più pregiata. Il pezzo più importante della collezione era rappresentato dagli orecchini a goccia di diamanti. Oggi che le pietre di colore sono valutate più di quelle bianche la stima sarebbe probabilmente diversa. All'epoca, quelle due enormi gocce erano strabilianti. Maria le aveva indossate a un ricevimento, con un'acconciatura raccolta e un abito bianco in cady di seta, arricchito da una scollatura intessuta di perle. Quella sera Renato le aveva sussurrato: «Sei *'nu biggiù*, Mariuccia». Sua moglie lo attraeva ancora, ma l'uomo è debole, aveva pensato il senatore, chiedendosi poi quanto avesse speso, in quegli anni, in zaffiri, rubini e diamanti regalati ad altre.

In quel periodo, aveva messo gli occhi su una donna che lo faceva impazzire, giocando a fare la preziosa. Era una signora molto in vista: nata da una famiglia modesta, era riuscita a sposare un ricco imprenditore romano, grazie alla sua bellezza e alle astuzie che, ai tempi, le belle donne dovevano per necessità coltivare, se volevano farsi strada. Per non rivelarne il nome, la chiameremo Elena.

Il profumo di garofani che portò infedeltà e lutto

Maria capiva subito quando il marito s'invaghiva di un'altra: in quelle occasioni, non proprio rare, Renato non conteneva tutto il suo buonumore, si faceva più scanzonato e rincasava ogni sera tardissimo.

«Ne ha una nuova» diceva Maria alla sorella.

«Gliele fai passare troppo lisce» rispondeva Nuccia.

E Maria: «È sempre stato così: le mogli devono fingere di non sapere. E quelle più intelligenti vogliono sapere il meno possibile, almeno finché non fiutano un pericolo serio».

A quel punto, però, si attaccava al telefono e metteva in moto Cristina Magliano. L'amica, ricorrendo alla sua astuta svampitaggine, sondava tutte le conoscenze comuni e, soprattutto, il mondo a lei familiare dei giornalisti e dei fotografi di redazione. Finché Renato si distraeva con una modella o un'aspirante attrice, infatti, la scappatella restava confinata alle chiacchiere da tipografia, e Maria non se ne affliggeva troppo. Solo quando il senatore puntava su qualche signora più altolocata, le escoriazioni si trasformavano in ferite.

Come tutte le mogli della sua generazione, Maria trovava insopportabile non tanto l'infedeltà in sé, quanto il fatto che lo si risapesse nella propria cerchia sociale.

«Farsi vedere in giro con un'amante è una mancanza di rispetto» sentenziava velando una punta di amarezza.

Solo certi pomeriggi, quando si concedeva un po' di riposo

sdraiandosi su un divano, abbassava finalmente il fiero piglio da bersagliera e sospirava: «Nuccia, io senza Renato, muoio».

La sorella era testimone di ogni suo sfogo, di ogni angustia. Riservatissima e schiva, non partecipò mai a un pranzo e nemmeno a una colazione nella casa di piazza di Spagna. Preferiva starsene nelle retrovie, a sorvegliare il personale di servizio e accertarsi, dietro le quinte, che tutto filasse per il verso giusto. Lei e Maria si vedevano tutti i giorni.

La mattina, nell'appartamento di Porta Pinciana, Nuccia preparava la colazione per il nipote Marco, mamma Sandrina e per Amedeo, il terzogenito di Renato, che lasciato il collegio Alla Querce di Firenze, era andato a vivere con loro, iscrivendosi all'università a Roma. Sandrina, da quando era venuta via da Milano, aveva riposto ogni residua perplessità verso la vita mondana della figlia minore. Avevano fatto percorsi diversi, lei dedita ai figli e al nipote, Maria ai suoi uomini e alle sue ambizioni. Nuccia era il tramite fra i due mondi. Andava bene così.

Tra le nove e le dieci, Nuccia raggiungeva poi il Villino Giulia.

La mattinata delle due sorelle era in buona parte dedicata alla lettura dei giornali dopodiché, all'ora di pranzo, si spostavano all'Hotel Hassler, a un passo da casa, di fianco alla chiesa di Trinità dei Monti.

Ogni volta che attraversava la hall, Maria si fermava ad accarezzare una scultura in bronzo della Lupa, copia di quella conservata nei Musei Capitolini. Diceva che le portava fortuna. In realtà, guardava i due fratellini che succhiavano il latte e, ricordando la leggenda di Romolo che uccide Remo per appropriarsi del potere su Roma, le si immalinconiva lo sguardo. Anche lei aveva, metaforicamente, soppresso un bambino per impossessarsi del potere su Roma. Ma questo rovello interiore non lo avrebbe ammesso, nemmeno con la fedele sorella.

Dal canto suo, Nuccia, che non ebbe figli, non parlò mai

con alcuno di Udo. Quando Maria morirà, nessuna delle persone a lei più vicine, salvo quelle che erano state testimoni dirette della sua prima vita, aveva mai sentito parlare di un figlio in Sudafrica o di un ex marito tedesco.

Del resto, nessuna delle sue nuove amiche romane la udì mai lamentarsi di una distrazione di Renato. Se la sbrigava da sola e più di una volta le capitò di dover rimproverare il marito. Come successe, nel '69, per esempio, quando le riferirono che Renato si era presentato a una serata in un cabaret romano in compagnia di Wilma Rudolph, la «gazzella nera» americana che aveva vinto tre medaglie d'oro alle Olimpiadi di Roma del '60, facendo impazzire di entusiasmo e commuovendo il mondo intero.

Nata nel Tennessee da una famiglia di colore, ventesima di ventidue figli, la Rudolph si era ammalata di poliomielite da bambina e i medici avevano escluso che avrebbe mai potuto camminare senza l'aiuto delle stampelle. Invece, a dispetto di tutto, era diventata la ragazza più veloce del mondo. La sua storia di tenacia e riscatto sociale sembrava costruita apposta per spopolare sui giornali e alla televisione. Come se non bastasse, la ventenne Wilma era anche bellissima.

Una foto in cui la si vedeva passeggiare mano nella mano con Livio Berruti, l'atleta piemontese che aveva conquistato l'oro nei duecento metri piani, scatenò tutti i rotocalchi rosa in quel 1960. Più tardi Berruti avrebbe raccontato che la gazzella non aveva ceduto alla sua corte: era innamorata di un pugile americano, un certo Cassius Clay, che anni dopo, convertitosi all'Islam, avrebbe preso il nome di Muhammad Ali e sarebbe diventato una leggenda della boxe.

Nel 1969, però, la Rudolph era ormai sposata, madre di tre figli e viveva negli Stati Uniti: che cosa ci faceva, si chiese Maria con una certa apprensione, in un cabaret con suo marito? Ancora di più la inquietava il fatto che i due fossero stati visti nei pressi della villa sull'Appia Antica, dove Renato teneva sempre meno cavalli e dove lei si recava solo poche volte, d'estate, per nuotare in piscina.

Una sera, tornando dal cinema, Maria affrontò il senatore. Mise su un'aria distratta e con assoluta *nonchalance* gli domandò a bruciapelo: «Scusa, caro, come mai eri al Folkstudio con la gazzella nera?».

«La gazzella nera? Ma chi? Io non l'ho vista.»

«Dai, alla serata in memoria di Petrolini.»

«Figurati, stavo là per consegnare una targa alla vedova.»

«E la gazzella che c'entrava con Petrolini?»

«E che ne so? Me la sono trovata lì.»

«Volevo dire proprio questo: ti stava seduta accanto.»

«Ce l'avrà messa qualcuno.»

«E come c'è arrivata, invece, nella villa sull'Appia?»

«La Rudolph sull'Appia? Ma quando mai.»

«Attento, Renato. Stanno approvando la legge sul divorzio. Sappi che sarò la prima a usufruirne.»

«La solita melodrammatica. Tanto, pure se la passano, 'sta legge sarà subito abrogata con un referendum.»

La conversazione, quella sera, scivolò accortamente sull'iter di approvazione della Fortuna-Baslini, presentata alla Camera quell'anno e approvata il successivo, tra le proteste della stragrande maggioranza dei lettori del «Tempo». Lo stesso Renato, che pure aveva sposato una divorziata, era convinto che non fosse ancora giunto il momento di concedere una simile libertà. Già in tempi remoti, nel 1947, in un'intervista al cinegiornale *La Settimana Incom*, aveva dichiarato: «Io ritengo che tutti noi italiani dobbiamo trovare nella famiglia, più che nello Stato che va a brandelli, le difese necessarie. Forse un giorno, potremo concordare per una libertà maggiore fra i componenti della famiglia. Oggi no; oggi dobbiamo tutelare lo Stato, la famiglia, la natura». La stessa tesi che andrà sostenendo Andreotti negli anni della campagna referendaria.

Durante i pranzi a casa Angiolillo, dove il senatore democristiano diventò via via il politico più assiduo, ripeteva di essere contro il divorzio in quanto cattolico, ma «non contrario in generale alle innovazioni legislative». E aggiungeva: «Non è opportuno introdurre il divorzio in una fase di assestamento psicologico così difficile, mentre il Paese subisce il permissivismo che ha invaso il mondo».

Il '68, la rivoluzione sessuale, la nuova libertà dei costumi stavano minando tutte le convenzioni sociali. Maria e Renato dovettero limitare smoking e abiti lunghi a pochi eccezionali pranzi: lo spirito dei tempi li rendeva anacronistici. Il giorno in cui, sugli inviti da recapitare ai loro illustrissimi ospiti, avevano scritto ABITO SCURO, invece che CRAVATTA NERA, si erano guardati avviliti. Fra l'altro quella sera vi era fra gli invitati Alberto Sordi. Maria aveva commentato: «Non voglio sapere dove andremo a finire, di questo passo».

A Maria non giunsero altre chiacchiere sulla gazzella nera. E, vera o falsa, a lei bastava che la cosa fosse rientrata. Si era curata poco anche dei pettegolezzi su Renato e la principessa Ismene Chigi, che aveva continuato a scorrazzare fra Roma e Ostia con suo marito, ignorando lei. Maria sapeva che il flirt risaliva a prima del loro matrimonio, però la urtava che la gente malignasse e, soprattutto, che la Chigi continuasse a snobbarla.

Alla fine, aveva deciso che la cosa migliore era farsela amica e, il 3 aprile 1967, l'aveva invitata per un'unica volta a colazione, mettendo così a tacere ogni chiacchiera. Tra i dodici commensali, non c'era Renato, sia per ragioni di opportunità, sia perché a pranzo (anzi, a colazione) quasi sempre gli onori di casa li faceva Maria. Ospite illustre, quel giorno, era l'*habitué* Alfredo Sánchez Bella, ambasciatore della Spagna franchista. Sedeva alla destra di Maria che aveva alla sinistra Giuseppe Aloia, capo di stato maggiore della Difesa. Una violazione di protocollo consentì a Maria di prendersi una piccola vendetta. Alla Chigi, che era principessa, fu assegnato il posto accanto ad Aloia, mentre la collocazione principale, accanto all'ambasciatore di Spagna, andò alla contessa Borromeo, che era appunto soltanto contessa.

Per dimostrare come poco fosse legata a quel pranzo, basta notare che nel libro degli inviti Maria dimenticò di appuntare il menù e liquidò la lista dei vini con un non meglio specificato Blanc de Blancs.

Quando Renato si invaghì della signora che abbiamo chiamato Elena fu, invece, un dramma. Ricca e capricciosa, costei era dotata di un corpo spettacolare che le era valso in gioventù una particina in un film e un ottimo matrimonio. Elena sapeva come far perdere la testa a un uomo, molto negandosi e concedendosi poco. Era una di quelle donne che sanno vivere solo fra le lusinghe di amori paralleli, facendo dannare sia i mariti, sia gli amanti.

Nel suo caso, anche il consorte non era uno stinco di santo. La bella Elena lo accusava di continue scappatelle con le sue segretarie e gli ritorceva contro quelle infedeltà per giustificare le sue.

Era stata l'amante di un celebre ammiraglio, eroe di guerra: era molto attratta da quell'audace militare, ma se ne lamentava, perché, a suo dire, non aveva un portafoglio adeguato ai suoi gusti e alle sue necessità. Aveva perciò stabilito che il prossimo «amico» avrebbe dovuto essere ricco e generoso.

Il primo regalo che suggerì a Renato fu un favoloso cappotto di zibellino di Balzani, la pellicceria di lusso che serviva tutta la Roma bene. Renato sborsò diversi milioni per comprarglielo. Dopodiché, Elena dovette affrontare il problema di giustificare agli occhi del marito l'arrivo in casa di un capo così importante. Chiese dunque al pellicciaio di spalleggiarla in uno stratagemma: disse al consorte che Balzani aveva uno zibellino che veniva via per niente e lo pregò di passare in boutique a vederlo.

Il marito acquistò lo zibellino alla cifra irrisoria di mezzo milione di lire e, a sua volta, pregò il pellicciaio di non rivelare a Elena che lo aveva comprato dicendole invece che era già stato venduto a un altro acquirente: il tradito aveva intuito il trucco e si era preso lo zibellino per regalarlo a un'amante. Elena si ritrovò doppiamente beffata, senza la sua pelliccia e senza nemmeno poter rinfacciare al marito di averla regalata a un'altra. Mentre Renato Angiolillo, che stranamente aveva già saldato, finì alleggerito di parecchi soldi, e con un'amante furiosa, per giunta.

Con Elena, il senatore perse ogni prudenza che s'addicesse a un uomo sposato. La portava a cena a casa degli Alecce della farmaceutica, che conoscevano bene pure Maria, confidava le sue pene d'amore a principesse che poi riceveva a casa con la moglie. La sera tardi, si introduceva nella casa dell'amante, arrampicandosi sul balcone incurante dei suoi settant'anni e degli acciacchi dell'età.

Nei due anni in cui si frequentarono, Angiolillo coprì Elena di regali. Dopo la beffa dello zibellino, il primo fu una trousse d'oro zecchino, poi arrivarono i gioielli. Le donò un grosso brillante a forma di cuore, quindi un grosso smeraldo e ancora un grosso zaffiro, ordinato da Bulgari. Angiolillo pagò tutto a rate, come sempre era solito fare. Le aveva promesso che l'avrebbe adornata con pietre di ogni colore.

Alla fine dell'estate del 1972, per completare il tributo di passione, alla collezione mancava ancora un rubino. Renato portò Elena a Ostia, alla Vecchia Pineta, e tirò fuori dalla tasca anche quello.

«Che cos'è questa nocciolina?» sibilò lei.

«Nocciolina? Sono 10 carati.»

«Non è all'altezza delle altre pietre: sei diventato tirchio, vuol dire che non mi ami più!»

La *belle Hélène*, indignata, gettò la pietra per terra.

Il senatore dovette mettersi in ginocchio a cercare il rubino nella sabbia, furioso per essersi preso del tirchio. Quando infine lo recuperò, se lo rimise in tasca.

«Ah, mi tratti così? Sappi che questo rubino non lo vedi più.»

«E tu non rivedrai più me.»

Renato Angiolillo realizzò che quella donna lo avrebbe fatto diventare matto, ma qualche giorno dopo, pur di non perderla, giurò a se stesso che presto le avrebbe comprato un altro rubino. Enorme.

Stavolta era impossibile che Maria non sapesse della sbandata del marito. La stessa Elena, attraverso arzigogolati giri di amiche comuni, si premurava che fosse informata di ogni incontro e di ogni dono. Per la prima volta dopo dieci anni di matrimonio, Maria ebbe paura che Renato potesse lasciarla. Telefonava a Cicci anche cento volte al giorno e, a lui, rinfacciava ogni ritardo, ogni disattenzione, ogni informazione maliziosa che le giungeva.

***

Erano gli anni della strategia della tensione, in cui si temette che una serie di attentati terroristici potesse favorire una svolta autoritaria. Il culmine si raggiunse il 12 dicembre 1969, con la strage alla Banca nazionale dell'agricoltura in piazza Fontana a Milano. Ci furono diciassette morti e ottantotto feriti.

Dopo trentasei anni di indagini e di processi, solo nel 2005 la Corte di cassazione affermerà che quell'attentato era stato ordito da «un gruppo eversivo costituito a Padova nell'alveo di Ordine Nuovo, capitanato da Franco Freda e Giovanni Ventura», non più processabili in quanto già assolti con giudizio definitivo della Corte d'assise d'appello di Bari. Non fu mai fatta luce, invece, sull'esecutore materiale della strage.

Anche Renato Angiolillo andò, indirettamente, incontro a delle preoccupazioni. Nel marzo del 1972, infatti, fu arrestato il giornalista del «Tempo» Pino Rauti, prima per le bombe sui treni dell'agosto '69, poi per la strage di piazza Fontana. Rauti faceva parte della corrente Ordine Nuovo che si era staccata dal Movimento sociale italiano per poi tornare in larga parte a confluirvi nel '69, rispondendo a un appello di Giorgio Almirante.

Il suo nome era stato fatto da Marco Pozzan, portinaio-factotum dell'istituto Configliachi di Padova, fedelissimo di Franco Freda, il quale sotto interrogatorio lo accusò di aver partecipato alla riunione di Padova in cui il 18 aprile 1969 erano stati programmati gli attentati di agosto.

Angiolillo si rifiutò di credere alle responsabilità di Rauti, che il giorno della famosa riunione era al lavoro in redazione a Roma. Ordinò al redattore capo Egidio Sterpa un editoriale di solidarietà al collega finito in galera e, come i quattro responsabili dei diversi servizi, testimoniò che Rauti non si era allontanato dal giornale fino alla chiusura notturna.

Pozzan ritrattò, le accuse finirono nel nulla, Rauti fu scarcerato e successivamente assolto con formula piena. La magistratura riconobbe che non aveva niente a che fare con gli atti terroristici promossi da un rinato Ordine Nuovo. E le accuse ingiuste portarono Rauti dritto in Parlamento, eletto con l'Msi in quello stesso 1972.

Nei mesi precedenti, il senatore era stato impegnato a mettere in salvo il suo giornale. Aveva dovuto venderne una quota importante. Nel 1971, con i buoni auspici di Fanfani, l'Eni era entrato nel capitale della Ser, che editava «Il Tempo». A uno degli incontri propiziatori con il democristiano, alla Vecchia Pineta di Ostia, il direttore si era fatto accompagnare dal nipote Renato junior: «Ti presento il mio nuovo autista» disse ad Amintore. Angiolillo era di ottimo, eccellente umore. L'Eni rappresentava un socio forte, anche se qualche volta scomodo, in quanto comprava quote di giornali per procurarsi analisi favorevoli ai propri interessi. Angiolillo, però, era abituato a destreggiarsi fra le pressioni degli investitori pubblicitari e degli sponsor politici e l'impresa non lo spaventava.

Al vertice dell'Ente nazionale idrocarburi sedeva allora Eugenio Cefis, che subito dopo lasciò l'incarico, passando a capo della Montedison, appena nata dalla fusione di Edison e Montecatini. Il nuovo presidente era Raffaele Girotti, mentre il ruolo di vicepresidente era ricoperto da Enrico Forte, che divenne presto ospite alle colazioni degli Angiolillo. L'Eni aveva rilevato una quota di minoranza, ma tuttavia importante, del «Tempo»: il 33,3 per cento, con diritto d'opzione su un altro terzo. Il 61,7 per cento rimase di proprietà di Angiolillo, mentre il restante 5 passò alla concessionaria di pubblicità. Le parti avevano concordato un solo vincolo: segreto assoluto sull'operazione. Per tutti, «Il Tempo» continuava a essere soltanto di Renato Angiolillo e le voci su un «socio forte» restavano solo voci.

In coincidenza con il riassetto societario, Gianni Letta, il giornalista dell'Aquila entrato al giornale ventiquattrenne e salito presto ai piani alti del giornale, fu nominato dal senatore Angiolillo consigliere delegato e direttore amministrativo di Ser e Tico, le due società che componevano il gruppo editoriale.

Anni addietro, Letta aveva sentito dire da qualcuno che dietro ogni grande carriera c'è una sveglia puntata alle sei. Da quel giorno, si era sempre alzato alle sei meno un quarto, pronto a ricevere la telefonata del direttore Angiolillo, che lo chiamava prestissimo per commentare con lui i titoli dei giornali.

A Palazzo Wedekind, aveva cominciato alla redazione esteri, poi era passato all'allora importantissima redazione province, diventandone presto il capo. Si era fatto benvolere da tutti perché aveva una buona parola per ciascuno, sapeva appianare ogni spigolo, pacificare. Quando chiamava il Villino Giulia cercando il direttore, s'intratteneva sempre in chiacchiere con Maria, commentando i fatti del giorno, chiedendole il suo parere.

«Quel Letta è abile e bravissimo: farà strada» diceva lei al marito.

Dopo aver messo in sicurezza «Il Tempo», il senatore Angiolillo si sentì pronto per dedicarsi al grande progetto della catena di quotidiani. L'idea non l'aveva mai abbandonato, nemmeno nei momenti più difficili, ed era ben nota negli ambienti giornalistici: nel 1969 ne aveva scritto, seppure in maniera approssimativa, persino un rotocalco nazionalpopolare. Il settimanale «Gente», sotto una foto di Maria Angiolillo e Cristina Ford a passeggio per Roma, entrambe in minigonna come esigeva la moda dell'epoca, segnalò che la Ford era in Italia per acquistare un importante giornale.

Nel '71, Renato aveva individuato undici quotidiani di cui impossessarsi. Fra questi: «Messaggero Veneto», «Adige», «il Resto del Carlino», «La Nazione», «Il Giorno», «La Notte», «Roma», «La Gazzetta del Mezzogiorno», «Gazzetta del Sud», «L'Unione Sarda». Bisognava però insistere con Henry Ford e convincerlo a scendere in campo per finanziare l'impresa.

Si trattava di un affare delicato, con implicazioni a carattere economico, politico, diplomatico, di cui si poteva discutere solo di persona. Angiolillo non parlava inglese e le sue conversazioni con Ford si svolgevano in francese. Trattare al telefono, con l'ostacolo della lontananza e della lingua, era impensabile.

Henry, però, era sempre *very busy*, assai impegnato, e non trovava tempo né modo per fissare un soggiorno in Italia. Angiolillo, da parte sua, era terrorizzato dagli aerei: non ne aveva mai preso uno e non aveva intenzione di cominciare a farlo a settant'anni passati. Renato chiese a Maria di aiutarlo e di partire per gli Stati Uniti da sola, ma lei si rifiutò categoricamente: non voleva lasciargli campo libero con Elena, l'amante, intraprendendo un viaggio che rischiava di durare qualche settimana.

In estate, però, accadde l'imprevisto che poteva far saltare tutto, sia il matrimonio dei Ford, sia gli affari degli Angiolillo. Avrebbe dovuto aspettarselo, con quella matta di Cristina, pensò Maria.

L'amica, infatti, aveva fatto perdere la testa all'ultimo dei Kennedy: Edward, detto Ted, fratello del presidente John Fitzgerald Kennedy, assassinato nel 1963, e del senatore Robert Kennedy, assassinato nel 1968. Ted, senatore a sua volta, era allora l'uomo più in vista del Partito democratico.

Cristina chiamò Maria, eccitatissima: «Mi perseguita, mi segue, è completamente pazzo di me...».

«Cristina, ti prego, tieni la bocca chiusa. Henry ti molla, se lo viene a sapere. Odia i pettegolezzi, lo sai...»

«Tanto, se non lo racconto io, lo fa lui: Ted è irrefrenabile. Pensa: ha preso un appartamento a New York nel nostro stesso palazzo.»

Maria si allarmò. Se fosse scoppiato uno scandalo ed Henry avesse lasciato Cristina, l'affare dei giornali con Ford sarebbe naufragato, travolto dall'onda lunga di uno scalpore che avrebbe coinvolto tutti. Ci pensò a lungo, poi si decise.

Una mattina, mentre prendevano il caffè a letto, vincendo il riserbo che sempre manteneva a proposito delle altrui vicende, raccontò tutto a Renato.

«Conoscendo l'esuberanza di Cristina, e se davvero lui è fuori di senno come dice lei, ne sta già parlando tutta Detroit, tutta New York e tutta Washington» concluse. Non aveva torto.

Il 2 agosto 1972, Richard Nixon si trovava alla Casa Bianca, nello Studio Ovale, al telefono con il segretario di Stato Henry Kissinger. Non sapeva che le sue conversazioni erano intercettate e registrate.

«Quale diavolo è il problema con Ted?» chiese il presidente. «Non è una questione... intendo dire, non credo sia una questione di sesso. Penso che il suo problema, intendo la sua mancanza di discrezione, sia dovuto all'alcol. È così?»

«Di sicuro, beve parecchio» rispose Kissinger.

«Bobby e Jack, lo sanno tutti, avevano le loro donne. Ma, diavolo, erano molto più discreti.»

«Cristina Ford mi ha detto che Ted è fuori controllo. L'ha invitata al party per l'apertura del Kennedy Center, a casa sua. Per tutto il tempo della cena lei ha dovuto lottare perché sotto il tavolo lui le afferrava le gambe...»

«Oh Cristo!»

«E la moglie di Ted sedeva a capotavola. Conosci il passato di Cristina, non è esattamente una mammola...»

«No, non sembra un'ingenua...»

«Lui l'ha seguita a New York. I Ford hanno un appartamento lì, al Carlyle Hotel. Ted ne ha preso uno dieci piani sotto. È salito a piedi per le scale e, praticamente, ha buttato giù la porta.»

«Ah-hahh!»

«E lei ha detto che è stata braccata da vari uomini nella sua vita, ma mai come da Ted. Pare che lei gli abbia chiesto: "Che succede se i giornali lo scrivono?". E lui: "I giornali scrivono già qualunque cosa su di me, sono coperto".»

«Gesù Cristo, che arroganza!»

Aveva ragione la Angiolillo: la Ford era ormai sulla bocca di tutta l'America che contava e, appena la voce fosse giunta al marito, rischiava di passare il momento più brutto della sua vita.

«Devi partire, Mariu'» disse Renato a Maria.

«Vieni anche tu.»

«Sai che non prendo l'aereo.»

«Di' che vuoi startene un mese a farti i fatti tuoi con quella Elena. Io non voglio diventare, come Henry Ford, la favola di tutti.»

«Mariu', poche storie: io non ho mai pensato di lasciarti.»

Fissarono infine la partenza e Renato fece assicurare i gioielli e le pellicce in previsione del viaggio. Il certificato dell'Union des assurances de Paris riporta le date del periodo dal 24 ottobre 1972 al 1° dicembre 1972.

In una foto-ricordo del soggiorno americano, Maria è ancora molto bella: a cinquantun anni, poteva dichiararne quarantatré senza timore di essere smentita. Ormai altera e sicura di sé, ha i capelli ramati cotonati in un'alta acconciatura, una blusa marrone dalla minuta stampa geometrica, pantaloni coordinati a zampa d'elefante, la stessa silhouette di quando sfilava da modella. Indossa, però, una collana, un paio di orecchini in diamanti e rubini e un braccialetto di perle che non avrebbe mai sognato di potersi permettere quando lavorava negli atelier milanesi.

Per convincere Cristina a non commettere imprudenze che potevano costarle il matrimonio, dovette far leva proprio sul ricordo di quegli anni.

«Ti sei dimenticata che quando hai conosciuto Henry avevi addosso un vestito prestato da Cristina Magliano?»

«Mi sembrava bello ma, a ripensarci oggi, era proprio dozzinale...»

«Appunto. E qui non si tratta di tornare ai vestiti dozzinali. Se ti va male, finisci morta come Marilyn Monroe. Se ti va bene, dovrai rinunciare alla tua bella casa da settantasei stanze e agli aerei privati.»

Maria rientrò a Roma trionfante: Cristina si era piegata alla prudenza, Henry Ford II aveva esaminato i documenti inviati da Renato e si era impegnato a trovare finanziatori per quella cordata di giornali italiani che giudicava una promessa di libertà e democrazia. Erano salvi sia il matrimonio dei Ford sia il patrimonio degli Angiolillo.

Anche la situazione politica volgeva a favore dei progetti suoi e del marito. Giulio Andreotti era diventato presidente del Consiglio: dopo gli anni del centrosinistra organico incarnato e ispirato da Aldo Moro, la sua presidenza segnava un ritorno al centrismo, con un certo sollievo della Nato e di Nixon.

Kissinger, il braccio destro del presidente, diceva infatti a proposito di Moro: «Quell'uomo è impossibile, sembra un sonnambulo». Mentre, riguardo ad Andreotti, raccomandava al presidente «di riceverlo e rafforzarne l'immagine».

L'amministrazione repubblicana di Nixon, indebolita dalle proteste per la guerra del Vietnam, sosteneva sia Andreotti sia il presidente della Repubblica Giovanni Leone, poiché temeva, da un lato, la possibilità del compromesso storico e, dall'altro, un golpe militare. Gli Stati Uniti non potevano permettere la presenza di un governo a loro avverso in un Paese come l'Italia, considerato cruciale sullo scacchiere dell'Alleanza atlantica.

Seduto alla sua scrivania al giornale, il senatore Angiolillo stese davanti a sé i documenti mandati da Ford, chiamò il nipote Renato junior e gli disse: «*Mo'* cominciamo a giocare pesante».

Con lui si divertiva. Una volta, Renatino aveva portato in visita al «Tempo» un gruppo di giovani del Rotary che volevano sapere come si facesse un quotidiano. Aveva raccomandato agli amici di vestirsi in maniera informale, ma quelli si erano presentati con il blazer blu e la cravatta e si erano messi a fare domande compite del tipo: che cos'è un titolo, che cos'è un editoriale...

Il direttore aveva fissato il nipote, come a chiedere: «Chi mi hai portato?».

Quindi, aveva guardato i giovani rotariani e aveva detto: «*Guaglio', ma voi fottete?*».

Dando segno di avere l'estro del nonno nel fare soldi, il giovane Angiolillo, già da studente, vendeva pubblicità per «Il Torchio», un giornale universitario. Grazie ai contatti maturati con quel lavoretto, era diventato rappresentante della Playtex ed era riuscito a comprarsi la prima auto sportiva, una Fulvia, a bordo della quale raggiungeva l'Harry's Bar di via Veneto. Tutte le mattine, il nonno si faceva raccontare dai fotografi che battevano la via a caccia di celebrità che cosa avesse combinato Renatino la sera precedente.

Un giorno, gli domandò: «Hai l'auto? Allora ci prendiamo un aperitivo all'Harry's Bar, dove so che frequenti intensamente».

Entrarono nel locale e il maître, riconoscendoli entrambi, domandò complice: «Chi devo servire per primo?».

E il vecchio Angiolillo: «Lui, il direttore!».

Sia il padre di Renato junior, Gaetano, sia lo zio Mario lavoravano da tempo nelle aziende di famiglia, ma il giovane Angiolillo li aveva presto surclassati: a ventidue anni era amministratore di cinque delle sette società del nonno e aveva un suo ufficio all'ultimo piano di Palazzo Wedekind. Il nonno, che gli aveva imposto di chiamarlo «direttore» o «senatore», tutte le mattine all'alba, gli telefonava per chiedergli quanto avessero incassato di pubblicità il giorno precedente.

***

Nei primi giorni del 1973, Renato Angiolillo era un uomo anziano, ma rinvigorito dalla passione clandestina per la giovane Elena e dall'adrenalina che gli circolava in corpo al pensiero della nuova avventura imprenditoriale. Si figurava già editore di ben undici giornali, oltre che del «Tempo», e pregustava il languore negli occhi da gatta della sua amante, quando le avrebbe finalmente regalato il rubino per cui spasimava. Bulgari gli aveva detto d'averne trovato uno spettacolare, che sarebbe arrivato a breve.

Una sera, rientrato più presto del solito al Villino Giulia a causa di un'emicrania che non gli dava tregua, avvertì un insopportabile odore di garofani.

«Mariu', da quando in qua in questa casa mettiamo nei vasi i fiori dei morti?» chiese.

«Quali morti? Ci sono le orchidee, come al solito.»

«Io sento puzza di garofani.»

L'olezzo di quei fiori da cimitero prese a perseguitarlo e così l'emicrania, sempre più martellante, come un chiodo ficcato nell'emisfero destro.

Un giorno, nel mezzo di una riunione di redazione, il direttore dovette cacciare tutti dalla stanza, tanto gli era insopportabile il mal di testa.

«Scusatemi, ma *teng mal e' capa*» disse.

E poi: «Tu, Francobaldo, resta».

Francobaldo Chiocci era il giornalista che aveva scritto un'inchiesta in ben quarantacinque puntate su Padre Pio, la prima mai pubblicata su un quotidiano.

«Dimmi un po' Francobaldo, tu che sei esperto in materia: sbaglio o si dice che sentire odore di fiori è un segnale della presenza di Padre Pio?»

«Certo, e ogni fiore ha un significato.»

«E fetore di garofani che vuole dire?»

«Infedeltà. Chi sente odore di garofani è chiamato da Padre Pio a essere più sincero con gli altri e con se stesso.»

Pochi giorni dopo, il senatore stava andando da Bulgari a vedere il famoso rubino promesso a Elena, ma quel miasma nelle narici e la cefalea erano così assillanti che chiese all'autista di invertire la direzione di marcia e di accompagnarlo, invece, dal suo medico.

Quando il dottore ebbe in mano la radiografia del suo cranio, gli disse: «Questa lastra non mi piace: c'è una macchia scura che non dovrebbe esserci. Dobbiamo operare e capire da cosa dipende».

I due figli maggiori si dissero subito contrari all'intervento. Gaetano insisteva perché il padre fosse visitato da Herbert Olivecrona, un luminare di Stoccolma, considerato il massimo esperto in fatto di tumori al cervello. Lo aveva contattato attraverso il professor Mario Tellini dell'ospedale Filippo Neri di Roma, di cui si fidava e che era di famiglia, avendo sposato la sua ex moglie Luciana dopo l'annullamento del loro matrimonio. Gaetano e Mario consigliarono di aspettare l'arrivo del medico svedese, ma l'8 aprile 1973 Renato Angiolillo fu ricoverato alla clinica Valle Giulia e, il giorno dopo, i chirurghi intervennero a cranio aperto. Trovarono un voluminoso ematoma intracerebrale. Il 12 il senatore non aveva ancora del tutto ripreso coscienza e fu operato di nuovo: gli venne drenata un'ulteriore quantità di liquido cerebrale.

Intanto, il primo ministro Giulio Andreotti era atteso, il 17 aprile, alla Casa Bianca per una visita di Stato al presidente Nixon. Toccò a Maria ragguagliarlo sullo stato di avanzamento della trattativa in corso con Ford, anche se la salute di Renato gettava un'incognita su tutto l'affare della cordata dei quotidiani.

Il senatore fu dimesso dalla clinica il 6 maggio. Il 7 luglio, cadde il governo Andreotti II e Angiolillo venne nuovamente ricoverato: mostrava un'emiparesi alle gambe e un lieve rallentamento psichico.

Per la terza volta, il 10 luglio, finì sotto i ferri. I chirurghi estrassero una neoplasia e non gli suturarono il cranio, nell'eventualità di un altro intervento. Si trattava ora di aspettare l'esame istologico.

Dopo i primi, difficili giorni, il senatore fece alcuni progressi. Non muoveva più le mani, ma poterono sospendergli l'alimentazione artificiale, ricominciò a mangiare e a stare seduto in poltrona. La mattina, veniva sottoposto a massaggi e a trattamenti di ginnastica riabilitativa.

Maria gli stava vicino giorno e notte, pregando, e volendo convincersi che sarebbe andato tutto bene. Rassicurava quelli che andavano a far visita al marito, giornalisti, politici, figli, amici, come se fosse lei a dover dare coraggio agli altri.

«Oggi ha preso un Nescafé» diceva. «Si rimette, vedrete che si rimette.»

Lasciava la clinica solo per brevi puntate a casa. Si rinfrescava, si cambiava d'abito e subito tornava al capezzale del marito. Trovava inconcepibile che Renato potesse andarsene così presto e ancora così gagliardo, con tanti progetti da realizzare. Gli stava seduta accanto, gli leggeva i giornali, cercava di farlo sorridere ricordandogli che l'aveva fatta dannare fino a un attimo prima di ammalarsi.

Quando in clinica arrivò un mazzo di fiori accompagnato da un bigliettino firmato «Elena», lo buttò dalla finestra.

«Adesso vediamo come lo recuperi, tu che fino a ieri ti andavi arrampicando sui balconi, come un giovincello» gli disse, ma ormai parlare con lui era come parlare da sola. Intanto, per inciso, Elena non aveva fatto in tempo ad avere il tanto desiderato rubino.

Quando l'esame istologico fu pronto, Maria non si fidò delle spiegazioni dei medici curanti e si recò, per un consulto, dal professor Pietro Valdoni, che aveva avuto ospite tante volte ai suoi pranzi, e conosceva come persona di garbo e umanità. Il dottore fu esplicito: «Maria, è un glioblastoma multiforme, un cancro aggressivo. Tuo marito non ha speranze».

Lei sbiancò, cominciò a tremare, perse il controllo: «Non è modo, il tuo, di dare una notizia come questa» gli rispose. «Da che mondo è mondo, si è sempre detto: "Ha un brutto male". E la speranza che ciascuno di noi ha o non ha è un affare privato fra noi e nostro Signore.»

Di lì a poco arrivò un medico svedese, collaboratore di Olivecrona, visitò Angiolillo e successe il putiferio: senza mezzi termini lo svedese sentenziò che gli italiani avevano sbagliato a operarlo, così facendo gli avevano accorciato la vita. Quel tumore, sostenne, era incurabile e tanto valeva non intervenire, consentendo al paziente di sopravvivere un anno invece che pochi altri giorni.

Gaetano se la prese con Maria, le rinfacciò la fretta avuta nel far ricoverare suo padre. Quello scontro segnò fra i due una frattura insanabile che avrebbe avuto un peso sui destini del quotidiano di famiglia e sulla gestione dell'eredità. Fu allora, con Renato ormai ridotto al lumicino, che Gaetano partì per Milano, deciso a giocarsi una partita sul futuro del «Tempo» dalla quale Maria sarebbe stata esclusa.

Il 26 luglio, riferisce il suo diario clinico, il senatore fece colazione con dei biscotti e pranzò accompagnando il pasto con un bicchiere di vino. Alle sedici, due infermieri lo fecero accomodare su una poltrona.

Seduto, con la testa fasciata, ricevette il notaio Roberto Franci per dettare il suo testamento. Fecero da testimoni l'autista Salvatore Lipari e l'infermiere Sergio Meglis. In calce al documento, il medico Emanuele La Torre dichiarò che il senatore era nel pieno delle sue facoltà mentali.

La mattina successiva, Renato fu dimesso, affinché potesse morire nella villa sull'Appia Antica, in mezzo al verde, sentendo il nitrito dei suoi ormai sparuti cavalli. Tre giorni dopo, il 1° agosto, tornò a fargli visita il notaio Franci e Angiolillo dettò un secondo testamento. Testimoni furono la domestica Giovanna Pozzo e l'infermiere Franco Miele. Si trattava solo di rettificare il nome di una società, erroneamente denominata «Trinità dei Monti» invece che «Trinità di Spagna» e di nominare esecutore testamentario l'avvocato Filippo Ungaro, ospite di tanti pranzi al Villino Giulia. Venne specificato che Ungaro avrebbe potuto essere coadiuvato, nel suo compito, dall'avvocato Franco Musco e da Gianni Letta.

Il 16 agosto, nel letto che aveva accolto Curzio Malaparte quando lamentava forse la malaria o forse la tubercolosi, Renato Angiolillo ricevette l'estrema unzione proprio da quel padre Rotondi che aveva convertito Malaparte e alle 17.20 morì.

Maria provò un dolore indicibile, simile solo a quello che aveva sentito quando, da adolescente, era mancato suo padre. Ora tutto era davvero perduto, pensava. Con il passare delle ore, però, sentì il suo cuore rallentare e la mente ritrovare il controllo. Doveva resistere, aveva troppe decisioni da prendere. La posta in gioco era alta come non mai.

Mentre nella villa arrivavano per le condoglianze il presidente della Repubblica Giovanni Leone, mezzo governo, il capo della polizia, il comandante dei carabinieri, il prefetto di Roma e decine e decine di altre personalità, e papa Paolo VI inviava un telegramma di benedizione, giunsero anche Gianni Letta e il proto del «Tempo». Volevano sapere chi avrebbe firmato il giornale della mattina successiva come direttore responsabile.

Alla riunione improvvisata in cortile, erano presenti Maria e i tre figli di Renato. Il primogenito Gaetano era un inviato del «Tempo», ma era sempre stato ostile a Letta e non aveva alcuna intenzione di ricoprire il ruolo di direttore in quel frangente; il secondogenito Mario, di salute cagionevole, aveva lavorato solo in amministrazione, quindi era fuori discussione; il terzo figlio, Amedeo, era atteso il 26 agosto ad Harvard per un master in Business Administration ed era digiuno di giornalismo. Anche il nipote Renatino non aveva mai scritto una riga. Restava solo Gianni Letta che, però, dava segno di schermirsi.

Maria gli si accostò, gli poggiò le mani sulle spalle e gli disse: «Gianni, rimani solo tu. D'altra parte sei stato sempre la persona più vicina a Renato».

Letta, abbassando gli occhi lucidi per la commozione, rispose che accettava, purché si trattasse di una soluzione provvisoria, della durata di un paio di settimane al massimo.

La mattina dopo, Letta scrisse, in prima pagina: «In un giornale in cui ben altre firme avrebbero avuto titolo per succedere a Renato Angiolillo, assumo io, in via provvisoria, l'incarico di direttore responsabile, nell'unico intento di assicurare la continuità dell'opera Sua, in un momento di emergenza e di sgomento. Se la ragione formale di questa designazione, infatti, sta nella carica di amministratore delegato della società, il solo titolo che giustifica la mia reggenza mi deriva proprio da Renato Angiolillo: negli ultimi anni, ho avuto il privilegio di essere, tra tutti, la persona a Lui più vicina, di condividerne le ansie e l'impegno nella difesa della libertà del Suo giornale, di rappresentare il naturale collegamento con la Sua Redazione».

Il corteo funebre diretto alla chiesa di Sant'Andrea delle Fratte, mosse non da casa, bensì da Palazzo Wedekind. Si era nel pieno dell'estate, era il 18 agosto, ma ai funerali di Renato Angiolillo sfilarono tutti: Fanfani, che era rimasto vedovo l'anno prima e Andreotti, entrambi provvisoriamente senza incarico; il primo ministro Mariano Rumor, che da un mese e mezzo presiedeva un nuovo governo di centrosinistra; la First Lady del Quirinale donna Vittoria Leone.

Arrivarono cinquemila fra telegrammi e biglietti di condoglianze. Il presidente degli Stati Uniti Richard Nixon scrisse direttamente a Maria: «L'improvviso decesso di suo marito mi ha profondamente rattristato. Era un campione della libertà e della pace che godeva di altissima stima non solo in Italia, ma in tutto il mondo».

***

Subito dopo le esequie, venne il momento di aprire il testamento del senatore. Il diritto di famiglia dell'epoca prevedeva una quota obbligatoria di eredità per la vedova solo se sposata in regime di comunione dei beni, e non era questo il caso di Maria. Lei era certa che Renato avesse provveduto al suo futuro, tuttavia non sapeva cosa aspettarsi: quando aveva fatto testamento, suo marito stava molto male.

Nello studio del notaio Franci, apprese che Renato aveva lasciato la villa sull'Appia ai figli, il Villino Giulia a lei e si era preoccupato anche di confermare la lettera redatta nel gennaio 1961, in cui dichiarava che tutti i mobili e le suppellettili che ne costituivano l'arredo erano di proprietà della moglie. Le quote del «Tempo» andavano per due quinti a lei e per i restanti tre quinti ai tre figli. Del favoloso patrimonio in pietre preziose, valutato un miliardo e mezzo di lire, che il senatore aveva accumulato per il terrore di tornare povero, non si faceva menzione nel testamento. Per evitare le tasse, ovviamente.

Questo comportava che i gioielli non restavano a Maria, ma agli eredi di sangue, ai figli.

Maria era come inebetita. Girava per le stanze della sua grande casa e ovunque vedeva il fantasma di Renato. Desiderava solo dormire, sprofondare nel sonno e non occuparsi di nulla. Quando Gaetano andò a trovarla e le chiese dove fossero i gioielli, lo guardò dapprima senza capire. Poi, ebbe un sussulto d'orgoglio: «Li ho sempre portati e continuerò a portarli finché muoio» gli rispose.

Fu allora che Maria si disse che lei non avrebbe fatto la fine di Laura Tambroni, la vedova inconsolabile che dopo la morte del marito si era ripiegata su se stessa e non usciva più di casa. Lei no, lei sarebbe rimasta Maria Angiolillo, anche senza Angiolillo.

Quando il curatore testamentario Ungaro convocò i tre figli del senatore e la vedova per inventariare i beni del defunto, fu chiaro a tutti che le quote del «Tempo» si risolvevano soprattutto in debiti e che era necessario vendere. A chi, era affare da decidere.

Poi Ungaro disse: «Tutti sappiamo che il senatore investiva in gioielli. Anche di questi bisogna fare l'inventario. Chi sa qualcosa di queste pietre?».

Nessuno parlò, come, nel suo testamento, aveva taciuto il senatore che non aveva menzionato la collezione di preziosi per non far accorrere il fisco.

Nel silenzio calato d'improvviso, solo il più giovane dei tre fratelli Angiolillo, quell'Amedeo che viveva in Porta Pinciana con zia Nuccia e il fratellastro Marco, alzò la mano: «Io» rispose.

Maria lo afferrò per un braccio e lo portò fuori dalla stanza. Si ritrovarono soli e di quella conversazione resterà unicamente la versione di Amedeo: Maria, a suo dire, gli avrebbe intimato di star zitto, così si sarebbero spartiti i gioielli loro due.

L'inventario delle pietre non venne fatto ma, quella sera stessa, Amedeo lasciò la casa di Porta Pinciana e si trasferì all'Hotel Byron.

Nel silenzio della sua casa, Maria si dannava.

«Ho contro tutti, Nuccia» disse alla sorella. «Gaetano mi accusa di avergli ammazzato il padre, Mario, malandato com'è, gli va dietro, e adesso ci si è messo pure quell'ingrato di Amedeo.»

«Da come me l'hai raccontata, Amedeo ha solo risposto alla domanda dell'avvocato: "Chi conosce i gioielli?". "Io." Gaetano e Mario, del resto, ti frequentano così poco che certo non possono saperne granché.»

«Io, comunque, i gioielli me li tengo, erano regali di Renato. Adesso, bisogna pensare al futuro del giornale.»

Alla fine di luglio, quando aveva capito che suo padre aveva ormai i giorni contati, Gaetano Angiolillo, accompagnato dal figlio Renato junior che ancora ricorda quel giorno con l'amaro in bocca, era andato a Milano per incontrare Bettino Craxi, vicesegretario del Psi, già allora plenipotenziario nella gestione dei rapporti del partito con i massimi esponenti dell'industria e delle aziende di Stato.

A differenza di Maria, Gaetano e i fratelli sapevano che i conti del «Tempo» erano un disastro e ormai avevano deciso che le quote di famiglia dovessero essere vendute. L'acquirente individuato era l'Imi, l'Istituto mobiliare italiano: un ente pubblico nato negli anni Trenta per finanziare attività industriali e dal 1971 presieduto da Silvio Borri. Incontrando Gaetano Angiolillo, Craxi confermò che l'Imi era interessato all'operazione e pronto a versare un miliardo in più rispetto a qualunque altra offerta.

Uscito dallo studio di Craxi, Gaetano raggiunse il «Corriere della Sera», in via Solferino, dove lo aspettava Indro Montanelli, considerato il giornalista più brillante della sua generazione.

In quell'estate del 1973, Indro era ai ferri corti con la proprietà, ovvero con Giulia Maria Crespi: quella stessa Giulia Maria che Mariuccia aveva conosciuto nella Milano dei primi anni Cinquanta, l'erede di industriali che riceveva Cicci, ma non lei, nel giardino del palazzo di famiglia in corso Venezia. La Crespi, l'anno prima, aveva licenziato in tronco il direttore Giovanni Spadolini, sostituendolo con Piero Ottone.

In un'intervista all'«Espresso», Indro si era mostrato indignato: «Un direttore non si caccia come un domestico ladro» aveva detto. Poi, per rendere esplicito il contrasto con la linea di Ottone, si era autorelegato a scrivere solo una rubrica settimanale. Era, perciò, nella migliore disposizione per ricevere una nuova offerta di lavoro. Gaetano gli propose di dirigere «Il Tempo» e Montanelli accettò: avrebbe potuto rendersi libero da settembre.

La nomina di un direttore e la vendita di un giornale non erano però affari che si potessero concludere in uno scorcio d'estate. C'era anche il problema del diritto di opzione nelle mani dell'Eni e gli eredi non capivano se l'ente avesse intenzione di esercitarlo.

Maria, ormai, temeva i figliastri. Sentiva che le erano avversi e non si fidava di loro. Quando la informarono circa l'offerta avanzata dall'Imi, si mostrò maldisposta. E, quando le comunicarono la possibilità di avere Montanelli come nuovo direttore del giornale, mascherò a stento la stizza. A lei Montanelli era davvero sgradito. Aveva osato dire, quell'insolente, che Renato faceva pornografia. E, nel '46, aveva lasciato cadere la proposta di passare al «Tempo» ambrosiano, uno smacco che al senatore bruciava così tanto che non ne parlò mai neanche con Gianni Letta, che pure gli era stato vicinissimo e che seppe solo dopo la sua morte di quella lontana, infelice, trattativa.

Proprio Letta teneva in serbo un'altra soluzione per la cessione del giornale: l'Italcementi di Carlo Pesenti, uomo di credo andreottiano.

Vendere all'uno o all'altro significava decidere che cosa fare dell'eredità politica di Renato. Implicava una scelta di campo che, con il peso delle centocinquantamila copie vendute dal «Tempo», avrebbe avuto una sua influenza sulla politica del Paese. Voleva dire, infine, scegliere se nominare nuovo direttore Letta medesimo o Montanelli.

Quest'ultimo, intanto, riceveva le rassicurazioni di Gaetano, certo che gli altri due fratelli, in consiglio di amministrazione, avrebbero votato con lui, mettendo in minoranza Maria.

A ottobre, Indro entrò definitivamente in rotta di collisione con la proprietà del «Corriere», dopo due interviste fortemente critiche verso la nuova linea editoriale. L'articolo pubblicato su «Panorama» era addirittura titolato: *Montanelli se ne va* e vi si annunciava che a novembre il giornalista avrebbe lasciato la redazione di via Solferino.

Giulia Maria Crespi non apprezzò né le critiche, né l'anteprima della volontà dimissionaria del giornalista e, quella stessa sera, Ottone comunicò a Montanelli che era stato licenziato. Lui, però, ribatté che se ne andava *sua sponte* e accompagnò la lettera di dimissioni con un polemico articolo di commiato, che non fu pubblicato. L'indomani, Gianni Agnelli gli offrì di scrivere per «La Stampa» e Montanelli accettò. Ma era una collaborazione che avrebbe potuto interrompere per trasferirsi, nel caso, alla direzione del quotidiano romano.

Maria continuava ad aggirarsi in ambasce per il Villino Giulia: ogni stanza, ogni oggetto le parlava di Renato e lei si tormentava, chiedendosi che cosa avrebbe fatto il marito al suo posto. La sorella la guardava afflitta, non sapendo come aiutarla.

«Nuccia, devo riuscire a vendere a Pesenti e a tenermi Letta. Renato si fidava solo di lui e, soltanto così, io continuerò ad avere una qualche influenza sul giornale. Se Gaetano e gli altri cedono a Craxi e arriva Montanelli, per me è finita e per la memoria di Renato pure.»

«Hai tutti contro, Mariuccia.»

«Sì, ma forse posso ancora convincere Amedeo.»

Amedeo studiava ad Harvard e nella trattativa era rappresentato da un avvocato. Lui negherà di aver mai parlato, in quei giorni di tregenda, con la vedova di suo padre.

Tuttavia, quando il consiglio di amministrazione si riunì e si misero ai voti le due proposte per la cessione delle quote familiari del «Tempo», il legale di Amedeo votò con Maria. Gaetano e Mario si guardarono sgomenti: non si aspettavano quella svolta. Nessuno seppe mai se e come Maria riuscì a convincere il ragazzo a stare dalla sua parte. Lui sosterrà sempre che si era occupato di tutto il suo avvocato.

Gianni Letta, che aveva dato la sua disponibilità a firmare il giornale per un paio di settimane al massimo, diresse «Il Tempo» per quindici anni.

Dal canto suo, Montanelli, il 17 marzo 1974, annunciò il progetto di un nuovo quotidiano: «il Giornale Nuovo», che poi divenne solo «il Giornale». Se fosse andato invece al «Tempo», «il Giornale» non sarebbe forse mai nato e la storia della stampa italiana sarebbe stata radicalmente diversa.

***

Avere ereditato la splendida casa di Trinità dei Monti non faceva di Maria una ricca vedova, ma una vedova con molti costi da sostenere. Maria calcolò che i quattro o cinque miliardi scarsi che avrebbe incassato dalla vendita del «Tempo» non le sarebbero bastati per mantenere il Villino Giulia e sua madre fino alla fine dei suoi giorni. In più, era ossessionata dal pensiero di Marco: suo figlio ormai lavorava, ma in lei sopravviveva ugualmente l'antico terrore della ragazza madre con la responsabilità del suo futuro.

In ogni caso, Maria non voleva rinunciare al suo tenore di vita, ai pranzi, ai vestiti, al suo mese d'agosto all'Hotel de Paris a Montecarlo. Inoltre, continuavano ad arrivare fatture da pagare di Renato, che aveva conti aperti ovunque. Battevano cassa sarti, ristoranti e gioiellieri. Il senatore aveva lasciato in sospeso quasi diciotto milioni di lire da Bulgari. Scorrendo la fattura, Maria vi trovò conti di monili che non erano stati comprati per lei e l'ultima rata da trecentocinquantamila lire di uno zaffiro acquistato per Elena. La vedova Angiolillo oppose resistenza, provò a inviare il conto ai figliastri, poi si arrese: se non avesse pagato, sarebbe scoppiato uno scandalo.

«Devo inventarmi un lavoro, Nuccia.»

«Tu, però, non sai fare niente.»

«So dare i pranzi. Su quello non mi batte nessuno.»

«Dove s'è mai visto che uno dà i pranzi e si fa pagare dagli invitati?»

«Mica dagli invitati... Potrei farmi sovvenzionare da qualche ricco imprenditore che ha bisogno di frequentare gente potente, ma sta in Brianza o a Milano, e non ha nessun contatto a Roma.»

«Pensaci bene: senza Renato e senza possedere più "Il Tempo", verranno lo stesso tutti i potenti?»

«Sicuro: il direttore del giornale resta il mio amato Letta. Lui verrà e quindi verranno tutti gli altri. A lui, non c'è mica bisogno di dirgli che i pranzi non li pago io...»

Maria individuò nei Rizzoli i primi possibili sponsor. A Milano, avevano creato un vero e proprio impero editoriale con i periodici e, morto il vecchio commendatore, figlio e nipoti avevano ambizioni più grandi. Si diceva che volessero comprare addirittura il «Corriere della Sera». Questo significava che avevano bisogno di frequentare presidenti del Consiglio, ministri, politici importanti.

Il figlio Andrea, che aveva sposato in seconde nozze Ljuba Rosa, ormai separata da Tagliabue, viveva fra Montecarlo e Cap-Ferrat; al sicuro, all'estero come tanti altri ricchi di quegli «anni di piombo», resi tragicamente inquieti dalla paura delle

Brigate Rosse e dei rapimenti. Maria, però, non voleva parlarne con Ljuba. Si trattava di business, non di tè fra signore. Non solo.

«È troppo svagata e poi non voglio darle la soddisfazione di sapermi in difficoltà» disse alla sorella.

Bisognava far leva sui figli di Andrea: Alberto e Angelo, due ragazzi appena trentenni. Ma come avvicinarli? In che modo convincerli? Erano giovani e bisognava fargli arrivare forte e chiaro il messaggio che per loro Maria e il suo salotto romano potevano rivelarsi molto utili. Serviva la mediazione di un personaggio importante, ma importante davvero. Il più importante che ci fosse era, ovviamente, Giovanni Leone, il presidente della Repubblica.

«Vai da donna Vittoria. È stata lei a dirti che nella sua famiglia avresti sempre avuto degli amici fraterni» le suggerì Nuccia.

«No, sarebbe un'umiliazione troppo grande. Andrò da suo figlio Mauro, lo sanno tutti che è il migliore amico del giovane Angelo.»

«Ma Mauro avrà venticinque, ventisei anni. È un ragazzo.»

«Mauro è uno che sa come vanno le cose del mondo e come ci si comporta.»

Come sempre, quando si trattava di inquadrare le persone, Maria aveva ragione. Mauro Leone era carissimo al presidente: da bambino aveva avuto una brutta poliomielite, pur salvandosi, e di lui il padre era solito dire: «Se mi chiedesse la luna nel pozzo andrei a prendergliela». Grazie ai buoni uffici del padre era stato insignito addirittura della Legione d'Onore e il presidente lo teneva sempre accanto a lui, quando riceveva nel suo studio capi di Stato e di governo. Una volta, a uno spazientito Aldo Moro che tergiversava per non parlare davanti al ragazzo, Giovanni Leone aveva detto, stupito: «*Ma che? 'O guaglione non lo vulite?*».

Mauro aveva avuto molto affetto per Renato, con il quale giocava talvolta a carte, insieme a Giulio Andreotti. Maria confidò in quel legame e una mattina salì al Quirinale decisa a ottenere il suo risultato. Era una vedova in difficoltà che andava a chiedere aiuto a un ragazzo più giovane di suo figlio, ma non era certo quella la prima né l'ultima dura prova d'orgoglio a cui la vita la sottoponeva.

«Mauro, ti prego solo di non dire niente a mamma e papà: mi sentirei troppo in imbarazzo» gli confessò.

Mauro si impegnò a parlare con Angelo e presto al Villino Giulia ripresero i ricevimenti, con i Rizzoli ospiti finanziatori.

Un giorno, Andrea Rizzoli colse la moglie Ljuba mentre scriveva un biglietto di ringraziamento che avrebbe fatto avere a Maria insieme a un mazzo di fiori.

«Ljuba, smettila di mandare fiori all'Angiolillo. Non hai capito che quei pranzi li paghiamo noi?» le disse il marito.

I Rizzoli, intanto, avevano davvero comprato il «Corriere della Sera». Era la gemma che mancava al loro impero editoriale.

***

Rassicurata nelle finanze, elaborato lentamente il lutto per la perdita dell'uomo del quale aveva mantenuto il cognome, Maria andò incontro a un periodo di tranquillità. E un paio di anni dopo la morte di Renato, conobbe qualcuno che tornò a farle battere il cuore. Era uno scienziato di fama mondiale, le recitava poesie in tedesco e passi di tragedia in greco. Alto, allampanato, con due occhi azzurrissimi, aveva un fare svagato e un disinteresse sincero verso la mondanità e qualsivoglia forma di potere. In quella cappa di formalismi di cui Maria aveva voluto farsi sacerdotessa, apportò una buona dose di ossigeno. Lo scienziato, che chiameremo Folco Fabrizi, era come molti uomini di scienze del tutto indifferente anche ai soldi e s'accontentava di far ricerche senza badare ad arricchirsi.

Viveva in un appartamento di tre stanze arredato con mobili alla buona, dove solo le pareti erano state allestite con cura e ogni attenzione, tutte tappezzate di librerie.

Maria gli piombava in casa, gli cambiava le tende e i copriletti, senza che lui nemmeno se ne accorgesse. Quel legame la confortava profondamente, la riportava quasi indietro nel tempo; non doveva far sfoggio di abiti, gioielli e potere, era libera, finalmente padrona dei propri sentimenti, libera di essere se stessa, libera di non doversi appoggiare a un uomo facoltoso. Aveva una consapevolezza di sé del tutto nuova.

Quel che Maria ancora non sapeva, né molti altri del resto, era che il «Corriere» dei Rizzoli perdeva cinque miliardi l'anno, e che pressato dalle banche, era finito nelle mani del Banco Ambrosiano di Roberto Calvi. Purtroppo, anche in quelle di Licio Gelli, il potentissimo capo della loggia massonica P2.

I potenti amici della P2

La telefonata che diede avvio ai suoi guai arrivò il 24 ottobre 1979, alle sette e mezzo di sera. Maria stava compilando la lista degli invitati a un pranzo, quando squillò il telefono. Era Bruno Tassan Din, amministratore delegato e direttore generale della Rizzoli. Chiamava dalla sua Alfetta blu corazzata. Parlarono per una ventina di minuti e il radioamatore che li intercettò e li registrò dovette restare stordito dalla quantità di politici di rango che la vedova Angiolillo dimostrava di conoscere e frequentare in scioltezza.

«Altre novità nessuna: mi sono sentita con il nostro Pandolfi» disse Maria verso la fine della conversazione, quando ormai gli argomenti davvero spinosi erano già stati affrontati, riferendosi al ministro del Tesoro Filippo Maria Pandolfi.

Bruno Tassan Din chiese: «Come sta? È bravissimo, è bravissimo...».

«Lei sa che, se ha qualcosa da dire con Pandolfi, lo sa che son sempre con il filo diretto.»

«Sì, sì, ma lui è bravissimo.»

Poi Maria citò in rapida successione: il ministro dell'Industria Antonio Bisaglia; il ministro della Pubblica istruzione Salvatore Valitutti; il ministro delle Partecipazioni statali Siro Lombardini; Giulio Andreotti, il cui quinto governo era caduto il 4 agosto; il segretario del Partito repubblicano Giovanni Spadolini; il presidente della Dc Flaminio Piccoli. Tutte persone che aveva appena incontrato o sentito, o che era in procinto di chiamare o vedere.

«Poi ho detto a Bisaglia che adesso cerchiamo di fare bene tutte le cose. E poi domani mi vedo con Valitutti e poi mi vedo ancora con Lombardini.»

«Ah, come va Lombardini? E come sta Giulio?»

«Ah, mi sono vista anche con Spadolini ieri sera.»

«Ah, che bravo» chiosò Tassan Din immaginando il sacrificio di Giovannone a mandar giù un brodo ristretto di tartaruga, lui abituato a concedersi l'unico vero piacere della giornata con un mostruoso piatto di bucatini da divorare da Fortunato al Pantheon.

«Spadolini mi ha detto di salutarla tanto. Il Giulio l'ho sentito quattro giorni fa; adesso sono molto presi, lei lo sa, per questo congresso della Dc che c'è a Montecatini.»

«Come sta lui, sta bene?»

«Benissimo. Invece c'è il presidente Piccoli che è piuttosto nervoso. Così mi ha detto Maria.»

«Chi?»

«Maria Piccoli, la moglie.»

«Perché è nervoso?»

«Perché, sa, ha molti problemi di partito, problemi con Bisaglia, lei lo sa che Bisaglia è un furbo, eh? Però è necessario, creda a me, Tassan Din, che noi ci si debba vedere con Bisaglia.»

***

Da quando era rimasta vedova, Maria si era imposta un salto di qualità. Prima, nei rapporti con i potenti, lasciava campo al marito, ma, dopo la morte di Renato, aveva dovuto imparare a gestirli da sola. Nonostante i suoi ospiti ne fossero ignari, era ormai pagata per fare pubbliche relazioni e ci teneva a essere all'altezza del compito. Era fiera di poter offrire agganci, anche non apertamente richiesti, seguiva la logica del «non si sa mai»: nella telefonata con Tassan Din, per esempio, aveva sottolineato di avere un filo diretto con Pandolfi, nel caso in cui l'amministratore delegato della Rizzoli potesse avere necessità di un abboccamento con il ministro. Per come si erano trasformate le cose, le principesse che ancora frequentavano il Villino Giulia erano ormai un puro ornamento. Nel salotto Angiolillo, la proporzione fra aristocratici e resto del mondo si andò via via ribaltando, a svantaggio dei primi.

Il direttore del «Tempo» Gianni Letta era ospite fisso, mentre fra i politici, oltre all'onnipresente Giulio Andreotti, erano invitati tutti i ministri democristiani di maggior calibro in quegli anni: Antonio Bisaglia, che Maria riteneva «un furbastro che ci avrebbe rimesso la zampa» e che fu, alternativamente, all'Industria o alle Partecipazioni statali; Filippo Maria Pandolfi, abile ad assicurarsi sempre dicasteri «pesanti» come le Finanze o il Tesoro; l'abruzzese Remo Gaspari, che ebbe il record di sedici dicasteri e che si prodigava ogni qualvolta Maria cercava una raccomandazione per il figlio di un tassista incontrato per caso o per quello di un domestico, Gaspari era il capofila della scuola che sosteneva fosse indispensabile «conoscere il territorio, sapere chi ha bisogno di aiuto, chi di una spintarella» e che, in sintesi, «per prendere voti, bisogna sapere fare del bene». E ancora: Beniamino Andreatta, che se la giocava fra il Bilancio e il Tesoro, e di cui Maria diceva «è integerrimo», anche se la infastidiva che le appestasse la casa fumando la pipa; Vito Lattanzio, ministro alla Difesa e ai Trasporti, il quale, nel 1977, si era dovuto dimettere dopo la fuga dall'ospedale del Celio del nazista Herbert Kappler, e che fu pertanto momentaneamente depennato dalla lista degli invitati al Villino Giulia.

La lunga teoria dei politici e dei *grands commis* ospiti della casa di piazza di Spagna continuava con Francesco Cosentino, fino al 1976 il potentissimo segretario generale della Camera; e, ancora, con Mario Pedini, Camillo Ripamonti e Gaetano Stammati, ex presidente della Comit, la Banca commerciale italiana, poi al Tesoro, ai Lavori pubblici, alle Finanze, al Commercio con l'estero. Maria trovava Stammati un tantino superbo, ma non poteva non riceverlo. Quasi un pezzo dell'arredamento era ormai Franco Maria Malfatti di Monte Tretto, quello che Maria adorava perché discendeva da Filippo IV di Francia e perché era stata lei a presentargli la moglie, e che in quegli anni spaziava tra Pubblica istruzione, Finanze, Affari esteri e aveva ricoperto la carica di presidente della Commissione europea.

Il posto d'onore spettava non di rado a Flaminio Piccoli o ad Arnaldo Forlani, i pesi massimi della Dc dell'epoca, entrambi assai abili a non esporsi su nulla. Maria diceva: «Sguisciano come anguille». Lo stesso Forlani le raccontò che, una volta, un cronista gli aveva rimproverato una certa vaghezza, apostrofandolo con un: «Segretario, non sta dicendo niente». Ma lui, prontissimo, gli aveva risposto: «Ah, sapesse, carissimo, potrei andare avanti così per ore».

La vedova Angiolillo preferiva centellinare gli inviti a Francesco Cossiga e si fece il segno della croce quando divenne primo ministro nel '79: «È o suonato o maleducato» sosteneva, perché spesso le dava buca, senza avvisare. Amintore Fanfani, non andava più. Maria aveva fatto una scelta di campo pro-Andreotti. E, dettaglio non trascurabile, nel 1975, rimasto vedovo, Fanfani aveva sposato Maria Pia Tavazzani, vedova a sua volta di Pepi Vecchi, quella signora che nella Milano degli anni Cinquanta diceva che Mariuccia «non nasceva».

Ma non erano soltanto i democristiani a frequentare il Villino Giulia: erano *habitués* il leader del Psdi Gianmatteo Matteotti e il repubblicano Adolfo Battaglia, Dodo per gli amici. Fra i non politici: il presidente dell'Enel Arnaldo Maria Angelini; il banchiere Ettore Lolli; il cavalier Vincenzo Cazzaniga, vicepresidente della Bastogi, la più importante holding d'Italia con partecipazioni in tutti i settori economici; Aldo Sala, presidente dell'Oice, un'associazione di Confindustria per le società di ingegneria e architettura; il presidente della Società pubblicità editoriale Oscar Maestro; l'uomo d'affari Roberto Memmo, amico di Cossiga e Andreotti, ma anche con l'ex segretario americano al Tesoro John B. Connally e il capo della Cia Bill Colby.

Il preferito di Maria era Lamberto Dini, che lavorava al Fondo monetario internazionale e sarebbe diventato direttore generale della Banca d'Italia: nessuno era veloce di cervello come lui, sosteneva la vedova Angiolillo. Sempre presente era Anna Bonomi Bolchini, la «signora della finanza», figlia di una portinaia e del re del mattone milanese Carlo Bonomi, il quale si era disinteressato di lei in vita, salvo poi lasciarle, alla sua morte, quattrocento immobili. Osteggiata dalle grandi famiglie milanesi perché «non nasceva», Anna aveva poi fondato la Postalmarket, si era comprata la Mira Lanza e si era tuffata nel mondo della Borsa e delle partecipazioni incrociate. «È una volpe, però esagera con le parolacce» sentenziava Maria, che in lei, tuttavia, aveva trovato una sponsor dei suoi pranzi, prima ancora che arrivassero i Rizzoli. Per questo Anna era ospite fissa, nonostante i suoi modi lasciassero basiti persino i vecchi amici di Renato, Gian Luigi Rondi, Federico Fellini, Eduardo De Filippo. Maria continuò a invitare anche costoro, perché le ricordavano il marito e perché, sospirava, «senza gli intellettuali il mondo si abbrutirebbe».

C'era di tanto in tanto Susanna Agnelli, della quale Maria ammirava il «sublime snobismo» e c'erano le nuove amiche: la principessa Amalita Pacelli, che Maria definiva raffinatissima, e Gaea Pallavicini, «divina», pur non essendo della famiglia dei principi, ma moglie di Sandro Pallavicini, fondatore della *Settimana Incom*. Di Pallavicini ne arrivò un'altra, la marchesa Livia, ma anche lei non era dei principi Pallavicini Rospigliosi. Maria continuava a essere fedele alla sua Arcipapessa Colonna, a maggior ragione dopo che, a metà degli anni Settanta, le antiche rivalità fra i due casati si erano radicalizzate sugli esiti del Concilio Vaticano II. Isabelle Colonna, fedele a papa Paolo VI, aveva sposato il nuovo corso della Chiesa. La principessa Elvina Pallavicini, detta Ninì, si era invece schierata con il vescovo scismatico Marcel Lefebvre, sospeso *a divinis* dal pontefice per non aver riconosciuto le riforme del Concilio. Il 6 giugno 1977 Elvina arrivò a ospitare Lefebvre nel suo palazzo, sfidando platealmente il papa, al punto che quel giorno davanti alla dimora dei Pallavicini Rospigliosi giunsero in massa giornalisti e telecamere da tutto il mondo. I Colonna non stettero a guardare.

Fu Maria a offrire all'Arcipapessa un'opportunità di controffensiva: era pur sempre la vedova del fondatore del «Tempo», il giornale più importante di Roma. Quella mattina, sulla ribalta della prima pagina del giornale diretto da Gianni Letta, comparve un articolo firmato dal principe Aspreno Colonna, figlio di Isabelle. Aspreno, parlando a nome dell'intero patriziato romano, Pallavicini esclusi, si dissociò dall'iniziativa. In tal modo fu chiaro al mondo che l'aristocrazia italiana non aveva abbandonato papa Montini.

Ai pranzi di Maria, i Pallavicini non misero mai piede. Fu ben rappresentata, invece, la famiglia di papa Paolo VI: suo nipote Giorgio Montini, e la moglie Ines, furono fra gli ospiti più vezzeggiati e presenti in casa di Maria durante tutto il pontificato. Fra le nuove amiche di quegli anni, la più amata fu Gloria Venturi, l'ereditiera che era stata in visita a Bokassa insieme a Cristina Ford. Era stata segnalata a Maria per rimpiazzare un'ospite, mancata all'ultimo minuto a un pranzo e le era piaciuta subito: Gloria non faceva pettegolezzi, portava abiti elegantissimi firmati dalla parigina Madame Grès e disponeva di una collezione di diamanti davvero notevole. Maria le raccomandava sempre: «Non ti dimenticare i gioielli, mettili tutti, soprattutto gli orecchini, quelli grossi». E Gloria: «Mica devo sembrare la madonna incoronata».

I ricevimenti a casa Angiolillo erano assai spesso benedetti dalla presenza dei più alti prelati, come il cardinale Agostino Casaroli, dal 1° luglio 1979 segretario di Stato, o come monsignor Giovanni Benelli, che nel '78 fu per due volte in predicato di essere eletto sommo pontefice, sia per la successione a papa Montini sia per quella del prematuramente scomparso papa Luciani.

***

Nel 1974, c'era stato il primo pranzo nella villa sopra piazza di Spagna di Andrea Rizzoli, il secondo marito di Ljuba, che aveva intanto comprato il «Corriere», facendo un pessimo affare. Appena entrato, aveva trovato un deficit di gestione di cinque miliardi l'anno e un debito di novanta al quale non sapeva come far fronte. L'anno dopo, a casa Angiolillo, arrivò anche il figlio Angelo, che erediterà nel '78 la presidenza del gruppo, ma che fu al fianco del padre, dal primo momento, alle prese con i debiti.

Già intorno a Natale del '75, poiché le banche non volevano più finanziarlo, Angelo aveva accettato di incontrare Licio Gelli, il «venerabile» della loggia massonica P2.

Al giovane Rizzoli, la loggia era stata descritta come una specie di circolo elitario composto da gentiluomini. Ma, quando anni dopo si ritroverà interrogato dalla commissione parlamentare d'inchiesta avviata nel 1981 per far luce sulla P2, avrà maturato un'idea più chiara del «circolo» in cui si era cacciato: «Quando cercavamo di ottenere finanziamenti senza passare attraverso Gelli e Ortolani ci veniva immancabilmente risposto di no» spiegherà. Umberto Ortolani, avvocato romano, definito «faccendiere di primissima classe» dal giornalista Gianfranco Piazzesi che dedicò un libro alla P2, aveva fatto una colossale fortuna in Sud America e in Italia era perfettamente inserito nel potere democristiano, con eccellenti agganci in Vaticano. Era considerato il numero 1 bis della loggia il cui leader indiscusso restava Licio Gelli.

Nato a Pistoia, tre anni prima della marcia su Roma, Gelli aveva indossato la camicia nera appena raggiunta l'età per farlo e non si è mai capito se e quando se la sia tolta. Dopo il 25 luglio del '43, mentre tutti lo giudicavano un repubblichino arrogante e impunito, lo troviamo intento a trafficare con gli antifascisti, al punto che nel dopoguerra i servizi segreti sospettarono addirittura che fosse in combutta con il Pci. In realtà Gelli, al quale il mondo dello spionaggio certo non era ignoto, aveva una sola bussola, quella degli affari. Ereditata nel '70 la P2, che aveva una sua storia centenaria, in un decennio Gelli ne aveva fatto uno spettacolare centro di potere.

Quando nell'81 la guardia di finanza sequestrò nella sua villa di Castiglion Fibocchi, nell'aretino, la lista degli affiliati, vi trovò 962 nomi: tre ministri, cinquantanove parlamentari, un giudice costituzionale, quattro editori, trenta giornalisti (fra cui otto direttori di giornale), parecchi dirigenti di aziende pubbliche e centosettantanove alti ufficiali, poliziotti, carabinieri.

Per capire quanto fosse ramificato il potere di Gelli, basti ricordare un episodio raccontato a uno degli autori di questo libro da Giulio Andreotti: «Quando si sparse la voce che esistevano foto di Giovanni Paolo II che nuotava in piscina, mi adoperai per bloccarne la pubblicazione. Era un doveroso atto di riguardo verso il pontefice. Chi venne a portarmi le foto? Gelli. Me le consegnò con la preghiera di farle recapitare in Vaticano...».

Intorno al Natale del 1975, dunque, Angelo Rizzoli fu ricevuto da Gelli nello studio di Umberto Ortolani, dove – così almeno racconterà lui – trovò anche il direttore della Banca nazionale del lavoro, il presidente della Comit, il direttore del Monte dei Paschi, il presidente del Banco Ambrosiano. Il trentaduenne Rizzoli annusò per la prima volta il profumo del vero potere.

Si iscrisse al «club» e, nel giro di tre anni, ottenne ventotto miliardi da Calvi dell'Ambrosiano e venti dalla Comit, transitati attraverso l'Istituto per le opere di religione, lo Ior, sempre per tramite di Calvi. In breve, Angelo divenne ostaggio di quest'ultimo, di Gelli e di un altro iscritto alla P2, Bruno

Tassan Din, dirigente del settore finanziario della Rizzoli, che dovette nominare amministratore delegato e direttore generale, come pretesero i suoi creditori.

La tessera 532 della P2 gli sarebbe costata la rovina economica e la perdita del «Corriere» e avrebbe indirettamente causato alla vedova Angiolillo pene che mai avrebbe immaginato di dover sopportare.

Mentre Angelo si limitò a cenare da Maria poche volte, Tassan Din e Calvi presero possesso del suo salotto. A causa loro, la vedova Angiolillo stava per trovarsi coinvolta in un paio di inchieste sul più colossale crac bancario che il Paese avesse mai conosciuto, inchieste affollate di omicidi impuniti, suicidi veri o inscenati, tangenti, spregiudicate collusioni fra finanzieri, banchieri, mafiosi, politici, cardinali e massoni; insomma, in un paio di scandali – quello della P2 e quello del Banco Ambrosiano – che resteranno fra i più inquietanti della storia d'Italia.

Roberto Calvi, detto «il banchiere di Dio» per i rapporti con la finanza vaticana, era a capo del primo gruppo bancario italiano, un impero che, nel momento in cui franò, nel 1981, controllava depositi per quattordicimila miliardi. Nato a Milano nel '20, un anno prima di Maria Angiolillo, si era comportato bene nella disastrosa campagna di Russia come giovane ufficiale di cavalleria. La guerra ne aveva interrotto gli studi di economia alla Bocconi e questo gli pesò sempre molto psicologicamente. Al rientro in Italia, il padre, impiegato alla Commerciale, gli trovò un posto nella filiale barese della banca, ma due anni dopo Roberto entrò all'Ambrosiano, grazie a una segnalazione paterna ad Alberto Canesi, che sarebbe diventato il capo carismatico della banca e di cui Calvi – timido e riservato in modo quasi patologico quanto l'altro era estroverso e socievole – diventò l'ombra.

Uomo di sicura spregiudicatezza negli affari, arrivò ai vertici dell'istituto dopo aver svolto un ruolo decisivo nell'ampliarne le dimensioni internazionali. Anche se – vuoi per l'essersi fatto da sé, vuoi per rappresentare una banca cattolica in un settore in cui i giganti erano tutti di tradizione laica – mai fu considerato alla pari dai suoi colleghi più blasonati.

Quando Maria lo conobbe, ne notò subito l'aria dimessa. Era sempre vestito di grigio, sempre carico di borse di cuoio troppo gonfie, il cappello stretto sulla testa troppo grossa. I giornali lo chiamavano anche «il banchiere dagli occhi di ghiaccio».

In effetti, risultava freddo e scostante: qualunque cosa gli riferissero la trovava ovvia, qualsiasi informazione gli dessero già la conosceva. La prima volta che lo vide, Maria sentenziò: «Quel Calvi è pieno di complessi d'inferiorità tramutati in complesso di superiorità, è pericoloso per sé e per chi gli sta vicino». Ma era la Rizzoli a volerlo, e a lei non restava che invitarlo.

Ai pranzi, Calvi se ne stava in disparte, con aria supponente. Maria spesso faceva sedere Ljuba Rizzoli fra lui e il cardinale Casaroli, ma Ljuba trovava il banchiere insopportabile: diceva che si infervorava soltanto quando le raccontava dei maiali che macellava nella sua tenuta di Lodi, per farne salsicce.

In quanto presidente dell'Ambrosiano, fondato nel 1896 da un terziario francescano, intitolato a Sant'Ambrogio e da sempre considerato «la banca dei preti», era inevitabile che Roberto Calvi incontrasse l'arcivescovo americano Paul Marcinkus. Accanito giocatore di golf, collaboratore di Montini nella segreteria di Stato, Marcinkus era stato incaricato da Paolo VI di dirigere il settore che si occupava della sicurezza personale del papa, ruolo che gli valse il nomignolo di «gorilla». La sua ascesa fu inarrestabile e, nel 1971, fu «promosso» presidente dello Ior, l'Istituto per le opere di religione che amministrava le finanze del Vaticano.

Il segretario del Tesoro dell'amministrazione Nixon lo mise in contatto con Michele Sindona, il finanziere italo-americano diabolico e privo di scrupoli che sarà poi condannato all'ergastolo per l'omicidio di Giorgio Ambrosoli, commissario liquidatore della Banca privata italiana dello stesso Sindona.

Allo Ior, Marcinkus si era fatto subito notare per la spregiudicatezza: aveva infatti ceduto il 37 per cento delle azioni della Banca cattolica del Veneto all'Ambrosiano di Calvi senza informare i vescovi veneti ed era stato anche interrogato dal Dipartimento di Giustizia americano per un presunto caso di riciclaggio di denaro e obbligazioni false che partiva dalla mafia newyorkese e arrivava in San Pietro. Con lui, Calvi aveva creato il Banco Ambrosiano Overseas, una banca d'affari che, si scoprirà, movimentava montagne di miliardi nei più svariati paradisi fiscali del mondo.

Calvi, tuttavia, coltivava un sogno sopra gli altri: capitanare un nuovo blocco di finanza cattolica che scalzasse quello della finanza laica, facente capo alla Mediobanca di Enrico Cuccia, il geniale finanziere formatosi sotto il fascismo alla scuola di Alberto Beneduce e diventato nei primi cinquant'anni del dopoguerra il supremo regolatore del capitalismo italiano.

Nel 1979, il sogno di Calvi sembrò realizzarsi grazie all'ingresso di quattro big nella Centrale, la finanziaria dell'Ambrosiano: Alberto Grandi, presidente e amministratore delegato della Bastogi; Giovanni Fabbri, il re della carta; Luigi Lucchini, il re dell'acciaio; e Carlo Pesenti, padrone di banche, assicurazioni, industrie e del quotidiano «Il Tempo», anche se fino all'81 il suo controllo sul giornale sarebbe stato nascosto.

Con Maria, Calvi si lamentava sempre che i laici volevano spolparlo: «Cuccia, quello di Mediobanca, e Cingano della Comit vorrebbero vedermi sul lastrico» affermava, livido in viso.

«Tu esageri, vedrai che non è così: invitali a casa tua» suggeriva lei.

Glielo ripeteva in continuazione. Quando finalmente Calvi e sua moglie Clara invitarono Francesco Cingano, lei di nuovo lo spronò: «Roberto, invitalo di nuovo».

Maria era convinta che un pranzo potesse risolvere ogni questione. Aveva le sue ingenuità, ma anche un modo di ascoltare, e di farsi ascoltare, e di incoraggiare, che fece subito breccia nello scostante Calvi, di norma considerato inavvicinabile.

Dopo che Calvi sarà stato ritrovato morto, impiccato sotto un ponte di Londra, Francesco Pazienza, un uomo dei servizi che entrerà in questa storia più avanti, dirà alla commissione parlamentare sulla P2: «Voglio spiegare una cosa. Quando sono arrivato in Italia, ho trovato quello che io definisco il "comitato di gestione Calvi": tutti se lo tenevano molto stretto, cacciavano via quelli che potevano avvicinarsi. Non avevano previsto che arrivassi io, questo italianotto esteroresidente. Allora, è avvenuta la reazione del comitato di gestione contro il sottoscritto».

«E chi c'era nel comitato di gestione?» domanderà il senatore Giorgio Pisanò, che conduceva l'audizione.

E Pazienza, in risposta: «Il comitato di gestione era presieduto da Maria Angiolillo».

***

In quel 1979, quando fu intercettata la sua conversazione telefonica con Tassan Din, Maria era una donna innamorata.

Aveva conosciuto lo scienziato che abbiamo chiamato Folco Fabrizi quando costui venne nominato presidente di un istituto di ricerca. Le era sembrata una carica importante e decise di invitarlo a una colazione. Lo scienziato viveva in una città del Nord, stava per trasferirsi a Roma per assumere il nuovo incarico ed era nel pieno del trasloco. Il primo passo lo fece Maria, prendendo il treno e raggiungendolo per aiutarlo a preparare gli scatoloni.

Folco era di poco più giovane di lei e sembrava completamente svagato, come la gente immagina sia uno scienziato dedito soltanto ai suoi studi. Ricopriva anche un incarico alle

Nazioni Unite, perciò viaggiava di frequente fra Stati Uniti, Russia, India e, detestando il telefono, spariva per settimane intere. Maria gli rimproverava di essere schiavo del suo lavoro e si tormentava.

«Cicci, ma tu che dici? Mi ama?» chiedeva all'amica, una dei pochi intimi a conoscenza di quella relazione. Già riservatissima di carattere, Maria non voleva passare per una vedova allegra e lo presentava a tutti come «un caro amico».

Quando era in Italia, poi, Folco spesso trascorreva i fine settimana con i genitori, che abitavano in un'altra regione, mentre Maria spendeva il sabato e la domenica a chiedersi perché quell'uomo la trascurasse così tanto.

La prima vacanza d'agosto con lui a Montecarlo fu un disastro. Quando s'installava fra l'Hotel de Paris e il Beach, Maria dava colazioni e pranzi tutti i giorni. Finalmente, rivedeva tanti amici che vivevano all'estero, come la più amata, che sentiva sempre al telefono e con la quale non vedeva l'ora di trascorrere le sue ferie d'agosto: Gaby Bassatne, che viveva ai tempi a Parigi e che poi si trasferirà a Londra con il marito libanese, industriale petrolifero, Baha Bassatne. Gaby, vera dama del jet set internazionale, quando poi arrivava a Roma, ricambiava gli inviti, ospitando Maria e i suoi amici a cena allo Splendide di Porta Pinciana.

Lo scienziato, però, che si annoiava già a presenziare a un pranzo a Roma una volta al mese, si annoiava ancora di più alle prese con le mondanità permanenti a Montecarlo. A lui, inoltre, piaceva nuotare e si lagnava che il Beach, più che una spiaggia, fosse un ritrovo per la bella società.

«Che faccio, Cicci, lo lascio?» chiedeva Maria all'amica in certi pomeriggi fra una tavolata e l'altra, sotto il tendone del Beach.

Non lo lasciò. Quell'uomo, per lei, era ossigeno. Era *naïf*, ingenuo, era tutto quello che lei ormai non poteva più essere.

Dall'estate successiva, Maria si rassegnò a villeggiature separate. Folco partiva da solo per Jesolo, s'installava in una piccola pensione, scendeva in spiaggia a mezzogiorno, infilava la muta e nuotava per un'ora, poi pranzava, si concedeva un riposino sotto i pini e trascorreva il resto della giornata a leggere e studiare.

«L'uomo è domestico, casalingo, pantofolaio» la canzonava lui, quando Maria gli telefonava per rimproverargli quell'atteggiamento da eremita.

Una sola cosa lo appassionava, a parte le sue ricerche e le nuotate: le passeggiate nel verde. I suoi sentieri preferiti erano quelli del Parco nazionale d'Abruzzo. Maria non camminava nei boschi da quando era bambina e trascorreva qualche giorno di vacanza a Guazzora, nell'alessandrino, dov'era cresciuta la sua mamma.

«Voglio venire anch'io a scarpinare» gli disse un giorno.

«Tu? Guarda che lì non ci sono ministri né principesse con cui chiacchierare. E dovrai metterti i pantaloni.»

«I pantaloni? Davvero?»

Maria non aveva idea di come ci si vestisse per andare nei boschi. Così, fece una rapida rassegna delle sue amiche, chiedendosi quale fosse la più competente in materia.

«Forse è la Ford, Nuccia» disse alla sorella.

«Cristina? Quella saprà di serate alla Casa Bianca...»

«Ma no, Cristina è sportiva, sta sempre nel deserto, va a dorso di cammello, fa ginnastica... Sentiamo Cristina. Anzi: l'onorevole Gaspari. Sì, sì! Gaspari è abruzzese. Lo chiamo.»

L'amore per Folco fece ritrovare a Maria il divertimento di una ragazzina. O forse glielo fece vivere per la prima volta.

Per tutti gli anni in cui fu, in qualche modo, «presidente del comitato di gestione Calvi» continuò a scappare nel Parco d'Abruzzo, ad accendere falò al tramonto, arrostire spiedini e dormire nell'hotel a tre stelle Valdirose, di Civitella Alfedena.

Una volta, affittarono un mulo per una passeggiata e, quando Maria si accorse che la bestia aveva un'infezione agli occhi, costrinse lo scienziato a prendere la macchina. Insieme, trovarono una farmacia, comprarono una pomata e tornarono a medicare il mulo. Fece tutto Maria, accostandosi agli occhi della bestia senza alcun timore, mentre lo scienziato si preoccupava che l'animale potesse scalciarla.

Le disse: «Scostati un po'... Lo stai medicando con la solerzia che avresti con un bel barone».

E lei: «Vorrei sapere a che ti servono tutti i tuoi studi, se poi non sei capace neanche di curare un povero mulo-barone».

Alla fine, per immortalare quel momento, lui scattò una foto a Maria e al mulo, ma lei fu lesta a nascondersi dietro la coda di quello che da allora fu ricordato come «il mulo-barone» e al quale insieme spedirono anche una cartolina da Roma, indirizzata a «Mulo Barone – Parco nazionale d'Abruzzo».

Durante quelle trasferte nei boschi, alle dieci di sera, mettendosi a letto a orari per lei inauditi, Maria rideva e accusava il suo professore di farle fare una vita da pensionata. Di quel passo si sarebbe rimbambita del tutto, diceva. Allora, lui le citava in tedesco Goethe: «Ricordati, Maria: non è vero che la vecchiaia ci rende bambini, ma si torna bambini come si è sempre stati».

All'austera signora Angiolillo piaceva molto prendersi cura di quell'uomo, che arrivava con la giacca abbottonata male, la cravatta di traverso e spesso avendo dimenticato di nutrirsi per un'intera giornata. Maria, allora, brontolava: «Vorrei proprio sapere come faresti senza di me!». E subito si metteva all'opera, felice di risolvere problemi che lui non si accorgeva di avere.

«Ma non saranno troppo lunghi questi tuoi capelli?» gli chiedeva. «Eh sì, è ora di tagliarli! Ti mando il barbiere... Lo chiamo subito, lo sto chiamando» lo rassicurava.

Appena Folco entrava al Villino Giulia, lo metteva sull'attenti: «Fammi vedere un po' le scarpe, su! Ecco, sono sporche come al solito». Allora, gliele toglieva per lucidarle personalmente.

A tavola, era un continuo: «Attenzione! Ti sbrodoli tutto: avvicina la sedia al tavolo. Ben sotto!». Lui si lasciava coccolare, poi ripartiva.

Le rare volte che trascorreva le domeniche a Roma, la portava al mare a Fregene, sceglievano un tavolo all'ombra, pranzavano, poi lui la riaccompagnava a casa, se ne andava a schiacciare un pisolino e ripassava a prenderla la sera per andare al cinema.

Un giorno, mentre passeggiavano nel verde dei giardini di Villa Borghese, Folco le annunciò che, non appena avesse concluso la riorganizzazione dell'istituto che dirigeva, si sarebbe dimesso: «Non sono fatto per smistare scartoffie, dirimere beghe fra professori, dirigere persone. Voglio trovare un lavoro che valga una sfida scientifica».

«Tu sei pazzo: è così che si fa carriera! Non vorrai mica ricominciare da capo?» controbatté Maria.

«Il mio mestiere è studiare e, se possibile, far progredire la scienza.»

«Ma no, tu devi andare a dirigere il Cern, o la Nasa, anzi, devi fare il rettore. Ecco, il rettore della Sapienza, adesso telefono subito a qualcuno. Chi posso chiamare? Il ministro della Ricerca scientifica? No, quello dell'Istruzione, chiamo quello dell'Istruzione.»

«Maria, a me non interessano le poltrone, né il potere, ma la conoscenza umana.»

«Mica vorrai andartene e lasciarmi sola?»

«Sei troppo intelligente per farmi una domanda simile.»

«Ma sì, insomma. Adesso hai un momento di stanchezza, ma passa, vedrai che ci ripensi... Guarda quant'è bella Roma... dove vuoi andare?»

A quel punto, lui le declamò in inglese la scespiriana orazione funebre di Antonio: «*Friends, Romans, countrymen, lend me your ears; I come to bury Cesar, not to praise him...*».

Dovette ripeterla tradotta: «Amici, Romani, compatrioti, prestatemi orecchio; io vengo a seppellire Cesare, non a lodarlo. Il male che gli uomini fanno sopravvive loro; il bene è spesso sepolto con le loro ossa; e così sia di Cesare. Il nobile Bruto v'ha detto che Cesare era ambizioso: se così era, fu un ben grave difetto: e gravemente Cesare ne ha pagato il fio».

«Questa storia del bene che finisce sepolto con le ossa e dell'ambizione che è un assai grave difetto mi mette i brividi» commentò Maria.

***

Il radioamatore che registrò la lunga telefonata fra la Angiolillo e Tassan Din vendette il nastro a un giornalista che lo «regalò» allo stesso Tassan Din, in cambio di una consulenza.

Quel nastro, un anno e mezzo dopo, verrà ritrovato negli archivi di Licio Gelli dagli inquirenti che indagavano sull'assassinio di Giorgio Ambrosoli, liquidatore della Banca privata italiana di Michele Sindona, avvenuto nel luglio del 1979.

Nel 1982, quella stessa telefonata aprirà il libro *Il banco paga*, di Leo Sisti e Gianfranco Modolo, andando a costituire il primo, fondamentale, capitolo dello scandalo del Banco Ambrosiano. Il nucleo scottante della conversazione tra la vedova Angiolillo e Bruno Tassan Din riguardava, infatti, Roberto Calvi.

Quando Tassan Din chiamò Maria, il banchiere di Dio aveva, all'apparenza, solo un guaio alla procura di Milano: un'inchiesta per esportazione illegale di valuta. Ma le sue vere preoccupazioni erano altre e non riguardavano affatto l'inchiesta di Milano quanto – curiosamente – la procura di Roma, dove erano in corso, invece, le indagini sulla bancarotta del siciliano Michele Sindona, un altro piduista, che diventerà sinistramente celebre nell'86, quando morirà avvelenato in carcere da un caffè al cianuro e il suo decesso, che aveva tutto il sapore dell'omicidio, sarà archiviato come suicidio.

Ciò che in quell'ottobre 1979 non era ancora noto, era che, per anni, insieme, Calvi e Sindona avevano combinato colossali malaffari e si trovavano ormai ai ferri corti. Calvi doveva molto al collega siciliano: era stato lui a presentarlo a Gelli e a introdurlo ai segreti dei paradisi fiscali, agli astuti meccanismi dei depositi fiduciari, mettendolo in contatto con banchieri internazionali decisamente disinvolti. Però, non era stato riconoscente, anzi, si era rifiutato di salvarlo: quando Sindona gli aveva chiesto di mettere duecentocinquanta miliardi nella liquidazione della sua banca, che gli avrebbero consentito la cancellazione dell'accusa di bancarotta fraudolenta e la revoca del mandato di cattura, Calvi glieli aveva negati.

In realtà, l'ambizioso, e a quanto pare ingrato, Calvi pensava di rimpiazzare Sindona in certi affari non proprio limpidi con la politica e il Vaticano e di appropriarsi, come poi fece, di quello che era stato il disegno di Sindona a partire dal 1969: creare, con l'appoggio dello Ior, un fronte compatto di finanza cattolica, patrocinato soprattutto da Andreotti. Progetto che andò in porto in pochi anni.

Sindona era vendicativo. Nel 1977, ricercato e latitante, si era ormai convinto di essere stato scaricato dal venerabile Gelli a favore di un Calvi in vertiginosa ascesa. Il suo primo sgambetto all'ex socio fu di far tappezzare le vie di Milano intorno a Piazza Affari con dei tazebao che accusavano Calvi di aver prelevato cifre enormi dai conti esteri di Sindona. Sui manifesti, erano specificati anche dettagli di operazioni che, se verificate, avrebbero portato il presidente del Banco Ambrosiano a un'incriminazione come esportatore di valuta, truffatore ed evasore fiscale.

Nel 1979, Sindona riparò a New York e da lì provò a ricattare chiunque, Gelli, Andreotti, il Vaticano, lo stesso Calvi, il quale, ben conoscendo il personaggio, lo sapeva capace di tutto ed era convinto che fosse stato lui a far assassinare Ambrosoli, come sarà confermato dalle sentenze. In agosto, con l'appoggio della mafia siculo-americana, Sindona finse di essere stato sequestrato negli Stati Uniti. In realtà riuscì a raggiungere Palermo con un passaporto falso, trovò rifugio nella villa del costruttore Rosario Spatola e, per rendere più verosimile la farsa del rapimento, si fece sparare a una gamba.

Il 9 ottobre 1979, il fratello di Spatola, Vincenzo, venne fermato a Roma mentre cercava di consegnare una lettera del finto prigioniero al suo avvocato. Immediatamente, Calvi temette che, attraverso «il postino» Spatola, gli arrivasse qualche siluro dall'ex socio d'affari. Il 16 ottobre la sua paura crebbe e si sentì già morto: Sindona si era fatto ritrovare dalla polizia americana in una cabina telefonica di Manhattan, segno questo della sua intenzione di vuotare il sacco.

Fu allora che Calvi cominciò a tormentare Maria: aveva bisogno di una talpa dentro la procura di Roma che potesse anticipargli le mosse di Sindona. Maria, che conosceva tutti e tutti coltivava, seguendo la logica del «non si sa mai», era amica del capo della procura Giovanni De Matteo. E si era già fatta un'idea su come sperare di avere qualche confidenza dal magistrato: trovando un lavoro a suo figlio, alla Rizzoli o al Banco Ambrosiano.

Per rendere comprensibile l'incauta conversazione del 24 ottobre 1979 fra Tassan Din e Maria Angiolillo, bisognerà inserire fra parentesi i nomi delle persone a cui i due fecero riferimento.

Quando il telefono squillò al Villino Giulia, era il direttore della Rizzoli a chiamare, ma Maria aveva qualcosa di cui informarlo immediatamente: «Senta, volevo dirle una cosa» gli disse, «il ministro Bisaglia avrebbe voluto vederla il 12 perché l'8 non può».

«Va bene.»

«Poi dovrei vedermi con Roberto (Calvi) venerdì mattina a Roma. Mi deve dare una risposta domani.»

«Come mai Roberto viene a Roma?»

«Sempre per quella storia del nostro amico De Matteo.»

«Ma questa persona (De Matteo) cosa dice?»

«Non sa che lui (Calvi) viene qui. Mi ha detto: vengo alle undici per parlare del figlio... Io preferisco non dirgli niente, perché non vorrei che se io gli dico che c'è questa persona (Calvi)... ha capito com'è.»

Calvi aveva già i suoi buoni motivi per essere spaventato, ma Maria possedeva più elementi del banchiere: «Perché, lei, Tassan Din, non lo sa, ma da quanto ho sentito qui a Roma, credo che lui (Calvi) abbia qualche guaietto».

«Ah sì, ancora...»

«Eh sì, l'ho sentito nell'altro ambiente. Me l'hanno detto delle persone dell'altro gruppo, dei comunisti...»

«I comunisti?»

«Sì, hanno detto che lui ha delle grane perché in questa lista dei cinquecento nomi non risulta, ma risulta ancora di più.» Il riferimento era a una lista di cinquecento notabili, mai ritrovata, che avevano illegalmente esportato capitali attraverso Sindona. Non era l'unica indiscrezione raccolta da Maria: «E poi m'han detto che ha delle grane per quella persona di New York (cioè Sindona). È per quello che, ha capito, sono cose molto delicate queste. Questa persona (De Matteo), siccome mi vuole molto bene, e più o meno conosce il personaggio (Calvi), allora ogni tanto mi avverte. Lui non sa che questa persona (Calvi) io la vedo, perché io sono molto riservata con le persone che vedo».

«Eh sì, tenga molto per lei le cose.»

«Per l'amore di Dio, è sicurissimo che le tengo per me da ogni punto di vista. Però lui (De Matteo) mi ha avvertito e mi ha detto: questa persona di Milano è un po' inguaiata. Dico: ma di che cosa è inguaiata? Dice: ma sai, per quella persona che hanno preso adesso. Sai, dice, ha fatto i nomi.»

Qui, il riferimento sembrava essere al «postino» di Sindona Vincenzo Spatola, fratello di quel Rosario – che sarà accusato di mafia da Giovanni Falcone e poi arrestato a New York – che aveva protetto la latitanza del finanziere. Ingenuamente il magistrato stava, di fatto, violando il segreto istruttorio e l'incontro con Calvi, che Maria stava cercando di combinare, era finalizzato, senza che lui lo sapesse, a farglielo ulteriormente violare.

A questo punto, Maria passò a lamentarsi di Calvi, che credeva fosse cosa semplice organizzare incontri con le persone importanti, come se costoro non avessero altri impegni:

«Adesso vedrò come mi devo comportare perché sa, lui (Calvi) è insistente e per questa persona (De Matteo) diventa pazzo. Si è mosso sempre così anche per il nostro presidente del Consiglio. Sa, dice, adesso devi combinare un pranzo. Dico, d'accordo, io ho parlato con Cossiga l'altro giorno e gliel'ho anche detto. Cossiga, però, dice di avvisarlo tre giorni prima. Dice: non posso impegnarmi con un pranzo perché sono impegnato con il Consiglio dei ministri. Capisce? Ma lui (Calvi) fa: io queste persone le conosco, ma un conto è conoscerle come le conosco io, invece da te è diverso, c'è una conversazione più facile e tutto il resto».

Tassan Din le raccomandò di stare molto attenta e di aver cura che l'incontro fra Calvi e il magistrato figurasse davvero come casuale.

E Maria: «Lo so, guardi, io sono una cretina, capisce. E poi, tra me e lei, questa persona (Calvi) è molto gentile con me, però, sa... lui mi dice qui, là, su e giù... ha capito, sono un po' adoperata da lui».

«Adesso lei deve stare molto attenta proprio per lui. Non solo per lei, ma anche per lui.»

«Ma allora, che cosa devo fare?»

«Perché un passo falso mette a disagio... Cioè lei non deve creare disagio in modo tale che lui (Calvi) ne abbia nocumento.»

«Lei sa che cerco di fare le cose per bene.»

«Ma anche facendo le cose per bene è troppo...»

«È un po' rischioso.»

«Deve venire una cosa *ad hoc*. Ma il Giovanni (De Matteo) viene da lei per quale motivo?»

«Perché Giovanni tiene molto a suo figlio.»

«Ma lei gli ha detto la nostra disponibilità?»

«Sì e lui mi ha detto che, siccome il figlio ha questa consulenza a Roma all'università, allora mi ha detto: signora Angiolillo, io non so se lui può lasciare questa assistenza all'università.»

«Eventualmente, lo nominiamo collaboratore della nostra casa editrice pur restando a Roma.»

I due discussero per un po' su come sistemare il ragazzo. Calvi, spiegò Maria, era certo di poterlo piazzare a Milano, presso la banca o all'università Bocconi, di cui era finanziatore, però sarebbe stato meglio trovargli invece un posto a Roma. Alla fine, come se fosse un dettaglio del tutto irrilevante, Tassan Din chiese di che cosa si occupasse il ragazzo. «È avvocato, fa l'avvocato» lo informò Maria.

Discussi gli affari urgenti, Maria sciorinò l'elenco dei ministri e dei politici appena visti o che avrebbe incontrato a breve e salutò. Era l'ora del telegiornale e lei il telegiornale non se lo perdeva mai.

***

Nel 1980, Angelo Rizzoli era sempre più inquieto: il gruppo aveva bisogno di soldi. Gelli e Ortolani pressarono Calvi affinché lo finanziasse. Il banchiere di Dio gli fece avere dapprima otto miliardi garantiti dalla Banca cattolica del Veneto e dal Credito varesino, quindi un prestito dell'Ambrosiano da venticinque miliardi. Alla fine dell'anno, fece i conti e decise che stava rischiando troppo. Chiese dunque alla Rizzoli di rientrare, ma la Rizzoli non era in grado di farlo. A questo punto, Gelli e Ortolani proposero ad Angelo Rizzoli un piano di salvataggio: il 40 per cento dell'azienda sarebbe andato a Calvi o a un suo braccio operativo, il 10 a Tassan Din, il 10 a loro due, il 40 sarebbe rimasto ai Rizzoli. Il giorno di Pasquetta del 1981, Angelo prese un aliscafo da Capri, dove si trovava per qualche giorno di vacanza, raggiunse Tassan Din all'Hotel Excelsior di Napoli e accettò la proposta. Il padrone effettivo della Rizzoli-Corriere della Sera diventava Roberto Calvi, potendo disporre, attraverso un diritto di prelazione, anche del controllo delle quote di Tassan Din e soci.

L'operazione, almeno per la parte che riguardava il 40 per cento rilevato dalla Centrale di Calvi, fu annunciata il 29 aprile. Calvi, com'era suo uso, aveva deciso ogni cosa senza informare gli altri dirigenti, a cui, prima di entrare in consiglio, disse solo: «Abbiamo chiuso un grosso affare». Un affare da 115,8 miliardi.

Qualcuno, durante il consiglio di amministrazione, così almeno fu ricostruito nel libro *Il banco paga*, gli fece notare che agli istituti di credito erano precluse le partecipazioni editoriali, ma lui sbottò: «A Roma ho raccolto consensi ovunque. Sono tutti d'accordo: Piccoli, Craxi, Andreotti, Ciampi. Anche il Pci non è contrario. Terremo il "Corriere" solo per un paio di mesi, poi lo cederemo».

La «questione "Corriere"», pur spericolata, era il minore dei suoi problemi. Calvi aveva i nervi a fior di pelle perché nell'Ambrosiano si annidava un buco colossale: Gelli e Ortolani l'avevano pressato non solo per Rizzoli, ma perché finanziasse una miriade di altre operazioni ben più discutibili. Ai conti della banca aveva attinto lo Ior per sostenere Solidarność in Polonia e alcune dittature in America Latina; aveva fatto ricorso Licio Gelli, per foraggiare il regime militare argentino. E Cosa Nostra era proprietaria di enormi depositi che lui non era in grado di restituire. Il banchiere di Dio temeva di finire in un vicolo cieco, come Sindona. Perciò aveva assunto guardie del corpo, fatto blindare la sua Mercedes e dotato sia l'ufficio sia il suo appartamento di sofisticati sistemi anticimici e antintrusione. A volte, si stendeva sul letto e diceva alla moglie: «Temo che mi ammazzino. Temo di non vederti più».

Quando arrivava al Villino Giulia, sfatto e incurvato nelle spalle, Maria notava che la sua borsa di cuoio diventava di volta in volta più pesante, come se contenesse fardelli e segreti sempre più gravosi.

Ormai Calvi non temeva più la finanza laica, ma quella cattolica. Raccontava che era arrivato a inginocchiarsi davanti a Marcinkus e al suo vice Luigi Mennini, implorandoli di riconoscere che la situazione debitoria dell'Ambrosiano era in realtà attribuibile allo Ior.

Un giorno, senza confidarle altro, disse a Maria: «I preti saranno la nostra fine. Loro credono che tanto, se uno muore, l'anima sopravvive e, dunque, non è un gran male».

E lei: «Taci Roberto, non può essere. Tu sei troppo stanco».

Quei giorni furono raccontati dalla moglie Clara: «Mio marito mi disse che esisteva in Vaticano uno scontro durissimo fra la fazione della destra, della quale faceva parte l'Opus Dei, e la fazione della Ostpolitik, della quale facevano parte Marcinkus, Silvestrini e Casaroli, in ordine crescente. Tutti facenti capo ad Andreotti». Di Marcinkus si è detto, di Casaroli anche. Il vescovo Silvestrini era uno stretto collaboratore di quest'ultimo, per lungo tempo responsabile dei rapporti della Santa Sede con le organizzazioni internazionali. La triade era quella, per quanto la sommaria sintesi della signora Calvi non tenesse conto del fatto che Casaroli non sopportava Marcinkus e che aveva tentato in ogni modo di esautorarlo.

Maria li conosceva tutti quegli eroi della Ostpolitik, quel lungo processo che sotto Paolo VI aveva cercato di mantenere buoni rapporti con i regimi dell'Est anche con molte, pesanti concessioni: tra queste, l'impegno a non nominare l'arcivescovo di Cracovia Karol Wojtyła, primate di Polonia alla morte del cardinale Wyszyński. L'indiscusso protagonista di quella stagione era, appunto, Agostino Casaroli, che in Vaticano chiamavano «Lagostina» per l'autocontrollo degno di una pentola a pressione e che di sé raccontava: «Se altri impugnano le trombe, io mi limito a suonare il violino». Il cardinale era sempre in volo fra Budapest e Mosca, Praga e Varsavia, Cuba e Hong Kong, ovunque a tessere rapporti, a dare e a strappare concessioni, ma sempre puntualissimo quando arrivava un invito della vedova Angiolillo.

Tutte le volte che sedeva alla sua tavola, a un certo punto della serata Maria scambiava un cenno di complicità all'avvocato Giuseppe Consolo, un giovane che aveva conosciuto a metà degli anni Settanta a un pranzo con il governatore della Banca d'Italia Carli, al quale lui aveva prestato assistenza legale. Gli era sembrato sveglio e subito l'aveva cooptato. Renato diceva sempre che a tavola bisognava avere un po' di gioventù. E negli anni a cavallo fra i Settanta e gli Ottanta troppi ospiti avevano ormai i capelli bianchi.

Dunque, Maria faceva l'occhiolino a Consolo e lui chiedeva al cardinale una benedizione per i presenti.

Conosceva anche Marcinkus, Maria? Alla domanda di un giornalista dell'«Espresso», nel 1982, risponderà che non lo conosceva affatto. Eppure, un suo ospite si ricorda di una colazione organizzata da Maria con Marcinkus e Andreotti.

A un'altra domanda dell'«Espresso», ovvero se Calvi incontrava a casa sua Andreotti e Casaroli, la vedova Angiolillo rispose che non ricordava, che avrebbe dovuto consultare la sua rubrica dei pranzi. Ma le rubriche dei pranzi di quegli anni sono andate perse, così come quelle degli anni di Tangentopoli. Tutte le altre, invece, Maria le conservò sempre, raccolte in volumetti di marocchino rosso o lino verde con la scritta *MA TABLE*.

A volte, le consultava per farsi venire in mente il nome di un ospite da invitare. Diceva: «Qui servirebbe una signora di mondo, ma giovane». Oppure: «Ci vorrebbe un politico, uno che s'interessa di partecipazioni statali, ma non democristiano».

Nei giorni in cui il «Corriere» passava di mano, consultò le sue rubriche dei pranzi per un affanno di cuore. Da un po' di settimane, il suo scienziato, Folco, alludeva un po' troppo spesso a una studentessa che gli ronzava attorno, lusingandolo.

«Mi sa che piaccio, ancora, Maria» la stuzzicava lui.

Raccontava di averci preso un caffè, poi un altro. Maria sospettava che fosse lui a corteggiare lei. Anzi, ne aveva la certezza.

La studentessa in questione era figlia del defunto ministro Gaetano Martino, si chiamava Carla, era bellissima, colta, appassionata di politica, liberale come il padre, ed era celebre per gli abiti eleganti e i gioielli di pregio. Maria era sicura che non fosse tipo da ambire a un anziano e squattrinato scienziato, ma decise che andava comunque neutralizzata. Spulciò i suoi libroni, finché lo sguardo non si fermò sul nome del barone Berthold von Stohrer. Berthold era perfetto: figlio di diplomatici, girava il mondo come rappresentante di una grande azienda svizzera, era ricco, colto, possedeva un titolo e una meravigliosa villa a Ischia. Maria si procurò il numero di telefono della ragazza e invitò lei e Berthold a una colazione al Grand Hotel, una di quelle di «seconda fascia» che offriva ai sottoministri e agli assistenti dei politici più importanti, a volte alle segretarie: all'assistente personale di Letta, per esempio, a quella di Andreotti o a quella di Calvi, Graziella, la quale riusciva a metterla in contatto con il banchiere quando nessun altro lo trovava. «Le segretarie governano il mondo» diceva sempre Maria.

Quanto al barone e alla studentessa, ebbe ragione: fu amore a prima vista. Di lì a poco, si sposarono. E l'irrequieto scienziato fu sistemato, almeno per un po'.

Tutti contro tutti, tutto precipita

Il 20 maggio 1981 fu il giorno in cui tutto precipitò. Qualche minuto prima delle sette e mezzo, alcuni militari della guardia di finanza bussarono a casa di Roberto Calvi, in via Frua 8, a Milano, e lo arrestarono. Il sostituto procuratore Gerardo D'Ambrosio ipotizzava che, nella cosiddetta Operazione Toro, grazie a Calvi una quantità di miliardi avesse preso il volo verso l'estero a spese degli azionisti della Centrale.

«L'avevo detto io, Nuccia, che quello era pericoloso» sibilò Maria alla sorella, facendo un balzo sul divano e afferrando il telefono per capire cosa stesse succedendo. Era pur sempre la presidente del comitato di gestione Calvi. Mentre in Parlamento Craxi, Longo e Piccoli – segretari di Psi, Psdi e Dc – protestavano contro l'arresto, Maria chiamò Tassan Din, ovviamente, e Clara, la moglie di Calvi, e, probabilmente, il procuratore di Roma De Matteo.

Calvi, inoltre, non era l'unico fermato. Fra gli altri cinque, c'era anche un'altra ospite e sponsor del salotto Angiolillo: Anna Bonomi Bolchini, la signora della finanza italiana, tra l'altro celebre perché nelle notti di Capodanno della «Milano da bere» rompeva allegramente interi servizi di cristalleria al grido di «Tanto ce lo possiamo permettere...».

Nel mezzo di quella giornata sfiancante, arrivò una seconda batosta: l'indiscrezione che, la mattina seguente, sarebbe stata pubblicata la lista degli affiliati alla P2, trovata il 17 marzo nella villa di Licio Gelli a Castiglion Fibocchi. In quell'occasione era stato rinvenuto anche il nastro con la registrazione della telefonata durante la quale Maria e Tassan Din avevano cercato il modo di mettere una pezza ai «guaietti» di Calvi.

Nella lista pubblicata su tutti i giornali, l'ingenua vedova Angiolillo lesse i nomi di parecchi suoi ospiti: Calvi; Tassan Din; Angelo Rizzoli; il direttore del «Corriere» Franco Di Bella; il segretario generale della Camera Francesco Cosentino; il ministro Mario Pedini; il ministro Gaetano Stammati, quello che lei giudicava un tantino superbo; Roberto Memmo, l'uomo d'affari con importanti amicizie americane («Mai firmata la richiesta di adesione alla P2» dichiarerà); il costruttore Aladino Minciaroni. Sulle prime, parve esserci, perfino, il ministro Franco Maria Malfatti di Monte Tretto, quello che Maria amava perché discendeva da Filippo IV di Francia e perché gli aveva presentato la consorte, ma si appurò che era un caso di omonimia, di cui i giornali poi si scusarono, trattandosi invece del segretario generale del ministero degli Esteri Francesco Malfatti di Monte Tretto.

Maria non si raccapezzava: che cos'era mai quella P2? Che cos'era una loggia segreta? Cos'era il Piano di rinascita democratica di Gelli? Chiamò amici giornalisti, politici e Angelo Rizzoli e Tassan Din, mentre la sorella Nuccia le leggeva ad alta voce i giornali.

In quel momento, però, c'era da pensare soprattutto a Roberto Calvi, detenuto a Lodi.

L'anno prima, venne a sapere Maria, la Banca d'Italia aveva mandato sei ispettori al Banco Ambrosiano e, da allora, sollecitava chiarimenti sugli affari esteri del gruppo. In carcere, il problema di Calvi era evitare il commissariamento proprio da parte di Bankitalia e in quel frangente non sapeva più di chi fidarsi, se non della moglie. Maria sentiva Clara per telefono tutti i giorni e si attivò subito con Carlo Azeglio Ciampi, governatore della Banca d'Italia e, soprattutto, con Lamberto Dini, il suo prediletto, che era direttore generale e al quale la legava un'antica amicizia.

Questo, almeno, sosterrà Clara Calvi, negli interrogatori e davanti alla commissione parlamentare per la P2. «Maria telefonava un po' in banca e un po' a me» raccontò. «Maria mi parlava di Ciampi e di Dini, ma è difficile che lei confermi.»

La mattina del 9 luglio, alle sette e mezzo, i secondini trovarono Roberto Calvi esanime nella sua cella. Il banchiere fu trasportato d'urgenza all'ospedale di Lodi. Alle otto, il telefono del Villino Giulia era già rovente. Maria chiamò chiunque e tutti la chiamarono. Fu presto chiaro che Calvi aveva tentato il suicidio.

«Ha ingoiato novanta pillole di barbiturici» le disse Clara. «Le ha prese alle due di notte, e aveva delle ferite al polso destro: è un miracolo se lo hanno trovato ancora vivo.»

Maria, che stava sempre dalla parte degli amici, era furiosa: «Povero Roberto, è ingiustamente in carcere da tre settimane. Lo hanno interrogato e tenuto sotto torchio anche in piena notte».

«Ma no: è stata colpa di Roberto Rosone e Carlo Olgiati, il vicepresidente e il direttore generale della banca: ieri sono andati in carcere e gli hanno annunciato che stanno per procedere allo scorporo dell'Ambrosiano. Dicono che sono costretti a farlo: lo prescrivono le disposizioni di Bankitalia. A Roberto è preso un colpo: lui ha una lettera di Ciampi nella quale è scritto che ha cinque anni di tempo per attuare quello scorporo e sistemare tutto. Io l'ho vista, Maria! L'ho trovata in una valigia e l'ho chiusa in cassaforte.»

«Ah... ma allora se c'è una lettera del governatore, la lettera va rispettata! Fammi fare due telefonate, anzi, esco e vado direttamente a Palazzo Koch.»

Maria richiamò dopo qualche ora: «Pronto, Clara? Rosone e Olgiati sono stati questa mattina stessa alla Banca d'Italia. Capisci? Ieri in carcere a Lodi da Roberto e stamattina di filato qui a Roma... Ma tu devi stare tranquilla: Ciampi e Dini li hanno giudicati due miserabili. Hanno fatto una pessima impressione».

Questa, almeno, sarà la versione della Calvi. Continuando a stare al suo racconto, il filo diretto con la signora del Villino Giulia durò a lungo. Lei chiamò Maria per dirle che voleva denunciare Rosone e Olgiati per istigazione al suicidio e le chiese di domandare il parere di Ciampi e di Dini. Maria si fece risentire a stretto giro: «Dicono che hai ragione, ma non è opportuno e, comunque, riferiscono che lo scorporo si farà in cinque anni: tutto come vuole Roberto, dovete stare tranquilli».

Era per l'onta di vedersi fallito e nella polvere che Calvi aveva tentato di uccidersi? Stavano davvero così le cose? Sui giornali, c'era chi sosteneva che l'avesse fatto perché il processo in corso a Milano si stava mettendo male e chi scriveva che era un tentativo di impietosire la corte. Nel comitato presieduto a sua insaputa da Maria, la versione più accreditata era che Calvi volesse indurre qualche politico amico a darsi da fare per tirarlo fuori dal carcere.

Quando Calvi fu dimesso dall'ospedale e rientrò in cella, Maria gli telefonò spesso, facendosi passare per la sorella. «Forza, coraggio» gli raccomandava, «vedrai che sistemiamo tutto.»

Lo raccontò lei stessa in un'intervista, in tempi in cui tutti, invece, facevano a gara per smarcarsi da quello che era diventato di colpo il banchiere del diavolo.

Calvi uscì dalla galera il 20 luglio 1981, condannato in primo grado. Prese quattro anni e quindici miliardi di multa. «Il suo avvocato Valerio Mazzola ha commentato: "Che botta!", lo ha ripetuto tre volte» disse Clara a Maria.

Calvi, però, rimase in sella alla banca e venne riconfermato presidente. Il giorno in cui tornò a Roma, si presentò con la moglie al Villino Giulia, senza avvertire del suo arrivo. Era sera, piuttosto tardi, Maria scese ad accoglierlo in vestaglia. Si abbracciarono. Parlarono a lungo.

«Come stai, Maria?» le chiese lui, alla fine.

«Cosa vuoi, oberata dalle tasse, con questa casa da mantenere. Lo sai quanto costa la vita... Le esigenze son sempre quelle, le spese aumentano. Ho anche perso dei soldi in Borsa.»

Prima di salutarla, il banchiere di Dio le infilò qualcosa in tasca. Erano dieci milioni di lire.

Maria s'infuriò. Se la prese con Tassan Din: «Il carcere non ha insegnato niente al tuo amico? Ti sembra educato infilare i soldi nella vestaglia di una signora? Diglielo, diglielo che io non prendo mance».

Tassan Din riferì a Calvi che dieci milioni erano pochi e lui ne mandò altri cinquanta, facendoglieli consegnare da un suo avvocato. «Mio marito voleva avere un testimone» racconterà ancora la moglie Clara. Spiegherà anche che proprio in quel periodo cominciò la faida fra Maria e Pazienza, quello che si sentiva estromesso dal comitato di gestione Calvi. Costui era un agente segreto, uomo di fiducia del generale Giuseppe Santovito, direttore del Sismi, mandato ad aiutare il banchiere, forse da qualche alto dirigente della Dc. Calvi confidava che Pazienza, insieme a un altro faccendiere, il sardo Flavio Carboni, potesse aiutarlo nell'impresa di recuperare soldi dallo Ior di Marcinkus, tenere buono Licio Gelli, rassicurare la mafia siciliana e la camorra napoletana. Affari che, oggettivamente, non erano alla portata di Maria. La quale, tuttavia, non mollava il suo osso.

Un giorno, Pazienza le telefonò. Lei capì subito che chiamava dall'auto e tremò: aveva imparato che le conversazioni di quel tipo potevano essere intercettate da qualunque radioamatore.

«Ho saputo che lei ha parlato con il governatore» le disse Pazienza.

«Mi viene a dire queste cose in maniera che tutti sappiano, non si permetta più» tuonò lei. E riagganciò.

Appena rivide Calvi, Maria gli chiese: «Roberto, perché frequenti certa gente?».

E lui: «Non posso farne a meno, sono ricattato».

Stando alla deposizione di Calvi, Pazienza prese dal Banco centoventi milioni. Secondo quella di Angelo Rizzoli, da lui ne prese invece cento. Rizzoli spiegò che Pazienza gli era stato mandato da Calvi per gestire i rapporti con i politici.

«Maria odiava ferocemente Pazienza» dirà Clara Calvi, «ma è normale: facevano lo stesso mestiere.»

Alla domanda di un giornalista che le chiese quale mansione svolgesse lei per Calvi e Rizzoli, Maria rispose: «Pr. Pubbliche relazioni».

«Stipendiata?»

«Non mi metta nei guai con le tasse. Qualche regaluccio, come questo ciondolino» replicò prontamente Maria, mostrando un massiccio elefante d'oro. «È un dono di Andrea Rizzoli. Gli avevo trovato l'ufficio in via Abruzzi.» Clara dirà anche: «Maria non faceva niente per niente».

Di sicuro, però, la qualità del suo lavoro era ben differente da quella di Pazienza, che teneva rapporti con Craxi, Andreotti, Piccoli, ma anche con personaggi assai meno raccomandabili e trovava d'intralcio quella vedova troppo intraprendente. Forse era riuscito perfino a far mettere sotto controllo il telefono di casa Angiolillo. Spesso, Clara Calvi aveva la sensazione che Flavio Carboni, il sodale di Pazienza, fosse a conoscenza di cose di cui aveva parlato al telefono con Maria. E, un giorno, intorno a Natale dell'81, Pazienza rivelò alla signora Calvi di essere in possesso della registrazione di una telefonata fra Maria e Tassan Din in cui i due complottavano per far tornare in carcere suo marito.

«Ho pensato di impacchettare la cassetta con un bel fiocco e di inviargliela come regalo al Villino Giulia» aggiunse l'agente segreto.

Non si saprà mai se quella cassetta sia davvero esistita. Può essere, però, che in quel periodo, alla fine dell'81, Maria fosse ai ferri corti con Calvi. Fu proprio allora, infatti, che Angelo Rizzoli si rivoltò contro il suo banchiere e avviò una campagna-stampa a lui ostile, rivelando d'aver comprato il 6 per cento dell'Ambrosiano come suo prestanome, rivendicando che il banchiere era suo debitore per un miliardo, e avviando una battaglia per annullare i diritti di prelazione che Calvi possedeva su parte delle quote della società.

Ormai, tutti erano contro tutti, ma Maria continuava a tenere aperte le porte di casa a chiunque: per quanto inguaiati fino al collo, certi ospiti erano suoi datori di lavoro. Riceveva Calvi, che da lei incontrava i politici che potevano aiutarlo, riceveva Tassan Din e riceveva Rizzoli, non Angelo, che di lei ormai diffidava, ma il suo preoccupatissimo padre, Andrea. Maria si barcamenava fra le accuse incrociate che questi personaggi si lanciavano contro e tentava, in qualche modo, di far da paciere fra tutti.

Il 12 giugno del 1982, il banchiere di Dio sparì nel nulla. In assenza di sue notizie, il 13, a Milano, in via Clerici, si riunì un consiglio d'amministrazione per nominare un sostituto. La sfida si giocava fra i due vicepresidenti: Rosone, che voleva evitare ogni interferenza esterna, e Orazio Bagnasco, appoggiato dal socialista Gianni De Michelis, dal ministro Antonio Bisaglia e da Giulio Andreotti, il quale inviò a Milano il suo plenipotenziario Giuseppe Ciarrapico. La situazione era grave. A conferma che il Banco Ambrosiano aveva ormai una drammatica connessione con la criminalità organizzata. Il 27 aprile, un mese e mezzo prima della scomparsa di Calvi, Rosone era scampato a un attentato: Danilo Abbruciati, uno dei boss della «banda della Magliana», in trasferta da Roma a Milano, gli aveva sparato sotto casa, lo aveva ferito, ma poi la pistola gli si era inceppata e il bandito era stato ucciso da una guardia giurata.

Quel 13 giugno, nell'emergenza di nominare il successore di Calvi, il «Ciarra» fece la spola tra l'Hotel Principe di Savoia, dove era asserragliato il suo candidato Bagnasco, e via Clerici, dove stava Rosone. Vinse quest'ultimo. Quattro giorni dopo, il neopresidente ricevette la definitiva conferma che il Vaticano non avrebbe fatto nulla per salvare il Banco, quindi presiedette un drammatico consiglio d'amministrazione durante il quale fu chiaro a tutti che si andava verso il commissariamento.

Al termine della riunione, la segretaria di Calvi, Graziella Corrocher, cinquantacinque anni, nubile, l'efficiente signorina che riusciva sempre a rintracciare Calvi quando Maria lo cercava, si uccise, gettandosi dalla finestra. Sulla scrivania lasciò un biglietto: «Che Calvi sia stramaledetto per tutto il male che fa a noi del Banco e del gruppo, della cui immagine eravamo a suo tempo così orgogliosi».

Qualcuno sostenne che il Vaticano avrebbe potuto salvare il Banco. Di diverso avviso Giulio Andreotti che a uno degli autori di questo libro, nel 2004, disse: «Il fallimento dell'Ambrosiano ha alcuni aspetti non chiari. È del tutto singolare che il 5 maggio 1982 la Banca d'Italia abbia autorizzato la quotazione in Borsa del titolo "Ambrosiano" e il 17 giugno il titolo sia stato sospeso. Quando fu dichiarato il fallimento, la Santa Sede, attraverso lo Ior, fu indicata come socio di fatto. Furono messe in giro voci ricattatorie per spaventare la Chiesa. Per recuperare quel che avevano perso con Calvi, alcuni finanzieri internazionali parlarono di lettere di patronato dello Ior e ventilarono la possibilità di ipotecare i palazzi apostolici. Il papa, ovviamente, ne fu spaventato. La Santa Sede pagò quel che doveva vendendo una partecipazione che aveva con il Banco di Roma presso una banca svizzera. Pagò anche se non doveva, proprio perché era spaventata. Poco dopo l'Ambrosiano fu risanato e francamente non ho mai capito se fosse proprio necessario farlo fallire».

Il 18 giugno, a Londra, fu rinvenuto un corpo penzolante sotto il ponte dei Frati Neri, appeso con una corda arancione a un traliccio: indossava un vestito grigio, due paia di mutande bianche, una sull'altra, una camicia a righe blu, scarpe sportive e calze nere, non aveva cravatta né cintura, la giacca era abbottonata storta. Nella patta dei calzoni era infilato mezzo mattone, un quarto di mattone era nella tasca destra dei pantaloni e un altro quarto nella tasca sinistra. Indosso al morto un portafoglio con cinquantaquattromila lire, venti scellini e una grande quantità di franchi svizzeri, dollari e sterline. Al polso, l'orologio Patek Philippe era fermo all'1.52. Il cadavere era quello di Roberto Calvi.

Maria, beata ingenuità, pensò subito a un suicidio. E fu questa, per molto tempo, la versione ufficiale.

«Roberto era disperato» disse a Nuccia. «Ce l'aveva con lo Ior ed è andato a uccidersi sotto il ponte dei Frati Neri.»

Quando lesse che la scenografia era troppo macchinosa per un suicidio, non volle crederci. L'articolo spiegava che Calvi, non essendo un acrobata, non avrebbe mai potuto arrampicarsi su quell'impalcatura di tubi metallici.

Ci vorranno vent'anni per dar torto a Maria: solo allora una perizia eseguita sui resti del corpo avrebbe stabilito che Calvi era stato ucciso per strangolamento in un cantiere vicino al ponte, e che non aveva mai toccato i mattoni che aveva addosso, né l'impalcatura alla quale fu trovato appeso, poiché sotto le unghie delle mani non vi erano tracce né di ruggine, né di altre polveri. Fu un omicidio, dunque, che resterà sempre impunito perché in tutti i gradi di giudizio furono assolti sia l'affarista Flavio Carboni, sia il mafioso Pippo Calò, sia Ernesto Diotallevi, accusati dalla procura di Milano di essere a vario titolo coinvolti nell'omicidio del banchiere.

Tutte le volte che qualcuno chiese a Maria chi avesse «suicidato» Calvi, lei rispose: «Dio solo lo sa».

***

Alla fine di novembre del 1982, Maria fu convocata a Milano dai pm che indagavano sul crac del Banco Ambrosiano. Si sentì il mondo contro, come quando era morto Renato, e come allora, quando si era trattato di difendere il giornale fondato da suo marito, si fece battagliera.

Doveva essere sentita solo come testimone, quindi senza un legale, ma cercò comunque l'avvocato Consolo, il giovane a cui, durante i pranzi, faceva cenno perché questi sollecitasse la benedizione di Casaroli.

«Che vogliono da me, Giuseppe? Io ho solo dato una mano a un amico in difficoltà. Sarà un male fare una telefonata? Sarà un male rispondere a una moglie disperata? Ora vado e gliela faccio vedere io.»

«Le cose sono più delicate, Maria» le spiegò l'avvocato.

C'era l'ipotesi di tentata corruzione verso il procuratore De Matteo, bisognava capire come sarebbero state lette le presunte interferenze sul governatore e sul direttore generale della Banca d'Italia.

Studiarono ogni mossa e ogni contromossa. Maria indossò un tailleur scuro, una sola spilla sobria e si presentò davanti ai giudici. Fu interrogata per dodici ore. Riuscì a tenere sempre la stessa linea, senza mai mostrare un cedimento.

Incalzata su Ciampi e Dini «sfumò elegantemente», così è rimasto scritto, nero su bianco, negli atti della commissione parlamentare sulla P2 a proposito di quel verbale che fu subito trasmesso a Roma, dove si era insediata la commissione presieduta dall'onorevole Dc Tina Anselmi.

Maria si aspettava di essere chiamata anche dal plotone di parlamentari che cercavano di far luce sulla P2.

Il deputato dei radicali Massimo Teodori fece un intervento vigoroso, chiedendo come fosse possibile che la Banca d'Italia non avesse commissariato il Banco Ambrosiano né dopo l'ispezione del '78, né dopo la condanna di Calvi dell'81. «Perché?» tuonò. «È un interrogativo assai inquietante, se messo in relazione a quanto abbiamo agli atti rispetto all'uso dei canali di comunicazione con la Banca d'Italia in possesso di Calvi e dei suoi sostenitori o protettori attraverso il salotto Angiolillo.»

Nell'aula delle audizioni, si parlò spesso della vedova Angiolillo. Lo fece, soprattutto, Clara Calvi, ma lo fecero anche Pazienza, Tassan Din, Ljuba e Angelo Rizzoli. Gli ultimi tre raccontarono che Maria prendeva venticinque o trenta milioni all'anno per organizzare loro i pranzi.

Tassan Din specificò che, in origine, «Andrea Rizzoli pensava di dargliene cinque o sei, ma lei disse che erano pochi». Angelo affermò che la signora Angiolillo prendeva soldi non solo da loro, ma anche da altri, per esempio da Calvi e da Oscar Maestro, il presidente della Spe.

Maria non venne convocata. Di quei dibattiti sul salotto Angiolillo, resta agli atti della commissione uno scambio di battute singolare.

Era il 6 dicembre 1982. Presiedeva Tina Anselmi, interrogavano i deputati Famiano Crucianelli del Pdup e Adolfo Battaglia del Pri.

Crucianelli chiese a Clara Calvi: «Lei ha parlato anche di altri politici che frequentavano questo circolo dell'Angiolillo».

Clara: «C'era Spadolini, c'era Gaspari. C'erano...».

Il deputato Battaglia: «Anch'io ci sono andato un paio di volte!».

La presidente Anselmi, come fosse ovvio: «Tutti i ministri venivano invitati».

La Calvi: «Non ho visto comunisti. Non ho mai visto Craxi».

Battaglia: «E no! C'era anche qualche comunista, signora. Ad esempio, Carboni di "Paese Sera" la conosce bene. L'ho visto io!».

La Calvi: «C'era il cardinale Casaroli. C'era il vescovo Silvestrini, c'era il procuratore De Matteo».

La presidente: «Sì, sì, venivano invitati tutti».

***

Non era ancora finita. Nel febbraio 1983 Angelo Rizzoli e Bruno Tassan Din vennero arrestati per bancarotta.

Mentre il figlio era in carcere, Andrea Rizzoli andò a trovare Maria nel villino sopra piazza di Spagna. Rimase a colloquio con lei due ore, dall'una alle tre del pomeriggio. Pianse: «Maria ti prego, ti prego: di' a Roma, di' ad Andreotti, di' a questa gente che sono un uomo molto onesto».

«Andrea, ti hanno rovinato i figli, tutto il mondo ti conosce che sei perbene, lo sanno tutti che sei onesto.»

«Mi hanno rovinato, ma non Angelo: "loro". Mi hanno indebitato che non so più niente...» Andrea Rizzoli sapeva bene, infatti, che era stato lui a fare il passo più lungo della gamba comprando il «Corriere della Sera» e mettendo nei guai il figlio Angelo, che poi, ci aveva messo del suo.

L'editore biascicò qualcosa su un 70 per cento o su un 100 per cento che «loro» si erano presi.

«Sono preoccupato per Isabellina, Maria» le confessò infine, sommessamente. Isabellina era la figlia diciottenne avuta da Ljuba.

«Non ha ancora preso la patente, non fa niente, non lavora, fa una vita così... Ho paura di quello che ne sarà di lei.»

Pochi giorni dopo, Andrea Rizzoli fu colpito da un infarto e morì.

Angelo stava scontando tredici mesi di custodia preventiva che aggraveranno la sua sclerosi multipla. Intanto, la sorella diciottenne, Isabellina, indagata anche lei, provata dalla morte del padre e dallo scandalo, si lasciò andare del tutto. Si suiciderà quattro anni dopo e nemmeno lei, come il padre, riuscirà a vedere assolto Angelo, dopo sei processi durati vent'anni.

Agli atti della commissione parlamentare per la P2 resta l'intercettazione di una telefonata del 9 giugno 1983 fra le due vedove, la Rizzoli e la Angiolillo.

Maria raccontò a Ljuba del pomeriggio in cui aveva raccolto il testamento spirituale di Andrea.

«Si è messo a piangere, te lo giuro sulla tomba di Renato» le disse. «Ha singhiozzato. Ripeterlo mi fa tristezza. Ma mi ha detto: "Adoro Ljuba perché mi ha allungato la vita, perché se non ci fosse stata lei, sarei già morto".»

Poi passarono a parlare dell'eredità di Andrea. Ljuba era risentita nei confronti di Angelo e Alberto, i figli di primo letto del marito: «Non so cosa vogliano ereditare. Andrea l'hanno sbollettato in vita, non so cosa pensano di avere».

Discussero dei gioielli di Ljuba. Di quelli dati in pegno, di quelli venduti e di quelli persi al gioco. «Tutti mi dicevano: "Sei pazza, non glieli dare". Ma Andrea ha sempre detto: "Amore, te li ricomprerò"» confidò la vedova Rizzoli. Di gioielli, però, ne restavano parecchi, talmente tanti che per tutta la vita Ljuba continuerà a essere celebre per i «brilli» sfoggiati al casinò di Montecarlo.

«Io ci sono passata prima di te, sono cose pazzesche» commentò Maria, ripensando di certo ai contrasti avuti con i figli di Renato riguardo ai gioielli di famiglia.

«Che vengano a vedere i debiti del loro padre, perché qui ce ne voleva per vivere... Che vengano a pagare i debiti del padre, perché io neanche l'accetto l'eredità» si accalorò Ljuba.

«A questo punto, fai benissimo.»

«E quello che mi ha regalato mi ha regalato.»

«Ma certo: quello che è regalato è tuo e non c'è niente da fare» la confortò la Angiolillo, aggiungendo poi un suggerimento, dall'alto della sua esperienza vedovile: «Ascolta il mio consiglio... C'è un'unica cosa da fare: nascondere anche i regali».

***

Il nome della vedova Angiolillo era finito su tutti i giornali, e questo lei non se lo perdonava.

«Io non sono come Marta Marzotto: io non voglio che si parli di me, mi fa paura. Renato diceva sempre: "Di chi non ha funzioni pubbliche, si deve parlare solo alla nascita e alla morte"» ripeteva Maria a Nuccia, a Cicci, alle due Cristine, e al suo scienziato.

In quell'anno terribile che fu il 1983, Folco ricevette un'offerta per dirigere un'importante ricerca della Nasa in Texas.

Chiamò Maria e le disse di preparare uno zaino: l'avrebbe portata nel Parco d'Abruzzo. Da parecchi mesi si vedevano di rado. A lui gli amici di Maria piacevano sempre meno.

Passeggiarono per ore, e l'imbrunire li colse lungo un sentiero stretto e accidentato, più lontano del previsto dal loro albergo. Le cicale avevano già smesso di frinire.

«Com'era, Folco, la storia del male che sopravvive sempre?»

«Era la storia della sconfinata ambizione degli uomini.»

«Già... Tutti sono caduti per la loro sconfinata ambizione... Andrea Rizzoli, che ha comprato il "Corriere" senza averne i soldi... Suo figlio Angelo che, per essere all'altezza del cognome, ha perso un impero... Tassan Din, che faceva il grande con il denaro degli altri... La Bonomi Bolchini, che voleva far vedere al mondo di che cosa è capace la figlia di una portinaia... E Roberto, che voleva farsi padrone delle casse di Dio...»

«Io non mi sono mai trovato a mio agio in quel tuo salotto. Il tuo salotto non mi mancherà, tu sì.»

«Hai deciso? Vai in Texas, alla Nasa?»

«Devo.»

Maria chinò il capo, concentrandosi sul terreno sconnesso, abbassando lo sguardo per nascondere gli occhi lucidi. Si sentì sola come mai.

«Va be'... Com'era allora la storia del bene che verrà sepolto con le ossa? Ossa... Morti... Morti ammazzati e morti suicidi... Quelli cattivi sono morti e tu che, sei buono, parti.»

«Anche tu sei buona, Maria.»

La Scala Santa e la risalita

Sua madre Sandrina morì in quegli anni di tregenda e a Maria parve una punizione mandatale dal cielo. «Le ho dato troppi dispiaceri» si accusò, mentre recitava un'ultima preghiera prima che la bara venisse chiusa.

La sua mamma era nata in campagna, in un altro secolo, e lei le aveva inflitto ogni sorta di sventatezze: un figlio della colpa, un figlio segreto e abbandonato, un matrimonio azzardato, uno da bigama, un divorzio in tempi in cui il divorzio non esisteva e, infine, una sfilza di frequentazioni spericolate. Maria si ricordò di tutte le volte che aveva visto la sua Sandrina addolorata, di tutte le volte in cui l'aveva sentita lamentarsi di quella figlia che mai si accontentava e mai trovava quiete. Man mano che lei diventava importante, però, sua madre aveva imparato a tenere la lingua a freno e a fidarsi. Maria aveva assistito a questa trasformazione con intima nascosta commozione.

Da quando si era trasferita a Roma al suo seguito, Sandrina ascoltava con orgoglio i resoconti di Nuccia sui pranzi del Villino Giulia, cui erano invitati principesse e ministri. Quella donna semplice e discreta aveva un sorriso stupito, che riconciliava Maria con il mondo; tuttavia – come spesso accade alle madri –, capiva più di quanto desse a vedere. A ogni nuovo guaio della figlia, a ogni colpo di scena, il disappunto le si dipingeva sul viso, ma aveva imparato a mascherarlo subito. «Maria ha giudizio. Bisogna lasciarla fare» diceva a Nuccia, quando anche la figlia maggiore era in ansia per la sorella.

Il giorno in cui mamma Sandrina mancò, Maria pensò di essere stata lei ad averla fatta morire di crepacuore. Accompagnata da Nuccia e dall'autista, scortò il carro funebre da Roma fino a Guazzora, dove erano rimasti il casolare dei nonni materni e la tomba di famiglia. La mamma ci tornava sempre d'estate, insieme a Nuccia, quando lei, invece, s'installava al Beach di Montecarlo. Erano secoli che Maria non ci metteva piede, anche se aveva disposto che la casa fosse ristrutturata e dotata di ogni comfort. Erano secoli che non entrava a deporre un fiore nella piccola cappella di famiglia le cui lapidi recavano solo i nomi di antenati mai conosciuti o dimenticati, senza neppure le date di nascita e di morte o i ritratti.

Di noi non resta nulla, solo i peccati, pensò Maria nel lungo e silenzioso viaggio di rientro a Roma. La superbia, l'ira, l'accidia... Si mise a elencare le sue colpe, stringendo fra le dita un rosario. Quando scese dalla Mercedes blu guidata dal suo autista Nicola, aveva deciso che non le bastava una confessione, le serviva un'indulgenza.

A Roma, accanto alla basilica di San Giovanni in Laterano, c'è il santuario della Scala Santa.

La scala, narra una leggenda medievale, era la stessa salita da Gesù a Gerusalemme per raggiungere l'aula dove avrebbe subito l'interrogatorio di Ponzio Pilato, prima di essere crocifisso. Quei gradini, sarebbero stati portati a Roma da Sant'Elena ai tempi di Costantino I e, secondo il credo di Santa Madre Chiesa, salirli in ginocchio, meditando sulla Passione di Gesù Cristo, dopo essersi confessati e aver fatto la comunione, assicura l'indulgenza divina su tutti i peccati.

Maria vi si recò una mattina all'alba. C'erano già alcuni pellegrini, raccolti con aria grave. Vista dal basso, nella luce fioca delle fiaccole, la scalinata incuteva timore. In cima, si stagliava l'effige del Cristo in croce.

Maria s'inginocchiò sul primo gradino. Il freddo del marmo la fece rabbrividire fin dentro le ossa. Chinò il capo e recitò un Padre Nostro silenzioso. Quindi, salì tutti i ventotto scalini, recitando ogni volta una preghiera, sempre chiedendo perdono, stringendo i denti e serrando gli occhi, per non far scendere le lacrime. «Non devo piangere» s'intimò. «Devo espiare e non piangere.»

Quando arrivò in cima e sollevò lo sguardo, incontrò il volto del Salvatore in croce e le parve di leggerci un'inattesa misericordia, come se lui fosse lì per accoglierla fra le sue braccia inchiodate nel dolore. Allora, le lacrime le scesero senza più freno. Di colpo, sentì che averle trattenute era stato un errore di superbia.

«Chi sono io per non mostrarmi debole nemmeno davanti a Dio?» mormorò. «Gesù, perdonami. Ho peccato per tutto il tempo di questa scalata. Ho peccato per tutta la scalata che è stata la mia vita. Non avevo capito che in cima devi trovare la pace, non il successo, il prestigio, il denaro.»

***

Gesù è misericordioso, ma non smise di mandarle dure prove da affrontare. Una fu l'arrivo al governo di Bettino Craxi: il segretario del Partito socialista divenne presidente del Consiglio nell'estate del 1983. Il suo avvento segnava la fine dell'egemonia democristiana e poteva rappresentare anche la fine del salotto Angiolillo.

«Ci voleva anche questa, Nuccia» sbottò Maria con la sorella.

«A te non manca l'abilità di agganciare anche i socialisti.»

«Ti dimentichi che Craxi voleva "Il Tempo" e io non gliel'ho venduto.»

«Vuol dire che darai dei pranzi per i suoi ministri.»

«E con quali soldi? Tutti i miei finanziatori o sono morti o sono finiti in galera.»

Dopo che gli scandali del Banco Ambrosiano e della P2 si erano abbattuti sulla sua casa, più volte Maria aveva preso dalla cassaforte la lista di Harry Winston con la stima dei gioielli redatta nel 1970, chiedendosi che cosa mai avrebbe potuto vendere.

Nella telefonata con Ljuba Rizzoli, intercettata il 9 giugno 1983, Maria parlò al passato dei due orecchini a goccia, il pezzo più importante della collezione.

Ljuba le stava raccontando che il defunto marito Andrea, dopo aver perso una cifra folle a carte, aveva dovuto vendere «i due anelli grossi, incluso il diamante puro da 40 carati».

Maria replicò: «I miei orecchini erano di 35 carati l'uno».

«Erano.» Come se non le appartenessero più. Nella lista di Harry Winston venivano citati, in effetti, degli orecchini in diamanti, a forma di goccia, da 33 carati ciascuno. Nonostante il piccolo arrotondamento per eccesso, Maria si riferiva di sicuro a quelli, parlando con Ljuba. Non poteva essere altrimenti: le dimensioni e la purezza di quelle pietre erano talmente straordinarie che valevano – da sole – due quinti di tutto il tesoro.

Che cosa intendeva dire la vedova Angiolillo? Che anche Renato aveva perso al casinò gli orecchini, così come Andrea Rizzoli si era giocato i due anelli di Ljuba?

Quei diamanti, che oggi potrebbero essere stimati anche cento milioni di euro, non vennero mai più trovati. C'è da segnalare, tuttavia, che, in una seconda perizia di Winston, stilata venti giorni dopo l'altra, ovvero il 15 settembre 1970, gli orecchini a goccia non comparivano più.

Se li era giocati Renato nel giro di un paio di settimane o quella seconda lista includeva solo i gioielli destinati a essere assicurati in occasione dei viaggi della moglie fra Roma e Montecarlo? Il senatore aveva forse deciso che quelle ragguardevoli pietre fossero al sicuro solo in cassaforte?

In questo secondo caso, quando Maria disse a Ljuba: «I miei erano di 35 carati» usando il passato per ricordare le sue gioie, le aveva forse vendute lei stessa in quegli anni terribili?

***

Maria riprese a dare pranzi con il contagocce. In tutto il 1983 ne organizzò solo quattro. Il primo, il 2 giugno, fu «leggero», non per il menù offerto, quanto per gli ospiti invitati. La vedova Angiolillo non ne poteva più dei rampanti assetati di denaro e di potere. La sua prima serata, in quel periodo di risalita, fu dunque imbandita in onore di Doris Duke, la leggendaria «ragazza più ricca del mondo». Doris, nata nel 1912, sembrò a Maria un donnone tenuto insieme dalla chirurgia plastica.

Erede del magnate del tabacco James Buchanan Duke, che aveva inventato i sistemi di produzione e marketing delle sigarette, filantropa, collezionista d'arte, una stravagante passione per il movimento induista degli Hare Krishna, Doris era affettuosamente legata a Franco Rossellini, produttore cinematografico e nipote del regista Roberto Rossellini, di ventitré anni più giovane di lei.

In quella bella serata di inizio estate, che permise di cenare in giardino, Franco era assai indaffarato con il rimontaggio di *Caligola* e l'impresa si preannunciava ardita. Il film sulla turpe vita dell'imperatore romano era stato prodotto tempo prima da lui, insieme a Bob Guccione, editore della rivista erotica «Penthouse». Girata nel '76 da Tinto Brass e sceneggiata da Gore Vidal, la pellicola era stata sconfessata da quest'ultimo e rinnegata dal primo.

Sul set, era successo di tutto: l'attrice Maria Schneider, spaventata dalle scene di sesso, era scappata e si era dovuto sostituirla in corsa; Brass aveva cacciato Vidal a causa di certe dichiarazioni alla rivista «Time» che non gli erano risultate gradite; Guccione aveva inserito di sua iniziativa alcune scene torbide, girate di soppiatto con le starlette di «Penthouse».

Quando il film uscì, nel 1979, venne sequestrato per oltraggio alla morale e Rossellini fu condannato, in primo grado, a quattro mesi di reclusione e a una multa. Alla fine di quelle travagliate vicende, tutti avevano denunciato tutti: Brass aveva citato Guccione, Guccione aveva citato Brass, Vidal voleva portare in tribunale Rossellini.

Nell'83, Doris Duke si era impegnata a finanziare il nuovo montaggio e intanto pagava le parcelle di Franco Rossellini, che era molto divertito dalla situazione: «Tu sai, Maria, quanto sono tirchi i miliardari... Nessuno è più tirchio di un miliardario!» sussurrò all'orecchio della padrona di casa.

Si conoscevano da anni, non era la prima volta che il produttore veniva ricevuto nella villa sopra piazza di Spagna, ma Maria non l'aveva mai visto così contento. Pensò che quella ricca carampana e quel cinquantenne carico d'entusiasmo e di genio non erano, in fondo, una coppia così male assortita.

A tavola, Alberto Bevilacqua volle sapere da Franco della Callas e di Pasolini. La soprano e il regista erano morti da un pezzo, ma il mistero del loro amore eccitava ancora la fantasia dello scrittore.

Maria l'aveva già orecchiata quella storia. Rossellini ne era stato testimone oculare, avendo prodotto *Medea*, il film girato da Pier Paolo Pasolini nel 1969 e interpretato da Maria Callas.

«Oh, la Callas si illudeva» disse Rossellini. «Era innamorata, poverina... La mamma di Pier Paolo, Susanna, ci metteva del suo: voleva che si fidanzassero.»

«Mi hanno detto che li sorpresero a baciarsi nella sala costumi» intervenne Bevilacqua.

«Mah... Li vide Piera Degli Esposti, che faceva la comparsa... In effetti, Pier Paolo mostrava una straordinaria dolcezza nei confronti della Callas. La guardava estasiato e diceva: "Sei splendida, Maria". E quando un capanno prese fuoco, lui corse verso l'incendio urlando solo: "Maria!", anche se tutti noi eravamo presenti e, forse, in pericolo.»

«Ed è vero che lei era innamorata da anni?»

«Già nel 1965, quando Pier Paolo cercava i luoghi per girare un'*Orestiade* che non realizzò mai, Maria lo aveva seguito in Africa.»

«Insomma: era amore o no?»

«Lei pensava di poterlo convertire all'eterosessualità, forse il suo era un amore platonico... Chi sa...»

Avevano appena finito il dessert: *glace à la noisette*, *sauce au chocolat*, *friandises*, *fraises des bois*. La vedova Angiolillo, indispettita per i pettegolezzi fatti a spese dei morti, ne approfittò per invitare i suoi ospiti ad alzarsi da tavola. Non le piaceva affatto quella storia di Pasolini indifferente al fascino della divina Callas. L'omosessualità. Figuriamoci. Non era mica una malattia da cui si dovesse «guarire». E poi, chi aveva stabilito che il sesso fosse così indispensabile?

***

Maria veniva a sua volta invitata a pranzi, colazioni ed eventi mondani, durante i quali conosceva sempre nuove persone. Una sera, a una mostra, una di quelle dove s'incontrava tutta Roma, dove i più si recavano per rimediare uno champagnino e tutti andavano a caccia di una mano importante da stringere, la moglie di un amico architetto braccò Maria, afferrandola per un braccio: «Devo assolutamente presentarti questo giovane scultore. Si chiama Igor Mitoraj, ha quarant'anni, è un ragazzino! Ma ha avuto uno straordinario successo con una sua personale in una galleria di Parigi. Ti assicuro che è un genio. Ed è polacco come il papa» le snocciolò rapida l'amica, trascinandola nella ressa. Maria si esibì in complimenti e auguri, come se fosse sinceramente interessata a quella nuova promessa dell'arte, e si lasciò subito distrarre da altri ospiti che le si avvicinavano per salutarla. Un giovane di belle speranze, sconosciuto in Italia, sollecitava poco la sua attenzione. La moglie dell'architetto e il polacco dal ciuffo ribelle continuarono però a ronzarle intorno. Maria se li ritrovava sempre nella visuale. Lui soprattutto.

Il ragazzo aveva un'aria spaesata e, tuttavia, decisa. Scansava la folla con movimenti impercettibili e disinvolti, lasciando intuire muscoli possenti sotto la giacca stropicciata. Ogni volta che Maria allungava lo sguardo verso di lui, un nuovo dettaglio la colpiva: il movimento della mascella mentre parlava, le mani gonfie e screpolate che agitava nell'aria sinuose e accurate, lo sguardo febbrile di chi cerca un'occasione, pena la vita...

A un certo punto Maria si avvicinò: «Questo ragazzo ha carisma. Si vede subito. E se davvero è bravo, farà strada» disse asciutta e convinta. Il polacco le aveva ricordato lei, da ragazza, a quel suo primo pranzo a casa di Gigliola Bettinelli Curiel.

La vedova Angiolillo si fece raccontare che genere di sculture realizzava e promise che presto sarebbe passata a vedere un suo catalogo a casa dell'amica.

Di lì a qualche giorno Maria tenne fede al suo impegno. Mitoraj si fece trovare in salotto, in mano il frammento di una testa di gusto ellenico e di forte intensità. Era per lei. E lei adorava i regali. Li accoglieva tutti con l'entusiasmo della bambina che ne ha ricevuti pochi.

La vedova Angiolillo sfogliò il catalogo soffermandosi su ogni pagina, affascinata da quei visi e da quei busti classici spezzati, feriti e fatti a brandelli, che erano il segno e la forza di quel giovane artista. Alla fine, chiuse il librone con un colpo secco: «Lei ha del genio!» decretò.

In un italiano ancora incerto, ricorrendo anche al francese, Igor le raccontò che era cresciuto in Polonia e aveva studiato all'Accademia di belle arti di Cracovia; nel '68 si era trasferito a Parigi, si era iscritto alla École nationale supérieure des beaux-arts, quindi si era appassionato all'arte precolombiana e se n'era andato un anno in Messico. Poi era stato in Grecia, a studiare le sculture dell'età classica.

Era di conversazione asciutta e nervosa, come di chi, uso a esser taciturno, si sforzi di dire solo ciò che davvero conta.

«E com'era la Polonia comunista?» chiese Maria.

E lui, sorridendo, con nostalgia: «Oh... Non c'era proprio

nulla. Pensi che, in Accademia, imparammo a dipingere in bianco e nero, perché non avevamo neanche i colori».

La memoria di Maria tirò fuori, a tradimento, i due scampoli di tessuto, uno bianco e uno nero, comprati da ragazza per comporre, con quel poco, il suo primo abito da sera, in occasione dell'emozionato debutto in società. Di nuovo, quel pranzo a casa Curiel. Davanti a Igor, le tornava sempre in mente.

«Però, signora, deve sapere che quell'austerità mi ha insegnato la bellezza dell'essenziale, delle forme pure» aggiunse Igor Mitoraj.

«Di' a Maria dello *studio* a Parigi» lo sollecitò la padrona di casa.

«*Quel studio?*»

«Non è che una stanza al Bateau-Lavoir di Montmartre. Sa? Lo stabile dove vissero Picasso, Matisse, Modigliani... Ho vinto un premio e mi è stata messa a disposizione dal ministero della Cultura. Ma adesso sto molto in Italia. Mi sono innamorato del marmo di Carrara. Ho appena ristrutturato un casolare a Pietrasanta, in mezzo ai boschi.»

«Bene, bene» disse Maria all'amica, «se il ministro della Cultura francese ha messo a disposizione di questo giovanotto uno studio, io posso ben mettergli a disposizione il mio salotto.»

Mentre lo diceva, si sentì come Doris Duke con Franco Rossellini. Ma sì, ma sì, pensò, qualche pranzetto lo faccio ancora e un po' di bella gioventù a tavola ci sta sempre bene.

***

A quel punto della sua vita, Maria, come a voler tornare indietro nel tempo, avrebbe volentieri invitato solo artisti e intellettuali, ma non poteva farlo. Per restare ricca e potente, doveva continuare a frequentare i ricchi e i potenti. L'illuminazione provata in cima alla Scala Santa, la tensione alla pace interiore, le sembrava già non più alla sua portata.

Al primo dei due pranzi di Natale dell'era craxiana, il 14 dicembre dell'83, si rimise seriamente all'opera. Invitò Silvio Berlusconi, che era ancora soltanto un imprenditore, seppure già ricchissimo. Nel 1982, già proprietario di Canale 5, aveva comprato Italia 1 e si preparava a creare un impero delle televisioni.

Da qualche tempo, frequentava casa Angiolillo, incuriosito da quella vedova il cui marito aveva tentato, già venticinque anni prima, la sua stessa impresa. Berlusconi era diventato cavaliere del Lavoro nel '77, ed era uno dei tanti imprenditori che Gianni Letta aveva conosciuto continuando a gestire la comunicazione della loro Federazione.

Insieme con Berlusconi altri cavalieri arrivarono in quel periodo al Villino Giulia: il petroliere Aldo Brachetti Peretti, l'industriale dell'acciaio Luigi Lucchini e Rinaldo Piaggio della Piaggio Aeronautica. Berlusconi, diventato ricco negli anni Settanta con una concezione innovativa dell'edilizia, aveva trasformato da tre anni la vecchia Telemilano in Canale 5 e questo ne aveva fatto un imprenditore di caratura nazionale.

Il Cavaliere fu collocato al tavolo numero uno, ma non ai posti d'onore che spettarono all'ambasciatore americano Maxwell Raab e al direttore generale della Banca d'Italia Lamberto Dini (sistemati alla destra e alla sinistra di Maria) e all'uomo chiave della transizione dal franchismo alla democrazia spagnola, Manuel Fraga Iribarne, capotavola opposto alla padrona di casa. Con il ritorno alla democrazia, Fraga aveva costituito un partito di centrodestra, Coaliciòn Popular, al quale non si sa se consapevolmente il Cavaliere si sarebbe in qualche modo ispirato dieci anni più tardi. Allo stesso tavolo c'erano le principesse Benedetta Boncompagni e Domietta Del Drago Hercolani, Arrigo Levi, Franca Malfatti e Gloria Venturi.

C'era anche Renato Della Valle, forte nel business immobiliare: lui e Berlusconi sarebbero diventati amici e soci in più di un affare. I soli politici presenti alla serata erano i ministri Pandolfi e Gaspari, compagni di mensa delle principesse

Nicoletta Odescalchi e Amalita Pacelli Barattieri. Alcune sventurate tartarughe bollirono per un paio d'ore per approntare un *consommé* accompagnato, insieme al *saumon flambé*, da un Pouilly Fumé Ladoucette del '79, mentre si attinse alle prestigiose cantine di Romanée-Conti (Domaine St. Vivant, 1970) per nobilitare il *filet de boeuf à l'Estragon*.

A fine serata, Maria era distrutta. Si sentiva addosso tutto il peso di quell'ennesimo anno in salita e non aveva ancora digerito il *consommé à la tortue*, uno dei piatti forti copiati a Isabelle Colonna, spesso presentato ai pranzi del Villino Giulia. Bisognava che lo eliminasse dal menù. L'Arcipapessa non l'avrebbe saputo.

Da tre anni, era immobilizzata a letto, assistita da un'infermiera, e si consumava opponendo un'eroica resistenza all'inevitabile declino. Nella sua enorme stanza al piano terra di Palazzo Colonna, le notizie del mondo non entravano più. Maria, spegnendo la luce, pensò che, almeno, la malattia aveva risparmiato a Isabelle il disappunto di leggere sui giornali il nome della sua pupilla accostato a quello di bancarottieri e massoni.

La mattina dopo, al Villino Giulia, il telefono squillò presto. L'ambasciatore spagnolo chiamò Maria per comunicarle che, quella notte, il fratello di Manuel Fraga, Marcelo, era morto in un incendio scoppiato nel consolato spagnolo a Montpellier. Lei si fece il segno della croce e sperò che dall'anno seguente il buon Dio le risparmiasse altri fulmini a ciel sereno.

***

Non vi fu alcuna clemenza divina. Il 24 giugno 1984, morì, in circostanze poco chiare, Antonio Bisaglia, il ministro che era stato fra gli ospiti più riveriti di Maria, ma di cui lei diceva: «È un furbo che ci rimetterà la zampa». Bisaglia era colui che la vedova Angiolillo aveva citato a Tassan Din nella famosa conversazione intercettata: «È un furbo, eh? Però è necessario, creda a me, Tassan Din, che noi ci si debba vedere con

Bisaglia». Ed era lo stesso che con De Michelis, Andreotti e Ciarrapico aveva sostenuto Orazio Bagnasco quale successore di Roberto Calvi al Banco Ambrosiano.

In quell'occasione era poi stato eletto il vicepresidente Roberto Rosone, scampato all'attentato di un boss della banda della Magliana. Bisaglia era citato anche nel Piano di rinascita della P2, fra i politici di spicco da reclutare alla causa, e il suo nome era stato tirato in ballo dal senatore missino Pisanò come «padre padrino» degli affaristi dello scandalo petroli. In realtà né Bisaglia né altri politici ebbero conseguenze giudiziarie per questo scandalo scoperto tra il '78 e l'80 e che coinvolgeva numerosi petrolieri e l'ex comandante della guardia di finanza Raffaele Giudice: l'accusa era di aver favorito una truffa sulle accise dovute all'erario e valutata in duemila miliardi.

Il ministro morì annegato al largo di Santa Margherita Ligure, cadendo dallo yacht *Rosalù*, di proprietà della moglie Romilda Bollati di Saint Pierre, mentre era in gita con alcuni amici. Il presidente della Repubblica Sandro Pertini inviò immediatamente sul posto, a bordo di un aereo militare, Cossiga e l'allora segretario generale della Presidenza della Repubblica Antonio Maccanico, con l'incarico di riportare a Roma la salma. Il giudice archiviò il caso all'istante, ritenendo quella morte la conseguenza di un incidente e valutando superflua l'autopsia.

Giravano, però, voci inquietanti. Per esempio, che Bisaglia avesse alla testa una ferita da corpo contundente, causata forse dalla caduta di un pennone o di un candeliere dello yacht. Si diceva che un attimo prima del presunto incidente fosse steso a prendere il sole al centro della prua, ed era difficile immaginare come potesse essere, da lì, caduto in mare.

A Maria vennero i brividi. Si chiese se era il caso di annullare il pranzo programmato tre giorni dopo. Poi si fece coraggio e accolse comunque i suoi ospiti: l'ex segretario della Dc Flaminio Piccoli, leader con Bisaglia della corrente dorotea, del quale, nella conversazione con Tassan Din, Maria aveva sottolineato il nervosismo per i problemi con Bisaglia all'interno del partito; il cardinale Casaroli, che quella sera recitò una preghiera speciale per il ministro tante volte suo commensale alla tavola di casa Angiolillo; il capo di stato maggiore della Difesa Lamberto Bartolucci, che aveva anche lui i suoi pensieri: era, infatti, imputato di depistaggio per il disastro del Douglas Dc-9 di Ustica del 1980 e da questa accusa verrà assolto un ventennio dopo; Lamberto Dini; Mino Martinazzoli, ministro di Grazia e Giustizia; Clelio Darida, ministro delle Partecipazioni statali; Filippo Maria Pandolfi, ministro dell'Agricoltura; Giacomo Attolico, l'ambasciatore amico di Renato, che era diventato consigliere diplomatico di Pertini; il sottosegretario agli Esteri Antonio Baslini.

Quella sera al Villino Giulia si bevve Baron de L del 1981, Romanée St. Vivant del 1961, per finire con l'Henriot Brut del 1982.

Maria era perseguitata da pensieri cupi. Troppi morti, in quegli ultimi tempi. Troppi lutti. Lunedì 5 novembre 1984, lasciò questo mondo anche la principessa Isabelle Colonna. Si spense nel suo letto, alle tre e mezzo di notte, vegliata dalla sua infermiera, dai suoi Rubens e dai suoi Caravaggio. Aveva novantacinque anni.

Maria indossò l'abito nero con il quale era stata a farle visita vent'anni prima e che ancora le stava a pennello. Coprì il capo con un velo nero e si presentò a Palazzo Colonna poco dopo l'alba. La salma dell'Arcipapessa era già stata composta in una bara trapuntata di merletti e raso color cipria, sotto l'affresco di Marcantonio Colonna, vincitore a Lepanto.

Due giorni dopo, ai funerali nella basilica dei Santi Apostoli, la bara fu poggiata sul pavimento, *more nobilium*, secondo il costume che impone di «abbassare in morte chi fu alto in vita». Ai quattro lati del feretro, quattro anziani valletti con la giacca di velluto scarlatto e le decorazioni nere e bianche del casato reggevano ciascuno un cero.

La chiesa era affollata di Torlonia, Odescalchi, Ruspoli, Theodoli, Volpi di Misurata. Non erano presenti né ministri, né generali: i ministri e i generali di quando Isabelle Colonna contava molto e molto poteva erano ormai tutti morti. E i nuovi, pensò Maria, quelli che la principessa aveva frequentato nella sua casa della Trinità dei Monti erano uomini di un mondo che non sapeva più che farsene dell'aristocrazia.

In fondo alla navata, velata di nero, stette immobile per tutto il tempo la nemica storica di Isabelle, la principessa Ninì Pallavicini. La notarono tutti e l'evento fu considerato straordinario poiché l'anziana nobildonna non si muoveva da casa dai tempi in cui aveva ospitato lo scismatico Lefebvre. Duramente colpita da una paralisi, sulla sua sedia a rotelle, aveva voluto anche lei rendere omaggio all'Arcipapessa.

***

La tristezza di Maria per la morte di Isabelle, e per gli altri tanti dolori sopportati in quegli anni, fu stemperata dall'entusiasmo travolgente di Igor Mitoraj. Quel giovane uomo rappresentava la vita che andava avanti, di nuovo carica di promesse e possibilità. Igor le telefonava tutte le mattine, verso mezzogiorno, e presto si diedero del tu. Il polacco voleva capire tutto dell'Italia, leggeva i giornali e poi si faceva spiegare da Maria i retroscena della politica e della finanza, di quel mondo complesso che lei conosceva così bene. Ai pranzi con i ministri e con i potenti se ne stava taciturno, ma era talmente bello, più bello di certe sue statue ispirate alla tradizione classica, che Maria si sorprendeva spesso a guardarlo ammirata e a dirsi che, sì, in quel suo salotto ci stava proprio bene.

«Mariuccia, mica ti starai invaghendo di un ragazzino» le chiese un giorno Cicci, dopo che l'amica le aveva magnificato le virtù di Igor Mitoraj per una buona mezz'ora.

«Anch'io non sono poi così anziana» rispose lei. Aveva sessantatré anni, ventitré più dello scultore, ma ne dimostrava una cinquantina; in quel periodo si toglieva più anni dei soliti sette.

In onore del giovane scultore, affollò i suoi pranzi di personalità del mondo dell'arte e della cultura. Invitò l'architetto Alberto Pinto, interior designer dei miliardari di tutto il mondo, l'imprenditore Ovidio Jacorossi, grande collezionista d'arte, lo scrittore Masolino D'Amico, Gian Luigi Rondi, che era diventato direttore della Mostra del cinema di Venezia e che, una sera, mentre si cenava in giardino, cadde nella grande fontana circolare, come sarebbe accaduto anni dopo a Renato Squillante, consigliere istruttore del tribunale di Roma. Sul libro dei pranzi, Maria, o più probabilmente Nuccia, appuntò: «Rondi è caduto nella fontana: fra i pesci. Ah! Ah!». Ma annotò anche: «Quel pancione di Spadolini non è venuto. È un grosso pallone».

La vedova Angiolillo, infatti, tremava ogni volta che l'ex direttore del «Corriere», ormai passato alla politica e diventato ministro della Difesa, si presentava al Villino Giulia: una volta aveva fatto franare una preziosa sedia del Settecento francese sotto il peso della sua stazza.

L'ospite al quale Maria teneva di più era, però, Paolo Portoghesi, il direttore della Biennale di Venezia. Il suo obiettivo era convincerlo a far esporre Mitoraj in laguna. Anzi, la vera aspirazione di Maria era che Igor ottenesse un'intera sala in quella rassegna considerata fra le più importanti dell'arte contemporanea internazionale.

Le opere di Mitoraj piacevano. Molti ospiti della signora Angiolillo, industriali, ereditiere, aristocratici, cominciarono a comprarle a carissimo prezzo.

«Fatti pagare tanto, mi raccomando» lo esortava lei.

L'unica che Maria faticò a convincere fu Cristina Ford, che ormai si era separata dal marito americano e viveva gran parte del tempo in Italia. Per anni Maria le aveva ripetuto che non doveva lasciare solo Henry per lunghi periodi, ma l'amica se n'era ben infischiata di quei saggi avvertimenti. Finché un brutto giorno, il 24 dicembre 1974, aveva trovato il consorte seduto sulle scale di casa, a Grosse Pointe, circondato di valigie: «Ti sto lasciando per Kathleen. Lei sa tenersi sei uomini e tu sei sempre via e non sai tenertene uno» le aveva detto.

Kathleen DuRoss, che Cristina chiamò sempre «Miss Porno», era una modella molto più giovane di lei. Da quel momento, erano cominciati anni di stillicidio. Sulle prime, Cristina si era rifugiata dai Marcos, a Manila. Passato qualche tempo, aveva detto a Imelda: «Bambola, dammi un consiglio filippino, che probabilmente non seguirò: che devo fare con Henry?».

E Bambola le aveva risposto: «Bambina, se gli mostri tutto il tuo amore, lui non potrà restare indifferente».

Cristina era dunque tornata a Detroit e per due settimane, tutti i giorni, si era presentata alla Ford con una rosa rossa per il marito. Tutti i giorni, era stata bloccata dall'efficiente segretaria di Mister Ford; alla fine, però, colpito da tanta dedizione e afflitto dai sensi di colpa, Henry aveva capitolato ed era tornato a casa.

Andò com'era andata con la prima consorte: Henry fece anni di tira e molla, dividendosi fra la moglie e l'amante e, alla fine, scelse l'amante. Cristina ed Henry divorziarono il 22 febbraio 1980 e lei non si risparmiò un'ultima sceneggiata. Convocò una conferenza stampa, durante la quale dichiarò, accorata: «Mai, mai, mai, mai, avrei sposato Ford se avessi saputo, quindici anni fa, il dolore che provo ora».

Quando l'imbarazzato avvocato A. Robert Zeff intervenne per annunciare che gli ex coniugi avevano siglato un accordo economico «molto soddisfacente», lei saltò su: «No, no: un accordo insufficiente a continuare la vita a cui sono abituata».

Cristina mantenne un appartamento a New York e una villa a Fregene, sul litorale romano, ma si convinse sinceramente di essere diventata povera, nonostante i quindici milioni di dollari che Henry, pare, le aveva concesso. Lei, che era stata spesso ai primi posti delle classifiche delle donne più eleganti del mondo, cominciò a farsi cucire i vestiti da una sarta di Fregene.

Per questo motivo temporeggiava sull'acquisto delle sculture di Mitoraj e, quando Maria cercava di coinvolgerla in qualche opera di bene, si tirava indietro, elencando bollette da pagare e personale da mantenere. Era ossessionata dal costo del giardiniere, come dal prezzo della frutta. Allora, Maria sollevava gli occhi al cielo: «Io sono una cretina. Sto a discutere con una che se n'è andata a vivere a Fregene perché lì la sarta costa poco».

La vedova Angiolillo, invece, non smise mai, nemmeno nei magri anni Ottanta, di espiare le sue colpe aiutando tutti quelli che poteva. Quando al Villino Giulia arrivò Teresa Ciancone, la nuova governante, le insegnò, per prima cosa, a preparare i rotolini di mille lire. L'aveva imparato da Renato: il senatore girava sempre senza portafoglio, e spediva poi la segretaria Ottilia a pagare i suoi conti, ma teneva sempre in tasca delle banconote arrotolate per le mance. Teresa ne preparava ogni mattina a decine, da cinquemila e da diecimila lire.

Maria cominciava a distribuirle appena fuori dalla porta, dove l'attendeva ogni giorno una pletora di zingarelle che chiedevano l'elemosina. Ne lasciava anche ai ragazzi che, davanti all'Hassler, avevano il compito di aprire le portiere delle auto, anche se lei arrivava in hotel a piedi, con una passeggiata di pochi minuti. Quando Teresa la accompagnava a Montecarlo per le vacanze estive, la vedova Angiolillo si preoccupava immancabilmente di elargire una mancia al parcheggiatore Filippo. E la governante: «Ma signora, noi siamo senza macchina...».

«Quello ha famiglia e qui sono tutti tirchi. Più sono miliardari e più sono tirchi» le rispondeva la signora.

Teresa Ciancone era entrata in casa Angiolillo come ricamatrice e rammendatrice: un'importante sua referenza consisteva nell'aggiustare le tovaglie di donna Borbone, nuora di Marcantonio Pallavicini e, talvolta, quelle di Maria, che quando la assunse disse subito a Nuccia: «Questa Teresa è distinta. Sembra una vera signora. Altro che ricamatrice, la faremo governante». Decise di affiancarla a Floriana, che lavorava al Villino Giulia dai tempi del senatore e aveva manifestato il desiderio di tornare in famiglia.

La mattina in cui prese servizio, Teresa trovò la signora Angiolillo furiosa. La sera prima, c'era stato un pranzo e Maria aveva indossato un abito lungo con un accenno di coda che le aveva creato disagio per tutto il tempo. Se l'era sentito scomodo già mentre Josi, la cameriera filippina, la aiutava a infilarlo.

«Teresa, trova il numero di Giulia, la sarta di Milano. Quest'abito è cucito da schifo» le ordinò.

«Ma come? Mi faccia vedere.»

«Teresa, non insistere, che cominciamo male. Non sai quanto ho sofferto ieri sera...»

«Ma mi lasci controllare, se lo riprovi.»

Teresa aiutò la signora a indossare il vestito e quando le ebbe chiuso la zip sul fianco, l'abito le calzava alla perfezione: Josi, la sera prima, gliel'aveva messo al contrario.

«Teresa, chiama Josi che la licenzio! Sono stata tutta la sera con il vestito al contrario e avevo a cena Allegra Agnelli che è madama eleganza!»

Maria faceva così, minacciava licenziamenti, denunce, richieste di danni, poi si calmava.

«Ma sì, ma sì. Non se n'è accorto nessuno... Adesso chiamiamo Nuccia e le facciamo fare due risate» concluse.

La vedova Angiolillo visse fino all'ultimo giorno anche con Teresa, che fu per lei assai più di una governante: fu dama di compagnia, manager del Villino Giulia, testimone discreta di molti dolori che stavano per arrivare.

La Dea Roma

In quegli anni, Maria centellinò i pranzi, ma imparò a focalizzarli. Intercettò Raffaello Teti, il presidente dell'Agusta degli elicotteri, e strinse amicizia con Cristina Piaggio, moglie di Rinaldo, a capo della divisione Aeronautica del gruppo di famiglia. Tutte le volte che poté, provvide ad avere ospiti anche il generale Lamberto Bartolucci, capo di stato maggiore della Difesa e al generale Umberto Cappuzzo, capo di stato maggiore dell'Esercito.

L'Agusta era un'azienda di Stato, così come la Stet, il colosso delle telecomunicazioni che impiegava centotrentacinquemila dipendenti, fatturava 12.400 miliardi di lire ed era presieduta da un altro nuovo ospite del Villino Giulia, Michele Principe. I boiardi di Stato, pensò Maria, sarebbero stati bene a tavola con il ministro delle Partecipazioni statali. E fu così che il democristiano Clelio Darida fece il suo ingresso nella casa su piazza di Spagna, piazzato fisso a capotavola.

Maria si assicurò tutti i ministri della Giustizia dell'epoca: «Ormai ho imparato, Nuccia... Chi ben frequenta, rischia sempre qualche guaietto» sentenziava. E dunque, in quegli anni che precedettero Tangentopoli, ricevette nel suo salotto tutti i guardasigilli: Mino Martinazzoli, Virginio Rognoni, quindi Giuliano Vassalli, il suo primo pezzo da novanta socialista.

Contava l'incarico: lasciata la poltrona, i ministri della Giustizia cedevano al successore anche il posto a tavola in casa Angiolillo.

Frequentavano con assiduità il Villino Giulia, spesso ospiti delle stesse serate, tutti i nuovi banchieri: Giovanni Auletta Armenise, presidente della Banca nazionale dell'agricoltura; Rodolfo Banfi, presidente del Mediocredito Centrale; Rinaldo Ossola, presidente del Credito varesino e già direttore generale della Banca d'Italia, di cui Maria magnificava «la chiarezza da medico condotto» nello spiegare i malanni dell'economia e dei mercati finanziari.

Era di casa Mario D'Urso, amministratore di Lehman Brothers, lo stesso che accompagnava Imelda Marcos e Cristina Ford a fare shopping nelle vie eleganti di Roma. Era un *habitué* anche Cesare Geronzi, presidente della Cariroma, lanciato in un'impressionante serie di acquisizioni e fusioni che avrebbero portato a creare il colosso Capitalia. Geronzi, abilissimo nelle relazioni con i politici, aveva il suo punto di riferimento in Andreotti, che continuò a regnare sul Villino Giulia anche in tutti gli anni Ottanta.

Nuovi ospiti affezionati furono il ministro dell'Ambiente Valerio Zanone, in quota Pli; l'onorevole Antonio Baslini, anche lui liberale; il giovane deputato Dc Cesare Cursi, un quarantenne che Maria prese a cuore perché la trattava con la deferenza dovuta a una regina. Non mancava mai Aristide Gunnella, maggiorente del Pri siciliano, che riusciva in realtà a impicciarsi di qualunque altro affare.

Di tanto in tanto, a portare un tocco di classe fra quei nuovi ricchi e quei nuovi ministri, le cui mogli non sempre possedevano un abito lungo e qualche dignitosa collana, compariva Umberto Agnelli, il fratello dell'Avvocato, accompagnato dalla consorte Allegra Agnelli Caracciolo di Castagneto, di cui Maria ammirava l'asciutta silhouette, gli elegantissimi abiti privi di fronzoli e il regale portamento. E alle serate di casa Angiolillo arrivava anche un'altra sorella di Gianni Agnelli, Susanna detta Suni, che dall'83 era sottosegretario agli Esteri.

In quegli anni Ottanta, esordì al Villino Giulia anche Mario Pirani, vicedirettore del quotidiano «la Repubblica», esperto di economia e vicino al Partito comunista. Pirani e Maria si sentivano e si vedevano di continuo, commentavano i fatti del giorno, condividevano le indiscrezioni politiche. Maria diceva che aveva acume, che era bravissimo a spiegarle le notizie di finanza e utilissimo per capire «ciò che pensano quelli dell'altra parte... i comunisti».

La vedova Angiolillo cercò di agganciare anche Franco Carraro. Uomo ricco e di notevole charme, già campione di sci nautico e di golf, Carraro era stato presidente del Milan ai tempi di Gianni Rivera, era membro del Comitato olimpico internazionale, presidente del Coni e politicamente vicino ai socialisti.

Bettino Craxi adorava i Carraro, anche per merito di Sandra, moglie di Franco, donna dalle riconosciute doti diplomatiche. Nel 1980, quando Franco, a capo del Coni, inviò gli atleti italiani alle Olimpiadi di Mosca, nonostante il governo aderisse al boicottaggio promosso dagli Stati Uniti, spettò proprio a Sandra il compito di calmare il furibondo Craxi.

Sandra era figlia degli Alecce, famiglia di industriali farmaceutici ai quali Renato faceva visita con Elena, l'amante capricciosa che aveva rifiutato un rubino in regalo gettandolo nella sabbia. Maria aveva saputo che gli Alecce ricevevano marito e amante, e da allora aveva diradato le frequentazioni.

Sandra Alecce Carraro, magrissima e biondissima, aveva però dalla sua un sorriso contagioso. Tutti dicevano che l'intelligenza e i bei modi della moglie avevano giovato alla carriera del marito.

Maria li aveva ricevuti in casa, una prima volta, a un pranzo dell'aprile dell'84. La giovane signora Carraro sfoggiava un sorriso che le illuminava il volto più dei grossi brillanti che portava incastonati in una raffinatissima collana. «Sandrina!» aveva esclamato Andreotti, abbracciandola con un affetto che Maria non gli aveva mai visto esprimere.

Sandrina, il nome di sua madre! Ecco dove aveva già visto quel sorriso, aveva pensato la vedova Angiolillo.

Andreotti considerava Sandra Carraro una di famiglia, passava le domeniche pomeriggio da lei a giocare a gin rummy e a burraco, assieme anche a Vittoria Leone. E Sandra era la sua accompagnatrice ufficiale all'ippodromo. Il Divo Giulio sapeva tutto di cavalli, ma scommetteva poco, di solito mille lire, in casi eccezionali, diecimila.

Quella sera, a tavola, aveva raccontato della volta in cui a Tor di Valle, aveva individuato un «ambone» che lo faceva sognare. A puntarci duecentomila lire avrebbero potuto vincere un bel milioncino. Ma giocare tanti soldi era fuori discussione. Allora, Sandrina si era lanciata di sua iniziativa in una colletta fra gli sconosciuti del club dell'ippodromo, avvicinando tutti quelli che le sembravano scommettitori incalliti, di solito riconoscibili dalla faccia poco raccomandabile. Aveva raccolto esattamente quanto serviva. Alla verve di Sandra nessuno sapeva resistere. Alla fine, avevano vinto. E quando si trattò di dividere il milione incassato, era stato grande lo stupore degli improvvisati soci nello scoprire che il promotore della puntata era nientemeno che Andreotti.

A dispetto delle premesse, quindi, Maria era rimasta conquistata da quella ragazza. Solo che ogni volta che la invitava, lei non poteva mai accettare. Franco aveva mille impegni e lei doveva stargli dietro.

***

Ogni gioia di quegli anni veniva a Maria da Igor Mitoraj.

Una mattina, lo scultore la chiamò più tardi del solito, con la voce ancora impastata di sonno.

«Igor, ma che hai fatto ieri sera? Dove sei stato?» chiese lei.

«Mah... In un ristorante.»

«Con chi?»

«Persone che non conosci.»

«Allora dovevano essere dei disgraziati.»

«Ma non ci sono mica solo i tuoi cavalieri e i tuoi ministri e... come li chiamate in Italia? Boiardi di Stato.»

«È grazie ai miei ministri e ai miei cavalieri che i tuoi disgraziati non si possono più permettere di comprare le tue opere, tanto sono diventate care...»

«Ne ho in mente una bellissima. Una dea di Roma. L'ho pensata stanotte. Un volto di donna antico e potente, alto come un palazzo. Me lo vedo davanti: un viso che nessuno potrà smettere di guardare e che avrà i tuoi occhi, Maria.»

«Appena ti rimprovero, fai il ruffiano.»

«Dico sul serio: quella che ho in mente è la Dea Roma, capisci? Sei tu! Il volto di una donna che è stata testimone dello scorrere del tempo e di ogni memoria di questa città. Un viso fatto del travertino dei vecchi palazzi, dei vecchi ponti, delle sculture di Bernini. La mia dea deve avere il sorriso malinconico di chi tutto ha visto e sa che tutto passa.»

«Capisco. Mi stai dando del rudere.»

«L'ho pensata con i tuoi zigomi alti e le labbra appena dischiuse. E con i tuoi occhi profondi.»

Quei due potevano andare avanti a flirtare per un'ora. C'era una vena di passione fra loro, una corrente sotterranea che non si risolveva mai in una vera scossa. Maria aspettava le telefonate e le visite di Igor con la trepidazione di un'adolescente.

Lo chiamava cento volte al giorno. «Sei uscito? Sei ancora a casa? Hai detto che venivi a colazione. È l'una passata...»

Era possessiva con lui. Governava la promozione delle sue opere e la sua vita. Si occupava delle sue domestiche, dei mobili che arredavano la sua casa, delle interviste che lei stessa combinava con gli amici giornalisti e degli appuntamenti con i clienti che lei stessa fissava.

Poi chiamava Cicci e le raccontava ogni meraviglia di quel ragazzo.

«Tu sei innamorata» le diceva l'amica.

«Ha detto che scolpirà una dea di Roma con il mio volto.»

«Forse un dio di Roma.»

«Che vuoi dire? Igor è molto virile.»

«A parole sì, mi sembra. Ma per il resto, mica puoi esserne certa.»

«L'attrazione c'è. Ma lui è giovane, io ho la mia posizione... è normale che resti una cosa così...»

«Sarà. A me, sembra omosessuale.»

«E pure se fosse? Anche la Callas e Pasolini si amavano e lui era quello che era.»

«Basta che non ti rendi ridicola, Mariuccia. Tu sei così in vista.»

«Non devono proprio permettersi di spettegolare. Sto per fare di lui un artista famoso nel mondo. Anzi. Ho deciso che gli organizzo una mostra come a Roma non si è mai vista. Che dici? Chiamo Vittorio Sgarbi? Ma sì, la faccio fare a Sgarbi.»

Il critico d'arte impazzì per le opere di Mitoraj, s'infervorò, gesticolò, urlò che avrebbe allestito un'esposizione memorabile e promise a Maria: «Vedrai, come Picasso aveva Gertrude Stein, Igor Mitoraj passerà alla storia grazie a Maria Angiolillo».

La vedova Angiolillo volle una location unica. Pensa e ripensa, le venne in mente Castel Sant'Angelo, luogo fino ad allora rimasto inviolato dall'arte contemporanea. Per lei, averlo non sarebbe stato un problema. Studiò pure di affiancare a Sgarbi Maurizio Calvesi, che era responsabile delle arti visive della Biennale di Venezia. Il suo obiettivo restava sempre ottenere una personale di Mitoraj all'edizione del 1986.

La data d'inizio della mostra romana fu fissata al 28 maggio 1985.

Pochi giorni prima, arrivò una telefonata di Ljuba.

«Non sai, Maria, che è successo a Cagnes-sur-Mer: il Princie, il figlio della Baroda, si è suicidato!»

«Oh mamma mia.»

«Pare che l'abbiano trovato a letto, in una suite d'hotel, gambe e braccia aperte, in una pozza di sangue, con un coltello da cucina in gola, circondato da candele accese.»

«E perché mai avrebbe commesso un gesto simile?» domandò Maria.

«Ma perché è diventato povero. Spendeva e spandeva, faceva una vita da nababbo e si è rovinato. Aveva appena compiuto quarant'anni e dicono tutti che si fosse già mangiato il patrimonio dei Baroda.»

«Lo avevano cresciuto male: la mamma gli metteva i bottoni di rubino sulle camicie già quando era piccolo» rifletté Maria.

«È proprio così! La maharani aveva battezzato il diamante rosa Princie, "principino", proprio in onore del figlio. Ti ricordi? È quel diamante che porta sfortuna. Meno male che, ai tempi, non volli comprarlo. Ma l'avevi poi preso tu?»

Maria si stizzì. Ljuba doveva ricordarsi alla perfezione che il Princie lo aveva lei: «Tu lo sai benissimo che lo aveva comprato Renato» le disse. «Ma io non sono superstiziosa. Comunque, grazie d'avermi informata. Ora, però, scusami, stavo uscendo e devo salutarti.»

Maria mise giù il telefono e chiuse gli occhi, sprofondando nel divano. Ci mancava pure che il Princie le portasse sventura. Che cos'altro mai poteva ancora accaderle?

Il 28 maggio 1985, il ponte che dal Lungotevere conduceva alla fortezza, illuminato da un'infinita teoria di fiaccole, fu attraversato da tutto il bel mondo. Mancava solo Cicci: il suo secondo marito Ercole Locatelli era morto due mesi prima e lei non se l'era sentita di spostarsi da Milano. I critici d'arte, invece, arrivarono da ogni dove. Maria aveva fatto un gran lavoro di pubbliche relazioni anche con tutti i giornali più importanti.

Quando giunse all'ingresso del castello e vide, quale nuovo guardiano della soglia, un gigantesco Eros alato, si commosse. Dentro, sull'enorme rampa elicoidale di epoca romana, stava sospesa una gigantesca sfera di bronzo, da cui si affacciava un viso malinconico rivolto alle grate delle celle più tetre del castello, quelle in cui era stato rinchiuso Benvenuto Cellini. Nella Sala di Apollo, svettavano alte colonne d'Ercole, sulle quali erano appollaiati stiliti ateniesi.

Maria aveva voluto sfidare la sorte e si era messa il Princie al dito: di solito lo sfoggiava solo a Montecarlo o ai suoi pranzi in casa. Lo accarezzò tutto il tempo, quasi a provocarlo, ma il *vernissage* fu un trionfo e lei ricevette più complimenti dello stesso Mitoraj.

Quella sera nasceva un mito vivente e tutti sapevano che il nuovo astro riluceva grazie a Maria. Sgarbi la presentò a tutti come una rediviva Gertrude Stein.

Tornata a casa a notte inoltrata, la vedova Angiolillo si mise a letto felice. Mai un pranzo, o una mediazione tra i suoi ospiti, le aveva dato una simile soddisfazione. Si sentiva lei stessa un'artista: il suo Igor Mitoraj era un capolavoro e l'aveva creato lei.

I giornali riportarono solo critiche straordinarie. Maria, eccitatissima, li lesse e li rilesse a Igor. «Il Tempo» aveva titolato: *Un grande visionario a Castel Sant'Angelo* e «Il Piccolo» scriveva: «La mostra di Igor Mitoraj ha un grave limite. È talmente bella che dovrebbe essere permanente».

«Senti, senti... Questo è l'"Europeo": "Mitoraj, con virtuosismo, riscrive armonia ed equilibrio delle proporzioni: questo è il caso di *Corazza*, un bronzo alto tre metri, il cui prezzo a quanto si dice supera i cento milioni di lire".»

«Sì, magari... Ma dove pescano certe frottole i giornalisti?» osservò Igor.

«Come dove? Gliel'ho detto io. Anzi, ora facciamo uscire un articoletto con la notizia che le tue quotazioni, dopo Castel Sant'Angelo, sono belle che raddoppiate. Adesso chiamo qualcuno... Fammi pensare...»

«Oh, Maria... io scolpirò la dea di Roma e avrà i tuoi occhi.»

Ormai il suo scultore era stato adottato dagli italiani. E già che in Vaticano sedeva Karol Wojtyła, il papa polacco, a Maria parve che fosse cominciata «un'era polacca». Perciò, nel 1985, invitò al Villino Giulia, in onore di Mitoraj, il cardinale di Cracovia Henryk Gulbinowicz, vicinissimo al Santo Padre. La vedova Angiolillo s'inventò qualunque cosa per promuovere il suo pupillo e, nel 1986, Igor Mitoraj ebbe finalmente la sua sala personale alla Biennale di Venezia. Le quotazioni delle sue opere si impennarono. I giornali cominciarono a scrivere che era l'artista italiano, seppure d'adozione, più quotato, insieme a Botero, che per inciso era colombiano, pur vivendo in Italia. Solo che ormai le quotazioni di Mitoraj erano vere, non si trattava più di una voce abilmente messa in giro da Maria.

Igor continuava a chiamarla tutte le mattine e, quando rientrava a casa dopo aver inaugurato una mostra a Parigi o in qualche altra città del mondo, le portava in dono ricercatissimi gioielli antichi, o una borsetta in coccodrillo, in edizione limitata, dalla raffinatissima fattura. Regali scelti con cura certosina e con ineffabile gusto per rendere omaggio a lei, la dea di Roma.

Dopo la Biennale di Venezia, la vedova Angiolillo si rassegnò tuttavia all'evidenza che gli orientamenti erotici del giovane scultore non contemplavano alcuna autentica passione per una matura signora. Restò fra loro un rapporto affettuosissimo e, da parte di Maria, anche possessivo, in cui Igor si accoccolò come un gatto selvatico che, a tratti, conceda di lasciarsi addomesticare. Comunque sia, Mitoraj trascorreva Pasqua e Natale rigorosamente con Maria e d'estate andava sempre a Montecarlo, fermandosi per qualche settimana a farle compagnia.

Era diventato di famiglia, però volava da solo. A volte, Maria lo guardava partire e sentiva nostalgia dell'eccitazione e dello slancio provati nel fare di lui un astro del firmamento artistico.

***

Nel 1987, Gianni Letta lasciò la direzione del «Tempo» e andò a lavorare alla Fininvest di Silvio Berlusconi. Pur essendo l'uomo chiave del Cavaliere a Roma, si fermava spesso a Milano e talvolta dovette rinunciare ai pranzi di Maria, ma il legame fra loro rimase immutato e solido. E il salotto Angiolillo era ormai in grado di sopravvivere a tutto.

Nella seconda metà degli anni Ottanta vi furono nuovi ingressi. Era spesso ospite Edoardo Caltagirone con la moglie Rosa, il cugino di quel Francesco Bellavista Caltagirone che, appena ventenne, sapeva distogliere Renato dai tavoli del casinò e dirottarlo verso divertimenti meno costosi. Divenne assiduo l'amministratore delegato della Fiat Cesare Romiti, accolto con tutti gli onori nel 1989, anche se Maria avvertì subito una certa riluttanza nei suoi confronti. «Troppo duro» stabilì. Paolo Cirino Pomicino, già presidente della commissione Bilancio della Camera, da lui trasformata, secondo i detrattori, in uno sportello per questuanti, fu ammesso solo nell'88, quando ormai presiedeva il dicastero della Funzione pubblica e tutti lo chiamavano «o' ministro». Maria lo trovò subito simpatico: napoletano, spiritosissimo, le ricordava Renato.

La vera passione della vedova Angiolillo fu, però, Antonio Maccanico, da lei considerato un «abilissimo navigatore». Già presente alle serate del Villino Giulia come segretario generale della Presidenza della Repubblica, Maccanico, dal 1987 nominato ministro per gli Affari regionali dei governi De Mita e Andreotti VI, fu uno degli ospiti più coccolati. Nell'87, infatti, l'era craxiana tramontò, cedendo il passo a una stagione di pentapartiti fra Dc, Psi, Pri, Psdi e Pli, con un ruolo più forte della Dc.

Intanto, Franco Carraro era diventato, in quota Psi, ministro del Turismo e dello Spettacolo con delega allo Sport. Un giorno dell'88, dopo aver ricevuto da sua moglie Sandra l'ennesimo, cortese rifiuto, Maria, piuttosto seccata, smise di usare giri di parole: «Sandra, ti sei montata la testa solo perché tuo marito è ministro?».

«Ma no, Maria, devi perdonarmi. È che ho sempre tanto da fare... Ma stavolta vengo, te lo prometto.»

Sandrina partecipò al pranzo di Natale, portò il sole del suo sorriso, e poi scomparve di nuovo, ripresentandosi solo tredici mesi dopo, al primo ricevimento del gennaio 1990. Entrambe le volte, fu ospite di casa Angiolillo senza il consorte. Franco era schivo, andava a letto presto e delegava le mondanità alla moglie. Nel frattempo, era diventato sindaco di Roma, grazie a un accordo fra Craxi e Forlani.

Maria detestava chi si sottraeva ai suoi inviti, ma Sandra continuava a piacerle: irradiava buonumore, anche se restava inafferrabile. Se la principessa Colonna le aveva insegnato a non dare mai agli ospiti l'impressione che sarebbero stati invitati di nuovo, con Sandrina succedeva il contrario. Era Maria a non sapere mai se la sua ospite sarebbe tornata al Villino Giulia.

Un giorno, Susanna Agnelli giunse a casa Angiolillo in compagnia di una bruna travolgente, tutta ingioiellata e d'oro vestita. Era Marisela Federici Rivas y Cardona, nipote di un presidente del Venezuela, appena separata da Roger Tamraz, un egiziano, fondatore della Tamoil. La schiva Agnelli e l'esuberante Marisela erano amiche inseparabili e dividevano il quinto piano di casa Agnelli in via XXIV Maggio. Tanto era riservata la prima, tanto appariva pirotecnica Marisela, ma le due erano complici in tutto. Suni si era assunta il ruolo di «segretaria del cuore» e rispondeva alle lettere degli spasimanti di Marisela, come Alfonso de Borbón, cugino del re di Spagna, o il conte Alvise di Robilant. L'Agnelli si divertiva da matti ad ascoltare i resoconti sentimentali dell'amica e le raccomandava di essere prudente, «ma solo per i gioielli». Marisela ne possedeva di spettacolari e, lo abbiamo visto, era costume degli uomini del tempo giocarsi gli ori delle mogli.

In quella seconda metà degli anni Ottanta, la vedova Angiolillo si era affezionata a Paolo Federici, un finanziere cresciuto in Mediobanca e che aveva poi fondato una sua società, riscuotendo parecchio successo con i «titoli atipici», vale a dire dei certificati di partecipazione in grandi progetti immobiliari, non soggetti a quotazioni in Borsa.

Nell'86, il ministro delle Finanze Giovanni Goria aveva però imposto una tassa del 30 per cento sui titoli atipici e le due società di Federici, la Fundus e la Eurogest, si erano trovate in difficoltà. Cercando un rimedio alla situazione, Federici aveva combinato qualche «guaietto», come diceva Maria. Lei, però, lo aveva a cuore perché era un uomo provato da una sorte atroce.

Paolo Federici, che aveva all'incirca la sua età, si era innamorato, anni prima, di Maider, una signora di Ferrara, bellissima e sposata. Per lui, Maider aveva chiesto l'annullamento del suo matrimonio e quando finalmente i due erano partiti in auto per il loro primo viaggio insieme, avevano avuto un terribile incidente. Paolo era rimasto quasi del tutto sordo, Maider completamente paralizzata. Paolo aveva sposato comunque la sua amata, che visse sempre in una clinica milanese, comunicando soltanto attraverso i quadri che dipingeva tenendo il pennello fra le labbra.

Anche Maria, nel '53, aveva perso il suo promesso sposo in un terribile incidente d'auto. Per questo si era affezionata a quel bizzarro finanziere, che non sentiva più nulla dall'orecchio sinistro, poco dal destro, parlava sempre a voce troppo alta e, a ogni domanda, rispondeva fischi per fiaschi. Nonostante ciò, continuava a lavorare indefessamente, generando montagne di soldi e correndo appena possibile al capezzale di sua moglie.

Per lui, Maria organizzò pranzi e colazioni, cercando sempre di assicurarsi la presenza dell'ignaro ministro della Giustizia Vassalli, con la speranza che prendesse a cuore il caso del suo caro amico.

Federici, che era un uomo generoso, non mancava mai di ringraziarla con un pensierino acquistato da Bulgari o da qualche altro gioielliere di fama.

In quegli anni non particolarmente prosperi, la vedova Angiolillo prese l'abitudine di dare le sue colazioni al Grand Hotel: costavano assai meno di quelle apparecchiate con sette camerieri e un cuoco nella grande casa alla Trinità dei Monti, ed erano meno impegnative da organizzare.

Fu proprio a una di queste colazioni che Maria pensò di mettere accanto a Federici Marisela Tamraz: l'esuberante venezuelana lo avrebbe sicuramente rallegrato. Ebbe anche l'accortezza di far sedere Marisela alla destra del finanziere, dal lato dell'orecchio dal quale lui sentiva ancora qualcosa. Ciononostante, la ex signora Tamraz, ignorando che Federici fosse sordo, lo giudicò completamente matto. Lei gli chiedeva una cosa e lui gliene rispondeva un'altra. Quando uscirono dall'albergo, lei salutò, spiegando che il suo autista l'attendeva, e lui urlò: «Grazie, vengo volentieri» accomodandosi prontamente sul sedile anteriore della Mercedes della Tamraz.

Invano, lei gli chiese dove doveva lasciarlo. Si rassegnò a liquidarlo davanti all'ingresso di casa Agnelli, dove lei viveva, ma lui, continuando a chiacchierare ad altissima voce, la seguì fin dentro il suo appartamento.

Quando Marisela, imbarazzatissima, gli offrì da bere, Federici si alzò dal divano e si diresse verso il tavolo dei liquori, per servirsi da solo un brandy. A quel punto lei capì che mai più si sarebbe tolta di torno quel mezzo matto. Sopraggiunse Suni, per fortuna. Le due donne raccontarono che il giorno dopo sarebbero partite per una clinica svizzera dove si praticava il lavaggio del colon, decisione, la loro, che sconcertava il fratello Gianni, il quale non si capacitava di come si potessero trascorrere due settimane a far clisteri.

Due giorni dopo, Paolo Federici cercò l'indirizzo della clinica e mandò un telegramma a Marisela: «Ho dimenticato il colore dei tuoi occhi».

Suni, addetta alla corrispondenza con gli spasimanti, ordinò a Marisela di rispondere: «Sono mordorè, come le icone russe alla luce di una candela».

A Roma, i due cominciarono a frequentarsi. Al secondo

pranzo di Natale del 1988 si ritrovarono di nuovo a tavola, questa volta nella casa sopra piazza di Spagna, assieme al ministro Vassalli, a Gaspari, Geronzi, Renato Della Valle, al giornalista Alberto Ronchey, a Lamberto Dini e alla rediviva Sandra Carraro. Maria capì subito che avevano approfondito la conoscenza e prese le sue informazioni.

Un pomeriggio, l'avvocato Giuseppe Consolo passò al Villino Giulia per un caffè e trovò Maria in lacrime.

Con Consolo, la vedova Angiolillo aveva pochi pudori. Lui aveva visto lei nei giorni tragici di Calvi e lei aveva visto lui nei momenti drammatici in cui aveva assunto la difesa del bulgaro Antonov, accusato del tentato omicidio di papa Wojtyła. Si riteneva che l'attentato fosse stato commissionato dal Kgb russo ai servizi segreti bulgari, i quali a loro volta avrebbero armato la mano del turco Ali Ağca. Era poi emersa l'ipotesi che la pista bulgara fosse un tentativo di depistaggio, in una storia comunque mai chiarita.

L'avvocato Consolo si era ritrovato nel bel mezzo di un intricato caso internazionale e si era confidato con Maria, che riusciva sempre a infondergli coraggio. Lei gli aveva combinato una confessione con il cardinale Casaroli, il quale, essendo segretario di Stato, di norma non passava il suo tempo ad ascoltare i peccati degli avvocati. Quando infine Consolo era riuscito a far assolvere il suo cliente, Maria aveva gioito con lui e a entrambi era scappata una lacrimuccia.

Nessuna sconvenienza, dunque, se, quel pomeriggio, al cospetto del giovane legale, Maria non smise di piangere.

«Che succede, Maria?»

«Succede che sono una cretina! Isabelle Colonna e Renato me lo dicevano sempre di non invitare le divorziate!»

«Ma di che parli?»

«Federici fa la corte alla Tamraz. Capisci? Con la moglie paralizzata in clinica! Ed è colpa mia. Solo colpa mia.»

Ne nacque un conflitto, a suo modo garbato ma non per questo meno pertinace, fra la vedova Angiolillo e la signora venezuelana. La tensione non si placò, anzi si acuì quando, a due anni dal loro primo incontro al Grand Hotel, Federici, rimasto vedovo, sposò Marisela.

Quest'ultima disse di aver ben chiaro il motivo per cui Maria era tanto adirata con lei: ora che Paolo aveva una moglie a Roma, non aveva più necessità di farsi organizzare pranzi e colazioni dalla signora Angiolillo, che dunque restava senza i regalucci con i quali lui la ringraziava.

Maria, invece, continuò a sottolineare che Marisela si era approfittata di un uomo con la moglie malata. Di fronte a tanta offesa, Marisela si risentì ancor di più: «Maria non fa niente a caso» raccontava «e, se mi ha fatto sedere dal lato dell'orecchio buono di Paolo, significa che si era immaginata un'avventura. Come se io fossi una da un'avventura e via!».

Si andò avanti così: Marisela specificava di essersi fidanzata solo dopo che Federici era rimasto vedovo; Maria alzava gli occhi al cielo ogni volta che qualcuno la nominava. A un certo punto, Marisela scrisse a Maria che le era grata per averle presentato il marito, ma comunque non mise più piede nella casa sopra piazza di Spagna. Sulle ragioni profonde, le versioni divergono.

Marisela dirà che era stata Susanna Agnelli a vietarle quella frequentazione e che ne erano nate discussioni tra lei e l'amica. Suni le intimava di non recarsi al Villino Giulia, salvo poi andarci lei stessa, con la scusa d'essere sottosegretario. Maria dirà sempre che era stata lei a non voler più come ospite a casa sua la venezuelana.

Un giorno del 1988, Maria si ritrovò a colazione uno scenografo, portato da un amico. Gianni Quaranta era uno splendido quarantacinquenne con la tipica espressione tormentata degli artisti, le mani sempre in tasca, lo sguardo sfuggente. Ancora piuttosto giovane, era già un monumento. L'anno prima, aveva vinto il premio Oscar firmando *Camera con vista* di James Ivory. Quando Maria gli chiese di che cosa si stesse occupando in quel momento, rispose: «Di nulla. Ho vinto un Oscar, quindi in Italia pensano che io costi troppo».

«Oh, ma lei glielo lasci credere. Non si deprezzi così! Dovremmo far due chiacchiere, io e lei. La inviterò a colazione da soli. Si fidi.»

Maria sentì di nuovo l'eccitazione da *maternage* provata con Mitoraj e si mise in testa di prendersi cura anche del premio Oscar. Quell'adrenalina, ormai, le era diventata necessaria. L'aveva applicata anche nel lanciare alle sfilate di alta moda a Roma Raffaella Curiel, la figlia di Gigliola Bettinelli Curiel. Sua madre era mancata nel 1967 e Raffaella, ormai detta Lella, aveva tenuto viva la sua tradizione di alta sartoria. Maria si serviva solo da lei e da Giulia, una sua storica sarta milanese, che aveva lavorato per Dior. Ma quando Lella sbarcò a Roma, la prese a cuore più che se fosse figlia sua: le ricordava quegli anni carichi di speranze in cui si era convinta di potercela fare da sola proprio ammirando il coraggio della sua mamma. Organizzò per lei delle colazioni con le signore più in vista di Roma, incluse la Ciampi, la Leone, la Letta, la Napolitano, la principessa Nicoletta Odescalchi. La chiamava quasi tutti i giorni. La prima domanda era sempre: «Come va il lavoro?». E se Lella le raccontava di qualche difficoltà per organizzare una sfilata o una mostra, subito Maria rilanciava: «Qual è il problema? Ti do il numero della segretaria. Anzi, chiamo io, ora telefono e ti faccio sapere». Poi le chiedeva chi aveva visto a Milano, quindi come stavano i suoi figli. Infine, s'informava sulle clienti: «Quella cos'ha comprato?»; «Quell'avara è venuta? Non è venuta? Ora la chiamo e te la mando».

Una volta, quando riuscì a mandarle la moglie di un politico, che rinviava di continuo la visita in atelier, «un'avaraccia, piena di miliardi ma che non spende», Maria si raccomandò pure di non farle nessuno sconto. «Ricordati, Lella: mai fare sconti ai ricchi» le intimò. Lei di sconti non ne chiedeva mai, non per sé, almeno. Per le amiche, invece, sempre, anche se non sollecitata. Quando andava in settimana bianca a Courmayeur con Lella, la presentava a tutti i direttori di hotel e di boutique, raccomandandosi che la trattassero bene.

Maria Angiolillo, pertanto, non vedeva l'ora di rilanciare anche Quaranta. Rimase molto delusa quando lui partì: doveva preparare le scenografie di un'opera in America. Sarebbe tornato, però. E Maria era più che mai decisa a dargli una mano.

***

Verso la fine degli anni Ottanta, la vedova Angiolillo stava ritrovando un po' di serenità. Il figlio Marco aveva sposato nell'84 Laura Belloni, una ragazza milanese di buona famiglia. Si erano detti sì con pochi parenti, in una chiesetta di Courmayeur, poi vi era stato un ricevimento sul lago di Como, a Tremezzo, nell'affascinante palazzo della nonna della sposa, la contessa Amalia Sola Gola. Maria era stata al matrimonio, accompagnata da Gloria Venturi e dalla principessa Amalita Pacelli Barattieri. Nell'85 era nato il primo nipotino di Maria, Andrea; nell'88, il secondo, Gregorio.

Quella era finalmente una buona cosa, Marco si era sistemato, aveva una bella moglie, una famiglia sua, pensava Maria. Il figlio, infatti, aveva continuato a darle delle preoccupazioni. A suo avviso, cambiava troppo spesso lavoro. Dopo che Renato lo aveva fatto assumere alla Ford, lei lo aveva aiutato a trovare altri posti, sempre nella finanza, nel management, ma lui era inquieto, scontento, e dopo un po', cercava altro. Maria gli perdonava tutto: l'aveva fatto crescere senza un padre, quel ragazzo, ed era colpa sua se era ancora tanto arrabbiato con lei.

Nei momenti più difficili, Maria ripensava alla Scala Santa e all'illuminazione avuta sotto il Cristo crocifisso e si ripeteva che doveva ambire alla serenità, non alla gloria. Alla tranquillità dell'animo suo e a quella di suo figlio. Erano arrivati dei nipotini, si diceva. Presto tutto si sarebbe sistemato, doveva aspettarsi solo notizie positive.

Una mattina, arrivò, invece, un telegramma dall'Austria. Era scritto in inglese e lo firmava un certo Patrick, «*Friend of Udo Maria Gregory Franck de Beurges*». Un amico del suo bambino!

A Maria venne subito in mente la maledizione del Princie Diamond.

«Nuccia! Vieni qua!» gridò Maria mentre una fetta di passato accuratamente cancellato resuscitò nella sua mente.

«Che succede?»

«Questo telegramma... è firmato "Un amico di Udo Maria Gregory"... Perché non scrive lui? Forse è morto...»

«Morto? Deve avere trent'anni.»

«È in inglese, vedi se ci capisci qualcosa.»

«"*He lives in South Africa*": vive in Sudafrica...»

«E poi?»

«E poi non capisco... Ah sì... "*Comes to Rome*": viene a Roma... la settimana prossima.»

«Gesù mio.»

«E chi gli ha detto che sei viva? Non eravate d'accordo che gli avrebbero raccontato che eri mancata giovane?»

«Dev'essere successo un guaio. Sicuro come la morte che Udo si è rovinato e manda il figlio a batter cassa. Ha sempre avuto le mani bucate.»

«Impossibile. La contessa de Beurges possedeva una fortuna, aveva solo due figli ed era tirchissima. Metà del suo patrimonio sarà finita dritta dritta al tuo ex marito e quindi al bambino. Non possono aver dilapidato tutto.»

«Tu rispondigli che l'aspetto all'Hassler. È meglio che non veda casa.»

Quando, una settimana dopo, Maria varcò la hall dell'Hotel Hassler, si diresse come al solito verso la Lupa capitolina, poi si bloccò. Rimase immobile qualche secondo prima di allungare la consueta carezza ai cuccioli di bronzo e rabbrividì pensando che uno dei due aveva ucciso l'altro.

Si accomodò su un divanetto di velluto rosso. Si sedette ben diritta e composta. Non avrebbe permesso a un ragazzo spuntato dal nulla di turbare l'equilibrio faticosamente costruito in quegli anni. Nemmeno se era suo figlio.

«Sto bene, Nuccia? Ho messo il tailleur nuovo che mi ha fatto la Curiel... Sono certa che Udo è un ragazzo elegante. Di suo padre si può dir tutto, ma non che non sapesse vestire.»

La sorella taceva e maltrattava un fazzolettino fra le mani.

«Ricordati, Nuccia: qualunque cosa succeda, devi star vicino a Marco. Marco ci muore, Marco è fragile. Lui è cresciuto figlio unico, ha solo me.»

Udo Maria Gregory sostò a lungo sulla piazzetta di Trinità dei Monti, proprio davanti all'albergo. Poggiò le mani alla balaustra che dava sulla scalinata di piazza di Spagna e guardò Roma adagiata di sotto, perdersi a vista d'occhio, magnifica e rumorosa. Indossava un paio di jeans, una maglietta da rugby e scarpe da ginnastica. Era un colosso di trent'anni, e tremava tutto. La vita era stata ingenerosa con lui. Guardando la città ai suoi piedi, Udo Maria Gregory si chiese se lì avrebbe trovato una madre e con lei un risarcimento ai troppi dolori che aveva subito.

«Forza» gli sussurrò in inglese l'amico che lo aveva accompagnato, un austriaco mingherlino e biondo, quel Patrick che aveva inviato il telegramma e che, essendo figlio di un ambasciatore, non aveva avuto troppe difficoltà a rintracciare l'indirizzo della madre perduta di Udo junior.

«Questa sarebbe l'altra mia casa, Patrick. Guardala: l'Italia. Sono mezzo italiano e non l'ho mai saputo. Chi sarà questa donna che mi ha abbandonato?»

«È ora. Entriamo.»

«Non so se ce la faccio.»

Maria lo riconobbe subito. Aveva i suoi stessi occhi. Gli occhi della dea di Roma, pensò, con amarezza. Per il resto, era grande e grosso. Massiccio, ma non grasso. Vestito come un giovane borgataro, sembrava impacciato in quella sala tutta specchi e velluti. E aveva le lacrime agli occhi.

Maria si alzò dal suo divanetto rosso, gli andò incontro e gli strinse le mani. Si guardarono a lungo, lei deglutì una, due volte, ma riuscì a non far affiorare neanche una lacrima.

Un cameriere in livrea stava lì impalato in attesa delle ordinazioni.

«Siediti, prego» disse Maria.

Udo Maria Gregory non capì.

«Certo... Non parli italiano. Io ti parlavo in italiano, ma eri piccolo.»

«*Why was I told you were dead?*» chiese lui. «Perché mi hanno detto che eri morta?»

«*Parlez vous français?*» chiese Maria.

«*I don't. Patrick speaks a little French.*»

Neppure se avesse parlato un italiano perfetto, quel ragazzo avrebbe trovato le parole per dire il dolore, la rabbia, la frustrazione, per fugare i dubbi che lo tormentavano da quando, pochi anni prima, aveva scoperto che sua madre non era affatto morta, ma lo aveva abbandonato, bambino, infliggendogli una vita che si era rivelata piena di tormenti e sconquassi. Ma non era quello il luogo adatto per piangere, o abbracciarsi e infine ritrovarsi, come Udo Maria Gregory segretamente sperava.

Maria aveva scelto la fredda eleganza di un bar d'albergo non a caso. Era diffidente verso le sue intenzioni e temeva che l'istinto materno prendesse il sopravvento. Aveva rimosso quel figlio da troppo tempo. Si era voluta convincere che cresceva bene, sapendola morta. E ora? Perché tornava? Che cosa voleva? Poteva lei ritrovarsi madre di un ragazzone sconosciuto, che non sembrava aver niente in comune con lei e con il suo mondo?

Udo Maria Gregory voleva sapere perché lo aveva abbandonato. Maria non rispose.

Attraverso Patrick, Udo glielo chiese ancora e ancora. Non smise di chiederglielo per tutto il tempo di quell'interminabile tè. Maria taceva o tergiversava. Mormorò che era tutto molto complicato, che era passato troppo tempo, che non erano cose che si potessero spiegare, o capire, dopo trent'anni.

Udo riemerse lentamente dal fortissimo shock che gli aveva prodotto l'incontro con la madre. Tornò perfettamente lucido e si irrigidì.

«*She doesn't want me*» disse, cupissimo, a Patrick. «Non mi vuole.»

A Nuccia, che un po' d'inglese lo capiva, si strinse il cuore. Si alzò e invitò tutti a prendere un altro tè, a casa questa volta.

Scendendo la rampa Mignanelli, Maria prese sottobraccio la sorella: «Come ti è saltato in mente di invitarli? Hai visto com'è vestito? Sembra povero... Santo cielo... Questo è un tranello della contessa, sicuro».

«Guarda che la contessa sarà morta da parecchio.»

Maria ostentava controllo, ma era assai scossa. Non avrebbe mai creduto che rivedere suo figlio le avrebbe fatto quell'effetto.

La conversazione tradotta da Patrick proseguì nel salotto piccolo del Villino Giulia, mentre la luce si affievoliva scemando verso il tramonto. Nuccia chiese notizie di Udo senior.

«È morto» rispose Udo Maria Gregory, laconico e ormai chiuso in se stesso come dentro una corazza.

«E la contessa de Beurges?»

«Morta anche lei.»

«E il tuo papà si era risposato? Hai avuto un'altra mamma?»

«Io voglio sapere da questa mamma perché mi ha abbandonato» sibilò lui, ancora una volta. Aveva un'espressione ferita e insieme rancorosa.

Maria continuava a guardare suo figlio, cercando in lui qualcosa di sé. Niente, non ci trovava nulla, se non gli occhi.

«Che lavoro fai?» chiese.

«Vendo moto.»

«Moto?»

«Motociclette.» Udo Maria Gregory mimò tristemente la posa di un centauro.

Com'era potuto accadere che suo figlio, erede di metà della fortuna della contessa Rosenthal de Beurges, vendesse motociclette, si domandò Maria. Quale altro conto la sorte le stava presentando?

«Sei venuto a cercare soldi?» domandò.

«Sono venuto a cercare mia madre e a sapere perché mi ha abbandonato.»

«Allora io non posso fare niente per te.» Maria si alzò dal suo divanetto Luigi XV, in segno di congedo. Se quel ragazzo non aveva bisogno di soldi, non c'era davvero niente che potesse fare per lui. Tutte le buone ragioni che l'avevano costretta a rinunciare a lui, sarebbero suonate incomprensibili. Maria non fece nulla per difendersi. Si costituì al giudizio implacabile del figlio, offrendo il petto al plotone d'esecuzione dei sentimenti traditi.

Udo e Patrick salutarono senza troppe cerimonie, nel gelo calato sulla casa insieme al tramonto. In quel momento tacquero anche tutti i rumori di Roma.

E la Seconda Repubblica entrò al Villino Giulia

«Maria, ho bisogno di te.» Francesco Bellavista Caltagirone poggiò sul tavolo il bicchiere di Baron de L, il magnifico Sauvignon Blanc della Loira, immancabile a casa Angiolillo, e la guardò intensamente con gli occhi chiari che avevano stregato tante donne. Aveva ormai superato i cinquant'anni e ne aveva quasi venti in meno della signora che aveva invitato a colazione in un ristorante romano vicino a via del Corso, ordinando con galanteria il vino da lei preferito.

Il suo non era un corteggiamento, ma piuttosto una proposta d'affari. Fatta con garbo estremo e avvolta nella confezione preziosa di un'amicizia e di una simpatia vecchie ormai di trent'anni. Francesco era quel ventunenne che, nel 1960, al casinò di Montecarlo, aveva intercettato Renato Angiolillo tra due mani di chemin de fer, convincendolo magicamente a mollare il tavolo verde, per andare a cena al Bec Rouge, il ragazzo al quale la neosignora Angiolillo faceva l'occhiolino affinché «scattasse in missione», distraendo il consorte dal gioco. Ai tempi, Francesco si accostava al senatore e gli sussurrava: «Ho due ragazze al Grill». E subito lui si liberava e lo seguiva. A quel punto, Maria tirava un sospiro di sollievo: quel che contava era che Renato giocasse (e perdesse) il meno possibile.

Poi si erano persi di vista. Francesco, a ventitré anni, emancipatosi dalla famiglia di costruttori, aveva già raggiunto un importante successo tirando su palazzi nelle Americhe. Poi era andato avanti nel mondo degli affari, ma nel '79 – con i fratelli maggiori Gaetano e Camillo – era stato travolto dallo scandalo Italcasse, l'istituto centrale delle Casse di risparmio italiane che si era rivelato il grande elemosiniere della Dc e di tanti imprenditori a essa vicini. I magistrati avevano ritenuto che l'esposizione per duecentonove miliardi di lire dei Caltagirone fosse frutto di un imbroglio e avevano ordinato l'arresto dei fratelli. Le società erano fallite e soltanto nell'88 la Cassazione aveva stabilito che il valore degli immobili dati in pegno dai Caltagirone all'Italcasse era largamente superiore ai soldi dei finanziamenti.

Nel '91 era stato revocato il fallimento, nel '92 la famiglia era stata risarcita con cinquecento miliardi di lire e l'anno successivo Francesco era tornato a Roma carico di denari e di idee per farli fruttare. Ora stava per rilevare la Società dell'Acqua Pia Antica Marcia che nel 1870 – con il sostanzioso contributo di Pio IX – aveva riportato a Roma la mitica e purissima vena d'acqua scoperta nel Secondo secolo dopo Cristo dal pretore Marcio e che sarebbe diventata una potente immobiliare. Ma il '93 era un anno di grande confusione politica. I punti di riferimento di Caltagirone erano scomparsi con Tangentopoli o, nel caso di Andreotti – la pedina più importante sullo scacchiere romano – venivano colpiti al cuore dall'infamante accusa di mafia e di mandanti dell'omicidio del giornalista Mino Pecorelli. Tutti gli altri erano fantasmi. Tanto fantasmi da scomparire perfino nelle agende dei pranzi del Villino Giulia, scrupolosamente allineate dal 1961 al 2009 con due sole clamorose e significative eccezioni: gli anni della P2 e gli anni di Tangentopoli.

Dov'erano gli uomini della Prima Repubblica? Andreotti rifiutava con garbo gli inviti a casa Angiolillo per non imbarazzare i presenti. Gli altri erano politicamente scomparsi, inghiottiti con i cinque partiti che avevano governato l'Italia per mezzo secolo.

Maria sfogliava con tristezza le agende di un trentennio. Dov'erano Flaminio Piccoli e Franco Maria Malfatti che dividevano *crevettes à l'indienne* e *aubergines à la crème* con Alberto Arbasino, Arrigo Levi e Alberto Ronchey, oltre al consueto corredo di ambasciatori, marchese e principesse? Dove Paolo Cirino Pomicino, affiancato dalle principesse Windisch-Graetz e Del Drago, e i liberali Valerio Zanone e Antonio Baslini che aprivano il pranzo con un *consommé au sherry* e lo chiudevano con un sorso di Château d'Yquem '77 insieme a Franco Zeffirelli, Masolino D'Amico e Federico Fellini? E il fedelissimo Remo Gaspari e il raffinato repubblicano Adolfo Battaglia che apprezzavano il *boeuf à la mode de Strasbourg* accompagnato da un bicchiere di Romanée-Conti St. Vivant del '70 con il ministro socialista Giuliano Vassalli, Igor Mitoraj, le principesse Boncompagni e Odescalchi, due baroni e una marchesa e Susanna Agnelli e Luigi Spaventa, con la benedizione del cardinal Casaroli? E Clelio Darida, arrestato e poi assolto, che negli anni d'oro era al Villino Giulia al tavolo con Umberto Agnelli – capotavola opposto a Maria – Alberto Ronchey, il principe Alessandro Torlonia, per assaggiare la *selle de veau mogador* abbinata a uno Château Corton Grancey della bordolese Maison Latour?

Gli unici ospiti degli anni d'oro non ancora inghiottiti dalla Storia erano Giovanni Spadolini, generalissimo ormai senza esercito che sarebbe morto all'alba della Seconda Repubblica. E Mino Martinazzoli, fragile segretario perbene di quella Dc che stava rinominandosi Partito popolare per far dimenticare lo strazio di Tangentopoli. Ma il mite avvocato bresciano non aveva ormai lo spirito per andare a cene come quella dove fu invitato con Casaroli, i Dc Piccoli e Filippo Maria Pandolfi, due principesse, un duca e una contessa in cui si mangiò in giardino con un caldo talmente intenso che guastò in modo irreparabile la temperatura dell'Henriot Brut dell'82, là dove, invece, all'inizio del pasto era stato molto apprezzato il *consommé gelé à la Russe.*

La vedova Angiolillo si sentiva persa: tutti i suoi riferimenti erano venuti a mancare. Di nuovo, come quando erano arrivati i socialisti, il suo salotto rischiava il tracollo, se lei non avesse saputo riposizionarlo. Ma ormai aveva superato i settant'anni, era stanca. La conquista della Seconda Repubblica le sembrava un'impresa immane, non ultimo dal punto di vista economico. Dove avrebbe trovato i soldi per dare ancora più pranzi di prima, cercando di agganciare i nuovi potenti?

***

«Maria, ho bisogno di te, devi aiutarmi» le disse poi Francesco. Le mise a disposizione una somma mensile, così come fanno molti mariti con le mogli per le spese di casa. E ogni mese Maria gli chiedeva chi volesse incontrare. Per la vedova Angiolillo fu una sferzata di energia. Gli rispose subito che lei era pronta, si sarebbe messa in pista il giorno stesso. Le sue cene (*pardon*, i suoi pranzi) da molto tempo si erano estese a trentasei persone distribuite su tre tavoli indicati con i nomi di fiori, di stagioni o di riferimenti letterari, mentre i pranzi (*pardon*, le colazioni) venivano serviti a un più ridotto numero di ospiti su un singolo tavolo. Cucina francese, come sempre dal '61 al 2009, ispirata alle ricette di Auguste Escoffier, celebre maestro di fornelli morto novantenne a Montecarlo vent'anni prima che vi approdasse Renato Angiolillo. Solo grandi vini francesi ordinati da Maria a Montecarlo, come faceva Renato.

Una sola, memorabile, eccezione si verificò la volta in cui uno degli autori di questo libro, amante dei vini italiani, chiese a Gino Lunelli – la cui famiglia è proprietaria dello spumante Ferrari – di far arrivare a casa Angiolillo una cassa della Riserva del Fondatore che fu servito una sera al posto dello champagne. Fu come se fosse caduto il Muro di Berlino (come sarebbe accaduto con l'ingresso al Villino Giulia di Massimo D'Alema e Umberto Bossi) peraltro subito riedificato a salvaguardia delle tradizioni.

I bicchieri, oltre quello per l'acqua, erano immancabilmente quattro: vino bianco, vino rosso, Sauternes Château d'Yquem (servito con la crema di formaggio), champagne per il brindisi finale. Piatti della metà dell'Ottocento in porcellana e bordi d'oro della Compagnia delle Indie, bicchieri in cristallo di Boemia anche quelli rifilati in oro zecchino, menù stampato in francese. Insomma, nemmeno al Quirinale si rispettava tale protocollo.

All'ingresso, un valletto presidiava il vassoio d'argento con i cartoncini che indicavano il tavolo a cui ciascuno era destinato scritti da un calligrafo. Ogni nome era preceduto dal titolo accademico, politico o nobiliare. Maria annotava tutto sulla sua agenda dei pranzi, secondo il rigoroso cerimoniale che impone l'articolo davanti al titolo: «la principessa Odescalchi», «il ministro Pandolfi». Con gli anni era infatti scomparso, progressivamente, il «Sua Eccellenza». L'orario indicato per il pranzo era molto romano, ma comunque inusuale: le 21.15. Al contrario dell'uso borghese, l'ora non era orientativa, ma indicava tassativamente il tempo entro cui gli ospiti avrebbero dovuto raggiungere la casa. Per consuetudine, chi doveva incontrarsi «casualmente» arrivava ben prima dell'ora indicata, appartandosi con un calice di champagne Roederer o una spremuta d'arancia, per poi bagnarsi le labbra fin dall'aperitivo con uno Cheval Blanc o con un altro grande Château bordolese.

Alle 21.30 si andava a tavola. Alle 21.35, Maria si agitava per il ritardo dell'ultimo o penultimo ospite. Alle 21.45 veniva servito il *consommé*, un'ora dopo si risaliva in salotto per i sigari e la conversazione nei salottini.

La padrona di casa non si distraeva mai, dirottava le persone nel salottino giusto, si adoperava affinché nessuno restasse solo e che nemmeno uno scampolo di conversazione languisse. Poiché, in genere, il pranzo era mirato a far incontrare alcune persone, Maria faceva in modo che si trovassero al momento giusto nello stesso salotto insieme con altri ospiti di prestigio delegati, nell'occasione, a fare da inconsapevole tappezzeria di lusso.

La coppia settecentesca di dipinti gemelli di Antonio Joli (piazza del Popolo e Castel Sant'Angelo con la imperdibile veduta di San Pietro), piovuti al Villino Giulia dalla residenza londinese di Mayfair del quarto duca di Chesterfield, fu più e più volte testimone autorevole e muta di conversazioni di politica e d'affari in cui si formarono governi, si distribuirono ministeri, si disegnarono provvidenziali emendamenti a beneficio di questo o quell'imprenditore...

Tra le 23.15 e le 23.30 gli ospiti salutavano e risalivano i pochi gradini della rampa Mignanelli fino alla piazza Trinità dei Monti o scendevano i pochi gradini fino a piazza Mignanelli stessa, anticamera di piazza di Spagna.

Alla fine di quel '93, Maria si preparava a gestire una fase del tutto nuova della politica italiana. Tangentopoli aveva distrutto l'arco politico che univa i liberali e i socialisti, passando per democristiani, socialdemocratici e repubblicani. I missini non contavano nulla e per questo non erano mai stati invitati al Villino Giulia. L'unico comunista ospite di quel salotto era stato Giorgio Napolitano con la moglie Clio. Ma era un comunista anomalo: era stato il primo nel '78 ad avere avuto il visto per gli Stati Uniti. La sinistra democristiana guidata da Martinazzoli sperava di condizionare la vittoria scontata del Pds alle imminenti elezioni del marzo '94, ma quanto avrebbe pesato? E l'inquieto Berlusconi, che stava per scendere in campo, sarebbe riuscito a far eleggere un ridotto drappello di fedelissimi?

Quando Francesco Caltagirone le chiese di aiutarlo, Maria ripensò con nostalgia alle serate di dieci anni prima. Certo, il ciclone P2 l'aveva traumatizzata, togliendole importanti fonti di finanziamento, quali Angelo Rizzoli e Roberto Calvi, e molti ospiti a cena. Ma altri erano rimasti. Lo stesso Berlusconi era iscritto alla loggia, anche se aveva detto ai giudici di averlo fatto – come assicuratogli da Gelli – per avere conoscenze e occasioni di lavoro internazionali. Nessuna cerimonia iniziatica, nessuna frequentazione.

Poi, era cominciato il lungo regno di Craxi, un'eccezione di stabilità dopo tanti governicchi democristiani di breve durata. L'euforia della Milano da bere era scesa fino a Roma. Giravano molti soldi e pazienza se l'Italia accumulava il debito spaventoso che tanto l'avrebbe castigata nei decenni successivi; e pazienza anche se Craxi non aveva mai messo piede al Villino Giulia, Maria se l'era cavata lo stesso. Invece, gli anni di Mani Pulite le sembravano persino più minacciosi di quelli che li avevano preceduti.

***

Nella primavera del '94, tutto cambiò. Silvio Berlusconi, nella sua rapida campagna elettorale romana, preferì al Villino Giulia una sede perfino più prestigiosa, Palazzo Pallavicini Rospigliosi. A metà strada tra il Quirinale, la sede della Corte costituzionale e la residenza romana di Giovanni Agnelli in via XXIV Maggio, il palazzo era stato costruito all'inizio del Seicento dal cardinale Scipione Caffarelli-Borghese che voleva star vicino allo zio Paolo V durante le vacanze che il papa passava nella residenza di campagna del Quirinale. Berlusconi era stato invitato dalla principessa Ninì Pallavicini, l'antica rivale dell'Arcipapessa Colonna, donna coraggiosa e spericolata al punto da ricevere con ogni onore il vescovo tradizionalista Lefebvre quando questi s'era messo a ordinare sacerdoti e la Santa Sede aveva fischiato il fuorigioco.

Quel pomeriggio del 9 marzo – a meno di venti giorni dalle elezioni politiche che lo avrebbero portato a Palazzo Chigi – Berlusconi entrò nel salone dei Rubens, luogo magnifico dove la principessa conservava il Cristo e gli apostoli in tredici dipinti lasciati in omaggio dal grande fiammingo a casa Rospigliosi per disobbligarsi di una generosa ospitalità. Baciò la mano a Liù Borghese, la bella principessa che ordinava all'autista

Ambrogio i cioccolatini Rocher nella pubblicità televisiva della Ferrero; ammirò Barbara Massimo, e salutò i Ruspoli, gli Orsini, i Ruffo di Calabria, gli Odescalchi, i Lancellotti. Una concentrazione di principi quasi mai vista, anche se mancavano i Colonna, appunto, data la vecchia ruggine ormai nota ai nostri lettori: storie d'assistenza al soglio pontificio e quant'altro. Ma Berlusconi certo non se ne avvide. Era d'umor nero, quel giorno, non in omaggio all'aristocrazia che ardeva dal desiderio di votarlo, quanto perché nell'edizione meridiana il Tg5 di Enrico Mentana aveva trasmesso la notizia che i giudici di Mani Pulite avevano chiesto di arrestare Marcello Dell'Utri, amministratore delegato di Publitalia. Oltre a essere il detentore della cassaforte Fininvest, Dell'Utri era stato il prodigioso *talent scout* che in pochi mesi aveva trasformato i migliori venditori di pubblicità in venditori di speranze a milioni di moderati che non volevano saperne di essere governati dagli ex comunisti.

La notizia bruciò l'inchiesta, ma mentre Berlusconi era nel salone dei Rubens la guardia di finanza stava perquisendo gli uffici Fininvest a Milano. Il Cavaliere s'avvicinò a Gianfranco Fini, il leader di quell'Msi al quale molti dei presenti non negavano dal dopoguerra il proprio voto. «Mi vergogno di quello che sta succedendo» gli disse, «mi sembra che la volontà di intervenire in un momento delicato come questo per cambiare i risultati elettorali sia una cosa indegna di un Paese civile.» Gli elettori in verità si spaventarono e Forza Italia crebbe di due punti nei sondaggi.

Nel giro di tre mesi, Berlusconi diventò il padrone d'Italia. Vinse le elezioni politiche del 27 e 28 marzo 1994, costringendo alle dimissioni i segretari del Pds, Achille Occhetto e del Partito popolare, Mino Martinazzoli, che avevano tentato di sbarrargli il passo. Poi stravinse le elezioni europee con il 30 per cento e dieci milioni di voti: un terzo in più del Pds, il triplo del Ppi. Fatta eccezione per le quattro «regioni rosse», l'Italia intera s'era colorata di azzurro. Agnelli aprì al trionfatore la bellissima residenza di via XXIV Maggio, di fronte a Palazzo Pallavicini: gli ospiti di quella serata ricordano un Carlo De Benedetti, storico nemico di Berlusconi nella guerra di Segrate per il controllo della Mondadori, e a capo dell'impero della «Repubblica», avvicinarsi benevolo all'astro politico nascente con il quale sembrava indispensabile venire a patti...

***

Pochi giorni dopo le europee, in una sera caldissima di metà giugno, il portoncino di casa Angiolillo si aprì per un pranzo in onore di Lamberto Dini, che aveva lasciato la direzione generale della Banca d'Italia per diventare ministro del Tesoro del governo Berlusconi. Dini frequentava Maria dal '79, quando il governo Cossiga lo aveva chiamato da Washington, dove era direttore esecutivo per l'Italia del Fondo monetario internazionale, per nominarlo alla Banca d'Italia al posto di Mario Sarcinelli, dimessosi con il governatore Paolo Baffi dopo lo scandalo Italcasse che li aveva coinvolti, pur essendo entrambi del tutto incolpevoli. Al posto di Baffi era subentrato Carlo Azeglio Ciampi e quando questi lasciò l'incarico nel '93 per diventare presidente del Consiglio, il posto di governatore sarebbe toccato verosimilmente a Dini perché questa era la tradizione dell'istituto. Ma Dini, a via Nazionale, era un isolato: un liberale di formazione anglosassone in un mondo che negli anni era scivolato verso la sinistra e comunque verso una cultura diversa e incompatibile con la sua. Dini, peraltro, aveva simpatie politiche non lontane dalla Dc e quindi poco consone a quelle prevalenti nel palazzo umbertino disegnato in via Nazionale dall'architetto Koch che gli diede il nome. Ciampi indicò pertanto Tommaso Padoa Schioppa, vicedirettore generale marcatamente progressista, ma il mondo cattolico si ribellò e riuscì a far nominare Antonio Fazio. Maria se ne fece una malattia: lei avrebbe voluto governatore il suo pupillo

Dini. E, comunque, non smetteva di ripetere che Fazio era un baciapile e perciò non le piaceva per niente.

Un destino ineffabile, tuttavia, portò un anno dopo Dini, il grande sconfitto, ai vertici del Tesoro.

Durante gli anni della Banca d'Italia, Dini e Maria Angiolillo si incontravano una volta al mese a colazione all'Hotel Hassler, diventato nel frattempo una sorta di lussuosa *dépendance* del Villino Giulia. Maria chiedeva informazioni sulle personalità da invitare a pranzo, attentissima ad assicurarsi che nessuno dei trentacinque ospiti avesse una minima riserva (almeno in apparenza) nei confronti degli altri commensali. Non un litigio, non una polemica. Magari, in privato, ciascuno tagliava i panni addosso a un buon terzo degli altri, ma in pubblico nulla doveva trasparire.

In un mondo così variegato e di un livello tanto elevato era difficile non commettere errori. Ma Maria era anche in questo una professionista inarrivabile. Durante gli anni della P2, poco dopo l'arrivo di Dini a Roma, la signora cercava di capire dal direttore della Banca d'Italia come andassero le cose per il suo protetto Roberto Calvi. E Dini non mancava di dirle: «Cara Maria, Calvi non fornisce alla Banca d'Italia informazioni basilari sul Banco Ambrosiano. E questo è un problema...». Naturalmente, la signora Angiolillo ebbe il tatto di non far mai incontrare i due in un pranzo a casa propria, né altrove. Dini, come abbiamo visto, non era il primo banchiere a frequentare casa Angiolillo; qualche volta, per esempio, c'era stato il governatore Guido Carli. Ma il prestigioso elenco era stato aperto da Edmond Safra, un ebreo brasiliano molto attivo nelle iniziative filantropiche, che aveva fondato a New York nel '66 la Republican National Bank. Accreditato di un patrimonio di due miliardi e mezzo di dollari, sarebbe morto nel '99 a sessantasette anni nel suo appartamento di Montecarlo per un incendio appiccato da uno dei suoi infermieri che voleva attribuirsi l'eroico salvataggio del principale. Safra si chiuderà in una stanza blindata e morirà soffocato.

Dini e altre personalità non soltanto italiane si dividevano tra il salotto Angiolillo e quello – a suo tempo concorrente – di Donatella Pecci Blunt. Donatella Pierotti, splendida ragazza biellese, aveva sposato Guido Zegna, capo della grande azienda tessile. Dopo la tragica morte del marito nel 1982 per un incidente stradale, Donatella aveva poi sposato il conte Ferdinando Pecci Blunt, anch'egli al secondo matrimonio. Il conte sarebbe poi morto nel '97 a settantasei anni, nella meravigliosa dimora lucchese della Villa Reale di Marlia, donata da Napoleone al fratello di Giuseppina Bonaparte e messa in vendita dopo il 2006 per quarantacinque milioni di euro. La residenza romana dei Pecci Blunt era in un palazzo del Cinquecento in piazza d'Aracoeli, ai piedi del Campidoglio. Sistemato da Giacomo Della Porta, abitato da Federico Borromeo, passato di principe in principe, il palazzo fu a lungo un centro di mondanità internazionale grazie alla vivacissima Donatella.

Era stato Dini, tra l'altro, a far incontrare Maria con un giovane giornalista, che era ormai entrato nella sua cerchia ristretta e che sentiva al telefono di continuo per commentare i fatti del giorno e le indiscrezioni politiche e finanziarie. Il ragazzo si chiamava Alfonso Dell'Erario. Era diventato, a soli trentaquattro anni, capo dell'economia del «Messaggero», in un periodo in cui il quotidiano dedicava particolare spazio alla materia. Si era nel 1988, Dini era ancora direttore della Banca d'Italia, con Ciampi governatore, e aveva chiesto a Maria di organizzargli un incontro riservato per conoscere quel giornalista. «Il Messaggero» era considerato «ciampiano» e, evidentemente, il direttore generale cercava un canale con il quotidiano che non passasse dall'ufficio stampa di Palazzo Koch.

Maria non conosceva Dell'Erario, ma non era tipo da peritarsi a chiamare le persone mai viste, lo faceva anche con i cardinali e i ministri. Con tutti, andava subito al punto e così fece con il giovane giornalista: «Lamberto Dini vuole conoscerla e mi ha chiesto di contattarla. Posso organizzare?».

Il cronista si rallegrò già solo a sentire dall'altro capo del telefono la donna il cui salotto era notoriamente il più esclusivo d'Italia e fu ben felice nell'apprendere che Dini voleva vederlo. Erano anni in cui la Banca centrale europea ancora non esisteva, Bankitalia deteneva un potere enorme e i suoi dirigenti non erano facilmente avvicinabili.

Prima di presentare Alfonso Dell'Erario a Dini, però, Maria volle incontrarlo di persona. Lo invitò, quindi, per un tè al Villino Giulia. Quando lo vide, minuto, il passo svelto, un residuo d'accento campano, la parlantina veloce, Maria decise all'istante che era sveglio e andava cooptato anche per i pranzi. La «bella gioventù» a tavola serviva sempre e a lei piaceva essere considerata una scopritrice di talenti.

Quella calda serata di metà giugno del '94, dicevamo, Dini fu festeggiato al Villino Giulia. Si pranzava in giardino e i giovani turisti seduti sui centoquarantaquattro gradini della scalinata settecentesca che confina con la gigantesca palma di casa Angiolillo non immaginavano di trovarsi a qualche metro dal gotha della politica italiana. Mentre i camerieri accendevano con una bugia d'argento il mezzo toscano di Gianni Letta, diventato sottosegretario alla Presidenza del Consiglio, il tema centrale della conversazione non era la crisi profonda del Pds e del Ppi, né i provvedimenti che il governo prometteva di realizzare nei primi cento giorni; ma – paradossalmente – la durata stessa di un governo fortissimo all'apparenza, debolissimo, tuttavia, nella sostanza perché già in quei giorni si era capito che Umberto Bossi non avrebbe accettato di far erodere il proprio elettorato dal Cavaliere. Nessuno immaginava che il salotto Angiolillo sarebbe stato nei quindici anni successivi la sala operatoria di quell'infarto originale dal quale, a ben vedere, Berlusconi non si sarebbe mai ripreso davvero.

***

In quella prima metà degli anni Novanta, non era riapparso solo Francesco Caltagirone; si era rivisto anche Gianni Quaranta, lo scenografo premio Oscar.

Era reduce da grandi successi in alcuni dei teatri d'opera più importanti del mondo, a Philadelphia, a Chicago, a Parigi, a Rio de Janeiro. Al Met di New York, nel 1988, aveva allestito una applauditissima *Aida*, che sarebbe rimasta in cartellone per decenni. Il tenore Plácido Domingo lo adorava e lo richiedeva per tutti i suoi spettacoli.

Maria non poteva capacitarsi che un simile talento fosse così poco celebrato in Italia e diede subito una colazione in suo onore. Non aveva abbandonato l'idea di prendere in mano la sua carriera come era successo con Igor Mitoraj.

Come già faceva lo scultore polacco, ai pranzi nella villa di Trinità dei Monti, Quaranta se ne stava in disparte, taciturno e un po' spaesato fra tutti quei politici che conosceva poco, avendo vissuto soprattutto all'estero. Proprio per consentirgli una conversazione affine ai suoi interessi, Maria aveva cura di sistemarlo sempre di fronte ad Alberto Bevilacqua, il quale oltre che scrittore, era regista. Maria guardava Gianni e pensava che era pensieroso e bellissimo proprio come Mitoraj. Ed era ancora giovane. Era nato nel '43, aveva una cinquantina d'anni, ventidue meno di lei.

È un bambino, pensava Maria, guardandosi allo specchio. Tutte le volte che incontrava delle signore cinquantenni, ne spiava ogni ruga d'espressione, ogni piega del volto, ogni segno sul collo, valutava linea, tonicità, macchie della pelle, grinze delle mani e si chiedeva se poteva passare ancora per una di loro. Ma sì, si rispondeva il più delle volte, mi tengo ancora benino.

I buoni propositi che l'avevano folgorata in cima alla Scala

Santa un decennio prima sembravano dimenticati. Lassù, Maria aveva pensato che la gloria mondana la stava logorando, poi, quando era ridiscesa a terra, aveva continuato a fare quel che aveva sempre fatto, ovvero dannarsi per riuscire a conservare la sua posizione in società. Anzi, aveva pure cominciato a darsi lustro patrocinando successi altrui, come aveva fatto con Mitoraj e come ora sperava di fare con Quaranta.

In quel periodo, Maria intensificò le visite nel *salon de beauté* di Sergio Valente, che stava in via dei Condotti, la celebre strada ai piedi della scalinata di piazza di Spagna. Ci andava da sempre, la prima volta ce l'aveva accompagnata Renato.

Sergio Valente era il coiffeur delle principesse, delle attrici e delle star internazionali di passaggio nella capitale. Nel suo salone al primo piano, proprio sopra Bulgari, aveva stanze e ingressi secondari che consentivano la massima privacy. Era anche il parrucchiere prediletto per le sfilate di alta moda dei massimi *couturiers* dell'epoca; di Valentino, soprattutto, che aveva l'atelier nella vicina piazza Mignanelli, sotto casa di Maria, e delle sorelle Fendi, il cui quartier generale stava alla fine di via dei Condotti, dal lato opposto a piazza di Spagna.

Il suo salone era anche il paradiso dei trattamenti estetici, dei massaggi, delle maschere di bellezza, delle manicure più accurate. Maria riusciva a risolvervi tutti i suoi piccoli e grandi drammi prettamente femminili: quando chiuse il negozio Fogal di Roma, dove si riforniva di rare calze bianche e coprenti, le sue predilette, il giovane *stylist* Eduardo Tasca, che ai tempi collaborava con Valente, riuscì a procurargliene una fornitura speciale a vita.

Maria andava nel *salon de beauté* tutti i mercoledì e tutti i sabati. Quando aveva una serata, invece, era Sergio che la raggiungeva al Villino Giulia per pettinarla. Maria lo trovava divino perché, oltre che molto bravo, era riservatissimo, mai che pronunciasse un pettegolezzo. Era, inoltre, una persona d'animo sensibile. E buono e lo aveva dimostrato facendo una rinuncia importante.

A metà dei luccicanti anni Ottanta, era diventato un *hair stylist* famoso. Le bibbie della moda «Vogue» e «W» lo chiamavano negli Stati Uniti per pettinare le modelle e le *celebrities* che comparivano sulle loro copertine. Nel 1985, aveva addirittura aperto un salone a New York, all'interno del prestigioso grande magazzino Bergdorf Goodman, tra la Fifth Avenue e Central Park. E il suo nome, come quello di una pop star, si era trasformato in un marchio che spiccava su jeans e profumi, venduti nelle boutique più esclusive della Fifth. Valente era invitato a tutti i party più glamour del jet set internazionale. La cantante Madonna si faceva toccare i capelli solo da lui.

A un certo punto, però, a Roma, sua sorella era rimasta vedova con due figli e il generoso Sergio era rientrato in Italia, per prendersi cura di loro: in breve, aveva chiuso il salone di New York e aveva detto addio a quel mondo in cui era venerato come potevano esserlo solo i grandi che negli edonistici anni Ottanta creavano ciò che più allora contava: l'immagine.

«Sergio è un grand'uomo» diceva sempre Maria alla sorella, «ha rinunciato alla gloria per una famiglia e dei figli che non erano nemmeno suoi.» Solo Nuccia poteva capire il senso profondo di quell'ammirazione: Maria, invece, per avere potere e immagine, aveva abbandonato Udo Maria Gregory.

La vedova Angiolillo, che tutto comprendeva e sapeva leggere nel cuore delle persone, intuiva che a Sergio quel sacrificio doveva essere costato più di una pena. Lo intuiva dallo zelo che il parrucchiere applicava in instancabili opere di beneficenza. Proprio in quel 1994 in cui lei intensificò le sedute di *beauty* e accarezzava segretamente il sogno di fare di Quaranta il nuovo Mitoraj, Sergio aveva ideato un evento di *charity* destinato a eccezionale longevità.

Fu chiamato il «Natale dei cento alberi d'autore», a cui sarebbe seguito «L'arte nell'uovo di Pasqua»: da allora, ogni anno, il coiffeur avrebbe convinto decine di artisti a creare opere ispirate alle due festività, per poi metterle in mostra e venderle, devolvendo il ricavato in cause benefiche. Era un lavoro che richiedeva molto impegno: doveva convincere gli artisti, organizzare l'esposizione e, soprattutto, trovare compratori. Maria sapeva benissimo la fatica che era necessaria. E non smetteva di chiedergli come potesse aiutarlo: «Tutti mi inseguono per avere dei favori, tranne lei, Sergio. Che posso fare? Posso mandare il Tg1? Le serve un ministro all'inaugurazione?». Sergio Valente si schermiva. Accettava un aiuto solo di tanto in tanto. Maria, fino alla morte, non mancò mai di acquistare le sue opere pasquali e natalizie. Da vera signora, gli chiedeva di scegliere un pezzo di suo gusto, quindi mandava un valletto a ritirare e a pagare.

Quando usciva dal salone di via dei Condotti, Maria si sentiva sempre ringiovanita. Con Gianni Quaranta erano passati a darsi del tu, glielo aveva chiesto lei. Maria cominciò a invitarlo anche a cena fuori, spesso nei bei ristoranti di via Veneto, dove combinava tavolate di una decina di amici.

Una sera di queste, perse un orecchino. Lo cercarono ovunque, ma non lo trovarono. «Mi spiace, Maria. Era prezioso? Valeva tanto?» chiese lui, riaccompagnandola a casa in taxi. Il premio Oscar non s'intendeva di gioielli e non aveva mai fatto caso alle pietre strabilianti che Maria indossava.

«Diciamo che chi l'ha trovato potrebbe comprarsi un appartamento» rispose lei, sforzandosi di fare dello spirito.

Durante quelle cene, i due amici fissi di Maria erano Francesco Caltagirone e Sandra Carraro. Sandrina, infatti, l'elegante signora che aveva il sorriso della sua mamma e che sembrava inafferrabile, si era ormai lasciata conquistare dalla vedova Angiolillo. Ne aveva apprezzato i modi diretti quando quest'ultima l'aveva chiamata chiedendole se per caso non si fosse montata la testa, in quanto moglie di un ministro. Di solito, le signore della Roma bene preferivano fare simili commenti malevoli alle spalle, mentre *vis à vis* si spendevano in calorosi complimenti. Maria era stata invece diretta, franca, tralasciando ogni convenevole.

Lei e Maria si sentivano tutti i giorni, la vedova Angiolillo la consultava ogni qualvolta si trattava di compilare la lista degli invitati a un pranzo o a una colazione; e se all'improvviso veniva meno un ospite, l'amica aveva sempre un nome alternativo da proporle. Sandrina riusciva a convocare chiunque, anche se avvertito solo un'ora prima. E la vedova Angiolillo ricambiava le cortesie, riservandole attenzioni speciali. Quando agli ospiti veniva servito per aperitivo lo champagne Roederer, ordinava ai camerieri di allungare di nascosto alla sua prediletta un più costoso Cristal, che sapeva essere il suo preferito.

Ormai, dove c'era Sandra c'era Maria e viceversa. Le uniche volte che la vedova Angiolillo non chiedeva alla Carraro di unirsi a lei era quando riusciva a combinare un appuntamento al cinema con il suo premio Oscar. Lei e Gianni Quaranta, al cinema, andavano da soli. Maria amava vedere i film in costume, quelli che anche lui preferiva o, meglio ancora, quelli per i quali aveva lavorato. Come il suo *Farinelli – Voce regina*, firmato nel 1994 dal regista belga Gérard Corbiau, che poi fu miglior film straniero ai Golden Globe e per il quale Gianni vinse nel 1995 il César per la migliore scenografia.

La prima volta che lui andò a prenderla al Villino Giulia, si presentò con una Golf rossa tutta ammaccata.

«Che ci fai con questa macchina scassata, Gianni?» chiese Maria alzando un sopracciglio.

«È conciata male perché la uso durante i sopralluoghi per i film.»

«Intendevo dire: non puoi comprarne una nuova, o almeno ripararla?»

«Ma io non sono ricco.»

«Com'è possibile? Sei un premio Oscar.»

«Appunto. Mica sono un industriale.»

«No, no, così non va. Dobbiamo fare due ragionamenti io e te.»

Maria fu felicissima quando lui le disse che stava pensando di firmare la sua prima regia teatrale. Voleva fare la *Tosca* di Giacomo Puccini a Torre del Lago, in Versilia. Sarebbe stata la sua *rentrée* in Italia e un'occasione per lei di patrocinarne il successo.

«Ho in mente un allestimento straordinario, voglio far volare Tosca, farla librare in cielo» le annunciò lui.

«Ma non avevi detto che la soprano è Barbara De Maio? Quella peserà cento chili.»

«È proprio lì il bello. Voglio portare sul palcoscenico i trucchi e gli effetti speciali del cinema. Immagina quando Tosca uccide Scarpia e dice: "Avanti a lui tremava tutta Roma"... Ecco. A quel punto io vorrei che tutto il palco si coprisse di sangue.»

«Ah, questo funziona... Non l'ha mai fatto nessuno.»

«Ho pensato anche: hai presente quando lei dice a Scarpia: "Mi sembri un mostro?". Lì c'è un intermezzo musicale e io ho il tempo di far truccare Scarpia, al buio, in scena, così quando le luci torneranno a illuminarlo, lui si volterà e avrà la faccia da zombie!»

«Grandioso. Devi solo dirmi quando posso iniziare a muovermi con gli amici giornalisti e far partire gli inviti per i ministri. A cominciare da quello della Cultura. Ti do una mano, ti fa piacere, no?»

«Aspetta, aspetta Maria. Questo è il mio libro dei sogni: i soldi del Festival Pucciniano bastano a stento per pagare i cantanti.»

«E che problema c'è? Troviamo uno sponsor. Lascia fare a me» lo rassicurò, eccitata, la vedova Angiolillo.

Non le pareva vero di farsi di nuovo mecenate di un grande artista. Pregustava già il momento in cui sarebbe stata la Gertrude Stein anche di Quaranta. Era sempre più prigioniera del personaggio che si era cucita addosso.

***

Passati giusto sei mesi dal ricevimento di giugno in onore del neoministro del Tesoro Lamberto Dini, in casa Angiolillo, al pranzo natalizio del 13 dicembre 1994, si intonò un garbato *De profundis* al governo Berlusconi, assassinato in fasce dal segretario della Lega Nord Umberto Bossi con la complicità attiva di Massimo D'Alema e Rocco Buttiglione e il presidente della Repubblica Oscar Luigi Scalfaro, mandante del delitto, a far da palo.

Solo due giorni più tardi, con una spericolata violazione regolamentare, la presidente della Camera Irene Pivetti, la Giovanna d'Arco della Lega Nord, battezzerà la «maggioranza di Giuda» sostituendo con Giorgio Napolitano (Pds) il presidente della commissione Cultura Vittorio Sgarbi (Forza Italia) in un dibattito sulle televisioni.

Quella sera Gianni Letta arrivò alle ventidue in casa di Maria e prese posto al tavolo in cui sedevano due gladiatori, Giuliano Ferrara, ministro per i Rapporti con il Parlamento del Cavaliere e Walter Veltroni, direttore dell'«Unità» che profumava d'incenso, essendo fresco di una udienza pontificia durante la quale aveva consegnato di persona a Giovanni Paolo II i Vangeli pubblicati dal giornale fondato da Antonio Gramsci.

Uno degli autori di questo libro, seduto allo stesso tavolo, si chiese se l'ancor giovane Walter avesse provato maggiore emozione dinanzi al pontefice o debuttando nel Villino Giulia. Prima che il protocollo di casa Angiolillo (mai due coniugi allo stesso tavolo) spedisse la moglie Flavia a pranzare con magistrati e uomini d'impresa, Walter le era rimasto incollato come un bambino al primo giorno di scuola che regge furtivamente le gonne materne prima del fatale angoscioso abbandono. Conosceva, infatti, pochi ospiti e, sbirciando furtivamente il nome del tavolo sul biglietto che aveva prelevato all'ingresso dal vassoio d'argento, aveva cercato con lo sguardo qualche volto amico per temperare il disagio del supposto isolamento. Ferrara lo conosceva bene. I due erano quasi coetanei (Walter del '55, Giuliano del '52), i genitori di Ferrara erano stati entrambi dirigenti importanti del Pci e lo stesso Giuliano era stato funzionario di quel partito poco prima di Walter. Ma adesso, dopo una traumatica stagione socialista, era ministro di Berlusconi.

Insomma, per Veltroni, che pure era un navigato uomo di mondo, trovarsi a tavola con lui era come per il califfo Al-Baghdadi dividere vent'anni dopo la mensa con un apostata diventato cardinale. Come sappiamo, i tavoli approntati da Maria per i suoi pranzi erano tre, ciascuno allestito per dodici persone. Letta fu sistemato di fronte a Veltroni, mentre Ferrara era al lato opposto. Al centro, c'era Mario Draghi, direttore generale del Tesoro da tre anni (era stato Guido Carli a designarlo, come ministro dell'ultimo governo Andreotti).

Giuliano Ferrara attaccò subito briga: «Ogni tanto fate qualcosa senza avvertirmi» disse con il suo vocione a Letta, facendo ondeggiare lievemente la *sauce au caviar* che gli ospiti stavano versando sulla *terrine d'esturgeon fumé*. Maria tremò. Ogni volta che lo invitava, temeva che agitandosi in tutta la sua stazza potesse sfasciare una delle sue preziose sedie, come aveva fatto un tempo Spadolini. Ferrara andò avanti: «Non dovevate completare l'appartamento presidenziale di Palazzo Chigi. Porta male. Un salottino, una stanzetta, insomma qualcosa dovevate lasciarla perdere. Così avete appena rifatto tutto in un decorosissimo stile di rappresentanza simil-Ciga Hotels e l'inquilino sta per ricevere lo sfratto».

Il sottosegretario alla Presidenza del Consiglio rispose con un sorriso, assaggiando lo Chambertin Louis Latour del '62, prestigioso vino bordolese che portava magnificamente i suoi trent'anni, e riprese a parlare con Veltroni. Ferrara tese l'orecchio e, nonostante la distanza, non gli sfuggì una frase rivolta con un sorriso da Letta al suo dirimpettaio: «Tregua senza vendette». Era lo slogan che il direttore dell'«Unità» aveva lanciato sul suo giornale: D'Alema e Buttiglione, autori del ribaltone ormai imminente insieme con Bossi, temevano di oltraggiare l'elettorato che solo qualche mese prima aveva incoronato Berlusconi e invocavano un «governo di tregua». Tregua senza vendette, appunto.

Si fronteggiavano in quel momento due opposte fazioni all'interno di Forza Italia. La prima, bellicista, di cui Ferrara era uno dei più accesi sostenitori chiedeva a gran voce «Guerra! Guerra! Tremenda, inesorata!» (*Aida*, atto primo) contro il centrosinistra e soprattutto contro Scalfaro, gran protettore del complotto. La seconda, pacifista, guidata da Letta, riteneva che l'ingresso in politica di Berlusconi fosse tuttora un errore e che solo una trattativa leale con l'opposizione potesse salvare almeno una parte della Fininvest in cambio di un atteggiamento meno intransigente di Forza Italia sui nuovi assetti di potere da disegnare nell'Italia di fine secolo.

Difatti, quando quella sera un commensale chiese a Letta quale consiglio stesse dando a Berlusconi, il sottosegretario rispose: «Quello che gli ho sempre dato», cioè togliersi di mezzo.

Ascoltando ripetere la frase scritta quel mattino sull'«Unità», Veltroni piegò compiaciuto il mento verso il *petit choux aux fines herbes* che gli era stato appena servito, mentre Ferrara vedeva stagliarsi l'ombra del tradimento a un metro e mezzo di distanza dal suo piatto. «State trattando!» gridò per come si poteva gridare in un'occasione del genere, ma facendo comunque oscillare le poche gocce di Château d'Yquem '87 che gli erano state appena versate nell'ultimo e più piccolo dei cinque bicchieri a disposizione di ciascun ospite. Letta e Veltroni sorrisero insieme e i commensali ne constatarono la somiglianza con le due muse di bronzo dorato che facevano svettare le candele da tavola, sotto gli occhi severi di un re magio di porcellana settecentesca che aveva seguito l'intera scena, adagiato su un raffinato giaciglio di orchidee.

Al momento dei sigari, mentre Maria distribuiva sapientemente gli ospiti nei diversi salottini, secondo precisi schemi di geopolitica, cominciò la caccia a chi avrebbe potuto guidare un governo di tregua. Giuliano Urbani, fondatore di Forza Italia e ministro della Funzione pubblica, disse che lui l'avrebbe fatto solo su esplicita indicazione di Berlusconi, mentre Lamberto Dini, un altro degli indiziati, assicurò che in quel momento l'unica cosa che gli stava a cuore era la salute dei conti dello Stato.

***

A Maria stavano a cuore anche i conti di Gianni Quaranta. Continuava a esser pazza di lui. Era però una fantasia che non aveva il coraggio di confessargli. Come anni addietro con Mitoraj, lo magnificava alle amiche, non più solo a Cicci, ma anche a Sandra Carraro. Fu a lei che un giorno, affranta, disse: «Io e Gianni abbiamo litigato, mi ha fatto molto male, poi ti racconterò».

Maria faceva sempre così. Diceva «ti racconterò», ma poi non raccontava mai nulla.

Era successo che, da quando Gianni le aveva illustrato i suoi faraonici progetti per la *Tosca* da allestire al Festival Pucciniano, Maria non aveva smesso di arrovellarsi per trovargli dei fondi. L'opera, però, sembrava non interessare a nessuno sponsor. Finché, un giorno, le parve di aver ottenuto una promessa da un alto dirigente dell'Agip.

Naturalmente chiamò subito Gianni e gli annunciò, felice: «Per la tua *Tosca*, tutto a posto. Vedrai che ci danno un bel finanziamento. Devi solo presentarti domani mattina alle dieci a San Donato Milanese, all'Agip».

«A San Donato Milanese? Così, da un giorno all'altro? Ma io sono a Roma.»

«Poche storie, ti devi liberare.»

Quaranta si liberò e la mattina dopo fu a Milano nel grande ufficio dell'alto dirigente della compagnia petrolifera.

Il manager ascoltò il suo progetto, ma in breve si affrettò a scusarsi, dicendosi dispiaciuto: «Sa, non avevo capito bene di che si trattava. In questo periodo, siamo interessati solo a sponsorizzazioni in Egitto».

In Egitto! Quaranta uscì dalla sede dell'Agip con un diavolo per capello. Se la prese con Maria: «Io non ti ho chiesto niente, hai fatto tutto tu e mi hai fatto andare fino a San Donato Milanese per niente».

«Aspetta, fammi capire che è successo» si agitò lei.

«Lascia perdere. Mi hai fatto anche fare una figuraccia con il produttore che mi ha accompagnato da Roma fin lì. Sii gentile, ti prego: d'ora in poi, fatti gli affari tuoi.»

Maria rimase mortificata. Voleva solo fargli un favore, voleva solo renderlo felice. Si chiese che cosa le stava accadendo e per quale punizione divina ora non le riusciva nemmeno una cosa facile come trovare lo sponsor di uno spettacolo.

***

Dal pranzo in cui si era discusso di un governo di tregua trascorse poco più di un mese e la mattina del 18 gennaio 1995 «La Stampa» titolò: *Dini vara il governo. Forza Italia non lo vota*. Più sotto: «Il premier: ho fiducia, vado avanti. An e Forza Italia: traditore. Ppi, Pds e Confindustria: siate responsabili. Lira in crisi».

Per pura coincidenza, quella sera Maria Angiolillo aveva programmato una cena in onore di Gianfranco Fini, che appena dieci mesi prima aveva diviso con Berlusconi l'onore della vittoria elettorale, patrocinata dal famoso sdoganamento dell'Msi operato dal Cavaliere nell'autunno del '93.

In realtà, Maria, non aveva mai considerato Fini un grande politico. Aveva sempre detto: «Non ha mai lavorato un giorno in vita sua ed è un fascista». Da cultrice dell'estetica, non si capacitava del motivo per cui, negli anni Ottanta, potesse andare in giro indossando cappotti in pelle nera. Tuttavia, da quando si era alleato con Berlusconi ed era arrivato al governo, aveva cambiato idea e aveva cominciato ad apprezzarlo.

Quella sera, però, Fini era stato trattenuto in casa da un febbrone da cavallo. In rappresentanza, intervenne sua moglie

Daniela, fedele compagna di tante battaglie politiche, prima di cedere il posto nel 2008 a Elisabetta Tulliani. Ma l'assenza di Fini non impedì che la discussione politica prima, durante e dopo il pranzo al Villino Giulia ruotasse intorno alla terna: voto del centrodestra a favore del governo Dini, astensione, voto contrario. Sin dal *consommé portugais*, la Grande Impresa si schierò contro la bocciatura: Cesare Romiti, Marco Tronchetti Provera, Vittorio Merloni e Franco Viezzoli, restato in sella come presidente dell'Enel, erano della stessa opinione. Ma quella sera gli industriali trovarono molta resistenza anche da parte di persone insospettabili, da sempre abituate alla mediazione, come Gianni Letta e Giuliano Urbani. Erano entrambi indignati per come stavano andando le cose. Letta fu preso sottobraccio da Romiti che gli chiese: «Ma davvero Scalfaro vi aveva promesso elezioni a giugno?». Il sottosegretario annuì gravemente.

Il dramma s'era consumato in quattro settimane, tra una cena da Maria e la successiva.

Berlusconi si era lasciato convincere a cedere il posto al suo ministro del Tesoro, prima detestato dalla sinistra e amatissimo, invece, dopo il ribaltone, ma con la garanzia che il nuovo governo sarebbe stato una specie di Berlusconi bis senza Berlusconi, mascherato con alcuni tecnici d'area e garantito dalla permanenza di Letta come sottosegretario alla Presidenza. Varati alcuni provvedimenti d'urgenza, Scalfaro avrebbe sciolto le Camere e portato il Paese a elezioni generali in giugno. Andò invece molto diversamente. Il presidente della Repubblica si mise personalmente al telefono, stese una lista di ministri del tutto diversa da quella concordata con il Cavaliere e con Letta e, soprattutto, fece subito sapere che non avrebbe indetto le elezioni promesse.

Una settimana esatta dopo la cena al Villino Giulia, il governo Dini ebbe la fiducia della Camera con l'astensione del Polo delle libertà e l'indomani «il Giornale» di Vittorio Feltri titolava: *Scalfaro: e ora scordatevi le elezioni. Il capo dello Stato getta la maschera e fa sapere che quando Dini avrà esaurito il suo compito non è detto che si vada a votare.* Al posto delle elezioni, l'11 giugno fu indetto un referendum sulle interruzioni pubblicitarie nei film che, se fosse stato approvato, avrebbe messo in ginocchio la Fininvest.

***

La sera del 20 luglio 1995 al Villino Giulia si cenava in giardino, ma Maria aveva la mente altrove. Quello stesso giorno, si apriva il Festival Pucciniano di Torre del Lago, dove debuttava la *Tosca* di Gianni Quaranta. Era da un po' che non lo sentiva, si chiedeva come sarebbe andata la sua prima e se lui le avesse perdonato l'incidente della mancata sponsorizzazione. Cercò di scacciare quei pensieri dalla mente e si guardò intorno. Notò che una pianta d'ulivo era troppo cresciuta in un vaso: «Dovrò farla trapiantare nella piena terra» sospirò. Una voce maliziosa le suggerì prudenza: «Aspetta le elezioni. Se vince Prodi, collocherai l'ulivo al posto d'onore del giardino. Se perde, potrai lasciarlo appassire». Maria respinse l'impertinenza e corse ad accogliere i suoi ospiti. Ma in quelle settimane il nome del Professore di Bologna era entrato di prepotenza nella politica italiana. Aveva deciso di esporsi personalmente nel luglio del '94, quando aveva consegnato al vincente Berlusconi le sue dimissioni da presidente dell'Iri.

La sconfitta di Achille Occhetto lo aveva convinto che soltanto un non comunista avrebbe potuto battere il Cavaliere e il 13 febbraio del '95 aveva fondato L'Ulivo, un'idea di coalizione di centrosinistra destinata a unire il Pds e la sinistra democristiana confluita nel Partito popolare. Al contrario del suo maestro Nino Andreatta, Prodi non era un frequentatore del salotto Angiolillo. Al primo invito, si narrava nella cerchia degli intimi di Maria, sbagliò giorno: si presentò la sera precedente, fu accolto dalla padrona di casa in veste da camera e non tornò mai più. Maria lo reputò, naturalmente, imperdonabile.

Prodi, d'altra parte, non le piaceva. Apparteneva a un mondo molto lontano dal suo. E non le piacevano quelli che invitati a un pranzo si schermavano dietro l'avversione alla mondanità. Era noto che né Prodi né sua moglie Flavia amassero la mondanità, anche se al Villino Giulia non c'era mai stato né un ballo né un'orchestra. Solo colazioni e pranzi. Solo voci basse. Ma che voci. E che discorsi...

L'ospite d'onore del 20 luglio mancò all'ultimo istante: era Massimo D'Alema e si fece perdonare con dodici minuti di scuse telefoniche. La sinistra era rappresentata da Cesare Salvi, accompagnato dalla dolcissima moglie. Portando alle labbra la *velouté de poulet au curry*, che servita fredda alleviò la sofferenza degli augusti palati per la serata particolarmente torrida, sia Salvi che Gianni Letta finsero di puntare entrambi a elezioni che non ci sarebbero state nei mesi successivi, nonostante la debolezza del governo Dini. Le sollecitavano invece, stavolta, gli uomini d'impresa: Cesare Romiti e Fabiano Fabiani, avversari di un tempo, quando il primo, con la Fiat, aveva trattato con il secondo l'acquisto dell'Alfa Romeo da Finmeccanica; Marco Tronchetti Provera, appena approdato alla guida solitaria della Pirelli; Francesco Bellavista Caltagirone, che aveva ottenuto dal sindaco di Venezia Massimo Cacciari il permesso di trasformare in un grande albergo il Molino Stucky.

A quel pranzo, il generale e ministro della Difesa Domenico Corcione ringraziò il filosofo Lucio Colletti per aver difeso sul «Corriere della Sera» il diritto dell'Italia ad avere un esercito dignitoso. Il ragioniere generale dello Stato Andrea Monorchio spiegò a un rapito uditorio femminile il malvezzo della politica di non coprire ogni spesa con entrate adeguate, mentre Antonio Martino, stratega economico di Forza Italia, rivendicò i 9200 miliardi di lire sottratti dal governo Berlusconi in pochi mesi alla spesa pubblica (e i 3600 miliardi di riduzione del carico fiscale).

A una signora che gli chiedeva quale fosse esattamente la matrice ideologica del centrodestra, Giuliano Urbani precisò: «Noi siamo liberali e libertari, Alleanza nazionale è nazionale e sociale. Siamo, insomma, complementari». Ma il cuore della conversazione si svolse tra Letta e Salvi.

Dopo lo schiaffo del governo Dini, in Forza Italia le colombe avevano faticosamente ripreso a volare: Giuliano Ferrara le chiamava «tordi», destinati fatalmente allo spiedo. Letta e Salvi, che era professore universitario di diritto civile, parlarono di «regole». Nacque infatti in quella calda estate nel '95 il «tavolo delle regole», un abbozzo di riforma costituzionale che avrebbe dovuto unire i principali partiti di centrodestra e di centrosinistra per rendere il Paese più governabile. Esattamente quello che avrebbero fatto con maggior successo diciannove anni più tardi Matteo Renzi e Silvio Berlusconi. Salvo arrivare a una clamorosa rottura dopo l'elezione al Quirinale di Sergio Mattarella. Né D'Alema, che nel congresso del '95 aveva assunto il controllo del partito, né soprattutto Berlusconi amavano una prospettiva che vedesse Prodi alla guida del centrosinistra quando Scalfaro si fosse deciso a sciogliere le Camere. Entrambi patrocinarono perciò un lungo, discreto tentativo di Antonio Maccanico che avrebbe dovuto portare a un governo di unità nazionale, rinviando lo scontro elettorale. Già segretario generale del Quirinale con Pertini, consigliere di Stato, presidente di Mediobanca, uomo politico di matrice repubblicana, Maccanico aveva frequentato a lungo il Villino Giulia.

Maria era molto favorevole a quelle che cominciavano a essere chiamate le «larghe intese». Il direttore del Tg1 Carlo Rossella, che pure non era un giornalista a corto di fonti, e che aveva cominciato a frequentare la casa su piazza di Spagna poco dopo la sua nomina avvenuta nel 1994, apprese quell'espressione, per la prima volta, proprio dalla voce della vedova Angiolillo. Lei gliene parlò durante una delle colazioni che avevano preso l'abitudine di consumare all'Hassler, due volte al mese, da soli o con Sandra Carraro, e in cui talvolta si mettevano a parlare in dialetto. Venivano entrambi dalla provincia di Pavia, Rossella da Corteolona. Il suo era un dialetto della Lomellina, quello di Maria era più piemontese: «Più bello e raffinato, più francese» la lusingava il direttore. Che le assicurava: «Il mio è più volgare, è della Bassa».

Un giorno, Maria gli disse: «Ora questo governo cade e ne fanno uno delle larghe intese». E aggiunse: «Finalmente si respirerà un'aria più serena». Il direttore che non sapeva di che cosa Maria stesse parlando, appena uscito dall'Hassler cercò conferme, chiamò D'Alema e seppe che era tutto vero.

Maria sperava molto nel buon esito del tentativo di Maccanico perché lo sentiva come il «suo governo». Alfonso Dell'Erario, il giornalista del «Messaggero» che era diventato suo amico, aveva infatti pubblicato già nel 1994 proprio con Maccanico, un libro-intervista che ora veniva letto come il manifesto programmatico delle larghe intese. Maria si era spesa per promuoverlo in tempi non ancora sospetti. Aveva organizzato una presentazione a Torino, nei saloni del San Paolo, presente il banchiere Gianni Zandano, relatori Walter Veltroni, Giuliano Urbani, Augusto Barbera e Marco Tronchetti Provera. E si era assicurata che in prima fila ci fosse Umberto Agnelli, che vi era rimasto per tutte le due ore del dibattito.

Insomma, la vedova Angiolillo tifava per Maccanico, perché se il suo governo fosse andato in porto, lei ne sarebbe stata la madrina nobile.

Per tutto l'autunno del '95, incoraggiato da Letta e D'Alema, Antonio Maccanico cercò di mettere a punto un progetto di governo orientato alle riforme costituzionali. «Innaffia il suo progetto come un vaso di fiori» disse D'Alema a uno degli autori di questo libro. Progetto che, per ovvie ragioni, veniva visto da Romano Prodi come la peggiore delle soluzioni possibili. Progetto innaffiato tra il luglio e il settembre del '95 con due cene, presente il segretario del Pds, in casa Letta: alla prima partecipò Berlusconi, alla seconda no. «Il Giornale» di proprietà della famiglia Berlusconi, infatti, aveva rivelato che D'Alema, come molti altri politici, pagava un fitto molto basso per la sua abitazione, di proprietà di un ente pubblico. Ne nacque uno scandalo e in autunno il segretario del Pds annunciò al *Costanzo Show* di aver acquistato un appartamento nel quartiere Prati. Letta, che pure ignorava l'inchiesta del «Giornale», come lo stesso Berlusconi, impiegò un pochino a riprendere i contatti.

In novembre, D'Alema entrò per la prima volta in casa di Maria. E sembrò che il Muro di Berlino cadesse per la seconda volta.

Chiese una colazione e non un pranzo, al quale avrebbe dovuto portare anche la moglie, piuttosto restia. Furono invitati Cesare Salvi, Antonio Maccanico – assai interessato all'incontro – Tronchetti Provera e pochi altri ospiti.

Maria penava da mesi, per avere D'Alema. I tempi dell'anticomunismo erano passati e lei aveva capito subito che, per riposizionare il suo salotto, era necessario che entrassero i nuovi uomini della sinistra. Sapeva che il segretario del Partito democratico aveva fama di essere scorbutico e poco mondano. Ma non si perse d'animo. Chiamò Botteghe Oscure e gli chiese un appuntamento. Domandò poi a Dell'Erario di accompagnarla. Pensò che arrivare assieme all'autore del libro su Maccanico l'avrebbe accreditata come una donna delle larghe intese, invece che come la vestale del salotto della Prima Repubblica. Ma non bastava, si disse. Doveva inventarsi qualcosa d'altro per far breccia su un uomo così severo, così poco incline ai convenevoli e alle cordialità. Le scattò allora la scintilla: era pur sempre la vedova di un campione dell'antifascismo! Si sarebbe presentata con qualche vecchio articolo di suo marito.

La mattina dell'appuntamento, Maria Angiolillo era tesa. Continuava a chiedere ad Alfonso Dell'Erario se era vero che D'Alema avesse la straordinaria capacità di mettere a disagio chiunque. «Figurati, Maria: a te, non ti mette a disagio nessuno» le rispose l'amico. I due fecero il loro ingresso a Botteghe Oscure alle undici di una giornata di tempo incerto. Lasciandosi alle spalle gli uscieri, sentirono uno di loro esclamare: «Se quella è Maria Angiolillo, vuol dire davvero che possiamo vincere le elezioni».

Appena entrò nell'ufficio di D'Alema, Maria tirò fuori dalla borsa un vecchio ritaglio spiegazzato di giornale: era un articolo contro il fascismo firmato settant'anni prima da suo marito Renato. Dopo poco, lei e il segretario del Pds passarono con naturalezza a darsi del tu. Maria gli disse subito che voleva imbandire un pranzo per lui. D'Alema aprì l'agenda e le diede una data, ma per una colazione. Chiacchierarono per quarantacinque minuti, un tempo che per il segretario era da record.

Uscendo, Maria sospirò: «È un uomo intelligentissimo, ma certo non è simpatico».

Quella colazione, come abbiamo visto, saltò. E Maria dovette attendere altri quattro mesi, prima di averlo finalmente al Villino Giulia.

La prima volta che andò ospite a casa Angiolillo, nel novembre 1995, D'Alema rivelò da dove nasceva il nomignolo di «Spezzaferro» che era comparso sui giornali: «Per allentare la tensione, spezzo con le mani in otto frammenti i tappi dell'acqua minerale». E aggiunse serio: «Fini non ne sarebbe capace». Nessuno osò indagare sui retroscena di tanta sicurezza.

A tavola, si parlò a lungo delle proposte di Maccanico per salvare la legislatura e ipotizzare un nuovo governo. E alla fine della colazione, D'Alema s'appartò con Letta: «Se raggiungiamo un accordo *in camera caritatis* su un paio di punti...». Il primo riguardava una qualche sistemazione del conflitto d'interessi di Berlusconi, il secondo alcuni aggiustamenti costituzionali che fossero digeribili per la sinistra. D'Alema chiese tre mesi di tempo per verificare la tenuta dell'accordo e questo indispettì molto i «falchi» del Polo, guidati da Giuliano Ferrara che ben tenevano a mente l'impegno di far dimettere il governo Dini entro l'anno.

Ma al pranzo natalizio di Maria, il 12 dicembre del '95, il presidente del Consiglio si presentò in grandissimo spolvero, accompagnato dalla moglie Donatella in abito lungo di velluto e fasciata sul collo da un prezioso monile come non se ne vedevano da molto nei tre tavoli del Villino Giulia. La padrona di casa aveva fatto le cose in grande. Nella sala da pranzo gli ospiti trovarono alberi spuntati da una meravigliosa foresta sommersa: la forma delle chiome bruno-amaranto era perfettamente sferica e i frutti erano conchiglie e stelle marine.

Dini era felice: aveva appena incassato il voto favorevole di Fausto Bertinotti in una mozione di sfiducia presentata dal centrodestra. «Il rospo è diventato principe» ironizzarono i giornali ricordando i giudizi di Rifondazione sul governo. Ma le minacce di D'Alema e Veltroni a Bertinotti erano evidentemente state convincenti. La politica, però, è una donna infedele e trenta giorni esatti dopo il festoso pranzo natalizio al Villino Giulia, Dini dovette dimettersi. Il tentativo di Maccanico cadde per uno sgambetto che gli fece Scalfaro al momento in cui gli conferì l'incarico di formare il nuovo governo, il 1° febbraio 1996: tagliò dalla dichiarazione di rito la parola «semipresidenzialismo» e questo autorizzò Fini e Casini a boicottare un governo di larghe intese che li avrebbe visti in posizione marginale. La rinuncia avvenne mercoledì 14 febbraio, amarissimo giorno di San Valentino.

Domenica 18, Maria invitò Maccanico e pochi altri amici a una cena all'Augustea. L'ospite d'onore era assai amareggiato, ma era ancora sicuro che Prodi non sarebbe riuscito a convincere l'elettorato moderato a sostenerlo. Amareggiata era anche Maria, che aveva tifato per quel governo, come se fosse il suo. Ultimamente, pensò, non gliene riusciva una.

***

Si andò dunque alle elezioni. Letta invitò in casa propria Berlusconi e Dini perché quest'ultimo accettasse di fare il candidato premier del centrodestra contro Prodi.

Fini caldeggiò l'iniziativa incontrando la moglie del presidente del Consiglio, Donatella, nel salone dei Rubens della sua protettrice Ninì Pallavicini. E ne uscì del tutto tranquillizzato. Ma Dini aveva deciso di fondare un partito, Rinnovamento italiano, imparentato a sinistra, con la segreta speranza (alimentata dal mefistofelico D'Alema, che detestava Prodi) di restare a Palazzo Chigi se avesse preso più voti del Partito popolare.

In campagna elettorale, si squadernarono i più prestigiosi salotti romani. La sera del Giovedì Santo la principessa Aldobrandini aprì per Walter Veltroni la sua residenza di Palazzo Taverna, costruito nel Cinquecento tra piazza Navona e Castel Sant'Angelo sulle rovine della fortezza da cui gli Orsini dominavano un ampio settore della città.

La sera del 18 aprile, Dini arrivò al palazzo della contessa Pecci Blunt ai piedi del Campidoglio dopo aver chiuso la campagna elettorale. Lui, uomo di scrivania e di salotto, aveva dovuto fare un comizio: «La destra è pericolosa. Chi si sente di centro deve allearsi con la sinistra». Il centrosinistra vinse, Prodi diventò presidente del Consiglio, Dini fu compensato con il prestigioso ministero degli Affari esteri.

Sandra Verusio, la «marchesa rossa» di Ceglie, aprì la sua villa sull'Appia Antica, vicino alla tomba di Cecilia Metella (dove avevano abitato Romolo Valli e Giorgio De Lullo) per festeggiare la vittoria dell'Ulivo e Walter Veltroni. Intervenne Mario D'Urso, cavaliere di Marella Agnelli e Jackie Kennedy, eletto nelle liste proletarie di Rifondazione comunista in un collegio che comprendeva anche Capri. E questo fece una certa impressione. Donatella Dini tentò di avvicinare la principessa Pallavicini a un ricevimento dell'ambasciatore russo per spiegarle la svolta a sinistra del marito. Ma Elvina tirò dritto, sulla sua sedia a rotelle, senza guardarla.

La sera di giovedì 18 luglio, Maria Angiolillo offrì il consueto pranzo per il commiato prima delle vacanze. Nel giro di due anni, tra il '94 e il '96, il suo salotto aveva augurato buone vacanze a ministri di tre diversi governi. Aveva celebrato il trionfo di Berlusconi, le ambizioni di Dini e ora si trovava dinanzi alla svolta a sinistra di Prodi, sostenuto da Rifondazione comunista. Gli imprenditori e gli uomini d'affari ospiti di Maria erano sempre gli stessi. Cambiavano a una velocità vertiginosa i loro interlocutori, portatori in ventiquattro mesi di interessi e di strategie molto diverse.

In quel ristretto arco di tempo, Lamberto Dini, che fino al '93 frequentava il Villino Giulia come direttore generale della Banca d'Italia, vi era tornato nel '94 come ministro del Tesoro di Berlusconi, nel '95 come presidente del Consiglio e ora, nel '96, sorseggiava uno Château Pontet-Canet dell'89 come ministro degli Esteri di Prodi. Giovanni Maria Flick, professore di diritto penale alla Luiss e ora ministro della Giustizia, divideva la *borchtch à la polonaise* con Giuliano Urbani, fino a due anni prima professore alla Bocconi e ora ex ministro di Berlusconi.

Quella sera Gianni Letta, arrivato con ritardo minore del solito, divise amabilmente con Vittoria Leone il *poulet à la périgourdine* con *sauce demi-glace.* Ma gli mancava, di fronte, l'interlocutore previsto, quell'Enrico Micheli che fino a poche settimane prima era direttore generale dell'Iri e ora, da sottosegretario alla Presidenza del Consiglio, era stato trattenuto da Prodi a Palazzo Chigi. C'era un paragrafo del disegno di legge Maccanico sulle televisioni che rischiava di costare a

Mediaset un migliaio di miliardi e Letta avrebbe voluto chiedergliene ragione. Il chiacchiericcio degli ignari turisti seduti sull'attigua scalinata della Trinità dei Monti non disturbava il pranzo di Maria. E il cielo stellato copriva un panorama politico ancora confuso.

Il giorno prima, nell'aula di Montecitorio, Massimo D'Alema aveva proposto una commissione bicamerale per riformare lo Stato. Berlusconi, che avrebbe preferito un'assemblea costituente, aveva annuito. Stava nascendo una «prova di inciucio tra Polo e Ulivo» come titolava «il Giornale» di Feltri il giorno del pranzo di Maria Angiolillo? I vagiti della Seconda Repubblica erano ancora incerti.

***

La *Tosca* di Gianni Quaranta era stata un successo, anche se prodotta in economia. Tanti giornali titolarono *Quaranta fa volare Tosca*, ma stavolta Maria non poté prendersi alcun merito, come invece aveva fatto con Mitoraj. Non essere riuscita a fare di lui un altro capolavoro era il suo tarlo.

Ogni tanto, ancora si vedevano. Lei, una volta, d'estate, provò a invitarlo a Montecarlo. «Non posso venire, non ho soldi» rispose il premio Oscar.

Quando Maria lo raccontò a Cicci, che se ne stava con lei a prendere il sole al Beach, l'amica fu categorica: «Richiamalo e digli che gli mandi il biglietto di un volo aereo. Almeno, capiamo se non viene per soldi o se non viene perché non gli interessi».

«Tu non eri quella che si raccomandava di non rendermi ridicola quando parlavo di Mitoraj? Posso mai far la tardona che seduce il ragazzino con i suoi soldi?»

«Abbiamo un'età in cui non dobbiamo più dar conto a nessuno, Mariuccia» disse Cicci, ridendo.

«Parla per te. E non mi chiamare Mariuccia.»

L'occasione di riavvicinare Gianni Quaranta fu indirettamente data a Maria da Francesco Caltagirone, che stava progettando di creare un cinque stelle a Venezia, il Molino Stucky. Il premio Oscar era anche un quotato architetto e interior designer. Con il suo maestro Renzo Mongiardino, aveva arredato case degli Onassis, dei Rothschild e della sorella di Jacqueline Kennedy. Perciò, quando Caltagirone raccontò a Maria dell'albergo veneziano, lei pensò che Gianni Quaranta poteva diventarne l'arredatore. Si diede da fare per sponsorizzarlo, ma stavolta si guardò bene dal dirgli che stava lavorando per lui. Andò male, però. Gianni Quaranta seppe solo tempo dopo, e da terze persone, di quel tentativo di procurargli un'importante commessa a sua insaputa. Né mai sospettò che Maria si fosse infatuata di lui.

«Nessuno conta se non è passato lì...»

Il 17 dicembre del '96 al Villino Giulia si dava il primo pranzo natalizio con L'Ulivo al potere. Ora governavano quelli che Maria aveva chiamato per decenni «i comunisti... quelli dall'altra parte». Sui tre tavoli riservati ciascuno a dodici ospiti, bacche gelate tenevano fresche le orchidee, assai amate dalla padrona di casa. Corni d'argento offrivano fiori ghiacciati e solo qualche appassionato di musica classica, come il finanziere milanese Francesco Micheli, ricordava la straordinaria invenzione di Antoine Courtois che nel 1816 era riuscito a ritorcere il mi bemolle nel corno solista. Fu aggiunto un pistone alla tuba standard e nacque il famoso a solo nei *Quadri da un'esposizione* di Musorgskij.

Ignaro di tube e mi bemolle ritorti, il ministro delle Poste e Telecomunicazioni Antonio Maccanico, giunto senza consorte, godette per l'intera serata della compagnia della principessa Boncompagni. Se si fosse realizzato, dieci mesi prima, il suo progetto di un governo di unità nazionale coltivato anche nei salotti di casa Angiolillo, Maccanico avrebbe partecipato a quella cena da presidente del Consiglio e Maria avrebbe dovuto essere particolarmente attenta a Marina Maccanico, la moglie di Antonio con la quale non aveva mai legato.

Ma le cose erano andate diversamente, ora al governo c'era quel Romano Prodi che mai sarebbe entrato al Villino Giulia; così, al brindisi natalizio in casa Angiolillo, il ministro delle

Poste ringraziò chi s'era complimentato per il rilevante accordo politico appena conseguito sul futuro delle televisioni e spese parole beneauguranti per i rapporti tra maggioranza e opposizione.

Nonostante l'assoluta contrarietà di Prodi, che vi vedeva con qualche ragione un pericolo per il proprio già fragile governo, D'Alema e Berlusconi continuavano a portare avanti l'ipotesi di un patto costituzionale. Il 5 febbraio del '97, meno di due mesi dopo i pranzi natalizi di Maria, il segretario del Pds veniva eletto presidente di una commissione bicamerale per le riforme di cui era vicepresidente Giuliano Urbani, socio fondatore di Forza Italia e autentica passione di Maria, che restava, nel cuore, favorevole alle larghe intese.

In giugno, l'accordo fu consacrato nel famoso «patto della crostata» in casa Letta. Maria, che era sempre al corrente di ogni manovra, non si stupì del patto, ma della crostata: Maddalena ha servito crostata a cena?, si domandò, sorpresa, sfogliando i giornali con la sorella. A lei, Isabelle Colonna aveva insegnato a offrire solo dolci al cucchiaio o comunque morbidissimi, e *petite pâtisserie française*.

Qualche settimana prima, proprio al Villino Giulia – e nella stessa cena di mercoledì 7 maggio – si constatò quanto fosse fragile la maggioranza di governo e quanti equivoci ci fossero ancora nei rapporti interni alla coalizione. Ospite d'onore della serata era il ministro degli Affari esteri Lamberto Dini, seduto alla destra della padrona di casa. Quando seppe che quella sera *Porta a porta* aveva ospitato Fausto Bertinotti, Dini trafisse con ingenerosa energia la *Bavarois aux fruits de bois*, mandò giù il bicchierino di Sauternes con un colpo secco come usava con il whisky nei film western e ruggì: «Bertinotti, ancora Bertinotti...».

Per nascere, L'Ulivo di Prodi aveva richiesto un'operazione di ingegneria genetica, unendo componenti incompatibili in natura. Così la povera pianta cresceva male, divisa com'era da chi (Dini) voleva piegarne le chiome a destra e chi (Bertinotti) le voleva a sinistra. Maria avrebbe invitato più avanti il leader di Rifondazione comunista e sua moglie Lella. Ma l'ingresso della coppia avrebbe fatto meno rumore di quello – poniamo – di un D'Alema. Innanzitutto perché i Bertinotti erano straordinariamente socievoli e si trovavano a proprio agio in qualunque ambiente, manifestando la stessa cordialità verso un esponente della nobiltà «nera» come nei confronti di un intellettuale progressista. E poi perché Lella, considerata più a sinistra del marito, nei salotti si asteneva dal parlare di politica, mentre Fausto lo faceva volentieri, sostenendo le proprie tesi con fermezza, ma con garbo infinito.

Quella sera di maggio, il presidente dei senatori del Pds Cesare Salvi ebbe licenza di arrivare alla fine del pranzo: era l'ex comunista che Maria trovava più simpatico. Salvi era reduce da una pesantissima giornata in bicamerale. Aveva preso posto che era stato appena servito lo Château d'Yquem d'ordinanza, quando vide che al tavolo accanto al suo era seduto il ministro della Giustizia Giovanni Maria Flick, uno di cui Maria diceva: «È leggermente pieno di sé».

Quando Flick assumeva lo sguardo del cocker voleva dire che aveva qualcosa da farsi perdonare e infatti l'affaticato sorriso di Cesare Salvi si spense immediatamente. Stava entrando un magnifico soufflé. Mentre Salvi, che non aveva mangiato altro, ne apriva nervosamente il cuore, chi gli sedeva accanto lo sentì borbottare: «È stato zitto per sei mesi. Adesso si sveglia perché ha parlato Borrelli». Flick era troppo lontano per ascoltare, ma abbastanza vicino per intuire. E si allarmò, entrando in una visibile, cupa agitazione.

Maria si alzò affinché i sigari appena offerti potessero esaurirsi nelle conversazioni del piano superiore: il guardasigilli e il presidente dei senatori del Pds si incollarono in un drammatico tango. Scrutandoli, uno dei presenti bofonchiò: «Un ministro che va contro la sua maggioranza deve dimettersi». Salvi le cantò a Flick senza mezzi termini, anticipandogli un attacco destinato ai giornali dell'indomani: «Caro Gianmaria, non è la prima volta che invece di venire in Parlamento a dirci il tuo punto di vista su una legge, ti associ alle dichiarazioni della procura di Milano per andare contro la maggioranza che ti ha designato».

L'eco sinistro di Tangentopoli risuonava ancora nel Palazzo ed era voce comune, da destra a sinistra, che l'amicizia personale tra Flick, professore universitario e difensore di imputati di grido (a cominciare da Carlo De Benedetti) e Francesco Saverio Borrelli, procuratore capo a Milano, stesse influenzando pesantemente l'azione del guardasigilli.

Qualche giorno più tardi, Flick incontrò in casa di un amico Ottaviano Del Turco, presidente dell'Antimafia. «Ti capisco, Gianmaria: tu sei il quinto birillo e cerchi di restare in piedi» gli disse Del Turco. «Sai giocare all'italiana?» insistette con sadismo dinanzi all'allarmato ministro. «L'italiana è un gioco del biliardo in cui vince chi riesce a far cadere tutti e cinque i birilli. La procura di Milano ne ha fatti cadere quattro: Martelli, Conso, Biondi e Mancuso. Quattro birilli, quattro ministri della Giustizia. Tu sei il quinto. Ti capisco, Gianmaria, ti capisco...» concluse Del Turco, mai pensando che di lì a pochi anni lui stesso sarebbe stato protagonista di un processo infinito e controverso con l'accusa di corruzione che l'avrebbe portato a lungo in carcere.

***

Il 9 dicembre 1997, verso mezzogiorno, Maria stava salutando Gloria Venturi, che era passata a farle gli auguri di compleanno. Avevano appena preso un tè alla menta, avevano chiacchierato per un po' di alcuni pranzi a cui erano state invitate, di comuni conoscenti, di chi avrebbero incontrato durante le prossime vacanze di Natale, senza dir molto, tuttavia, perché entrambe detestavano i pettegolezzi. Maria non aveva mai sentito uscire dalla voce di Gloria alcun accenno all'infedeltà di uno o alla tirchieria di un altro. Avevano parlato a lungo, soprattutto, dei figli e dei nipotini.

I due maschietti di Marco, Andrea e Gregorio, crescevano belli, diligenti e sportivi, giocavano a tennis, sciavano, parlavano le lingue. Maria ne andava molto fiera. Diceva che si finisce sempre per godersi i nipoti più di quanto si sia fatto con i figli.

«Oh, Maria, ma ora che siamo nonne, e capiamo tante cose, dobbiamo recuperare anche i figli, stare loro vicini, aiutarli. Ai nostri tempi, tante cose erano diverse. I bambini venivano messi in collegio e ci si preoccupava solo che studiassero, frequentassero bene e trovassero una buona sistemazione» osservò la Venturi, senza poter immaginare quale peso avessero quelle parole su Maria, senza sapere che aveva abbandonato un figlio. La vedova Angiolillo, peraltro, amava molto Gloria, a suo avviso una delle poche donne di mondo dotate di buon senso.

Quando la accompagnò all'uscio, si accorse che il vassoio d'argento sulla consolle Luigi XVI all'ingresso era colmo di posta. Distrattamente, sollevò la cartolina di un'alba striata di celeste e di giallo. Accennò un bacio sulle guance dell'amica e appena la vide scomparire dal portoncino, voltò l'immagine. Con lo sguardo corse a cercare la firma: Udo Maria Gregory Franck de Beurges. Non riuscì a leggere altro, la vista le si offuscò, si sentì venir meno le forze. Dovette sedersi. In quel momento, suonò il campanello, Maria allungò una mano per aprire il portone d'ingresso.

Era di nuovo Gloria: «Scusa, ho dimenticato i sacchetti dello shopping».

La Venturi si bloccò sull'uscio. Maria era bianca come un cencio, la cartolina ancora in mano, il viso imperlato di sudore.

«Maria, che succede? Stai male?»

«Non è niente.»

«Chi ti ha scritto? Brutte notizie?»

Maria abbassò lo sguardo e lesse fugacemente la cartolina. Erano auguri di compleanno. C'era scritto solo: *HAPPY BIRTHDAY, MUM*. All'improvviso sentì dolerle tutti i muscoli, come se il peso di anni e anni di silenzi le fosse piombato addosso, di colpo, in un solo momento. Suo figlio ancora la cercava. La cercava nonostante la freddezza con cui lei lo aveva accolto qualche anno prima.

Maria rivide i regali di compleanno con i quali aveva riempito il bagagliaio della Lancia Flaminia nel 1959, in quel suo ultimo viaggio a Juan-les-Pins, quei regali da bambino che non aveva potuto dargli, perché Udo Maria Gregory era stato rapito da suo padre. Poi l'immagine di quel bimbo si sovrappose a quella dei suoi nipotini che le saltavano al collo appena arrivavano al Villino Giulia, e sfumò in quella di Udo, grande e grosso, in jeans e maglietta, spaesato fra i velluti rossi e gli specchi antichi dell'Hassler. Come aveva fatto, si chiese, a non provare nemmeno a spiegarsi? Com'era stato possibile che non avesse avuto neanche un briciolo di pietà per quel ragazzo smarrito? Tutte le parole non dette quel giorno le affollarono la mente.

«Dimmi, Maria: che succede? Sai che di me ti puoi fidare...» le sussurrò Gloria. Gloria che le piaceva tanto perché non faceva pettegolezzi.

«C'è un ragazzo giovane, nella mia vita.» Le parole le si smorzarono in gola.

Gloria sgranò gli occhi. «Giovane in che senso?»

Maria non sapeva da dove cominciare. E se cominciare. Esitò. Poi di nuovo le morì sulle labbra ogni sillaba.

«Un giorno, te ne parlerò» promise, alzandosi con uno scatto risoluto. «Ti accompagno a recuperare i tuoi pacchetti.»

Poco dopo, Maria si sedette sul letto, la cartolina sulle gambe. Pensava a suo figlio Marco, così elegante nei gessati di buon taglio che era solito indossare, gli orologi preziosi al polso, sempre così indaffarato con il suo lavoro di manager, così perfetto quando le si presentava a casa con la sua bella moglie di buona famiglia, i bambini educatissimi e affettuosi. Pensò alle cose che lui faceva o diceva, a volte, e che la ferivano. Ai suoi pranzi, lui non andava: «Non mi va di far la parte del "figlio di"» si giustificava. Oppure, le ricordava che quando aveva fatto il militare, per eccesso di raccomandazioni materne, era finito sì a Roma, ma a lavorare di più, perché lo avevano messo a tradurre tutti i dispacci in inglese indirizzati allo stato maggiore della Difesa.

Lo fa per farmi sentire in colpa, aveva pensato Maria quel giorno, per dirmi che tutti i lussi di cui l'ho coperto non sono bastati a risarcirlo dell'affetto che gli è mancato essendo stato privato di un padre.

La volta in cui avevano affrontato l'argomento, lui era stato lapidario: «Guarda che io non ho avuto neanche una madre. Sono cresciuto con la nonna. Tu sei stata una specie di madrina».

I figli vogliono troppo, pensò Maria, guardando la cartolina e rivedendo le mille volte in cui era impegnata nelle sue telefonate con i ministri e gli industriali e Marco la aspettava, guardando e riguardando l'orologio, facendole segno che aveva qualcosa da dirle. Era vero: Marco, in quei frangenti, veniva per ultimo. Era venuto per ultimo tante volte. Quando lei non aveva sposato suo padre, quando se n'era andata a vivere con Renato al Villino Giulia, lasciandolo con la nonna e la zia. Senza contare che si era rifiutata sempre di rivedere suo padre Elio, mancato nel 1987.

Ma la vita è dura, e questo i giovani non vogliono capirlo, si assolse in pochi istanti Maria. Tutti quei sacrifici lei li aveva fatti per lui. Gli sarà mancata qualche carezza, si disse tagliando corto con i pensieri, ma per il resto gli aveva dato tutto. E Udo invece? A lui che cos'era mancato? Quanti e quali rancori le portava? Quanto voleva farla sentire in colpa, lui?

«Non voglio parlare con Udo perché non voglio soffrire» aveva ammesso Maria con Cicci, un giorno a Cap d'Antibes, mentre l'amica cercava di convincerla a riallacciare i rapporti. Quando Udo era venuto a Roma qualche anno prima, era per non soffrire che non aveva voluto dargli spiegazioni. Ogni spiegazione lui gliel'avrebbe ritorta contro. Maria lo sapeva... I figli sono fatti così, non capiscono, non conoscono la vita.

Quella sera, la vedova Angiolillo nascose la cartolina dal Sudafrica nel cassetto del suo prezioso comodino intarsiato, dicendosi che aveva fatto quel che aveva fatto perché non aveva avuto scelta.

***

Il '97 assestò il cambio di passo nel suo salotto. La sinistra era al potere per la prima volta nella storia italiana. Certo, il presidente del Consiglio era un ex democristiano come Romano Prodi, ma i suoi azionisti di maggioranza erano gli ex comunisti e la maggioranza stessa si reggeva sull'appoggio della sinistra radicale di Fausto Bertinotti.

Eppure i lavori, sebbene faticosi, della bicamerale bipartisan facevano sì che gli esponenti del centrodestra – da sempre ospiti privilegiati del Villino Giulia – avessero un ruolo adeguato negli inviti. Maria, d'altra parte, era l'epigona italiana di Katharine Graham, la mitica editrice del «Washington Post», titolare del salotto più importante d'America. Nessuno conta se non è passato lì, si diceva negli Stati Uniti. E lo stesso giudizio veniva speso per l'Italia a proposito di Maria Angiolillo.

Kay aveva in comune con Maria il fatto di essere stata incoronata regina delle grandi pubbliche relazioni alla morte del marito, che fece una fine ben più tragica di Renato: si sparò un colpo di rivoltella dopo averla tradita, insultata, umiliata. Lei era la figlia (brutta) del proprietario del suo giornale, lui un giovane, affascinante giornalista, che ripeteva: «Perché hanno fatto Kennedy presidente, visto che io sono più bello, più sveglio e ho più successo con le donne?».

Il loro rapporto con il potere e con l'establishment era assai superiore a quello che si respirava nel salotto Angiolillo, ma negli Stati Uniti nessuno se ne scandalizzava, mentre da noi chi entrava al Villino Giulia veniva spesso giudicato con arricciate di naso, soprattutto da chi non vi era ammesso. «Voglio sangue fresco!» dichiarava Katharine elevandosi a *talent scout* e cercando di scoprire i potenti di domani, senza certo trascurare quelli del momento.

Maria interpretava lo stesso ruolo. Alle sue cene c'era sempre qualche new entry del mondo politico e industriale, ma spesso anche qualche giornalista e qualche imprenditore poco conosciuto. Era andata così con Stefano Folli, che aveva quasi trent'anni meno di lei ed era il notista politico del «Corriere della Sera». Portato a un pranzo al Villino Giulia da Ludina Barzini a metà degli anni Novanta, era stato subito ammesso nel «cerchio magico» dei suoi amici più stretti. Maria gli telefonava tutti i giorni, bombardandolo di domande spesso *naïves* sulla politica, ma sempre esigendo risposte tutt'altro che ingenue. In realtà, aveva già in mente una sua versione dei fatti, ma non era mai sazia di nuovi tasselli.

Talvolta, s'informava fingendo di non saperne nulla, solo per sondare quanto ne sapesse lui. A volte, al contrario, sembrava più informata di quanto non fosse, ma non perché millantasse. Grazie a quel suo dono speciale di capire le persone, e i potenti in particolare, intuiva sempre più di quanto davvero conoscesse. A Folli si affezionò molto. Lo presentava a tutti dicendo: «Questo giovane giornalista è un futuro direttore».

Nel 2003, lo avrebbe effettivamente sponsorizzato per la nomina a capo del «Corriere», e fu molto fiera quando il suo pupillo centrò l'obiettivo, grazie anche all'intervento di Gianni Letta.

Spesso, ai pranzi, Folli arrivava in ritardo, adducendo la scusa di aver avuto problemi con il motorino, ma in realtà doveva aggiornare un articolo. Lei giurava che non l'avrebbe più chiamato, ma poi non mancava mai di farlo.

Quanto a Ferruccio de Bortoli, la vedova Angiolillo iniziò a invitarlo quando diventò direttore del «Corriere della Sera» nel 1997 e continuò a farlo anche nel periodo in cui non fu più direttore. Molti passavano nel suo salotto come meteore, depennati dalle liste degli invitati appena perdevano la poltrona, ma erano quelli che lei non stimava. Chi le piaceva resisteva a ogni alto e basso di carriera e De Bortoli apparteneva a quest'ultima schiera, come Pietro Calabrese, altro nuovo ospite di quegli anni, arrivato da potente direttore del «Messaggero» e richiamato a cena anche quando se ne andò a Milano per dirigere un mensile, «Capital», che aveva un peso specifico decisamente minore. Di De Bortoli, la vedova Angiolillo diceva, ammirata: «Ha un tratto elegante, non si scompone mai ed è impenetrabile, non capisci mai che cosa pensa».

Maria si dispiaceva molto perché accettava solo pochissimi inviti. A ogni rifiuto, non lo invitava più per un mese o due. Folli cercava di consolare Maria, ripetendole che non era facile per un direttore di giornale spostarsi da Milano solo per una notte.

I giornalisti milanesi, in realtà, amavano molto scendere a Roma per quelle serate perché riuscivano in un solo colpo a incontrare quattro o cinque ministri, verificando notizie o apprendendone di nuove e rinsaldando contatti che avrebbero richiesto altrimenti l'impegno di settimane o mesi.

Un altro direttore molto amato di quegli anni fu Marcello Sorgi – sia quando era al Tg1 sia quando era alla «Stampa» – del quale Maria lodava capacità, acume e umanità. Meno spesso compariva Enrico Mentana del Tg5: Maria lo trovava più freddo, seppure «di pensiero velocissimo», e smise di invitarne la moglie Letizia la volta in cui la colse a spostare un segnaposto a tavola. Senza dire una parola, la padrona di casa ricollocò i cartellini nella giusta posizione, quindi depennò la consorte di Mentana dalle successive liste degli inviti. La moglie di Sorgi, Anna Chimenti, invece, continuava a esserci. Un altro giornalista che iniziò a presenziare alle cene, portato da Sandra Carraro, fu Maurizio Costanzo. Con lui la vedova Angiolillo amava fare lunghe chiacchierate.

Attenta allo status dei suoi ospiti più che al loro patrimonio, Maria, si concedeva talvolta deliberate eccezioni: «Il potere mi intriga» disse un giorno, «ma lo guardo con distacco perché so che niente è duraturo e allora non mi faccio coinvolgere troppo. Tanto, tutto finisce...».

Così tra il '97 e il '98 accanto a Maria c'erano il ministro

Tiziano Treu e il generale Nicolò Pollari, allora capo di stato maggiore della guardia di finanza e destinato nel 2001 ad assumere la guida dei servizi segreti. Giorgio Napolitano tornò il 12 febbraio 1998 da ministro dell'Interno, sistemato accanto a Maria, al tavolo uno, battezzato per l'occasione «Camelia», lo stesso a cui sedevano il banchiere Cesare Geronzi, Gianni Letta, Edwige Fenech e Fedele Confalonieri, che aveva ereditato la guida di Mediaset e Fininvest dopo «la discesa in campo» di Silvio Berlusconi. C'era spesso anche Pier Ferdinando Casini, simpatico a Maria al punto che, la sera in cui si accese un sigaro anzitempo in sala da pranzo, lei non gli disse niente. Cesare Salvi si beava della compagnia di Vittoria Leone e di Edwige Fenech, la principessa Odescalchi chiedeva chiarimenti economici all'editorialista della «Repubblica» Mario Pirani, Furio Colombo fronteggiava Michele Coiro, fondatore di Magistratura democratica, appena rimosso dalla carica di procuratore della Repubblica di Roma con un provvedimento ingiusto che il 23 giugno 1997 gli provocò un infarto mortale.

Quattro giorni prima, Coiro era stato al Villino Giulia e, quel 19 giugno, Maria o forse la sorella avevano appuntato nel libro dei pranzi: «Serata dannata, ne mancano diciassette. Si fa in giardino, tempo incerto, nuvoloso. Speriamo che Dio guardi giù. Anche Marini non viene e avvisa alle ore venti: buzzicone». Ma poi Franco Marini, da gennaio segretario del Partito popolare, futuro presidente del Senato, fu riammesso a tavola appena un mese dopo, il 17 luglio.

A quei pranzi della seconda metà degli anni Novanta comparve una volta anche Luciano Benetton, andava spesso il banchiere Vincenzo De Bustis, ormai ospite di lungo corso, e talvolta si presentavano gli imprenditori della farmaceutica Claudio Cavazza e Roberto Gradnik. C'erano anche Giulio Tremonti, di cui Maria si lamentava da quando – dopo avergli presentato una persona su sua richiesta – non le aveva mandato neanche un mazzo di fiori per ringraziarla, e il più amato Giuliano Urbani. E tutti godevano della *fondue aux champignons* accompagnata da un Talbot St. Julien dell'89. Urbani fu ritenuto compatibile con Luigi Spaventa, mentre per Beniamino Andreatta si provvide a scegliere un pranzo in cui non ci fosse Tremonti (che in un altro aveva alla sua sinistra Francesco Bellavista Caltagirone): meglio collocarlo alla destra della principessa Maria Pia Ruspoli. I posti a tavola erano sempre assegnati con cura estrema.

Alla colazione per soli uomini del 20 novembre '97 in onore del cardinale Agostino Casaroli, Caltagirone aveva alla sua destra Augusto Fantozzi, tributarista illustre, già ministro delle Finanze con Dini e ai tempi al Commercio estero con Prodi, mentre Alberto Aleotti, industriale farmaceutico, amico e coetaneo di Maria – che si sarebbe spesa molto per favorirlo, incorrendo in qualche guaietto *post mortem* cui dovremo accennare più avanti – sedeva accanto al ragioniere generale dello Stato Andrea Monorchio.

Durante il suo decennio come direttore generale del Tesoro, fra il 1991 e il 2001, Mario Draghi, futuro presidente della Banca centrale europea, fu ospite costante dei pranzi al Villino Giulia.

In presenza del cardinale Casaroli, il giochino della vedova Angiolillo, che strizzava l'occhio a Consolo con complicità, si era fatto più divertente, perché ormai al Villino Giulia erano arrivati «i comunisti». A un cenno della padrona di casa l'avvocato Consolo, sempre accompagnato dalla bella moglie Natasha Romanoff, discendente degli imperatori di Russia, si faceva del tutto esplicito con una richiesta: «Sua Eminenza, noi osservanti cattolici, fedeli a Santa Romana Chiesa, saremmo onorati di una sua benedizione». E la benedizione cadeva su tutti, comunisti inclusi. Ne beneficiarono, per esempio, il 20 novembre 1996, Augusto Barbera, già parlamentare del Pci e allora del Pds, e Furio Colombo, ai tempi deputato dell'Ulivo.

Ogni tanto, la Angiolillo ospitava colazioni per sole donne. Vi intervenivano Franca Ciampi, moglie dell'allora ministro del Tesoro, Clio Napolitano, essendo il marito ministro dell'Interno, o Simonetta Scalfari, moglie del fondatore della «Repubblica» Eugenio.

Non era facile garantire ogni mese, e talvolta più spesso, trentacinque persone di un certo livello ai pranzi del Villino Giulia. Nei suoi appunti, Maria parla di una «lotta continua» con il tipografo incaricato di stampare inviti, menù in francese e cartoncini segnaposto, diventata talmente cruenta da doverlo cambiare. A uno dei pranzi di Natale del '97, dove un importante Chablis dell'88 fu servito in luogo del tradizionale Baron de L, Maria si trovò a dover sostituire all'ultimo momento otto invitati che dettero forfait, provocando un gigantesco problema in tipografia. «È stata una gran fatica... siamo tutti molto stanchi» annotò. Ma i trentacinque che poi la raggiungevano per cena nulla sapevano di tutto questo trambusto e trovavano ogni cosa organizzata alla perfezione.

Più volte, nei suoi libri dei pranzi, lei e la sorella annotavano parole di delusione più o meno stizzita all'indirizzo di coloro che disdicevano all'ultimo minuto. Il 17 dicembre 1998, Nuccia scriverà: «Mancati Franco Tatò e Sonia Raule, Maria è nervosa e ha ragione. Sono dei farlocchi. Anche Francesco Caltagirone e Lilli Gruber non sono venuti». Chi le procurava molte pene era Francesco Rutelli, sindaco di Roma dal 1993 al 2001. A Maria stava simpatico, ma le dava sempre buca, come si suol dire. Fu presente a un pranzo il 17 luglio 1998, seduto fra Maccanico e la marchesa rossa Verusio, ammessa al Villino Giulia da quando la sinistra era al governo; poi il 12 dicembre dello stesso anno, a margine della minuta del pranzo il cui ospite d'onore era stato Napolitano, Maria vergò, contrariata: «Quante volte è mancato Rutelli (per febbre)?».

***

Queste erano le preoccupazioni di Maria, dimentica di ogni pensiero materno. Intanto, a Sandton, in Sudafrica, da mesi, tutte le sere, rientrando a casa dal lavoro, Udo Maria Gregory Franck de Beurges accelerava il passo e, appena entrava nell'atrio del condominio, controllava con ansia la casella della posta. Anche quel giorno, sua madre non gli aveva risposto.

Udo abitava in un appartamento ben più modesto della villa coloniale dalle dieci camere da letto e dalla sterminata sala da ballo in cui era stato bambino. A nemmeno cinque anni suo padre lo aveva portato in un luogo alla fine del mondo. Il suo primo ricordo d'infanzia era il gigantesco jumbo su cui era salito quel giorno, ma non ricordava nient'altro di ciò che gli era accaduto prima, né i giochi nel giardino di Villa El Djézaïr, né il volto di sua madre.

Sandton era, in quei primi anni Sessanta in cui vi atterrarono i due de Beurges, un sobborgo residenziale adagiato in una terra semidesertica punteggiata da prati verdissimi, instancabilmente innaffiati dai servitori di colore delle grandi, vecchie case del luogo. Non c'erano ancora i palazzi e i grattacieli che sarebbero stati innalzati un paio di decenni dopo. Laggiù, li aspettava la *comtesse* Maria Frank Rosenthal de Beurges, ormai settantenne e segnata da rughe che erano diventate solchi, scavati da ogni durezza subita e inflitta.

Madame la comtesse regnava su quel ranch pieno di cavalli, appagata dal fatto che laggiù la servitù si potesse ancora comandare a bacchetta. Tuttavia, partiva spesso, per continuare a seguire gli affari della Rosenthal in Europa, e lontano da casa rimaneva spesso anche Udo senior.

Il piccolo Udo Maria Gregory era cresciuto senza affetti, affidato alla governante, al maggiordomo, a un'istitutrice. La mattina veniva accompagnato a scuola, quindi riportato nella grande casa vuota. A nessuno veniva in mente che un bambino della sua età necessitasse di compagni di giochi o di studio. Quando Udo junior ebbe undici anni, suo padre si risposò con la contessa tedesca Marierose Adelheid Edina Rudolphine Viktoria von Falkenberg, nata nel 1927, e divorziata nel 1965 dal barone Albrecht Peter Ludwig Otto Freiherr Besserer von Thalfingen.

La contessa von Falkenberg era una bellissima e sfingea quarantenne vestita con una ricercatezza che sarebbe stata reputata forse adatta a Parigi e che dovette apparire del tutto fuori luogo in un ranch sudafricano. Nella tenuta di Sandton si installò con una delle sue tre graziose figliole: la baronessina Maria Stephanie Ruppertine Johanna Adelheid Laetare Besserer von Thalfingen, di dodici anni. Mentre le altre due, la baronessina Amélie Besserer von Thalfingen, di otto, e la baronessina Maria-Anna Elisabeth Johanna Ruppertine Gratiana Besserer von Thalfingen, di quindici, vivevano in Germania, raggiungendola spesso, tuttavia, per renderle visita.

Il suo primo atto, nel prendere possesso della dimora, fu stabilire che Udo Maria Gregory e la nonna, la contessa Maria Frank Rosenthal de Beurges, fossero relegati in un appartamento al primo piano, lasciando a lei, alla augusta figliola e al marito, il resto della sterminata magione. La von Falkenberg era una donna autoritaria e possessiva, proprio come la suocera, che ovviamente, la odiò all'istante con tutte le sue forze. Ora, a contendersi il controllo di Udo senior vi erano due contesse, la madre e la moglie.

I primi tempi, scoppiarono faide con qualunque pretesto. Una delle due piantava un albero in giardino e l'altra lo faceva spostare. Una delle due aveva una cameriera prediletta e l'altra la licenziava. Le ripicche non conoscevano tregua.

Chi ne fece le spese fu il piccolo Udo Maria Gregory, di cui con il tempo tutti si preoccuparono sempre meno. Le sorellastre, anche quelle che vivevano lontane e arrivavano per le vacanze, si divertivano a fargli ogni sorta di dispetto e a raggirare la buona fede di quel bambino cresciuto in un ranch, alieno alle malizie di società che le baronessine, invece, avevano appreso in Europa o dall'educazione della madre. Per Udo Maria Gregory, appellarsi al padre non serviva a nulla. Udo senior, terrorizzato dal carattere puntiglioso della consorte, dava sempre ragione alle figliastre. Udo junior, allora, abbassava lo sguardo a terra, con i suoi occhioni smarriti, e si chiedeva perché la sua mamma fosse morta, destinandolo a quell'inferno. Gli avevano detto che era mancata quando lui era in fasce. Nient'altro. E ogni volta che provava a chiedere di lei, la nonna e il padre gli rispondevano che non c'era altro da dire. Era morta, le persone muoiono, anche quelle giovani.

La contessa Rosenthal de Beurges era ormai anziana, e non aveva più la tempra per reggere le angherie di quella nuora. Così cedette e si chiuse in se stessa, ripetendosi che il figlio – a cui aveva dedicato la vita – era solo un uomo avido e irriconoscente. Si guardava allo specchio e malediceva la vecchiaia che l'aveva sfigurata. Il soriano dei tempi di Cannes e di Juan-les-Pins era stato rimpiazzato, progressivamente, da una serie di altri gatti d'ogni razza e finanche bastardi.

Fu quando la *comtesse* fu relegata con il nipotino al primo piano, che cominciò a riempire l'appartamento di gatti a decine. Blaterava che i felini erano meglio delle persone, dei figli soprattutto; e che non chiedevano niente, se non un tozzo di cibo. Poi, addivenne alla decisione che non si sarebbe più occupata della Rosenthal, così che a suo figlio e alla sua altezzosa moglie non sarebbe arrivato più un soldo. Prese a passare le giornate accasciata su una poltrona, ripensando ai tempi in cui si esibiva all'opera, e tutti ne applaudivano la bellezza e la voce, o al giorno in cui il vecchio Rosenthal vestito da prussiano le aveva dedicato un servizio di piatti battezzato con il suo nome e lei aveva capito d'aver fatto centro definitivo nel suo cuore e nelle sue immense ricchezze. Era giovane, aveva in mano la sua vita e il mondo.

Si rianimò brevemente solo per la visita di un vecchio amico del figlio, un ambasciatore austriaco, padre di un ragazzino, Patrick, dell'età di Udo junior. L'anziana contessa, per qualche giorno poté tornare a conversare come ai vecchi tempi, con un uomo che aveva frequentato tutte le corti e i palazzi di potere d'Europa. E il piccolo Udo ebbe finalmente un compagno di giochi.

L'ambasciatore, con la perspicacia propria del suo mestiere, intuì che in quella casa qualcosa girava per il verso sbagliato. Partendo, raccomandò a suo figlio di appuntarsi l'indirizzo dei de Beurges e di tenersi in contatto con il nuovo amichetto. I due ragazzini diventarono «amici di penna», come si diceva allora, anche se mai Udo ebbe il coraggio di scrivergli che cosa davvero accadeva nella tenuta di Sandton.

Partito l'ambasciatore, la *comtesse* Rosenthal de Beurges ripiombò nella sua depressione. Passato un anno dall'arrivo della nuora, ormai, si rifiutava di vedere alcun familiare, se non il nipotino Udo. Gli imponeva di sedersi su un divano e di ascoltarla mentre blaterava di balli con Oscar di Prussia e, tenendo in grembo una zuppiera in fine porcellana Rosenthal, lanciava pezzi di cibo ai gatti sparsi nel salotto, allontanando svogliatamente l'orda di felini che le si gettava, famelica, addosso, nel tentativo di afferrare un pezzetto di pesce.

Presto i gatti furono più di cinquanta e presero a considerarla parte dell'arredamento. Si rifacevano le unghie sulle sue poltrone e sui suoi vestiti. Le sfregiavano orribilmente le gambe, le braccia e il viso ormai immemore della bellezza che aveva incantato aristocratici e miliardari. Udo Maria Gregory cercava di scacciarli e quando, a tarda sera, finalmente riusciva a mettere a letto la nonna, le medicava le ferite con l'alcol e con desolata pazienza.

Poco dopo il matrimonio con la Falkenberg, Udo senior cominciò ad accusare alcune amnesie, a ripetere più volte le stesse frasi e, nel volgere di pochi anni, emersero palesi i sintomi di una demenza senile. Il conte non era in grado di accorgersi della desolazione in cui viveva suo figlio al primo piano, né se ne preoccupava la contessa von Falkenberg, ossessionata solo dal desiderio di procurare un buon matrimonio alle figlie, che stavano crescendo sempre più eleganti e spigliate, talvolta sfoggiando ai balli i gioielli della contessa Rosenthal de Beurges. La più piccola, Amélie, avrebbe poi sposato il principe della famiglia reale russa Heinrich IX, la cui madre era nella linea di successione al trono inglese ed era imparentata con la regina Beatrice d'Olanda.

La von Falkenberg, però, alle prese con un marito malato, con i tentativi continui di metter le mani sui fondi della suocera per mandare avanti la magione, e con una figlia da crescere da sola in una landa sperduta, scivolò a sua volta verso il baratro. Cominciò a bere troppo e a darsi a bizzose scenate.

Intorno al 1974, una sera in cui aveva bevuto più Martini del solito, si era addormentata sotto il grande colonnato d'ingresso della casa. Era tardi, Udo Maria Gregory, ormai diciottenne, aveva fatto le ore piccole nei locali di Johannesburg. Rientrando, la trovò addormentata su un divano di vimini, in una notte che era quasi d'inverno e comunque già fredda. E la svegliò: «Marierose, alzati, non puoi passare la notte qui».

La donna si destò come una furia.

«Come ti permetti di svegliarmi? Che ore sono?»

«Le tre.»

«E ti sembra l'ora di tornare? Sei uno sciagurato proprio come tuo padre. Ah, lui te le fa passare tutte lisce. Sei un ragazzo viziato.»

«Marierose, ti accompagno dentro, vieni.»

La conversazione degenerò. La contessa si versò un altro bicchiere di Martini, ormai caldo. Lo bevve tutto d'un sorso.

«Tuo padre è un mostro» urlò. «Sono anni che non lavora e in questa casa devo occuparmi di tutto io, anche di te: un figlio che non mi appartiene e che mi sono ritrovata fra i piedi.»

«Papà sta male, è per questo che non lavora più» rispose Udo junior, con la pazienza e la dolcezza apprese nell'accudire la nonna.

«Tuo padre è un uomo cattivo, perché tua madre è viva e lui non te lo dice.»

Udo Maria Gregory si pietrificò. Sua madre viva. Viva.

Com'era possibile?, si chiese. Dov'era? Perché gli avevano sempre detto che era morta?

«Che vuol dire che è viva? Chi è mia madre? Parla, ora devi parlare!»

Ma la von Falkenberg, barcollando e stringendo in una mano la bottiglia di Martini e nell'altra il bicchiere, si era avviata verso le sue stanze, sbattendo fragorosamente le porte alle sue spalle.

Udo fece irruzione nella camera dove dormiva suo padre, lo scosse afferrandogli le braccia, lo scoprì delle lenzuola, accese tutte le luci.

«Devi dirmi chi è mia madre. Dov'è mia madre? È davvero viva? Dio, Dio, Dio. Parla! Ti prego parla» urlava il ragazzo.

Suo padre qualcosa ancora capiva, a volte riusciva a seguire perfino la logica di un'intera frase. A volte, dava ancora qualche risposta sensata. Ma quella notte il vecchio conte Franck de Beurges, si limitò a guardare il figlio con gli occhi sgranati dal terrore. Udo junior continuava a urlare. Finché suo padre, tremando nel letto, gli chiese: «Chi te l'ha detto?».

«È vero, allora! Rispondi: perché non l'ho saputo prima?» Ma il ragazzo non ottenne altro che balbettii.

Allora, salì di corsa, con il batticuore, la grande scalinata che portava al primo piano, pestò code di gatti, che, spaventati, si misero a miagolare sinistramente tutti insieme, schizzando da una parete all'altra della stanza. Svegliò la nonna con la stessa furia con cui aveva destato il padre. Piangeva, urlava, tremava: «Nonna ti prego, dimmi la verità».

Ma la *comtesse* Rosenthal de Beurges era una maschera immobile, il corpo rimpicciolito dalla vecchiaia rannicchiato contro la spalliera del letto. Poi presero a sussultarle le labbra, facendo tremolare le orribili cicatrici, le unghiate di gatto, che le sfregiavano le guance.

Udo si stese su un tappeto. Era scosso da possenti brividi, sussultava tutto. Batteva i denti e piangeva con singhiozzi incontrollabili che, insieme alle urla, richiamarono la servitù al completo. Cercarono di sollevarlo dal pavimento, ma lui si dimenava, gridando che lo lasciassero stare e chiedendo che lo coprissero con qualcosa. Aveva freddo, tanto freddo. Gli misero addosso due o tre coperte, ma continuava a tremare violentemente. Non sentiva più il braccio sinistro, come talvolta accade a chi è preda di un attacco di panico. Il maggiordomo voleva chiamare un medico, ma Udo strillava che non ne aveva bisogno, lui voleva solo che gli dicessero che ne era stato di sua madre.

La *comtesse* Rosenthal de Beurges lo guardava atterrita, carezzando i gatti che le si strofinavano addosso, nervosi. Poi, finalmente, si alzò.

Dal letto inondato di bestie, scelse un persiano e uscì dalla stanza, sibilando: «Io ti ho cresciuto come e più di una madre. E tu sei un ingrato. Te lo dico ora e per sempre: da me non saprai mai nulla».

Udo Maria Gregory cercò, a lungo, di convincere la nonna e il padre a rivelargli chi era sua madre e il motivo per cui lo aveva abbandonato. Ma trovò sempre solo ostinati silenzi e, in suo padre, gli sguardi sempre più vacui di chi ormai si sta congedando dal mondo. Cercò anche zio Philipp, il Rosenthal fratellastro di suo padre, il quale sostenne di non saperne nulla.

A un certo punto, Udo junior arrivò a convincersi dell'indicibile. Si convinse che sua nonna era sua madre: ma certo, solo un incesto spiegava tutto. Spiegava il senso di possesso della nonna verso suo padre, spiegava le smancerie nelle quali si produceva solo con lui, quando, quasi lasciva, dopo ogni litigata, gli diceva: «Vieni a dare un bacetto alla tua mamma». Spiegava l'odio di sua nonna verso la nuora e il fatto che fosse impazzita e si fosse relegata a vivere con i gatti quando il figlio l'aveva sposata.

In quella casa in cui tutti sembravano scivolare verso la follia, ormai anche Udo Maria Gregory stava impazzendo. Impiegò giorni a rendersi conto che la versione dell'incesto non reggeva. Non sapeva esattamente che età avesse sua nonna, ma se lui era nato quando il padre aveva quarantasette anni, lei ai tempi avrebbe dovuto averne almeno sessanta. Poteva una donna, restare incinta a sessant'anni? Non poteva. E allora, perché tutti in quella casa custodivano con tanta ostinazione i segreti di sua madre?

Nel 1975, alla *comtesse* Rosenthal de Beurges venne un'infezione del sangue, conseguenza degli atroci sfregi che le avevano procurato i suoi gatti. Il nipote le stette vicino in ospedale, fino all'ultimo, sempre implorandola di rivelargli chi fosse sua madre, perché gli avevano detto che fosse morta e perché lo avesse abbandonato. Ma anche l'ultimo respiro della contessa fu un refolo silenzioso.

Udo restò nella grande casa coloniale di Sandton, dove la matrigna continuava a essere in perenne stato di alterazione, il padre balbettava frasi sempre più sconnesse, la sorellastra lo ignorava. Allora, mise sottosopra la dimora cercando qualcosa, un vecchio documento, un indizio. Era un ragazzo di diciannove anni alla ricerca di se stesso e delle sue origini. Niente, non trovò niente.

La matrigna morì suicida nel '78, il padre si consumò lentamente, fino a spegnersi nel 1983. Udo junior si ritrovò davvero solo. E senza un quattrino.

Tutti i denari dei Rosenthal erano stati bruciati in quegli ultimi anni in cui la nonna s'era disinteressata degli affari di famiglia, suo padre si era ammalato, mentre invece la sua matrigna, la contessa von Falkenberg, era ancora abbastanza lucida da preoccuparsi almeno del futuro delle sue figlie. Anche i gioielli che avevano reso splendente Maria Frank Rosenthal de Beurges sparirono, come spesso spariscono i gioielli nelle famiglie importanti. Udo junior dirà sempre di non essere riuscito a trovarne nemmeno uno fra i più preziosi.

Poco prima della morte del genitore, Udo aveva aperto un negozio di motociclette; poi, nell'83, mollò tutto, lasciò Sandton e trascorse qualche anno tra Monaco e Zurigo, cercando di districarsi fra le pendenze ereditarie del padre e della nonna. Ogni volta che tornava in Sudafrica, vendeva qualcuno dei vecchi mobili della tenuta in cui era cresciuto. Ogni volta, prima di consegnarli all'acquirente, ne ispezionava gli angoli più oscuri, i cassetti, cercando meccanismi segreti, nella speranza che saltasse fuori la verità su sua madre.

Passarono gli anni. Nel 1988, Udo junior decise che era venuto il momento di vendere Villa El Djézaïr di Juan-les-Pins, ormai chiusa da tempo, dove ricordava d'essere stato qualche volta da ragazzino. Ma nella tenuta di Sandton i titoli di proprietà di quella vecchia casa non spuntavano da nessuna parte. Udo mise sottosopra la soffitta, si attardò nella polvere e nell'ammasso di mobili nel quale tante volte aveva cercato una traccia di sua madre. Guardò a lungo, sentendosi impotente, un pesantissimo baule che aveva già ispezionato. Decise che non l'avrebbe aperto di nuovo. Non c'era nulla lì dentro: solo vecchi merletti e spartiti musicali e *memorabilia* appartenuti alla nonna, roba in cui non aveva alcuna voglia di immergere di nuovo le mani. Poi, però, pensò che vendendo quel baule poteva ricavarne qualche soldo e decise di portarlo giù, per affidarlo a un rigattiere.

Era pesantissimo e, trascinandolo, s'incagliò su un asse di legno del pavimento che sembrava sconnesso. Quando riuscì a spostarlo, divelse anche un pezzo del solaio. Nel buco che si creò, scorse una vecchia scatola arrugginita. La aprì, con il cuore in gola. In cima, su un estratto di nascita, trovò il nome e la data di nascita di sua madre: Maria Girani, nata il 9 dicembre 1921 a Torrazza Coste (PV), Italia. Tremando, Udo scoprì di aver sangue italiano nelle vene. Le cose si complicavano. Non aveva idea di come cercare una donna che viveva in uno Stato in cui non aveva mai messo piede e del quale non parlava la lingua. Sotto quel documento erano custoditi gli atti del divorzio e dell'annullamento del matrimonio dei suoi genitori.

Li lesse e li rilesse, senza riuscire a rispondere alla domanda che lo assillava. Scoprì che sua mamma accusava suo padre di averlo rapito a Juan-les-Pins, ma lesse anche le infamanti accuse mosse alla madre, le lettere in cui si sosteneva che lei si disinteressava del figlio, che andava a trovarlo a Villa El Djézaïr solo una o due volte al mese, che non aveva voluto trasferirsi in Sudafrica, e che, alla fine, era stato concesso ai coniugi l'annullamento del matrimonio e che, «date le circostanze», Maria Girani era stata condannata a pagare le spese legali.

C'era, in quella scatola, anche il certificato di acquisto di Villa El Djézaïr, doveva esserci finito per errore. Udo Maria Gregory lo prese e prenotò un volo per Parigi. Da lì avrebbe raggiunto la Costa Azzurra e, per cominciare, avrebbe cercato di vendere quell'unica casa in cui, per poco tempo, era stato figlio di sua madre. Aveva bisogno urgente di soldi. Per tutto il viaggio, s'interrogò sul modo di trovare la donna che lo aveva messo al mondo; finché gli venne in mente quell'ex ambasciatore austriaco che era stato a far loro visita in Sudafrica, anni prima, quel vecchio amico di suo padre con un figlio suo coetaneo, del quale era stato amico di penna.

Udo chiamò Patrick e gli raccontò tutta la storia. Gli disse che, forse, il suo potente papà poteva fare qualcosa per lui, magari muovere qualche ex collega tedesco o italiano e riuscire a scoprire qualcosa sulla sua mamma. Patrick non si sottrasse alla richiesta di aiuto. Ricordava ancora la desolazione di quella casa decadente in Sudafrica e gli occhioni grandi e tristi di quell'amichetto che con lui, di tanto in tanto, erano tornati a ridere. Lo richiamò un paio di mesi dopo, quando ormai Udo era riuscito a vendere Villa El Djézaïr.

Patrick, grazie ai contatti del padre, era riuscito a ottenere dal comune di Milano l'indirizzo in cui Maria Girani si era trasferita, ufficialmente nel 1965: Rampa Mignanelli, 8 – Roma. A quel punto, per il diplomatico non era stato difficile trovare conferma che quella donna viveva ancora lì: l'indirizzo era ben noto a tutti gli ambasciatori che avevano prestato servizio nella capitale italiana, sebbene tutti conoscessero la Girani come Maria Angiolillo.

Era stato così che Patrick si era offerto di accompagnare l'amico a conoscere sua madre e si era ritrovato con lui, in un giorno d'estate, in un salottino dell'Hotel Hassler.

Per molti anni a seguire Maria ricevette nuove cartoline di auguri di compleanno dal figlio segreto ma non gli rispose mai. Non poteva soffrire, non voleva riaprire un capitolo chiuso.

***

Nell'autunno del 1998 ci fu il traumatico cambio di governo tra Prodi e Massimo D'Alema. Molti ministri restarono al loro posto: tra questi Lamberto Dini agli Esteri. Nel cerimoniale di Maria cambiò poco: Franco Bassanini, diventato sottosegretario alla Presidenza, era già stato da poco ospite del Villino Giulia con la moglie Linda Lanzillotta. La sola new entry dei pranzi di Natale fu rappresentata dal giovane Enrico Letta, neoministro per le Politiche comunitarie, collocato alla destra di Maria, di fronte a Luigi Spaventa. Quella sera era assente lo zio Gianni.

Un nuovo ingresso importante, a futura memoria, avvenne l'11 febbraio del '99. D'Alema aveva scelto come vicepresidente del Consiglio Sergio Mattarella che sarebbe diventato presidente della Repubblica e il cui padre era già stato al Villino Giulia negli anni Sessanta. Maria lo collocò alla sua destra, accanto alla principessa Odescalchi e di fronte a Franco Bassanini. Al suo tavolo, intitolato «Gennaio», con decorazioni in tono, Mario Draghi e Fiorella Padoa Schioppa, mentre la moglie di Mattarella, Marisa, guidava il tavolo «Marzo» accanto a Gianfranco Fini. Piatto principale, una magnifica sella di vitello *à l'Orloff*, cucinata secondo un'antica ricetta francese e accompagnata da un grande vino di Pauillac, lo Château Lynch-Bages del '92.

Il centrosinistra s'allargò via via nelle presenze, ma il 19 maggio del '99 ci fu una terza caduta del Muro di Berlino con l'ingresso al Villino Giulia di Umberto Bossi. «S'è comperato il vestito blu che gli mancava» annotò Maria sul taccuino dei pranzi. Teneva all'ospite, ma sentiva che non avrebbe legato con lui: «Non mi è simpatico» scrisse infatti nello stesso appunto, sottolineando la frase con un tratto di penna. Forse perché si presentò con due accompagnatori che, per forza di cose, dovettero essere messi alla porta. Gli fu comunque risparmiata la definizione di «*cojoncione*» con cui Maria, che aveva un accento tutt'altro che romanesco, bollava chi non le andava a genio.

Eccezionalmente, si fece economia sui vini: il Baron de Ladoucette Comte Lafond Sancerre, Sauvignon Blanc della Loira, annata '95, costava soltanto qualche decina di migliaia di lire, ma accompagnò dignitosamente il *foie gras*. Seduto alla destra di Maria, Bossi subì per la breve durata del pranzo le aristocratiche attenzioni della baronessa Carla von Stohrer. Pur avendo una spiccata preferenza per le osterie e dissacrando comunque con il suo comportamento qualunque luogo pubblico, quella sera Bossi si comportò a tavola in maniera ineccepibile.

Alla fine del pranzo, fu trasferito di peso nel salotto dei sigari, accudito da Giulio Tremonti, il solo altro politico presente tra i trentacinque invitati, e cominciò la sua giaculatoria, dai celti ai roghi di Santa Romana Chiesa, tirando poi, in giardino, fino a tardissimo. La padrona di casa, abituata a licenziare tutti largamente prima della mezzanotte, era basita.

Era una calda notte di maggio e il chiacchiericcio dei ragazzi seduti sulla scalinata della Trinità dei Monti arrivava ovattato. All'una, purtroppo, partì l'irrigatore automatico che innaffiò Bossi senza misericordia. Lui si mise a gridare, la voce era inconfondibile e i ragazzi italiani della scalinata cominciarono a chiamarlo ritmando: Bo-ssi!, Bo-ssi!, Bo-ssi!... Prima dell'incidente, uno degli autori di questo libro – schiantato dal sonno e dal monologo – si era appisolato durante la fase finale del mitologico racconto proprio nel momento in cui si materializzavano i confini del mondo e la politica dell'oggi. Bossi se ne accorse e non gliela perdonò.

Nonostante l'infelice esperienza, il Senatùr fu invitato di nuovo al Villino Giulia dieci mesi più tardi per una cena ristretta a dieci persone. Tre donne, compresa la padrona di casa, e sette uomini. Il Senatùr fu sistemato al capotavola opposto a quello della Angiolillo, tra Rita Rusic e la moglie di un giornalista. Dominò ovviamente la serata con uno dei suoi consueti monologhi e perfino Giulio Tremonti, al quale Maria dava la destra, non aprì bocca.

***

In quel turbinio di cambiamenti politici, bisognava invitare politici di molti schieramenti e le mogli risultavano a Maria sempre più insopportabili. «Le mogli occupano un posto inutilmente» diceva Maria a Sandra Carraro, quando l'amica le faceva notare che qualche signora in più avrebbe conferito garbo alla tavola. Fosse stato per lei, avrebbe chiamato forse soltanto Sandrina. Vi fu, in effetti una colazione in cui andò così.

Era il 25 marzo 1999. Al primo tavolo, con Maria, si accomodarono il sindaco di Roma Francesco Rutelli, Gianni Letta, l'amministratore delegato dell'Enel Franco Tatò, l'avvocato Tommaso Addario, vicino di casa di Maria, il senatore di Forza Italia Marcello Pera, il Ds Augusto Barbera, il giovane amministratore delegato di Bnl Davide Croff, il ragioniere generale dello Stato Andrea Monorchio, il ministro della Giustizia Giovanni Maria Flick. Al secondo e ultimo tavolo, presieduto da Sandra, il sottosegretario al Tesoro Roberto Pinza, il presidente dell'Isvap Giancarlo Giannini, l'avvocato Giuseppe Consolo, l'editore dell'agenzia di stampa Adnkronos Pippo Marra, il re della logistica del porto di Genova Gianni Scerni, il senatore Mario D'Urso, l'ex presidente della Corte costituzionale Antonio Baldassarre, il costruttore Claudio Recchi, il bolognese Piero Gnudi, il giudice della Corte costituzionale Carlo Mezzanotte.

Il giorno prima, alla Camera dei deputati, dove si commemoravano i vent'anni dalla scomparsa di Ugo La Malfa, Maria aveva incontrato Enrico Cuccia, presidente onorario di Mediobanca. Si erano appartati a parlare. Era mercoledì e Cuccia era reduce da quello che tutti i giornali avevano definito il suo «lunedì nero».

Quella mattina, «la Repubblica» scriveva: «La via Filodrammatici di Mediobanca pare Fort Apache, assediata da nuovi banchieri finalmente scappati dalla foresta pietrificata». La duplice Opa lanciata da UniCredit su Comit e dal Sanpaolo su Banca di Roma stava mettendo in discussione il potere di Mediobanca. «Enrico Cuccia, lo sceriffo del vecchio capitalismo familiare e oligarchico, ha finito le munizioni. [...] L'offensiva di UniCredit e di Imi-Sanpaolo è un domino formidabile. "Cadono" due pezzi, Comit e Banca di Roma, e viene giù tutto il resto: la stessa Mediobanca, Generali, Compart, Hdp, Rcs. È la frontiera tracciata dai Poteri Forti di una volta, che oggi è spazzata via dal gioco del mercato» continuava l'articolo. Erano direttamente interessati almeno due ospiti assidui di Maria: Cesare Romiti, presidente di Rcs, azionista della finanziaria Hdp e di Gemina, che «la Repubblica» indiziava come organizzatore di una contro-Opa su Comit, e Cesare Geronzi, presidente della Banca di Roma.

Maria si presentò a Cuccia senza soverchi ossequi, dicendogli che avrebbe tanto voluto averlo a pranzo il giorno dopo o in un'altra occasione, ma Cuccia era celebre per non avere alcuna vita di relazione. Si narrava che del mondo e della stessa Milano conoscesse solo il breve tratto di strada che portava da casa sua a Mediobanca. Per cui declinò ogni invito. Le sue sole evasioni restarono i pranzi domenicali con la famiglia nel ristorante Bice, a Milano, in cui tutti lo notavano perché non apriva bocca per l'intero pasto.

Maria si rassegnò. Sul suo diario dei pranzi, a margine della colazione al maschile del 25 marzo, appuntò: «Ieri, incontrato Cuccia, uomo silenzioso e di grande carisma».

Quanto alle donne, Sandra la convinse, tuttavia, a invitare

signore semmai sole, ma di carattere: Edwige Fenech, che negli anni Novanta stava avendo successo come produttrice; la soprano Katia Ricciarelli, passione di Bersani, la cui voce era quella di un ottimo baritono; l'avvocato Grazia Volo, che Maria adorava perché conosceva tutti ed era sempre informata di tutto; il volto del Tg1 Lilli Gruber e quello del Tg5 Cesara Buonamici, che fu poi depennata dal 2009 – a torto o a ragione –, perché qualcuno riferì a Maria che andava in giro a raccontare: «Stasera vado dalla vecchiarda».

Carla Fendi, invece, che diventerà una delle amiche più care degli ultimi anni di Maria, l'aveva reclutata lei stessa. Un pomeriggio, la Angiolillo si era ritrovata in fila fuori dalla boutique di largo Goldoni, dove era solita comprare borse, quando Carla l'aveva riconosciuta, invitandola a entrare da una porticina secondaria. Aveva poi chiamato a servirla suo marito Candido Speroni, che le borse le disegnava solo, ma che da quel giorno scese in negozio tutte le volte che arrivava Maria. Scegliendo gli articoli da acquistare, chiacchieravano di arte, letteratura, musica. La vedova Angiolillo adorava quei due: «Carla è una donna buona» diceva. «Candido un gran marito.»

Sandra, comunque, pur avendo convinto Maria a incrementare la presenza femminile, non riuscì mai a farle ridurre il numero dei vini a colazione. La Carraro sosteneva che nessuno beveva più quattro vini a metà giornata. Maria le dava ragione, poi concludeva: «Però non posso darne di meno. Se lo faccio, diranno che mi sono impoverita e che lo faccio per risparmiare».

***

«Un buon Margaux» disse Mario D'Urso, senatore di Rinnovamento italiano – il partito di Lamberto Dini – e celebre uomo di mondo che divideva con Luca di Montezemolo e Jas Gawronski il privilegio della prima telefonata con l'avvocato Agnelli, alle sei e mezzo precise del mattino. «Che cos'è?» aveva chiesto un attimo prima il cavaliere del Lavoro Franca

Malfatti al cameriere che stava per versarle del vino. «Vino rosso, signora.» «Lo vedo. Ma che vino?» I guanti bianchi del cameriere accarezzarono il corpo della bottiglia fino a offrirne alla signora le preziose generalità: Château Brane-Cantenac Margaux. Stessa annata, il '96, del Baron de L servito poco prima. «Un buon Margaux», secondo D'Urso.

A tavola, quel 15 giugno 2000, si parlava del gran ballo che la sera prima i principi Colonna avevano dato per festeggiare i novecento anni del casato nell'imponente palazzo di piazza dei Santi Apostoli ben noto a Maria Angiolillo. D'Urso fremeva. Aveva ricevuto due inviti per la stessa serata e voleva onorarli entrambi. Uno dalla dama della sinistra Sandra Verusio, nella villa sull'Appia Antica, in onore di Giuliano Amato, diventato presidente del Consiglio il 25 aprile 2000, l'altro – appunto – da Maria Angiolillo, al villino accanto alla scalinata di piazza di Spagna, in onore di Cesare Romiti. Dietro questi inviti, nella preziosa serata del 15 giugno 2000 avvolta nell'ormai caldissima primavera romana, si nascondeva il simbolismo della diaspora irrimediabile d'inizio millennio tra le due Italie.

Da un lato, perse le regionali, la sinistra tentava di arginare la rimonta di Berlusconi, che sembrava irresistibile. Dall'altro, il mondo imprenditoriale riprendeva ad annusare il centrodestra vincente dopo sei anni di astinenza. Maria si mantenne, come al solito, bipartisan: a tavola c'erano per il centrosinistra Pier Luigi Bersani, ministro dei Trasporti, Stefano Rodotà, Mario D'Urso, Silvia Costa, Augusto Barbera; per il centrodestra Marcello Pera, ministro della Giustizia *in pectore* e Stefania Prestigiacomo. Oltre a Romiti, che quella mattina aveva conquistato gli Aeroporti di Roma con il figlio Pier Luigi, molto interesse c'era per Francesco Micheli, giunto su un volo privato da Milano con un salvadanaio di 3400 miliardi di lire, frutto del freschissimo collocamento in Borsa della sua e.Biscom. Quando alla fine del pranzo fu servita la *bombe flambée au Grand Marnier*, Maria sospirò: «Non sono tempi adatti alla politica». E invece stava per cominciare una nuova stagione di conflitti aspri.

Tra i due pranzi con Bossi, il centrodestra italiano si era infatti molto rafforzato, grazie alla pace stipulata a Natale del '99 tra il Senatùr e Berlusconi che un mese dopo il secondo pranzo avrebbero stravinto le elezioni regionali dell'aprile 2000. Il centrosinistra aveva bruciato tre presidenti del Consiglio in cinque anni e stava per presentare con Francesco Rutelli un quarto candidato. Eppure Maria non dette segno di nessuno spostamento a destra. Governo e uomini di centrosinistra continuarono a essere invitati con assoluta costanza: Piero Fassino, Pier Luigi Bersani, Enrico Letta, Giovanna Melandri, Enzo Bianco, Antonio Maccanico, Stefano Rodotà. E il centrodestra fu presente nell'anno giubilare con Gianfranco Fini, Franco Frattini, Giulio Tremonti, Marcello Pera, Francesco Storace, Stefania Prestigiacomo.

***

A Maria premeva soprattutto continuare ad assicurare contatti al suo benefattore Francesco Caltagirone, che era diventato per lei una sorta di vicemarito. Le telefonava tutte le mattine alle otto e mezzo e se non si faceva vivo, la vedova Angiolillo si agitava. Telefonava a Sandra, e le chiedeva: «Gli avrò fatto qualcosa? Secondo te, perché non ha chiamato?». Poi quando Caltagirone finalmente ricompariva, lo incalzava: «Se ti ho fatto qualcosa me lo devi dire...».

Con lui e con Sandra, Maria si divertiva. Caltagirone e la Carraro, fra l'altro, si conoscevano fin da ragazzini. Quando lei, a quattordici anni, prese la decisione di dare il suo primo bacio a un fidanzatino, e aveva paura di sembrare impacciata, aveva chiesto lumi proprio al più maturo amico, che non si era sottratto dall'offrirle tutte le delucidazioni del caso.

Al di là delle scaramucce più o meno simulate, la vedova Angiolillo e Caltagirone non litigarono mai, furono uniti, per vent'anni, come in un matrimonio indissolubile, come quelle coppie che sono una società per affari e condividono con affetto ogni obiettivo, tenendo da parte complicazioni sentimentali e sessuali.

Si coccolavano a vicenda come potevano. Lei ne parlava bene con tutti e la volta in cui vi fu il gran ballo a Palazzo Colonna, dato dagli eredi di Isabelle, e Francesco non fu invitato, si rifiutò lei stessa di andare. Lui le metteva a disposizione l'aereo privato tutte le volte che voleva raggiungere Montecarlo. La vedova Angiolillo opponeva al più giovane amico civettuola resistenza: «Ma no, ma quanto ti costerà?», poi accettava, tutta felice. Caltagirone, da consumato seduttore, la stuzzicava. Le diceva: «Attenta Maria, che si vedono spuntare le autoreggenti dalla gonna». Lei arrossiva: «Tu dici? Dici che si vedono?». E correva a cambiarsi. Ma restava un gioco.

Le mogli e poi le fidanzate di Caltagirone furono sempre le benvenute al Villino Giulia. All'inizio, Francesco era sposato con Rita Rovelli, dalla quale si separerà nel 2006. Lei viveva a Cap-Ferrat con i loro tre figli e da lì si muoveva poco: era terrorizzata dall'aereo e si spostava solo in auto. Maria diceva a Francesco che aveva una gran moglie, diretta e sincera. Poi, con Nuccia si angustiava: «Lo lascia troppo solo, non c'è mai. Che modi sono?». La Rovelli si rifiutava anche di andare in barca con il marito, perché soffriva il mal di mare. Al Villino Giulia, comparve poche volte. A un pranzo il 25 marzo del 2000, per esempio. Chi sa, forse presentiva un po' di stanchezza da parte del consorte...

Al pranzo del 15 dicembre 1999 a Villa Angiolillo, infatti, Caltagirone aveva conosciuto Rita Rusic e l'aveva trovata molto, ma molto, simpatica. La produttrice croata si stava separando dal produttore Vittorio Cecchi Gori e Sandra Carraro si era premurata d'invitarla talvolta a casa sua, come si fa nella buona società con le signore che, separandosi, rischiano di sentirsi di colpo escluse dagli inviti nelle case più importanti. Maria aveva conosciuto la Rusic proprio dai Carraro, una sera in cui era presente anche Gianni Agnelli, che a sua volta aveva apprezzato l'esuberanza della statuaria neoseparata. La vedova Angiolillo cercava da tempo di avere l'Avvocato suo ospite.

Di tanto in tanto, era invitata ai suoi pranzi in via XXIV Maggio dai quali, comunque, usciva sempre affamata, precipitandosi a mangiare all'Hassler, poiché Agnelli era solito servire porzioni piccolissime. In quell'occasione, nella meravigliosa villa dei Carraro al Gianicolo, Maria era riuscita a strappargli la promessa di andare presto da lei.

Il pranzo in onore di Gianni Agnelli fu fissato per il 13 aprile del 2000. Maria lo mise a sedere accanto alla Rusic, sapendo che lei lo divertiva, ma Rita, invece, fu felice soprattutto di rivedere Caltagirone. Agnelli era stato fatto entrare dalla porticina segreta di piazza Mignanelli, che consentiva l'accesso al Villino Giulia attraverso un anonimo ascensore. La stessa che in anni lontani era stata usata da Henry Kissinger e Paul Marcinkus.

Fu in questo medesimo ascensore che salirono, una sera, Diego Della Valle e Carlo Rossella. L'imprenditore celebre per aver creato la Tod's e la Hogan, oltre che per le battute di spirito, salendo, chiese a un valletto: «Non vi siete ancora stufati di servire questi gran ciambellani?». A onor di cronaca, l'episodio fu poi ingigantito nei racconti del cerchio magico di Maria e circolò anche la versione più esplicita: «Non vi siete ancora stufati di servire questi stronzi?». Fatto sta che il valletto riferì l'episodio alla padrona di casa, la quale non era tipo da incassare senza chiedere spiegazioni. Ne seguì un chiarimento telefonico, Della Valle giurò che scherzava, e alla fine entrambi ci risero su.

Al pranzo in onore di Agnelli c'erano altri due ospiti particolari: Miuccia Prada e il marito Patrizio Bertelli, armatore della Luna Rossa, la barca che si era appena sfidata alla trentesima America's Cup. Con loro, lo skipper Francesco De Angelis.

In omaggio alla passione velistica dei Bertelli e di Agnelli, Maria intitolò i tavoli ai venti di maestrale, grecale e scirocco. Erano presenti fra gli altri, Franco Tatò con la sua Sonia

Raule; ovviamente Gianni Letta e signora; Marco Tronchetti Provera, che Maria amava perché era cresciuto con suo figlio Marco e al quale, per primo, aveva concesso l'eccezione di arrivare con Afef Jnifen sebbene non fossero ancora sposati.

Nel tempo, la vedova Angiolillo si era fatta più moderna, infatti quella sera erano presenti anche il re dell'idrolitina, Giuseppe Gazzoni Frascara, con la compagna Katherine Price Mondadori. Erano ospiti, inoltre, il ragioniere generale dello Stato Andrea Monorchio, Carla Fendi e il marito Candido; c'era, eccezionalmente, il consorte di Sandra Carraro, Franco, di solito schivissimo della mondanità, che Maria trovava divino perché anche quando i pranzi erano a casa sua, salutava tutti con garbo esemplare, ritirandosi nelle sue stanze verso le dieci e mezzo; c'era Marcello Pera, al quale Maria voleva bene e assai si disperava perché lui e il suo amato Stefano Folli non si stavano simpatici; c'era Renzo Arbore, anche lui reclutato da Sandra; c'era la marchesa Verusio e c'erano la produttrice Mirella Haggiag e la storica dell'arte Anna Coliva, due signore che Maria invitava spesso. C'erano l'alto dirigente dell'Enel Tommaso Pompei, gran frequentatore, di cui Maria apprezzava la generosità; l'amministratore delegato della Bnl Davide Croff, che fu assiduo per molti anni; il ministro Giovanna Melandri, con il futuro marito Marco Morielli, ospiti che Maria smise di invitare appena lei non fu più ministro; i due Consolo, il senatore Mario D'Urso; Maria Benelli, la dama fiorentina ammiratissima dalla padrona di casa; Chicca Monicelli, cognata del regista Mario, che era appena rimasta vedova di Mino Monicelli, una delle poche signore di cui Maria apprezzava i pranzi, e che riteneva una intelligente conversatrice, seppure disattenta nel vestire e talvolta troppo cruda nei giudizi; presenti a quel pranzo in onore di Agnelli, c'erano anche i giornalisti Ferruccio de Bortoli, Ludina Barzini e Cesara Buonamici, e il presidente della Fia, la Federazione internazionale dell'automobile, Marco Piccinini. Maria era fiera di avere l'Avvocato accanto a sé, in casa sua. Quando tutti si spostarono nei salottini, fu il primo a cui porse uno dei suoi portasigarette d'argento, offrendogli da fumare. Ma lui rifiutò: «Ma no, Maria, fumare è diventato volgare».

Da quella sera, al Villino Giulia, sparirono tutti i portasigarette.

Per tornare a Caltagirone, quella sera ebbe la conferma di trovare simpatica Rita Rusic e, presto Maria si ritrovò a violare la sua sempiterna regola secondo la quale era bene evitare che in casa sua si creassero situazioni carbonare. Se non si fosse trattato di Francesco, avrebbe di sicuro smesso di invitare la signora, ma non lo fece: a lui concedeva tutto. E lo confortava, anzi, dicendogli che non doveva sentirsi in colpa perché la moglie, con la scusa che non prendeva l'aereo, lo aveva lasciato troppo solo. La Rusic era davvero simpatica. Era un ciclone di donna. Andava spesso a trovarla al Villino Giulia, facevano colazione insieme all'Hassler. E ogni volta le portava un regalino: una sciarpa, una borsa... Niente come i regali bendisponeva la vedova Angiolillo.

Quando Francesco e la Rusic furono paparazzati sul panfilo del costruttore, finendo sul settimanale «Chi», Maria tranquillizzò l'amico. La Rovelli, la signora Caltagirone in carica, infatti, se l'era presa, per quanto nella foto non vi fossero prove di un'infedeltà, ma Maria diede man forte al sospetto fedifrago: «Niente, non si vede niente, Francesco. Non ti angustiare... Tua moglie farà un po' di storie, ma che pretende? In barca con te non ci viene perché soffre il mare...».

Maria, lo abbiamo visto, detestava le amanti, ma non sempre era dalla parte delle mogli. «Le vere mogli sono poche» sosteneva. E costoro, a suo avviso, erano quelle che sapevano ricevere, far conversazione, tenersi i mariti e, soprattutto, non si dileguavano al primo guaietto del consorte. Le altre erano noiose, forse non si meritavano di essere addirittura lasciate, ma si meritavano di subire le intemperanze dei coniugi.

Quando Alfonso Dell'Erario, il giovane giornalista economico che l'aveva accompagnata a Botteghe Oscure da D'Alema, decise di separarsi, Maria fu decisamente contraria: «Alfonso, non ti azzardare» gli disse, «la moglie non si lascia. Soprattutto se, come nel tuo caso, è una moglie molto ricca». Cercò di convincerlo in tutti i modi: «Lascia stare, fatti un'amante e tieniti la moglie» gli consigliava. «Guarda, Alfonso, che perdi anche me. Giuro che se lasci Claudia, non mi vedi e non mi senti più. Non ti inviterò non dico a un pranzo, ma neanche a una colazione all'Hassler.»

Maria era così, minacciava liti ed esclusione dalle liste degli invitati, poi però faceva pace con tutti. Quando Dell'Erario si separò, lo aiutò a cercare una nuova casa, seguì i lavori di ristrutturazione, e si occupò della prima cena che diede da separato, insegnandogli a fare il *placement* degli ospiti a tavola.

***

Erano quelli gli anni dei processi a Giulio Andreotti. Dopo l'incriminazione per mafia e omicidio del '93, Andreotti aveva rifiutato molti inviti di Maria Angiolillo per non imbarazzare gli altri ospiti, molti dei quali peraltro increduli sulla consistenza delle accuse.

Giulio Andreotti, l'unico tra i viventi ad aver partecipato per cinquant'anni alle colazioni e ai pranzi del Villino Giulia, comparve una sola volta nel '98 e accettò, nel gennaio del '99, una colazione in suo onore per l'ottantesimo compleanno. Gli ospiti di Maria erano stati ventidue e ad Andreotti era stata donata una preziosa stampa romana. Il senatore non aveva perso, comunque, il suo *sense of humor*. Aveva scherzato pure con Sandra Carraro, ricordando la volta in cui, all'ippodromo, avevano fatto società con degli sconosciuti dalla faccia losca, vincendo un milioncino con l'ambone fortunato: «Quei figuri potevano essere tutti malavitosi, Sandra: pensa che processo ci monterebbero su, se qualcuno lo sapesse!».

Uno degli autori di questo libro, presente a quella colazione, aveva assistito accanto a lui, il 23 ottobre successivo, alla trasmissione in diretta della sentenza di primo grado del processone di Palermo dove lo si accusava di essere in combutta con i capimafia. Nel suo studio di senatore a vita a Palazzo Giustiniani, il Divo Giulio era accucciato su una sedia senza braccioli, indossava il solito cardigan blu da lavoro, le braccia lunghe abbandonate sul grembo, lo sguardo affilato come un raggio laser, ma non febbrile. Aveva ascoltato impassibile la sentenza e solo quando l'entusiasmo che lo circondava gli confermò che la parola «assolve» era stata davvero pronunciata dal presidente della Corte, si portò per un istante la mano sugli occhi per riacquistare il rapporto con se stesso. «Ho ringraziato Dio» disse poco dopo.

Per festeggiare l'assoluzione, il 19 novembre del '99 ci fu una nuova colazione in casa di Maria e Andreotti si presentò accompagnato da Giulia Bongiorno, l'allieva di Franco Coppi che aveva assistito il suo maestro nella formidabile battaglia davanti al tribunale di Palermo.

A margine del secondo pranzo di Natale, il 14 dicembre 2000, Maria scriveva: «Ore 18.30. Segnaposto tutti pronti. Tempo buono, temperatura alta. Molti regali belli e tanti fiori. Questo pranzo è stato uno dei più belli. Si chiude il 2000. E il 2001???».

Il pendolo del potere tra destra e sinistra

Era l'8 maggio del 2001 e mancavano cinque giorni alle elezioni che avrebbero riportato Silvio Berlusconi a Palazzo Chigi dopo una «marcia nel deserto» durata sei anni. Maria dette una colazione per venticinque ospiti. Le donne erano soltanto tre. L'usanza del Villino Giulia era ormai di affiancare alla padrona di casa soltanto un'altra signora quando c'era un secondo tavolo da guidare in una colazione riservata agli uomini. E infatti Sandra Carraro era in cima a «La poesia», ma quel giorno di primavera fu fatta un'eccezione per Evelina Christillin, biondissima moglie di Gabriele Galateri di Genola, figlia di un compagno d'università di Gianni Agnelli: «Lavora come una tedesca» si disse di lei, «parla inglese con il piglio della Thatcher e francese con lo charme della Deneuve». Evelina, dunque, fu fatta accomodare in fondo al tavolo «Il sogno», in posizione frontale rispetto a Maria.

Un paio di anni prima, il «New York Times» l'aveva consacrata in prima pagina, dopo che il comitato organizzatore dei Giochi olimpici di Torino da lei presieduto si era aggiudicato le Olimpiadi invernali del 2006. Da allora, Maria la invitava spesso. Le piacevano le donne che sapevano far carriera e coltivare relazioni d'alto livello. Alla destra della padrona di casa, Francesco Storace; alla sinistra, il cavaliere del Lavoro Alberto Aleotti, il maggiore industriale farmaceutico italiano. Gli altri ospiti, come di consueto nelle colazioni maschili, erano imprenditori e giornalisti. Ma si capiva all'istante che l'incontro era stato combinato soprattutto per mettere in discreto contatto il presidente della Menarini e il nuovo presidente della Regione Lazio. Si sa che le Regioni controllano la spesa sanitaria e la spesa farmaceutica ne è una componente importante... Nell'altro tavolo – senza che Maria avesse badato al riflesso politico – alla destra di Sandra Carraro sedeva Antonio Tajani, il plenipotenziario di Forza Italia a Roma che fino all'ultimo si era battuto perché Storace non fosse candidato.

Come le rondini annunciano la primavera, la vittoria clamorosa di Storace – che con una campagna elettorale di trentaseimila chilometri aveva recuperato un distacco di 18 punti rispetto all'uscente Piero Badaloni – aveva anticipato il ritorno del centrodestra al potere. Per ingraziarsi esteticamente il Cavaliere, Storace era dimagrito di venticinque chili in pochi mesi. La sua vittoria aveva costretto Massimo D'Alema a dimettersi da presidente del Consiglio. E quando pochi giorni dopo le elezioni regionali, il 1° maggio del 2000, Storace aveva incrociato il nuovo premier Giuliano Amato, gli aveva detto, rispondendo a una battuta: «Tu stai là perché io sto qua...».

Domenica 13 maggio 2001 Berlusconi seppe d'aver vinto le elezioni sette ore prima della chiusura dei seggi. Il sondaggista Luigi Crespi lo raggiunse mentre bordeggiava su una barca d'affitto con il figlio Pier Silvio lungo «quel ramo del lago di Como che volge a mezzogiorno». Gli exit poll erano inequivocabili. Vittoria certa e di larghissima misura. Maggioranza blindata. Tutto cambiò nella politica italiana. Nel salotto Angiolillo furono invitati ospiti di sinistra con la stessa frequenza ormai abituale dal ribaltone nel '95 ma, fatalmente, furono gli imprenditori ospiti abituali di Maria a prestare maggiore attenzione ai nuovi dirigenti del Paese.

Facciamo un passo indietro. Diventato presidente del Consiglio nel '96, Romano Prodi aveva assicurato a uno degli autori di questo libro che mai avrebbe «lucidato le maniglie dell'avvocato Agnelli». In realtà, gli concesse una rottamazione dell'auto alla quale lui stesso non credeva (lo aveva confidato allo stesso giornalista dopo il fallimento di analoga iniziativa del governo francese) e finì per consegnargli il controllo della Telecom privatizzata in cambio di un assegno simbolico. Fedele alla vocazione stabilmente filogovernativa della Fiat fin dai tempi del fascismo, quando vinse Berlusconi, l'Avvocato gli fece una grande apertura di credito, ricevendone in cambio la nomina a ministro degli Esteri di un amico come Renato Ruggiero e autorizzando così la definizione di «governo Agnelli-Berlusconi». Un ospite abituale di Maria come Franco Tatò, amministratore delegato dell'Enel, definito dal «Foglio» «il manager più forte degli anni dell'Ulivo», fin dalla vigilia elettorale aveva cercato di ristabilire con il Cavaliere un vecchio e controverso rapporto, che tuttavia non avrebbe evitato nel 2002 la sua sostituzione con Paolo Scaroni.

Tatò arrivava sempre al Villino Giulia con la compagna Sonia Raule, direttrice dei programmi di Tele Monte Carlo, che avrebbe sposato il 15 dicembre 2002, cerimonia che non avrebbe loro impedito di essere a pranzo da Maria il giorno successivo. Sonia, all'inizio, piaceva molto all'Angiolillo per il carattere controllato e l'aria vagamente snob, ma quando lasciò Tmc, Maria cambiò opinione, sostenendo che si affannava troppo a cercare nuovi lavori. Atteggiamento peraltro comprensibile.

Un altro imprenditore che frequentava abitualmente il Villino Giulia come Marco Tronchetti Provera invertì la marcia: era stato il primo e più autorevole sponsor della candidatura di D'Alema a Palazzo Chigi e nella lotta per la presidenza di Confindustria aveva sponsorizzato l'uomo di Agnelli Carlo Callieri contro Antonio D'Amato, gradito al centrodestra. Ma quando mise gli occhi su Telecom per sfilarla a Roberto Colaninno (che aveva beneficiato per conquistarla dell'aperto appoggio di D'Alema), salì lo scalone che conduce allo studio di Gianni Letta al piano nobile di Palazzo Chigi per illustrargli l'investimento di quattordicimila miliardi di lire necessario ad acquisire la quota di controllo dell'Olivetti che garantiva il possesso di Telecom. E informò altri tre ospiti abituali di Maria come Gianfranco Fini, Giulio Tremonti e Antonio Marzano. L'operazione, peraltro, si sarebbe rivelata fallimentare, con una perdita superiore ai tre miliardi di euro. Fini e Tronchetti s'incontrarono il 12 dicembre 2001 in uno dei due pranzi natalizi di Maria: furono serviti *foie gras du Duc de Lorraine* con *sauce bigarade*, *carré de veau à la Byzantine* con *sauce demi-glace*, *salade belge au fromage*, *soufflé glacé à la mandarine* con *sauce anglaise.*

Nei quattro bicchieri vennero versati uno Chablis Premier Cru del '98, uno Château Brane-Cantenac Margaux del '96, uno Château d'Yquem dell'89 e un Cristal del '93. Quella sera avvenne un incidente inconcepibile per Maria: il presidente del Senato Marcello Pera si presentò con la moglie che non risultava invitata. Panico, invito di un altro ospite all'ultimo istante e tavolo esteso a quattordici commensali, essendo impensabile metterne a sedere tredici: la scaramanzia è trasversale alle classi sociali. Nel tavolo «Cerbiatto» (gli altri erano «Daino» e «Capriolo» con decorazioni adeguate al nome) Pier Luigi Bersani sedette alla destra di Afef Jnifen, che dieci giorni dopo avrebbe sposato Tronchetti Provera.

***

Il ritorno del centrodestra al potere allargò la presenza di nuovi ministri al Villino Giulia. Furono invitati nei mesi successivi, oltre ai già abituali Fini, Urbani e Prestigiacomo, lo stratega organizzativo di Forza Italia Claudio Scajola, il nuovo ministro degli Esteri Franco Frattini che aveva già sostituito l'irrequieto Ruggiero, il ministro dell'Interno Beppe Pisanu, quello delle Comunicazioni Maurizio Gasparri, il titolare dell'Ambiente Altero Matteoli, il presidente dei senatori Renato Schifani e altri ancora. Nonostante l'amplissima maggioranza, il governo Berlusconi dovette presto fare i conti con le inquietudini degli alleati e soprattutto con la furia degli avversari.

Nel salotto di Maria tutto si stemperava, come nelle *lounges* delle Nazioni Unite in cui fierissimi nemici condividono un tè. Ma talvolta il rumore delle granate parlamentari scuoteva perfino le mura del Villino Giulia e della sua più nobile pertinenza, l'Hotel Hassler. Frequentatrice abituale dello storico albergo della Trinità dei Monti, distante da casa sua venti gradini della rampa Mignanelli e altrettanti passi, Maria prese a riunirvi qualche volta piccoli gruppi di amici.

La sera di giovedì 10 ottobre 2002 ospite d'onore al tavolo rotondo nell'angolo sinistro della sala da pranzo dell'Hassler era Marcello Pera. Con gli occhi chiari e malinconici il presidente del Senato fissava il campanile sinistro della Trinità dei Monti, disegnato alla fine del Cinquecento, come l'intera facciata della chiesa, da Giacomo Della Porta per la gloria di papa Sisto V.

In quello straordinario paesaggio notturno che lasciava attoniti gli ospiti americani dei tavoli vicini, a Pera non apparivano i fantasmi giocosi di Lucullo e di Gabriele D'Annunzio che godettero entrambi – a duemila anni di distanza – di agi e piaceri nella villa ormai soppiantata dal collegio del Sacro Cuore e nel vicino, superstite Palazzetto Zuccari, che si lambisce salendo dal Villino Giulia all'Hassler. Gli apparve piuttosto un fantasma con i baffi grigi e gli occhiali, corrispondente al nome di Melchiorre Cirami, senatore di Raffadali per conto del Biancofiore, già pretore di Canicattì e di Agrigento, poi magistrato antimafia, firmatario di una legge sul legittimo sospetto che divideva maggioranza e opposizione come non accadeva dalla legge truffa del '53 sul sistema elettorale.

«Credo che l'abbiano portata già stasera» disse Pera con la voce stanca agli altri commensali, come se parlasse del corpo esanime di una sventurata. Cirami aveva dato il suo nome a una legge sul legittimo sospetto che tentava di allargare i casi in cui si poteva chiedere che i processi si svolgessero in sede diversa dalla città o dal tribunale in cui si avvertiva in maniera palpabile un clima ostile all'imputato. La vittoria elettorale di Berlusconi – avvenuta nonostante una formidabile campagna televisiva e di stampa contro di lui – aveva scatenato la sinistra in una serie di «girotondi» attorno al palazzo di Giustizia di Milano e la sede centrale della Rai di Roma per difendere i giudici milanesi e accusare i dirigenti radiotelevisivi romani.

Il procuratore generale della Corte d'appello di Milano Francesco Saverio Borrelli aveva lanciato all'inaugurazione dell'anno giudiziario l'anatema «Resistere, resistere, resistere!» e Berlusconi non si sentiva garantito. Gli restavano addosso gli ultimi due processi maturati all'epoca (Imi-Sir e Lodo Mondadori): inconsapevole di quanto gli sarebbe capitato nel decennio successivo, sperava di poter essere giudicato da altro tribunale. Per questo era stata approvata una legge – presentata appunto da Cirami – che ripristinasse lo spirito originario del legittimo sospetto, annacquato dal nuovo codice di procedura penale dell'89.

Nella malinconica serata trascorsa all'Hotel Hassler, dicendo «l'hanno portata stasera», Pera si riferiva al deposito in Senato della legge per la quarta e ultima lettura. La stanchezza fisica e psicologica del presidente era frutto della gazzarra scatenata in aula dall'opposizione per protestare contro la legge, per i girotondi che avevano assediato il Senato e per l'intimidazione fisica che aveva dovuto subire: pagine mai viste nella storia repubblicana. Tra i passaggi parlamentari e quelli tra Corte di cassazione e Corte costituzionale per le pronunce sulla vicenda, i processi di Berlusconi slittarono, ma alla fine – legge o non legge – si svolsero regolarmente a Milano perché quel palazzo di Giustizia fu ritenuto sufficientemente sereno per giudicarlo.

***

Non era soltanto l'opposizione ad angustiare Berlusconi, attaccandolo a ogni occasione in Parlamento e nel Paese, come usava dire una volta. Il tarlo più insidioso che logorava il governo era interno alla stessa maggioranza che lo sosteneva. Pier Ferdinando Casini, leader del Centro cristiano democratico, era diventato presidente della Camera lasciando la segreteria del partito a Marco Follini.

Entrambi giovani democristiani, il primo s'era adattato alla convivenza con il Cavaliere che nel '94 lo aveva salvato dal massacro di chiunque non fosse della sinistra Dc; il secondo provava invece per il berlusconismo una repulsione istintiva: un giorno, dopo averlo invitato a pranzo a Palazzo Grazioli, il Cavaliere gli regalò una scatola di cravatte. Sapendo che i cameraman erano in agguato su via del Plebiscito, prima di uscire Follini lanciò il pacco al proprio autista in modo che nessuno lo inquadrasse con il dono di Berlusconi tra le mani.

Marco Follini, invitato una volta al Villino Giulia, dette buca. Pier Ferdinando Casini, come sappiamo, andò. «Meglio che metta la camicia bianca, vero?» chiese a un amico la prima volta che fu invitato. Se Follini scalciava a sinistra, Umberto Bossi scalciava a destra, lamentandosi per il continuo arrivo di migranti via mare (fin da allora!) e per il lento cammino della devoluzione, supportato da Giulio Tremonti che pur essendo stato eletto nelle liste di Forza Italia avvertiva tutti che se la Lega fosse uscita dal governo, lui l'avrebbe seguita. Tutto questo provocava un grandissimo nervosismo in Fini che finiva per dirottarlo su Berlusconi. Fini – invitato spessissimo e senza consorte ai pranzi del Villino Giulia – si sfogava con gli altri ospiti. Ma il peso di quelle tensioni si scaricava sul commensale privilegiato di casa Angiolillo, Gianni Letta.

La sconfitta del centrodestra alle elezioni provinciali del maggio 2003 aveva acuito le divisioni nella maggioranza che esplosero intorno al tavolo da pranzo di Berlusconi la sera del 27 maggio, quando a Palazzo Grazioli si riunirono Fini, Follini, Bossi e Letta. Il roast beef magistralmente cucinato dallo chef Michele Persichini andò di traverso a tutti. Fu Letta, ancora una volta, a raccogliere i cocci, convincendo Berlusconi ad ammettere la sconfitta e gli altri a non rompere quel che era stato costruito. Pur essendo il braccio destro di Berlusconi in politica, come lo era stato in azienda insieme a Fedele Confalonieri, Letta non aveva mai preso la tessera di Forza Italia e non si era mai sentito uomo di partito. «Non faccio vita di partito né vita politica» confidò a un vecchio amico. «Non mi sono presentato alle elezioni: mi considero un giornalista prestato alle istituzioni, che svolge il suo ruolo in maniera rigorosamente istituzionale a fianco del presidente del Consiglio. Dunque, non rilascio interviste, né faccio dichiarazioni, discorsi, comizi.»

Il 26 giugno 2003 Maria Angiolillo diede un pranzo in suo onore. Letta prese posto alla destra di Maria, nel tavolo battezzato «Luce di Pompei». Di fronte a lui il cavaliere del Lavoro Aleotti, Evelina Christillin, Piero Gnudi, Mirella Haggiag, Franco Tatò. Al suo fianco, Sandra Carraro e poi Francesco Bellavista Caltagirone, Lilli Gruber, Carlo Rossella, Gloria Venturi.

Di fronte a Maria, al lato opposto del tavolo, con le spalle rivolte alla scalinata di Trinità dei Monti, il presidente del Senato Marcello Pera, che aveva alla sua destra la principessa Nicoletta Odescalchi, proprietaria di uno dei più importanti quadri di Caravaggio, la *Conversione di San Paolo*, più bello di quello analogo custodito nella basilica di Santa Maria del Popolo. Furono serviti *esturgeon fumé au gelée* con *sauce de caviar* accompagnato da Baron de L 1996, *poulet à la Parisienne* con *sauce demi-glace* mentre nei calici veniva versato uno Château Lynch-Bages (Pauillac, Bordeaux, 1992), *fromage de chèvre au miel* e *bombe d'orange norvégienne* con *sauce au Grand Marnier*, accompagnati dall'immancabile Château d'Yquem dell'89.

Alla fine del pranzo, Marcello Pera – che pure da vecchio filosofo liberale non aveva mai amato i bizantinismi ai quali Letta aveva talvolta dovuto acconciarsi per salvare la baracca – pronunciò una vigorosa *laudatio* in onore del «dottor Letta», il quale rispose con una mirabile *laudatio* istituzionale. Letta d'altra parte, solo qualche giorno prima, pronunciando un discorso alla presenza del capo dello Stato in occasione della premiazione dei cavalieri di Gran Croce, aveva ammonito:

«Le divisioni e le contrapposizioni esasperate rischiano di lambire se non lacerare lo stesso tessuto nazionale». «Ce l'ha con la maggioranza» commentarono a sinistra. «Ce l'ha con l'opposizione» replicarono a destra. L'interessato si guardò bene dal chiarire il significato delle sue parole. Come la Sibilla Cumana, aveva messo in ordine le foglie con i suoi responsi, che il vento però aveva disperso rendendone impossibile l'interpretazione (*Eneide*, III, 441-452).

Sempre più spesso, compilando il libro dei pranzi, Nuccia appuntava che Maria era molto stanca. La vedova Angiolillo aveva superato gli ottanta anni, ormai, ma si dedicava all'organizzazione dei suoi ricevimenti con la stessa energia che spendeva ai tempi di Renato. Ci teneva ad assicurare a Francesco Caltagirone pubbliche relazioni di livello.

A volte, la telefonata mattutina del vicemarito la coglieva ancora nel sonno.

«Dormivi, Maria?» chiedeva lui.

E lei, facendo la voce squillante: «No, no. Sono sveglia da un pezzo».

Non sopportava di perdere colpi. Nell'aprile 2003, il cantiere del Molino Stucky di Venezia che Francesco stava ristrutturando per trasformarlo in hotel, aveva subito un incendio e lui era dovuto volare in laguna per una conferenza stampa con il sindaco Paolo Costa, in cui avevano congiuntamente escluso origini dolose. Poi, Caltagirone aveva rassicurato anche Maria: non c'era niente da temere, le aveva detto. Ma lei, memore delle traversie passate da tanti suoi ex finanziatori, accusò il colpo. Era stanca di sopravvivere agli spaventi, agli scandali, anche alle persone care che una dopo l'altra morivano.

In quegli anni, erano mancate sia Cristina Magliano sia Cristina Ford. Con la prima, in realtà, aveva allentato i rapporti da qualche tempo, scottata dalla volta in cui il marito Angelo si era ritrovato senza lavoro e i due avevano parlato male di lei e Renato con Montanelli. La seconda si era progressivamente defilata, vagando tra Fregene, Londra e New York, via via centellinando le notizie su di sé.

Nei primi anni Duemila, era morto anche Costantino, il fratello secondogenito di Maria. Lo aveva sempre frequentato poco, ma aveva ugualmente provato una gran malinconia. Ogni funerale la obbligava a fare i conti con il tempo che passava, con le tante e diverse stagioni che aveva affrontato. Non le piaceva quella sensazione, avrebbe preferito occuparsi solo del presente. Voltarsi verso il passato la costringeva a domandarsi che senso avesse la sua scalata infinita, a prendere le misure di ogni soddisfazione, pranzo dopo pranzo, successo dopo successo. Per fortuna, la vita andava avanti e, di tanto in tanto, le regalava nuove gratificazioni.

Igor Mitoraj aveva davvero realizzato la *Dea Roma* con gli occhi di Maria, progettata una notte di quasi vent'anni prima. Quel volto di donna fu pronto nel 2003, dopo due anni e mezzo di forsennato lavoro. Igor l'aveva scolpito nel travertino, seguendo la fantasia originaria che voleva la dea fatta della stessa materia di Roma, affinché ne ricordasse le ere, i cunicoli, gli splendori e gli affanni.

Maria si adoperò per cercargli uno sponsor, ma non era difficile trovarne: ormai Mitoraj era considerato uno dei più affermati scultori internazionali. Fu Finmeccanica a donare la statua alla città di Roma. Il 16 settembre 2003, all'inaugurazione, la Angiolillo era in prima fila. Quel gigantesco, enigmatico, volto fu collocato davanti al ponte Risorgimento, ad accogliere chi dal Lungotevere o da piazzale delle Belle Arti, scendendo dai musei, andava verso piazza Mazzini. Il viso spuntava come per incanto dal verde, dall'acqua e dalla roccia, al centro di uno svincolo, dove al traffico in perenne movimento poteva rammentare che esisteva un mondo in cui il tempo fluiva con una velocità e un senso diversi da quello corrente.

«Guarda, Maria» le disse Igor, «è uno scenario perfetto e romantico, perché ci sono i pini romani, i cipressi e i lecci. E ho fatto aggiungere altre piante: melograni, olivi e felci, come se fosse una specie di giardinetto all'antica. E ho voluto una fontana, perché l'acqua scorre come i nostri ricordi, come i nostri giorni che scorrono sul viso di questa dea, che ha il tuo viso.»

Maria ammirò la *Dea Roma*, commossa. Aveva davvero i suoi occhi, quella statua. Occhi che tutto avevano visto e che ormai esprimevano umana *pietas* per ciò che passava sotto il loro sguardo.

A dicembre avrebbe compiuto ottantadue anni, le sembrava sul serio di aver attraversato intere epoche storiche e tutti gli stravolgimenti del tempo. Era lei, davvero lei, si chiese, la Dea Roma? Era una dea pagana con Roma ai suoi piedi?

Le venne in mente la mattina di vent'anni prima, sulla Scala Santa, quando aveva avuto la vaga intuizione che non vale a nulla inseguire la gloria terrena, ma... Non ricordava più così bene che cosa avesse provato lassù... Qualcosa che riguardava il farsi umile, o il non avere ambizioni mondane. Si rese conto che, scesa da quella scala, aveva fatto l'esatto contrario di quello che si era proposta di fare.

In realtà, si era comportata come una vera dea, potente, instancabile: aveva costruito carriere come quella di Igor, aveva delineato i contorni d'immagine a Francesco Caltagirone, aveva collaborato alla costruzione di governi, creato ministri, direttori di giornale. Proprio quell'anno era stata operosissima per favorire la direzione del «Corriere della Sera» al suo pupillo Stefano Folli.

Pensò che lei sembrava nata con quel destino: creare gloria terrena per sé e per gli altri. Poi abbassò lo sguardo verso la punta dei piedi, pentendosi immediatamente di quella considerazione un po' presuntuosa.

Tornando a casa, quando Nicola Santarelli, il suo autista, si fermò a un semaforo e un extracomunitario si avvicinò per pulire i vetri già lindi, Maria disse subito: «Non lo scacci, avrà famiglia, ha bisogno». E allungò venti euro al lavavetri.

A quale prova divina si era sottratta, si chiese afflitta, se non a quella di riabbracciare suo figlio Udo? Maria pensava spesso a lui, specie in frangenti colmi di soddisfazione come quello.

Quel giorno, in particolare, ebbra di fierezza per il successo di Mitoraj, che aveva l'età per essere suo figlio, si disse che aveva messo al mondo due ragazzi e nessuno dei due era il capolavoro assoluto che lei avrebbe desiderato. Marco era bravissimo, ma lei, nei suoi segreti inconfessati di madre, lo avrebbe voluto come minimo presidente del Consiglio. E Udo? Su di lui non aveva potuto esercitare alcuna influenza e il risultato era che faceva il venditore di moto, o di macchine da fitness, come le aveva scritto nell'ultima cartolina di compleanno. Qualunque cosa fosse Udo Maria Gregory, si disse, era colpa sua e ormai lei non avrebbe potuto risalire la corrente del tempo. Udo non era fatto di un travertino da cui sarebbe stata capace di ricavare un monumento, Udo era fatto di una materia molle, forse di creta da accarezzare, Udo aveva bisogno di affetto, di abbracci, di baci, di gesti – in definitiva –, che lei non sapeva esprimere, concretezze dell'anima alle quali non aveva mai dato forma, se non in un passato remoto.

Tutto quel che lei poteva fare era solo obbedire alla sua natura, essere com'era ed espiare.

«Peccato, Nicola. Ora la chiesa è chiusa, ma domattina venga a prendermi: andiamo ad accendere un cero» ordinò all'autista, provando a chetare quei cupi pensieri.

***

Il salotto Angiolillo si arricchiva via via di nuove presenze. Mario Draghi aveva lasciato dopo dieci anni la direzione generale del Tesoro per passare a Goldman Sachs, cedendo al successore Vittorio Grilli la sua sedia al tavolo da pranzo del Villino Giulia. Pier Luigi Bersani, ormai senza incarichi ministeriali, continuava a essere invitato, mentre tra le new entry del centrodestra si segnalavano Paolo Bonaiuti, Carlo Giovanardi, Giustina Destro (che ricambiava con pranzi all'Hassler o allo Splendide di Porta Pinciana), Jole Santelli, Silvano Moffa, Giancarlo Innocenzi, Giampiero Cantoni. Il centrodestra era ormai in larghissima maggioranza al Villino Giulia.

Per Walter Veltroni si apparecchiò una sera un solo tavolo con decoro di candele tonde. Pranzo quasi familiare con i coniugi Veltroni, Roberto Gervaso con Vittoria, Mario Pirani con Claudia, Carla Fendi con Candido. Furono invitati da soli Francesco Caltagirone, Stefano Folli e Alfonso Dell'Erario.

Nello stesso anno il gruppo storico dei cardinali – Casaroli, Angelini, Re – si allargò a Pio Laghi. Furono invitati Giampaolo Letta e Giancarlo Leone, la cui madre Vittoria restava una presenza frequente, ammirata da tutti gli ospiti per la freschezza della conversazione. Tra gli imprenditori si notarono Pier Francesco Guarguaglini, patron di Finmeccanica, Enzo Cardi, presidente di Poste Italiane, e Ubaldo Livolsi, presidente della Livolsi & Partners Spa. Tornò Giulio Andreotti.

Al pranzo di Natale del 2003 Gianfranco Fini e Gianni Letta furono schierati a fianco di Maria. Allo stesso tavolo sedettero Vittoria Leone, Sandra Carraro, Mirella Haggiag, Gloria Venturi, Lilli Gruber e tra gli uomini, gli abituali Francesco Caltagirone, Alberto Aleotti, Cesare Geronzi, Ferruccio de Bortoli. C'era anche Maurizio Gasparri che aveva appena varato una legge sul riassetto delle televisioni che tante polemiche aveva scatenato a sinistra.

Il tavolo era addobbato da raffinate decorazioni natalizie ispirate al nome che gli era stato assegnato: «Il salto del cervo». Fu quello che qualche mese dopo Fini impose a Giulio Tremonti, ottenendo da Berlusconi che il ministro dell'Economia saltasse fuori dal governo.

Il 2004 fu l'anno che segnò l'inizio del declino berlusconiano. L'11 marzo una crisi cardiaca e neurologica aveva pesantemente colpito Umberto Bossi, privando la Lega del suo capo e Berlusconi dell'alleato politico ormai più fidato. Tremonti s'indebolì e, dopo la sconfitta di Forza Italia alle europee di giugno, Fini chiese e ottenne una guida diversa della politica economica minacciando l'uscita dal governo. Al ministero dell'Economia arrivò Domenico Siniscalco. La crisi economica italiana era di fatto cominciata con quella finanziaria successiva all'attacco alle Torri Gemelle del 2001. Il cambio euro/lira era stato disastroso soprattutto per i percettori di reddito fisso: un buon stipendio di due milioni si riduceva a un misero reddito di mille euro al mese.

Le ansie del centrodestra rimbalzavano di striscio nelle conversazioni del Villino Giulia: amici e alleati di Berlusconi ebbero sempre una collocazione privilegiata, ma la padrona di casa non trascurò mai uomini rappresentativi della sinistra. Così una sera d'inverno a fianco di Maddalena Letta nel tavolo «Notte stellata» la new entry Roberto Castelli, ministro della Giustizia per la Lega Nord, arrivato con la moglie Sara, divise con il dirimpettaio Pier Luigi Bersani la *langouste à la Florentine* che fu doverosamente accompagnata da un Baron de L del 2000.

«Non son venuti Frattini e Gloria Venturi» lamentò Maria nel suo quaderno d'appunti. «Faticoso come sempre. Il tempo è brutto, piove. Le tavole sono molto, molto belle.»

Per il centrosinistra tornarono Francesco Rutelli ed Enrico Letta. Si aggiunsero via via i ministri Pietro Lunardi e Lucio Stanca e il viceministro Giuseppe Vegas, i giornalisti Massimo Franco, notista del «Corriere», Pierluigi Magnaschi, direttore dell'Ansa, Antonio Polito, Antonio Di Bella e Maurizio Beretta. Furono invitati sempre più frequentemente un altro grande industriale farmaceutico, Roberto Gradnik della Serono e il banchiere Carlo Salvatori. Tornò Marco Tronchetti Provera, arrivò Giulio Malgara della Chiari & Forti. Presenza costante e discreta al Villino Giulia restava quella dell'avvocato e imprenditore Tommaso Addario – monumento vivente alla riservatezza – e di sua moglie Anna.

Non cambiò nulla negli inviti (ma cambiò molto nelle conversazioni) durante l'*annus horribilis* del governo Berlusconi.

Alle elezioni regionali di aprile 2005 la Casa delle libertà conquistò soltanto due regioni (Lombardia e Veneto) delle quattordici in cui si era votato e ne perse sei. Fini giudicò troppo debole il governo, Follini ne chiese e ottenne la caduta e la sostituzione con un Berlusconi bis: Giulio Tremonti tornò dopo quattordici mesi all'Economia e affiancò Fini come vicepresidente del Consiglio. Tornò di conseguenza anche al Villino Giulia, dopo esservi stato l'ultima volta cinque anni prima, a un pranzo di Natale del 2000.

Il leader di An ingoiò il rospo, ottenendo in cambio l'allontanamento dalla guida della Banca d'Italia di Antonio Fazio accusato di aver favorito il capo della Banca popolare italiana Gianpiero Fiorani nella lotta con gli olandesi di Abn Amro per la conquista della Antonveneta. Scajola, Storace, Buttiglione e Landolfi sostituirono Marzano, Sirchia, Urbani e Gasparri che perse il posto per aver chiesto conto a Berlusconi – e non a Fini – della promozione di Storace. Fini lo depennò dalla lista e la rottura tra i due fu definitiva. Mario Landolfi entrò per la prima volta al Villino Giulia, Buttiglione apparteneva a un altro mondo.

***

Nel 2006 accadde quel che doveva accadere. Berlusconi perse le elezioni con Romano Prodi, ma ebbe un formidabile recupero in campagna elettorale grazie anche alla promessa finale di togliere l'Ici sulla prima casa. Il governo di centrosinistra nacque perciò debolissimo, mettendo insieme gli opposti: Lamberto Dini e Clemente Mastella da un lato e Fausto Bertinotti dall'altro. Franco Marini fu eletto presidente del Senato e Fausto Bertinotti presidente della Camera: entrambi pertanto furono invitati d'ufficio ai pranzi del Villino Giulia. Franco Marini andò due volte, nel maggio 2006 e nell'aprile 2007, Bertinotti tornò con la moglie Lella. Raccontò la signora a uno degli autori di questo libro: «Quando andammo a cena da Maria Angiolillo, Fausto era presidente della Camera, perché avrebbe dovuto rifiutarsi? Però, appena vidi sulle scale il fotografo di Dagospia, Umberto Pizzi, mi venne un colpo. Lui poi ci mise il carico: ho sempre votato per Rifondazione, ma stavolta voto Veltroni. Al diavolo!».

***

La prima volta che il paparazzo Umberto Pizzi era comparso fuori dal portone del Villino Giulia, Maria si era dovuta sedere, si era sentita mancare le ginocchia. Sapeva benissimo chi fosse, lo aveva visto a tanti eventi mondani e lui l'aveva immortalata al volo, mentre addentava una tartina o rimbrottava bonariamente qualcuno, con il ditino alzato. Pizzi era specializzato nel cogliere l'attimo più imbarazzante, il dettaglio più grottesco. A lei, fotografava sempre le scarpe, realizzate su misura dal calzolaio Albanese, in fogge fantasiose, d'ispirazione settecentesca, con ricami, pietre dure o cristalli luccicanti e ormai sempre con tacco da quattro centimetri: con l'età, aveva dovuto rinunciare a quelli alti.

«O mamma mia, chi ha spifferato a Pizzi che abbiamo un pranzo? Teresa, dica al maggiordomo di andar fuori a mandarlo via» aveva ordinato alla governante.

«Nuccia, chiama Sandra e chiedi d'informarsi per capire che succede» aveva ordinato alla sorella.

Roger, il maggiordomo asiatico, era uscito, aveva cercato di convincere il fotografo ad andarsene, ma Pizzi era rimasto piantato lì, con la sua stazza e la sua aria sorniona, la macchina fotografica appesa al collo, pronta a scattare.

«Se i miei ospiti finiscono su Dagospia, non vorranno più venire, diranno che mi sono montata la testa e voglio farmi pubblicità su di loro» si lamentava Maria.

Alla fine, era uscita anche lei a parlargli: «Pizzi, mi rovina la reputazione, se ne vada per cortesia, io non sono una di quelle signore che fanno salotto per finire sui giornali...».

Non vi era stato nulla da fare, le immagini degli ospiti di quella sera furono pubblicate, senza pietà, nella rubrica *Cafonal*, accompagnate da indiscrezioni su ciò che era stato detto a tavola. Da allora, Pizzi tornò puntuale a ogni pranzo e gli articoli furono sempre più sfacciati. La volta che Maria vi trovò scritto che i suoi ospiti erano stati male per una pietanza avariata, si imbufalì: «Pensare che Roberto D'Agostino è sposato con una signora così perbene...» disse alla sorella.

Il suo tormento era individuare la talpa. Passava ore al telefono trastullandosi in supposizioni con la Carraro, Consolo, Caltagirone, Folli, la Fendi o Dell'Erario.

In un improvvisato gioco «dei dieci piccoli indiani», cominciò a depennare, a turno, i suoi ospiti. Il primo fu Mario D'Urso, ma Pizzi si presentò lo stesso. Il secondo fu Carlo Rossella, ma Pizzi tornò ugualmente. Quindi, la Angiolillo radiò Pietro Calabrese, ma anche quella volta, Pizzi si fece trovare fuori dalla porta.

Maria disse, allora, a Sandra: «Devi telefonare a D'Agostino e farti dire chi è la spia».

La Carraro chiamò e riferì poi a Maria di aver ottenuto la più strafottente delle risposte: «Di che si lamenta la signora? Le faccio un favore, le faccio pubblicità».

Sandrina disse anche che aveva insistito, ma che D'Agostino aveva liquidato la faccenda a suo modo: «Io ho più di una fonte e tu sei una stronza. Me lo potresti dire tu quando ci sono i pranzi, senza farmi fare la fatica di chiamare un sacco di gente».

Finì che, nella cerchia del Villino Giulia, molti sospettarono anche i due più insospettabili: la Carraro e Consolo.

Maria valutò anche l'ipotesi di querelare D'Agostino e si consigliò con Luigi Bisignani, giornalista e uomo di pubbliche relazioni, che era suo vicino, poiché aveva lo studio in piazza Mignanelli, e che lei conosceva dalla fine degli anni Settanta, quando era stato il giovane capoufficio stampa del ministro Gaetano Stammati, uno degli ospiti che Maria si era ritrovata nelle liste della P2, assieme fra l'altro allo stesso Bisignani, che si era affrettato a smentire la sua appartenenza a qualunque loggia. Si sentivano spesso, si vedevano per un tè in casa o una colazione all'Hassler, ma lui non andava mai ai suoi ricevimenti, rifuggendo le mondanità. Discussero a lungo sui possibili appigli della querela e convennero che il termine «Maria Saura», spesso usato da D'Agostino per definirla, poteva dirsi offensivo al punto da giustificare un ricorso legale. La Angiolillo si decise e stava per sporgere querela, quando – chiacchierando con Bisignani – venne fuori che per farlo avrebbe dovuto declinare le sue generalità, e quindi la data di nascita.

«No, non si può fare» balzò su Maria, «non gli darò mai la soddisfazione di poter dire a tutto il mondo quanti anni ho.» Fu così che non partì alcuna querela.

Un giorno, Maria e Roberto D'Agostino s'incontrarono per caso al Grand Hotel. La Angiolillo lo avvicinò subito, furibonda, con il suo ditino alzato: «Perché mi fa tutto questo?».

Roberto D'Agostino scriverà che «in un'epoca di esibizionismo extra-large» non poteva credere che la signora fosse davvero irata. Però, quel giorno, gli venne in mente Cuccia, «il quale non aveva mai rilasciato un'intervista in vita sua». Fu sovrapponendo l'immagine del banchiere e quella di Maria Angiolillo che ebbe una folgorazione: «Alla fine il vero potere è sempre invisibile».

Maria uscì avvilita dall'incontro fortuito con il suo persecutore, ma le restava comunque la porticina segreta di piazza Mignanelli, che si apriva sull'ascensore di servizio e da cui, nel tempo, erano saliti Marcinkus, Agnelli e Della Valle, quando si era fatto scappare l'incauta battuta con un valletto.

Nel 2005, al pranzo del 21 luglio, erano stati invitati sia Gianfranco Fini sia Stefania Prestigiacomo che dovevano difendersi da illazioni, tracimate perfino sui giornali, su una loro presunta affettuosa amicizia. Illazioni sfociate in sospetti politici al punto che gli avversari accusavano Fini di essere favorevole al referendum sulla fecondazione assistita poiché influenzato dalle opinioni della collega.

«Giuseppe, come facciamo? Ci sarà Pizzi appostato fuori dal portone» aveva chiesto Maria a Consolo, il deputato finiano depositario di tante sue angustie sull'organizzazione dei pranzi, spesso incaricato di trovare un sostituto per un ospite saltato all'ultimo.

«Puoi farli salire dall'ascensore segreto.»

«Ma tu sei un genio!» aveva esclamato Maria.

«Ma quale genio? Il portoncino c'è apposta» aveva risposto l'onorevole scrollando le spalle. Maria era fatta così: le piaceva far teatro di ogni piccolo e grande dramma che ruotava intorno all'epica impresa di accomodare a tavola tutti i mesi, tra pranzi e colazioni, una sessantina di personalità di riguardo.

***

Il 10 giugno 2006, poco dopo la vittoria elettorale dell'Ulivo, Maria riservò per la prima volta al centrosinistra il tavolo principale del suo pranzo («Orchidea»), con la sola eccezione di Gianni Letta che era tuttavia di fatto quasi un copadrone di casa. La Angiolillo aveva alla sua destra Marini e alla sua sinistra Veltroni.

Il lato opposto della tavola era guidato da Paolo Gentiloni, nuovo ministro delle Telecomunicazioni. Gli altri ospiti erano Carla Fendi, Gloria Venturi, Sandra Carraro, il magistrato Augusta Iannini, gli imprenditori Alberto Aleotti e Francesco Caltagirone, i banchieri Vincenzo De Bustis e Pietro Modiano, marito del neoministro Ds per le Pari opportunità Barbara Pollastrini, e i giornalisti Carlo Rossella e Massimo Franco. Il 19 luglio, pranzo in giardino con due new entry: il ministro Livia Turco per il centrosinistra e Mara Carfagna per il centrodestra, che risulterà una meteora: fu invitata solo quella volta. Allo stesso tavolo, tra gli altri, il cardinale Re, Vittoria Leone e Pier Luigi Bersani. Faceva caldo, Barbara Pollastrini dette buca, come il direttore della «Stampa» Giulio Anselmi e l'industriale Vittorio Merloni.

Il 30 maggio 2007 Silvio Berlusconi tornò dopo tanto tempo al Villino Giulia. Il tempo era «bello, fresco, piacevole», secondo le annotazioni di Maria che tenne il Cavaliere alla sua sinistra, avendo alla destra Ronald Spogli, ambasciatore degli Stati Uniti d'America. Al loro tavolo («Farfalle») sedettero tra gli altri Gianni Letta, Marco Tronchetti Provera, Ferruccio de Bortoli, Francesco Caltagirone, Carla Fendi, Nicoletta Odescalchi, Edwige Fenech, Sandra Carraro e Carlo Rossella.

Al tavolo tre, sedeva Giulia Bongiorno: l'avvocatessa diventata famosa grazie ai processi di Andreotti si era data alla politica l'anno prima, candidandosi con Fini. Tra gli *habitués* del Villino Giulia, all'epoca, si era aperto un acceso dibattito: i più ritenevano giusto che si candidasse, invece, con Berlusconi; Consolo, ovviamente, difendeva la scelta di An. Maria era stata lapidaria: «Non dovrebbe candidarsi con nessuno, è troppo timida e chiusa per fare politica». Per cui, da deputata, la Bongiorno fu invitata solo tre volte.

Quel 30 maggio 2007, Berlusconi attraversava un periodo delicato. Era convinto che la sconfitta di misura (ventiquattromila voti) alle elezioni dell'anno precedente fosse frutto di brogli in Campania e in Calabria. Per la prima volta era entrato in depressione e risale infatti al 2006 l'inizio delle sue sfrenate e imprudenti frequentazioni femminili. Maria preferiva astenersi dai commenti sull'argomento e, se proprio veniva coinvolta in una discussione, si limitava a censurare la moglie, Veronica Lario, che lo lasciava troppo solo, preferendo vivere a Milano ed evitando di accompagnarlo nelle occasioni pubbliche.

Alla fine dell'anno, il governo Prodi era tuttavia già crollato nei sondaggi e in quella primavera del 2007, anche nella conversazione che seguì il pranzo di Maria Angiolillo, Berlusconi dette mostra di aver ripreso in mano la situazione, nonostante Pier Ferdinando Casini – convinto che il Cavaliere fosse ormai moribondo – lo avesse mollato. In verità anche Fini, che nel 2007 si separò dalla moglie Daniela per unirsi a Elisabetta Tulliani che stava per dargli una bambina, e che fu segnalato al Villino Giulia l'ultima volta a Natale 2006, non credeva all'ennesima resurrezione di Berlusconi. Parlò infatti di «comiche finali» quando con un gesto clamoroso il 18 novembre 2007 il Cavaliere salì sul predellino di una Mercedes a piazza San Babila a Milano annunciando la nascita di un nuovo partito, il Popolo delle libertà.

Il giorno dopo aver imbandito il suo pranzo in onore di Berlusconi, Maria prese un aereo privato offerto da Francesco Caltagirone e volò a Venezia, dove si inaugurava l'Hotel Molino Stucky, alla presenza del sindaco Massimo Cacciari, al suo secondo mandato, e del presidente della Regione Veneto Giancarlo Galan. Alla Angiolillo piacque molto quell'enorme complesso che le aveva procurato un bello spavento quando il cantiere era andato in fiamme. Lo sentiva un po' anche suo: era la prima grande opera realizzata da Francesco da quando, tornato in Italia, le aveva chiesto di aiutarlo a creare il suo impero. Ora, altri progetti lo attendevano: la costruzione dei nuovi porti di Imperia e di Fiumicino.

Sistemata, intanto, la pratica del Molino Stucky, il 6 luglio 2007, Maria si concesse una colazione all'apparenza frivola: un solo tavolo, ospite d'onore l'attrice Anne Hathaway, reduce dal successo del *Diavolo veste Prada*.

Che ci faceva la diva hollywoodiana con commensali come l'amministratore delegato di Deutsche Bank Vincenzo De Bustis e l'amministratore della multinazionale di consulenza strategica Value Partners Riccardo Monti?

La verità è che la colazione era stata imbandita per il fidanzato dell'attrice, Raffaello Follieri, un ventinovenne di origini pugliesi che aveva fatto fortuna in America, celebrato dalle cronache rosa per il lusso sfacciato in cui viveva, fatto di yacht, aereo privato e un attico alla Olympic Tower, sulla Quinta strada di New York, da ventottomila dollari al mese. E che un anno dopo sarebbe comparso, invece, nelle cronache giudiziarie, arrestato negli Stati Uniti e lì condannato, con un patteggiamento, a quattro anni e mezzo di carcere per truffa e millantato credito. Secondo l'inchiesta del Fbi, il ragazzo promuoveva operazioni sul patrimonio immobiliare della chiesa cattolica statunitense, costretta a vendere, anche sotto costo, per affrontare i megarisarcimenti dei processi ai preti pedofili. Il giovane millantava rapporti ad alto livello con il Vaticano, facendo capire di essere un emissario dell'ex segretario di Stato della Santa Sede Angelo Sodano o addirittura un direttore finanziario ombra del Vaticano. Cosa naturalmente falsa. Ci avevano creduto in molti, inclusi alti e illustri prelati, e anche la Angiolillo, in un primo momento, gli aveva dato credito.

Nella colazione del 6 luglio, comunque, Maria non si sprecò troppo. A parte i due nomi della finanza, invitò – per mettere a suo agio l'attrice – il presidente di Medusa Carlo Rossella, il premio Oscar per la scenografia Francesca Lo Schiavo e il conte Giovanni Volpi, figlio del fondatore della Mostra del cinema di Venezia. Quindi, il direttore del Tg3 Antonio Di Bella e il vicedirettore del Tg5 Cesara Buonamici e gli amici cari: Sandra Carraro, Valeria Licastro Martusciello, Mario D'Urso e Alfonso Dell'Erario, ma non invitò Letta né altri politici.

Il ragazzo non piacque a Maria: «È un farlocco» sentenziò, evitando perfino di appuntarsi il menù che era stato servito. Non pensava di avere di nuovo Follieri suo ospite, pertanto, non correva il rischio di servirgli due volte gli stessi piatti. Nell'agosto dell'anno successivo, quando il giovane rampante fu arrestato – e lasciato da Anne Hathaway – la notizia rimbalzò sui giornali di tutto il mondo e i fatti diedero ragione all'intuito della Angiolillo.

***

Le mura del Villino Giulia risuonavano a ogni pranzo dei variabili rumori politici, ma la situazione oscillante induceva Maria e i suoi sponsor a inviti prudentemente bipartisan. Così

– se il 30 maggio 2007 Berlusconi era stato l'ospite d'onore – il 19 luglio accanto a Maria sedevano Fausto Bertinotti e Piero Fassino. Allo stesso tavolo («Conchiglie») le simpatie per la sinistra univano Linda Lanzillotta, Pietro Modiano, Vincenzo De Bustis e Sonia Tatò. Gli altri ospiti erano Gianni Letta, Vittoria Leone, Alberto Aleotti, Lisa Grilli, Ferruccio de Bortoli, Sandra Carraro e Stefano Folli. New entry di quei mesi, Franco Bassanini (un ritorno dopo gli inviti della seconda metà degli anni Novanta), il petroliere Aldo Brachetti Peretti (che non tornava dall'83) Giovanni Volpi di Misurata (fondatore della Scuderia Serenissima), il costruttore Luca Parnasi, il presidente di McDonald's Italia Mario Resca, Pippo Baudo, e per il mondo editoriale Maurizio Belpietro, Eugenio Occorsio e di nuovo Valeria Licastro Martusciello, una giovane che a Maria piaceva perché conosceva tutti: dalla fine degli anni Ottanta, lavorava in Fininvest, occupandosi brillantemente di pubbliche relazioni. Maria l'aveva inclusa nel suo giro di telefonate quotidiane e si divertiva a commentare con lei i fatti del giorno.

Quella sera Vittoria Leone disse agli amici di aver appena fatto stampare da una piccola tipografia napoletana un suo ritratto che il marito aveva scritto negli ultimi anni di vita, ripercorrendo i quasi sessant'anni del loro amore. A un pranzo del 20 giugno partecipò eccezionalmente Marco Bianchi Milella, il figlio di Maria.

Anche Clemente Mastella, ministro della Giustizia nel governo Prodi, fu invitato nel 2007 al Villino Giulia. Nessuno poteva immaginare che nel gennaio dell'anno successivo l'arresto di sua moglie Sandra (poi assolta) e di mezza Udeur, il suo partito, avrebbe determinato la crisi del governo Prodi e il nuovo successo elettorale di Berlusconi.

***

Nel novembre del 2007 il Cavaliere, abbiamo visto, era stato abbandonato da Casini e deriso da Fini, che Maria aveva smesso di invitare dal Natale 2006. In campagna elettorale, Casini si rifiutò di sciogliere il suo partito nel Popolo delle libertà, Fini ci entrò all'ultimo momento e a denti stretti. E gli andò bene perché il 13 aprile 2008 Berlusconi tornò a Palazzo Chigi con la più forte maggioranza della storia repubblicana. Il salotto di Maria si tinse subito d'un azzurro fortissimo.

Il 17 luglio 2008 il centrodestra era rappresentato da Gianni Letta e da ben sette ministri: Giulio Tremonti, Franco Frattini, Claudio Scajola, Altero Matteoli, Giancarlo Galan, Sandro Bondi e Giorgia Meloni. Sarebbero stati otto se non avesse dato forfait all'ultim'ora Maurizio Sacconi. C'erano anche il presidente dei deputati Fabrizio Cicchitto e Giustina Destro. Letta e Tremonti erano alla destra e alla sinistra di Maria: due pilastri del nuovo governo in eterno conflitto tra loro, costretti dal galateo a sorridersi e a condividere quattro vini, dal Baron de L allo Château d'Yquem. Claudio Scajola era stato accortamente collocato al tavolo numero uno, denominato «Ballerina», alla destra di donna Vittoria Leone, che lo presiedeva dal capo opposto a Maria. La padrona di casa gli aveva riservato un *placement* di grande considerazione, avendo cura di tenerlo elegantemente distante da Francesco Caltagirone: da quando era ministro dello Sviluppo economico, Scajola era diventato strategico per i porti dell'amico, specie per quello d'Imperia, che ricadeva nel suo feudo elettorale. In più, in quella posizione, era lontano anche da lei: Maria sosteneva che Scajola risultava più simpatico quando non era al potere e non si dava un tono da ministro, com'era successo negli anni fra il 2005 e il 2008, o per un anno, fra le estati del 2002 e del 2003.

Quella stessa sera c'erano persone tradizionalmente schierate a sinistra come Franco Tatò, Pietro Modiano, Piero Gnudi, Vincenzo De Bustis, Lucia Annunziata, ma nessun politico di quella parte. Fu invitato Massimo Sarmi, presidente di Poste Italiane già da sei anni. Di lì a qualche mese debuttò il giovane ministro della Giustizia, Angelino Alfano. Tornarono Stefania Prestigiacomo, ora titolare dell'Ambiente e Maurizio Gasparri, presidente dei senatori del Pdl. Fu invitato il sindaco di Roma Gianni Alemanno, che aveva strappato il Campidoglio al centrosinistra dopo decenni.

Nei mesi successivi il centrosinistra politico fu rappresentato soltanto da Vannino Chiti e da Barbara Pollastrini. All'inizio dell'anno si era rivisto Cesare Salvi. Tra i dirigenti d'azienda si notarono Giuseppe Mussari del Monte dei Paschi di Siena e Mauro Masi, che sarebbe diventato direttore generale della Rai.

I pranzi di Natale del 2008 si consumarono in un clima politico particolarmente festoso. Il primo dei due, però, fu funestato da una grottesca incursione che Maria non trovò affatto divertente. Il 16 dicembre, davanti all'ingresso del Villino Giulia dov'era allestito un presepe a dimensione umana, comparve un banchetto pieno di libri intitolati *Cafonal*: raccoglievano il peggio delle foto rubate su quella che i due autori, Roberto D'Agostino e Umberto Pizzi, chiamavano «la Roma godona». Accanto al banchetto, nella penombra, si scorgevano D'Agostino, con il suo pizzetto brizzolato e mefistofelico, i pantaloni scozzesi e la *kefiah*, e Umberto Pizzi con la sua macchina fotografica e un cappuccio da Babbo Natale. La loro intenzione era quella di farsi pubblicità andando a vendere il libro proprio a coloro che l'avevano ispirato.

Maria Angiolillo uscì dal Villino, quasi barcollante: «Siete impazziti?».

D'Agostino le si buttò ai piedi, in ginocchio: «Signora, la prego: accetti in dono questo nostro libro che celebra lei e il suo stupendo mondo...».

E lei, ritraendosi: «Vi scongiuro... Mi rovinate la serata... Così i miei invitati invece di guardare il mio presepiuccio, guardano voi...».

La prima a scendere la rampa Mignanelli fu Sandra Carraro: «Ma siete fantastici!» proruppe, schiudendo il suo celebre sorriso.

Con i due incursori, c'era anche il giornalista del «Corriere»

Fabrizio Roncone, che riportò, oltre agli scambi di battute, finanche l'ordine di arrivo degli ospiti.

Quando giunse Paolo Bonaiuti, D'Agostino urlò: «Ahò, ma che tintura usi per i capelli?».

E Pizzi: «Lo sai che sembrano i capelli di Pupo?».

Bonaiuti rise. Dopo un po' Sandra Carraro tornò fuori: «Ragazzi, guardate che la Angiolillo si sta sentendo male... Non resiste all'idea che voi stiate facendo questa sceneggiata fuori dal suo salotto...».

La combriccola di incursori, però, non sapeva della porticina segreta munita di ascensore e nascosta nella piazzetta in fondo alla rampa Mignanelli. Quella sera, entrò da lì almeno un ospite di particolare riguardo. Era Emma Marcegaglia, dal 13 marzo prima donna a ricoprire la carica di presidente di Confindustria.

A parte il buffo incidente, in quei due pranzi di Natale 2008, le raffinate fette di *koulibiac à la Russe* impreziosite dalla salsa al caviale si sposarono perfettamente con il Baron de L del 2005 e via via fino allo champagne Cristal, l'etichetta più prestigiosa della casa Roederer. Gli ospiti dei tre tavoli dedicati agli arcangeli Gabriele, Michele e Raffaele sembravano consapevoli di trovarsi dinanzi a una svolta duratura della politica italiana. E la svolta sembrò esserci: il primo quadrimestre del 2009 fu per Berlusconi una cavalcata trionfale tra le difficoltà e le tragedie italiane. Il caos dei rifiuti a Napoli sembrò aver trovato una soluzione durevole, il terremoto dell'Aquila fu affrontato nella prima emergenza con una efficacia sconosciuta nel passato. Il 25 aprile il Cavaliere – sempre restio alle celebrazioni patriottiche – si strinse al collo il fazzoletto della Brigata partigiana Maiella e sulle rovine di Onna – ferita ieri dalla violenza nazista e ora da quella del sisma – pronunciò un discorso che ebbe consensi unanimi. Purtroppo per lui, l'indomani andò a Casoria, in Campania, per festeggiare i diciotto anni di Noemi

Letizia. Ne nacque una polemica rovinosa: e fu la palla di neve che si sarebbe trasformata nella valanga che conosciamo.

Nel primo semestre dell'anno, Maria allargò la cerchia degli ospiti in alcune colazioni ristrette: accanto a qualche politico del centrodestra (Angelino Alfano, Giuseppe Vegas, Daniele Capezzone, poi Michela Vittoria Brambilla) c'erano il consigliere della Corte dei conti Antonello Colosimo, l'avvocato Luca Simoni, il giovane giornalista Gaetano Pedullà che l'Angiolillo aveva preso sotto la sua protezione e Raffaella Leone dell'Eni, un'altra giovane che le piaceva molto, perché era amica di tutti e abile nelle pubbliche relazioni.

Maria la chiamava ogni giorno e le si rivolgeva quando aveva qualcuno da aiutare: «Quello ha un figlio piccolo, quello ha la mamma malata» le spiegava. Chiudeva sempre la telefonata domandandole come andasse il suo lavoro. E benché la Leone assicurasse puntualmente che procedeva tutto bene, Maria si raccomandava: «Stai sempre in guardia, Raffaella: una donna che ha una posizione, la deve difendere fino all'ultimo».

Poi, in altra occasione, Maria invitò l'attore Colin Firth, il banchiere Emmanuele Emanuele, la bella imprenditrice Warly Tomei, di nuovo Riccardo Monti di Value Partners destinato alla presidenza dell'Ice, e Francesca Lo Schiavo e Dante Ferretti, la grande coppia di sceneggiatori che collezionerà ben tre premi Oscar, per *The Aviator* e *Hugo Cabret* di Martin Scorsese e per *Il diabolico barbiere di Fleet Street* di Tim Burton: grazie alla loro frequente presenza Maria non rimpiangerà più Gianni Quaranta, che di Oscar per la sceneggiatura ne aveva vinto uno solo. C'erano inoltre: Mauro Moretti di Ferrovie accanto al ministro dei Trasporti Matteoli, Corrado Cusano del Dies Group (robotica medica), il direttore del «Tempo» Roberto Arditti. Ancora: Luca Dal Fabbro di Domotecnica, Aurelio Regina, re dei sigari e presidente degli industriali romani, il giornalista economico Daniele Bellasio. In una colazione primaverile di sole donne, l'ospite d'onore fu Clio Napolitano, moglie del presidente della Repubblica.

Gli invitati abituali di Maria ebbero la sensazione di un leggero mutamento di linea. Si incontrarono in casa sua molti nuovi imprenditori non ancora inseriti nel «giro romano»: alcuni già in carriera (e ne avrebbero fatta molta), altri meteore di cui si sarebbero perdute le tracce. Martedì 14 luglio si tornò alla tradizione serale. Nel giardino che costeggia la scalinata di piazza di Spagna furono allestiti i tavoli: «Il cigno», «La rondine», «Il gabbiano».

Era tornata anche Emma Marcegaglia e tutti ritrovarono tutti: le new entry si limitarono a Susanna Smit e Beatrice Parodi, allora compagne di Mauro Masi e di Francesco Caltagirone, che si era ormai separato dalla moglie. Le pietanze fredde erano deliziose, i vini della Loira e di Bordeaux all'altezza delle tradizioni migliori. Maria era entusiasta: «Giornata splendida, calda» scrisse sul libro dei pranzi. «Il decoro fatto dai Padovani è veramente favoloso. Da urlo.» In alternativa, Maria si serviva dai fioristi Bocchi o dalla principessa Daria Sanminiatelli Odescalchi. Ogni pranzo le costava solo in fiori millecinquecento o anche milleseicento euro. Le spese erano sempre notevoli, anche se i vini – pur pregiatissimi – non erano al livello stratosferico dei primi pranzi dati negli anni Sessanta da Renato Angiolillo. Per ogni serata venivano ingaggiati sei camerieri, magistralmente orchestrati dal maître Remo Colussi che serviva al Villino Giulia da quasi quarant'anni, e veniva chiamato un lavapiatti dedicato soltanto alle preziose porcellane della Compagnia delle Indie che tanto lustro davano ai tavoli della Angiolillo.

***

Il 27 febbraio 2009, il telefono del Villino Giulia squillò alle 19.59.

«Dev'essere Ludina Barzini. Ludina chiama sempre all'ora del telegiornale, mannaggia a lei» esclamò la vedova Angiolillo.

Era invece Alberto Aleotti, il suo vecchio amico industriale della farmaceutica. Prima ancora di farlo parlare, Maria gli raccontò d'aver scritto una lettera di condoglianze a Silvio Berlusconi per la morte della sorella Maria Antonietta.

«Devi fare almeno un telegramma anche tu, mi raccomando, segnati l'indirizzo» gli intimò.

Aleotti la chiamava angustiato per un emendamento che lo faceva penare. Una nuova politica delle Regioni mirata a contenere la spesa pubblica favorendo farmaci generici minacciava di procurare alla sua azienda, la Menarini, un crollo del fatturato. Aleotti era risentito con il presidente di Farmindustria Sergio Dompé, sosteneva che non appoggiava la sua battaglia, in quanto i brevetti in scadenza erano prevalentemente della Menarini e gli altri soci di Farmindustria non ne avrebbero avuto gran nocumento.

Negli ultimi mesi, Maria si era adoperata per procurare all'industriale in difficoltà contatti con il ministro dello Sviluppo economico Claudio Scajola e con alcuni burocrati che potevano essergli utili.

Quella sera, ascoltava le sue lamentele buttando l'occhio verso il telegiornale. Aveva azzerato l'audio, ma cercava di seguire sia l'amico sia le notizie.

«Speriamo bene per i brevetti... Io ogni sera dico una preghiera per il brevetto» sospirò.

E Aleotti: «Speriamo, Maria... Speriamo... Sarebbe la più grande delle vittorie».

«Eh sì, meritate... meritate...»

«E io non mi dimenticherei, ricordatelo.»

Di nuovo, come durante l'inchiesta su Roberto Calvi e il Banco Ambrosiano, la vedova Angiolillo non sapeva di essere intercettata. Di nuovo, come allora, in coda alla telefonata, salutò alludendo a qualche incontro importante in programma, ma stavolta non snocciolò tutta l'agenda. Era ansiosa di tornare al Tg. Disse solo: «Sì, sì. Ti saluto, io poi domenica vedo la famiglia Ciampi. Sandra Carraro li ha invitati tutti e due e la signora Ciampi ha detto: "Mi piacerebbe tanto ci fosse Maria".

Allora devo andarci, vado alle otto, ma torno alle undici». Il tono era di chi se ne sarebbe stato volentieri a casa, ma Ciampi era pur sempre un presidente emerito della Repubblica.

Un paio di settimane dopo, il 17 marzo 2009, alle 15.45, Aleotti compose il numero di telefono del Villino Giulia, ma Maria era all'Hassler e lui chiese alla domestica di informarla che le avrebbe mandato un fax da consegnare al ministro Scajola.

Il giorno seguente, alle 13.02, Alberto Aleotti richiamò. Di nuovo all'inizio di un Tg. Maria lo rassicurò: aveva consegnato il fax personalmente a Scajola la sera prima, sapendo di doverlo incontrare a un pranzo e avendo predisposto di capitargli seduta proprio accanto.

«Non ti ho chiamato ieri pomeriggio perché il testo era chiarissimo. La cosa dei brevetti era spiegata molto bene.»

«Se ce la facciamo, Maria, con il nostro grande ministro delle Attività industriali, ricordati, Maria che la vita diventa diversa.»

«Magari, guarda. Speriamo, almeno gli ultimi anni...»

«Certo, anche per te diventa diversa!»

Furono intercettate decine di telefonate fra i due. Maria dava consigli, ricordava ad Aleotti di chiamare il tal ministro o il tal governatore, smistava lettere della Menarini nei dicasteri, fissava appuntamenti per l'amico. E non mancava mai di lusingarlo: «Hai fatto di una piccola casa farmaceutica un gigante...» diceva. Oppure: «Massimiliana, tua moglie, è una gran donna, sempre ottimista». Si informava della sua salute, raccomandava riposo, almeno la domenica.

Tutte le volte, i due si scambiavano aggiornamenti sul complesso iter dell'emendamento che poteva salvare la Menarini, e che era stato presentato in Parlamento dall'ex sottosegretario alla Salute Cesare Cursi. «Cursi, quello che non conosci» disse al telefono, una volta, Aleotti a Maria, ma Cursi sembrava essere l'ex giovane Dc che lei invitava al Villino Giulia, negli anni Ottanta.

L'emendamento, a un certo punto, fu respinto in commissione Bilancio, quindi avversato dal ministro dell'Economia Tremonti, che teneva i cordoni della borsa strettissimi. Il susseguirsi di colpi di scena incluse un intervento di Gianni Letta, il quale invece d'esser favorevole – come Maria sperava, dopo avergli spiegato la faccenda – scrisse che la ragioneria di Stato non poteva far passare l'emendamento così com'era. La norma fu quindi riformulata, ripresentata, piacque persino a Dompé e alla fine passò, in prima approvazione, al Senato. Nelle telefonate, Maria condivideva con Aleotti la durezza di quella vita: «Non so se è bene essere molto onesti, io sono nata molto onesta, ma è dura. È molto dura».

Nell'attesa che l'emendamento passasse alla Camera per l'approvazione definitiva, il tono cordiale che la vedova Angiolillo usava abitualmente con Aleotti si indurì. Il patron della Menarini aveva mancato di farle avere certi «libri» promessi e mai arrivati. In un paio di telefonate, Maria chiese anche alla moglie di Aleotti «quando sarebbero arrivati i libri» e se glieli potesse portare «la signora della volta prima».

«Perché se non arrivano» specificò, «io lo devo lasciare, capisci?»

Insomma, Maria, delusa nelle sue aspettative, minacciava di abbandonare l'amico. Poi, «la portata» – così la definirono – fu servita. Su quale fosse il genere di «libri» e di «portate», si interrogheranno a lungo i carabinieri e due o tre pm della procura di Firenze. Ma questo sarebbe accaduto solo più avanti, con Maria già nella tomba.

Le chiavi della tomba

Rientrata dalle vacanze a Montecarlo dell'estate 2009, la vedova Angiolillo era iperattiva. Il 24 settembre riprese le colazioni ristrette. Faceva molto caldo (38 gradi, annotò lei stessa). Ospite d'onore Alfonso Maria Rossi Brigante, presidente dell'Autorità di sorveglianza sui lavori pubblici. Altre new entry, il direttore finanziario di Acea Giovanni Barberis accompagnato da Donatella Galanti della stessa società, l'amministratore delegato del «Tempo» Federico Vincenzoni, Enrico Vitali dello studio Tremonti, Jean Kerwat, un imprenditore console onorario di Croazia presso il Principato di Monaco.

Maria Angiolillo dette l'ultima colazione della sua vita giovedì 1° ottobre 2009, arrabbiandosi con se stessa perché, mentre si affaccendava prima dell'arrivo degli ospiti, aveva perso i segnaposti e i camerieri li avevano trovati appena in tempo, abbandonati su una panca del giardino.

Era una giornata bellissima di quell'inizio d'autunno romano che incanta i turisti oltre ogni attesa. Cielo terso. Un unico tavolo da pranzo per venti ospiti: le sole donne, oltre alla padrona di casa, erano Sandra Carraro – sempre presente alle colazioni maschili – Raffaella Leone e Donatella Galanti. Tre politici, tutti del Pdl: Giuseppe Vegas, viceministro dell'Economia, Adolfo Urso, viceministro alle Attività produttive, e Stefano De Lillo, medico e senatore romano. Gli imprenditori Francesco Bellavista Caltagirone, Giorgio Carriero, proprietario di un'azienda leader nel riciclo degli oli, l'avvocato d'affari Stefano Pulsoni, Riccardo Monti, Giovanni Barberis, Antonio Colosimo, lo scenografo premio Oscar Dante Ferretti, i giornalisti Massimo Franco, Antonio Di Bella, Sergio Luciano, e Paolo Messa. «Maria è stanca, ma andrà tutto bene» aveva scritto in un appunto la sorella Nuccia, ormai novantenne. Andò tutto bene, ma il giorno seguente, Maria si svegliò piena di ansie: doveva occuparsi di molte cose, di Aleotti e del suo brevetto, per esempio, e la inquietavano i rapporti sempre più tesi tra Fini e Berlusconi, che di lì a pochi mesi avrebbero portato il primo a urlare all'altro il celebre: «Che fai, mi cacci?». E poi si sentiva la gola strana. Provava un senso di soffocamento. Si guardò allo specchio e si accorse di un rigonfiamento al collo.

Fatti i dovuti accertamenti, scoprì un problema alla tiroide. Niente di preoccupante, ma era necessario un intervento chirurgico. Il 13 ottobre, dopo una settimana di ospedale, Maria smaniava. Nuccia, per distrarla, le lesse l'articolo di una rivista scientifica trovata per caso in una sala d'aspetto.

C'era scritto che, secondo la psicosomatica, l'ipertiroidismo colpisce «persone superattive, esigenti, ansiose, frettolose, poco riflessive, con un blocco emotivo spesso causato da un abbandono o da un lutto precoce».

«"Queste persone"» continuò Nuccia «"corrono dietro al loro abbandono interiore, amano darsi agli altri, ma a mettere in moto il loro eccesso ormonale è la rabbia: 'Sono stato abbandonato quindi devo correre, mi devo mettere in mostra, al centro della vita, per essere apprezzato'." Hai capito? È il tuo ritratto.»

«Ma quale abbandono... Sono io che non posso abbandonare le cose da fare...» controbatté Maria, «anzi, già che mi hanno detto che forse mi dimettono domani, io me ne andrei a casa stasera stessa. Che dici, andiamo? Ma sì, vediamo che cosa c'è da firmare e andiamo.»

Quel giorno, Folco Fabrizi, lo scienziato, aveva chiamato il Villino Giulia e una cameriera filippina gli aveva risposto che la signora era in ospedale.

Da quando se n'era andato in Texas, nei primi anni Ottanta, l'aveva rivista una volta sola. Era stato lui a cercarla, appena rientrato a Roma. Avevano preso un tè in via Veneto, al bar Doney. Erano invecchiati entrambi, Maria era un po' claudicante, aveva un problema alle caviglie, gli aveva accennato. E gli era parsa fredda, come se avesse addosso una corazza per difendersi da un nemico invisibile.

Allora lo scienziato si era detto che non era il caso di importunarla ancora. Aveva ripreso a girare il mondo, poi si era stabilito di nuovo a Roma. Aveva vissuto sempre da solo, non si era sposato, non aveva mai avuto convivenze né figli. Non aveva mai smesso di studiare. Anche da pensionato, ottantenne, continuava a elaborare consulenze per multinazionali, appagato di avere ancora la mente di un ragazzo. Solo in tempi recenti, avrebbe appreso proprio dagli autori di questo libro di essere stato considerato da Maria il suo amore più grande.

Maria diceva che Renato era Renato, ma che per Folco aveva provato amore puro. Questo, però, Folco Fabrizi, nella sua svagatezza da scienziato, non poteva immaginarlo in quel 13 ottobre in cui ebbe l'impulso di chiamare il Villino Giulia. Quel giorno, aveva trovato in un cassetto il piccolo provino di una foto scattata una trentina d'anni prima nel Parco d'Abruzzo. Era l'immagine del mulo-barone. L'aveva studiata a lungo, anche con la lente d'ingrandimento, cercando le tracce di Maria, che s'era repentinamente nascosta all'obiettivo. Si era detto che quella foto raccontava tutto di loro e del poco spazio che insieme si erano concessi di condividere.

Aveva ripensato a quando le aveva declamato la scespiriana orazione funebre di Antonio, salutandola prima di partire per il Texas. L'aveva declamata, di nuovo, mentre le parole rimbombavano nel suo appartamento vuoto, dove i copriletti e le tende erano rimasti quelli comprati da lei, trent'anni prima: «*Friends, Romans, countrymen, lend me your ears...* Amici, Romani, compatrioti, prestatemi orecchio; io vengo a seppellire Cesare, non a lodarlo. Il male che gli uomini fanno sopravvive loro; il bene è spesso sepolto con le loro ossa; e così sia di Cesare. Il nobile Bruto v'ha detto che Cesare era ambizioso: se così era, fu un ben grave difetto: e gravemente Cesare ne ha pagato il fio».

Anche lui, si era detto, aveva seguito solo le sue ambizioni. Che non erano di potere, come quelle che anni addietro aveva rimproverato a Maria, ma che restavano ambizioni. E non aveva senso interrogarsi, aveva meditato, su che cosa rimaneva del bene che forse aveva fatto con il suo lavoro né del male che forse aveva inflitto, abbandonando Maria. Ciò che contava, in quella solitudine che non gli dispiaceva, era l'aver vissuto nell'unico modo in cui la sua natura gli comandava di vivere. Lo scienziato avvicinò di più la lente d'ingrandimento al provino del mulo-barone. Scorse un pezzetto di scarpa di Maria. Sorrise. Dov'era ora quella donna?, si chiese.

L'indomani, Maria Angiolillo si svegliò nel suo letto, nella villa accanto alla scalinata di piazza di Spagna. Prese dal comodino intarsiato gli appunti abbozzati la sera prima con la lista degli invitati ai due pranzi di Natale. Pensò che avrebbe fatto in tempo a dare altre tre o quattro colazioni e uno o due pranzi, prima delle feste. Avrebbe dovuto pedalare, la fine dell'anno incombeva.

Si alzò e barcollò, come se le gambe sentissero tutta la fatica di andare avanti ancora e ancora. Che noia la vecchiaia, pensò, imponendosi, stizzita, di ignorare il disturbo. Raggiunse lo specchio del bagno, si guardò la cicatrice sul collo, quindi ogni ruga del viso, specie quelle che non si era mai accorta di avere. Sentiva la scalata verso i pranzi di Natale più faticosa di quanto mai fosse stata.

Tra poco sarebbe arrivato il 2010, pensò, e sarebbero stati cinquant'anni che viveva a Roma e non faceva altro che «attovagliare» potenti, come scriveva Dagospia. Impugnando la spazzola davanti allo specchio, si fermò a calcolare quanti ricevimenti avesse imbandito in quel mezzo secolo. Erano almeno dodici pranzi e venti colazioni l'anno... faceva trentadue, da moltiplicare per cinquanta... Più o meno... milleseicento ricevimenti.

Pensò che per milleseicento volte si era messa davanti a quello stesso specchio, pronta a farsi acconciare i capelli da Sergio, mentre Teresa, e prima ancora Floriana, la sua precedente governante, le passavano le telefonate di quelli che disdicevano all'ultimo momento. E allora, mentre Sergio tentava di fissarle i bigodini o le forcine, lei si agitava, compulsando l'agenda, cercando un sostituto dell'ultim'ora, chiamando Consolo o la Carraro per farsi aiutare, maledicendo quei farlocchi, quei maleducati, quei palloni gonfiati, quei *cojoncioni* che le avevano appena dato buca.

Erano cinquant'anni che faceva quella vita, sempre stringendo i denti, sempre ignorando la fatica, sempre imponendosi di andare avanti, con l'ansia di «mantenere la posizione», come raccomandava di fare a Raffaella Leone. Sempre imponendosi di salire ancora, ogni gradino un ricevimento, poi un altro e un altro. Sempre spinta dal terrore di retrocedere, di tornare povera, di non contare più nulla. Aveva vissuto obbedendo sempre a quella stessa, ineludibile, tensione.

Maria Angiolillo, nata Girani e, per una breve stagione della sua vita diventata inutilmente contessa Franck de Beurges, morì in quel momento, senza apparente motivo, senza apparente dolore, guardandosi allo specchio, mentre si sistemava i capelli.

Non avrebbe fatto in tempo a vedere Bersani vincere le primarie del Pd, una decina di giorni dopo, né Fini mollare Berlusconi e fondare nove mesi dopo, nel luglio 2010 un proprio partito né Berlusconi tormentato dalle inchieste su Patrizia D'Addario, Ruby, il Bunga Bunga, vessato dalla tumultuosa e costosissima separazione da Veronica Lario. La morte, a lei che detestava tanto le amanti quanto le mogli che non sapevano tenersi i mariti, risparmiò di assistere a un decadimento dei tempi che avrebbe giudicato intollerabile.

La morte le precluse anche la soddisfazione di vedere Francesco Caltagirone dedicarle il porto della Concordia da lui costruito a Fiumicino, e le risparmiò il dolore di vederlo arrestare ingiustamente, di nuovo, per ben due volte, a causa di vicende legate sia al porto di Imperia – per il quale fu indagato anche Scajola – sia a quello di Fiumicino; salvo poi essere riconosciuto innocente per entrambi gli episodi, poiché i due fatti criminosi «non sussistevano».

Quel 14 ottobre, verso le dieci e mezzo, il professor Folco Fabrizi richiamò il Villino Giulia. La filippina gli aveva detto che Maria sarebbe stata dimessa quel giorno. Il telefono suonò a lungo a vuoto. Rispose infine Teresa, che in tono concitato, lo informò che la signora era appena mancata.

***

Dopo i funerali, Maria fu sepolta nella cappella della famiglia Angiolillo, al cimitero di Prima Porta, un grosso cubo in cemento grigio, decorato con bassorilievi della Via Crucis. Carla Fendi si preoccupò che alcuni vasi di orchidee bianche fossero disposti secondo un'accurata scenografia. Un'altra amica, prima della tumulazione, fece osservare che era più opportuno collocare la defunta in una nicchia in alto, più esposta alla luce, e così fu fatto.

La sorella Nuccia tenne le chiavi della tomba, ma per poco tempo. Un giorno, si era ancora nel 2010 e nulla era noto dei tradimenti degli affetti con i quali Maria aveva scontato il fio della sua ambizione, Nuccia con quelle chiavi si presentò nel salone da coiffeur di Sergio Valente, colui che tante volte aveva fatto bella Maria per i suoi ricevimenti e di cui lei diceva: «È un grand'uomo, ha rinunciato alla gloria per una famiglia e dei figli che non erano nemmeno suoi». L'unico che non le chiedeva mai favori, diceva.

«Sergio, devo consegnarti le chiavi della tomba di Maria» disse Nuccia allo stupito coiffeur, che non si spiegava come fosse possibile che, con tanti amici importanti e tante dame dell'alta società intime della signora, il custode della tomba dovesse essere proprio lui.

«So che vai spesso in quel cimitero, perché vi è sepolta la tua mamma» aggiunse Nuccia. «Cioè... Non so se è questo il motivo, ma... Insomma, non chiedermi perché, ma poco prima di morire Maria mi disse che voleva che le tenessi tu.»

Poco dopo la scomparsa dell'amica, Sandra Carraro propose che il Villino Giulia restasse intatto e diventasse sede di una fondazione di studi politici, istituendo alcune borse di studio per i giovani di talento. Giuseppe Consolo ne stilò il progetto. Ma Marco Bianchi Milella, che risultava l'unico erede, dichiarò di non essere d'accordo. Disse che nessuno degli amici della madre se ne sarebbe occupato e che l'impresa sarebbe interamente ricaduta sulle sue spalle; e lui viveva a Montecarlo.

Presto, nella villa sopra piazza di Spagna, cominciò il via vai di emissari delle case d'aste. Prima che tutto finisse all'incanto, alle amiche di Maria fu concesso di acquistare qualche pezzo. Sandrina comprò la collezione di porcellane ottocentesche della Compagnia delle Indie, che Maria affidava alle cure di un lavapiatti speciale, pagato quasi quanto il maître di sala. La cara Cicci scelse i due vasi Rosenthal, decorati con le pantere e le tigri feroci, che una mattina di cinquant'anni prima, insieme a Maria, aveva sistemato nelle vetrine della sala da pranzo, a eterna memoria di un figlio abbandonato al suo destino in Sudafrica e che, nella luttuosa occasione, nessuno si premurò d'informare del decesso della madre.

Alla fine, la Christie's si aggiudicò la vendita di ogni arredo, di ogni suppellettile e di ogni superstite ricordo conservato in quella casa. L'asta fu battuta a Londra nove mesi dopo la morte di Maria, il 15 luglio 2010. La titolarono «A View from the Spanish Steps – The Collection of Maria Angiolillo». Totalizzò 3.494.087 sterline, pari a 4.179.520 euro.

La tela settecentesca di Giovanni Paolo Panini, con figure classiche e rovine di templi e piramidi, che accoglieva gli ospiti nell'ingresso del Villino Giulia, realizzò l'equivalente di

173.000 euro. Il tavolo da pranzo in marmo e alabastro degli anni Venti, il «numero uno», a cui sedeva sempre Maria con gli ospiti di maggiore riguardo, fu venduto a 116.000 euro. I due comodini intarsiati del 1785, per quasi cinquant'anni posti ai lati del suo letto, segnarono forse il record di prezzo per dei comodini: 159.000 euro. La zuppiera d'argento, italiana, del 1780, in cui la signora Angiolillo, nata Girani e povera, serviva sempre la sua celebre *soupe à la tortue* copiata a Isabelle Colonna, realizzò 73.000 euro.

Andò via tutto: il salottino Luigi XV con stoffe rosse Aubusson, del 1760, che aveva accolto tanti potenti lombi nella stanza più riservata della villa di Trinità dei Monti, fu battuto a 44.000 euro; le preziose sedie del Settecento francese per le quali Maria tremava ogni qualvolta vi si accomodavano Giovanni Spadolini o Giuliano Ferrara furono vendute a 6000 euro l'una.

Marco Bianchi Milella aveva divelto i bassorilievi antichi che sovrastavano le porte fra una stanza e l'altra, come quello con putti e ghirlande attribuito a Jacob de Wit, del Diciottesimo secolo che gli fruttò 27.000 euro; e aveva rimosso anche i camini, come quello in marmo bianco e verde, dei primi dell'Ottocento, venduto per 8000 euro. Furono venduti i portasigarette d'argento non più usati da quando Gianni Agnelli aveva giudicato volgare offrire da fumare agli ospiti, e gli specchi settecenteschi, le piccole panche Luigi XV, gli *chandeliers* in cristallo, i vasi cinesi e quelli in porcellana francese, i vassoi, le saliere, le consolle, le statuine in ceramica di Capodimonte.

La penna d'argento con la quale Renato aveva firmato nel gennaio del 1961 la lettera che assicurava a Maria la proprietà di quanto custodito al Villino Giulia realizzò 224 euro, poco meno della base d'asta. Fu quello il lotto più a buon mercato. Renato Angiolillo, tanto bravo a far soldi, sarebbe stato fiero di sapere, però, che il pezzo più caro si doveva alle capacità di *talent scout* della moglie: era una scultura di Igor Mitoraj, con due busti accostati, in marmo bianco, battuta a 231.000 euro. Una piccola testa in terracotta dello scultore polacco, senza titolo, fu invece venduta a 116.000, superando di molto la stima massima. Era un provino della *Dea Roma*. La dea che, per sempre, avrebbe avuto gli occhi di Maria. Chi comprò quelle sculture fece un buon affare. La morte di Mitoraj, nel 2014, avrebbe fatto ulteriormente salire le sue quotazioni.

***

Il Villino Giulia, luogo di tanti incontri riservati e cruciali, restò del tutto spoglio, privo dei mobili, dei tappeti, con le pareti sventrate laddove erano stati rimossi bassorilievi e camini e fu affidato per la vendita alla Sotheby's Real Estate, al prezzo di trentacinque milioni di dollari. A distanza di oltre cinque anni dalla scomparsa di Maria Angiolillo, però, resterà ancora invenduto e vuoto, testimone di fasti appartenuti a epoche più floride, ancora lontane da crisi e recessione.

Fu in quei saloni spettrali e gelidi che fecero irruzione, all'alba del 25 novembre 2010, una quindicina di carabinieri dei Nas di Firenze, agli ordini del luogotenente Massimo Visciano, mentre un'altra pattuglia suonava alla porta di Nuccia nel suo appartamento di via Brunetti. La procura fiorentina e i Nas indagavano sugli affari di Alberto Aleotti, l'industriale che Maria rassicurava, dicendogli: «Io ogni sera dico una preghiera per il brevetto».

Gli inquirenti ipotizzavano che le manovre sui politici del patron della Menarini avessero gonfiato il prezzo dei suoi farmaci causando danni al Servizio sanitario nazionale e allo Stato per ottocentosessanta milioni di euro, e per questa inchiesta, a Firenze, nella primavera del 2015 era ancora in corso il processo. I carabinieri avevano intercettato Aleotti e, attraverso di lui, erano incappati nell'attivissima vedova Angiolillo. Se avevano un sospetto su Maria, era che i «libri» da consegnare e «le portate» che lei reclamava dall'industriale fossero contropartite per servigi poco limpidi. Ma non furono trovati conti intestati alla Angiolillo né in Italia né all'estero, che rivelassero disponibilità inspiegabili di denaro. Aleotti sarebbe scomparso nel 2014, a novantun anni, lasciando ai figli azienda e processi.

Al Villino Giulia, i carabinieri trovarono solo un paio di scatoloni accatastati in cantina. Contenevano le agende della vedova Angiolillo, fitte di nomi appuntati come a caso e di fretta, senza ulteriori indicazioni e che, in assenza di altre prove, non le avrebbero comunque causato un'imputazione. Alla rinfusa, fra le pagine delle agende di Maria, vi erano lettere scritte da persone i cui nomi non direbbero nulla a nessuno. La ringraziavano poiché, dopo averla conosciuta casualmente, per strada, o dal parrucchiere, ne avevano ricevuto un aiuto in denaro o una raccomandazione.

***

Dopo i funerali, Renato Angiolillo junior, il nipote prediletto del senatore, e Amedeo Angiolillo, l'unico figlio superstite, si erano messi alla caccia dei gioielli tenuti da Maria dopo la morte del marito. Non riuscirono a incontrare Marco, che risultava, allo stato, l'unico erede della signora, la quale non aveva lasciato alcun testamento. Si affidarono, allora, a un fidato avvocato di Campobasso, Luigi Iosa.

Il legale chiese conto del tesoro a Bianchi Milella, sostenendo che apparteneva ai suoi clienti e che la madre lo aveva solo in usufrutto, non essendole arrivato né per testamento né per donazione scritta, come avrebbero richiesto le norme ai tempi della morte del senatore Angiolillo. La risposta del figlio di Maria arrivò via fax il 4 gennaio 2010, nello studio di Iosa. Diceva che non sapeva di quali gioielli gli Angiolillo parlassero. Scattò, allora, la denuncia alla procura di Campobasso, ritenuta competente poiché lì si era appresa la notizia del reato ipotizzato, ovvero l'appropriazione indebita.

Il pm Fabio Papa aprì un'inchiesta contro ignoti nel gennaio 2010. Presto, il nome di Maria sarebbe finito di nuovo su una montagna di articoli. Non le avrebbe fatto piacere: Renato le aveva insegnato che chi non ricopre ruoli pubblici deve andare sui giornali solo quando nasce e quando muore. La stessa cosa che pensavano le signore milanesi di buona famiglia che Maria aveva conosciuto in gioventù.

Il mistero dei gioielli spariti appassionò la stampa e impegnò le amiche di Maria in un turbinio di domande e supposizioni. Chi aveva preso quel ben di dio di diamanti, smeraldi, zaffiri e rubini? Valevano davvero più di cento milioni di euro? E appartenevano davvero a Renato e non a Maria?

Gli inquirenti ascoltarono molti testimoni, compresi gli amici più stretti. Gli Angiolillo avevano in mano la lista del settembre 1970, quella che incoronava il Princie come il gioiello più pregiato. Poi, a un certo punto, dalle indagini spuntò l'altro elenco, quello stilato dal gemmologo Harry Winston lo stesso anno, in agosto, che conteneva anche gli orecchini in diamanti, a goccia, da 66 carati, stimati due volte e mezzo il Pink Diamond, vale a dire, fatti due calcoli sommari, un altro centinaio di milioni di euro. Il tesoro sparito, ormai, era valutato circa duecento milioni di euro.

Il 28 marzo 2013, i carabinieri di Campobasso agli ordini del maresciallo Giuseppe Salotto entrarono con un mandato di perquisizione nell'appartamento di Montecarlo abitato da Marco Bianchi Milella e dalla compagna franco-marocchina Corinne Persenda e sequestrarono un paio di orecchini a cerchio, con diamanti e rubini, ritenuti parte del tesoro scomparso. Lo stesso giorno, trattennero, sempre a Monaco, un collier in oro e diamanti con un rubino «sangue di piccione» in casa di un gemmologo che, secondo l'ipotesi degli inquirenti, ne stava trattando la vendita per conto di Bianchi Milella. Non era finita.

Pochi giorni dopo, il 13 aprile, uno degli autori di questo libro rintracciò il Princie Diamond. Il diamante rosa, taglio cuscino, da 34,65 carati, che era appartenuto alla maharani di Baroda, compariva sulla copertina di un catalogo di Christie's, pezzo forte di un'asta newyorkese intitolata «Magnificent Jewels and The Princie Diamond».

Ai tempi, non si sapeva affatto che il Princie fosse direttamente riconducibile a Maria Angiolillo. Si sapeva soltanto che, insieme a un'altra trentina di gioielli, era sparito un diamante rosa da 34 carati, che da solo valeva due quinti del tesoro allora noto. Sorse la più elementare delle domande: quanti diamanti rosa da 34 carati esistono al mondo?

Scattarono le ricerche, presso l'Istituto gemmologico italiano e presso quello americano, il Gia, e alla De Beers, il consorzio mondiale dei produttori di diamanti. Vennero consultate tutte le liste di gemme famose, nei libri e su Internet. Di Pink Diamond da 34 carati ne risultava uno solo: il Princie, ritenuto rarissimo in quanto aveva fluorescenza brillante arancione. Significava che, esposto a raggi ultravioletti, diventava arancio trasparente, invece che rosso opaco. Degli oltre sette milioni di diamanti esaminati dal Gia, solo quaranta esibivano quella caratteristica.

Trovarlo all'asta da Christie's fu impresa di un attimo, il tempo di digitare «Princie Diamond» su Google. Appurare che il Princie fosse quello dell'Angiolillo fu un po' più complesso. Risultava assodato che il Princie era stato venduto dalla Baroda nel 1960 e acquistato dalla gioielleria parigina di Van Cleef & Arpels, che lo aveva montato a ciondolo, circondandolo di diamanti bianchi e che lo aveva poi rivenduto a un cliente straniero.

A quel punto, cominciavano le coincidenze. Anche la pietra degli Angiolillo era di Van Cleef, stando alla stima di Winston esibita dagli eredi del senatore alla procura di Campobasso. Inoltre, il catalogo di Christie's conteneva una perizia effettuata a New York che risaliva a soli trentanove giorni dopo la morte di Maria.

Da Amedeo Angiolillo si venne a sapere che, per quanto lui ricordava, suo padre aveva comprato il diamante a Parigi, intorno al 1960, dopo una perdita al casinò, affinché non si pensasse che fosse caduto in disgrazia. E che all'epoca, la gemma era montata a ciondolo e circondata da diamanti bianchi. Ricordava anche che era taglio cuscino. Le coincidenze cominciavano a essere parecchie, ma non abbastanza. Nessuno ancora, né le amiche di Maria né gli Angiolillo associavano il nome Princie o Baroda al diamante scomparso. Lo fece invece, ingenuamente, la gioielliera che era solita pulirlo. Spiegò che, quando Maria glielo portava, diceva sempre «il diamante della Baroda, il Princie».

A quel punto, la Christie's, sollecitata dal pm Papa, fece sapere che il diamante era stato venduto in Svizzera, pochi anni prima, da Marco Bianchi Milella, il quale lo possedeva dalla morte della madre, e che l'acquirente lo aveva poi affidato a loro per l'incanto. Il figlio di Maria fu indagato con l'ipotesi di appropriazione indebita ed evasione fiscale, avendo venduto la pietra all'estero, senza dichiararlo in Italia.

Ricadeva su di lui, così, la maledizione del Princie, l'ultimo diamante di Golconda e della sfortunata dinastia di Gaekwad, che portava il nomignolo del principino dai bottoni di rubino sulla camicia; colui che mai sarebbe stato maharaja di Baroda e che era morto suicida, gravato dal peso di cupidigie diventate insostenibili.

Christie's ritenne di poter presentare il Princie all'asta, nonostante le rivendicazioni degli Angiolillo, in quanto, per il diritto svizzero, sostenne, l'acquirente era considerato sempre in buona fede. Mentre i giornali di tutto il mondo rilanciavano lo scoop del «Corriere della Sera» e di «Io Donna» sul diamante ritrovato, il 16 aprile 2013, a New York, un compratore rimasto anonimo si aggiudicò la pietra per 39.323.750 dollari, pari a trenta milioni di euro.

Alla procura di Campobasso, il processo era ancora in corso nella primavera del 2015 e, intanto, gli Angiolillo hanno promosso causa anche a Christie's.

Buona parte del tesoro non è mai stata ritrovata.

***

Fu dalle carte dell'inchiesta di Campobasso che, nel febbraio 2012, emerse l'indiscrezione di un primo matrimonio fra Maria e un tedesco, il cui nome risulterà poi sbagliato: il conte di cui ormai sappiamo, nel certificato di matrimonio italiano, risultava Frank di nome e Udo di cognome, e privo del titolo nobiliare. Emerse anche che Maria non era ancora divorziata quando aveva sposato il senatore Angiolillo e cominciò a circolare la voce che avesse una figlia segreta.

La notizia colse di sorpresa gli amici più intimi. Sandra Carraro non aveva mai sentito nemmeno un accenno di pettegolezzo e all'inizio neanche vi credette. Gloria Venturi ripensò al giorno in cui Maria le aveva detto: «C'è un ragazzo giovane, nella mia vita, un giorno te ne parlerò», ma poi non le aveva mai più raccontato niente. E Gianni Letta, Carla Fendi, Francesco Caltagirone, Stefano Folli, Alfonso Dell'Erario, la governante, Igor Mitoraj... nessuna delle persone negli ultimi anni più vicine a Maria aveva mai sospettato nulla.

Cicci e Nuccia, uniche testimoni viventi di quelle vecchie vicende, ammisero solo con gli intimi alcune smozzicate conferme. Marco sostenne di non aver mai saputo di avere un fratello. Aveva nove anni quando Udo Maria Gregory nacque, dodici quando fu rapito dal padre, ma disse che si ricordava di Udo senior e di un suo figlio ma, appunto, un figlio di Udo, non di sua madre.

***

Per molti anni dopo averla incontrata a Roma, Udo Maria Gregory aveva spedito alla mamma cartoline di compleanno senza mai ottenere risposta. Si era convinto, alla fine, che lei non lo voleva. Intanto, aveva venduto la tenuta di Sandton, ma in un pessimo periodo, per cui le tasse si erano mangiate buona parte dell'introito. Aveva aperto una sfortunata società di macchine di fitness, in cui aveva investito e perso tutti i proventi dell'eredità paterna. Si era rimesso in pista grazie a un amico che aveva finanziato una nuova ditta di attrezzi per lo sport.

Nel marzo 2012, a cinquantacinque anni, si era sposato già cinque volte, «sempre cercando mia madre in ogni donna» disse a uno degli autori di questo libro il giorno in cui lo scovò in Sudafrica. Quel giorno, Udo Maria Gregory aggiunse: «Non ho mai avuto figli, ovviamente».

Quando fu contattato, Udo non sapeva che sua madre era morta da più di due anni. Come il Princie, fu rintracciato grazie a una serie di coincidenze. Intanto, si chiamava come suo padre, Udo Franck, per quanto sul certificato di matrimonio italiano quel nome fosse diventato Frank Udo. Però girava il pettegolezzo che, in gioventù, l'allora Maria Girani avesse vissuto un amore con un Rosenthal e s'ipotizzava che la figlia segreta l'avesse avuta da lui. Sembrava che il padre della bambina e il marito tedesco di cui si era appena scoperta l'esistenza fossero due persone distinte, ma da una ricerca online, digitando «Maria, Rosenthal, Frank, Udo» si profilò la storia di un'altra Maria, tedesca di un altro secolo, nata Maria Frank e diventata contessa Maria Frank Rosenthal de Beurges, Frank senza la «c», che aveva sposato anche un Franck, da cui avrebbe avuto Udo Franck, adottato poi da de Beurges.

L'articolo era su un numero di «Der Spiegel» degli anni Cinquanta e rievocava il vecchio scandalo che, prima della guerra, aveva visto la donna trascinata in tribunale dalle figliastre Rosenthal che avevano fatto interdire il padre. C'entrava qualcosa quella scaltra signora diventata contessa con la storia della nostra Maria? Suo figlio Udo Franck de Beurges risultava morto in Sudafrica nel 1983, ma laggiù compariva un omonimo titolare di una ditta di attrezzi sportivi, che doveva essere vivo e vegeto.

Quando fu chiamato al telefono con la cauta scusa di un articolo per «Io Donna» sull'alta società europea dei primi del Novecento, Udo snocciolò ligio la sua *Spoon River*: «Mio padre Udo Franck de Beurges è morto nel 1983, mia nonna la contessa Maria Frank Rosenthal de Beurges è morta nel 1975; la mia matrigna, la contessa Marierose von Falkenberg si è suicidata nel 1980, mia madre Maria Girani è ancora viva e abita in rampa Mignanelli, a Roma». Si trattava di un figlio, dunque, non di una figlia. E toccò spiegare a quell'uomo a cui erano morti tutti i congiunti che era defunta anche sua madre.

Di lei, Udo junior non sapeva quasi nulla, non aveva idea che fosse stata una donna conosciuta e influente né sospettava che avesse lasciato tesori tali da consentirgli, grazie a una fetta di eredità, di risolvere i problemi economici in cui si dibatteva.

Il suo ritorno a Roma, sulle tracce di sua madre e dei beni a cui per legge aveva diritto, non incluse la benedizione di trovare un fratello. Per Marco Bianchi Milella, scoprire o ricordarsi di averne uno, dovette risultare una sorta di seconda maledizione del Princie. Si videro, infine, e trovarono un accordo sulla divisione dell'eredità. Udo sacrificò l'equità alla fretta: aveva molto bisogno di denaro e non aveva soldi da spendere in avvocati e cause legali. Le lungaggini del sistema giudiziario italiano erano note anche in Sudafrica.

Il giorno in cui Udo Maria Gregory visitò il Villino Giulia in vendita lo trovò già spoglio di ogni cosa. Non una tenda, non un tappeto potevano ricordargli sua madre. Sua zia Nuccia era appena morta e, per pochi mesi, Udo non fece in tempo a incontrarla per sciogliere i segreti e le domande che lo assillavano da più di trent'anni. L'altra zia, Lina, che stava a Milano, di quella storia sapeva poco e niente, e l'ultimo fratello di Maria, Giuseppe, era deceduto nel 2010, alla vigilia di compiere cento anni.

Anche Cicci era mancata, e aveva fatto in tempo soltanto a recapitare a Udo le due foto che lei stessa aveva scattato a Juan-les-Pins, quando lui era piccolo: quella in cui Maria lo teneva in braccio in giardino, davanti a una parete di felci, le loro teste accostate e gli occhi di entrambi socchiusi; e quella in cui Maria sorrideva con Udo sulle ginocchia, seduta a un tavolo rotondo, accanto a un'alzatina in cristallo con una piramide di bignè. Erano gli scatti che Cicci aveva custodito per una vita e che Maria riguardava, a volte, quando andava a trovarla a Milano, sempre rapita dall'incanto di quel momento perfetto, quando tutto le era parso possibile: una famiglia, una villa importante da governare, un marito di rango...

Udo Maria Gregory stringeva le due foto fra le mani mentre si aggirava per il Villino Giulia, scrutando ogni crepa dei muri, ogni scorcio di Roma fra le finestre, mormorando, di tanto in tanto: «Perché? Perché mi hai abbandonato?».

Ma nella grande casa vuota gli rispondeva solo l'eco della sua voce.

Appendice

I più invitati (e gli esclusi) della Seconda Repubblica

Ministri, banchieri, imprenditori e big delle aziende di Stato costituivano il mix di base degli ospiti di Maria Angiolillo nel corso della Seconda Repubblica. A costoro, distribuiti nei tre tavoli allestiti dalla padrona di casa, si univano signore dell'alta società, First Lady, giornalisti, qualche cardinale, qualche ambasciatore.

Chi erano i presenti, gli assenti, i più assidui dei pranzi e delle colazioni del Villino Giulia in quel periodo cruciale, e recente, della storia italiana? Abbiamo provato a ricostruire classifiche e record degli ospiti dell'ultimo decennio della signora, dalla fine del 1999 al 2009, quando mancò, dando l'ultima colazione il 1° ottobre.

La «top five» generale vede in testa un'altra signora dei salotti – Sandra Carraro – con 93 presenze, il costruttore Francesco Bellavista Caltagirone con 86, l'avvocato e parlamentare di An Giuseppe Consolo con 70, Gianni Letta – braccio destro di Berlusconi – con 61, e uno degli autori di questo libro, Bruno Vespa, con 51. Ma a fronte di tanti ospiti di lungo corso invitati a dispetto degli alti e bassi di carriera, alcuni fanno invece furore solo per la breve stagione in cui occupano una poltrona di rilievo. Anche il tavolo a cui gli ospiti venivano collocati faceva la differenza: il numero uno, presieduto dalla padrona di casa, era quello di maggior onore, gli altri due erano considerati di importanza decrescente.

I politici «continuativi»

Tra gli *habitués* del decennio 1999-2009, il record va a Giuseppe Consolo di An: 70 presenze, ma era un amico di vecchia data ed era ospite della Angiolillo già dagli anni Settanta, quando era solo avvocato, mentre in Parlamento entra nel 2001, da senatore. Secondo, il tre volte sottosegretario alla Presidenza del Consiglio Gianni Letta: 61 presenze, sempre, senza eccezioni, al tavolo d'onore presieduto dalla padrona di casa, che nel lontano 1973, da vedova del fondatore del «Tempo» lo aveva sostenuto come successore del marito alla direzione del quotidiano. Terza: Giustina Destro, 35 presenze, sia da sindaco di Padova sia da deputata berlusconiana. Quarto: Mario D'Urso, 32 presenze, per la maggior parte da ex senatore poiché è stato parlamentare solo fino al 2001. Quinto, il ministro Altero Matteoli: 29 presenze, esordio a Natale 2002, fedelissimo fino alla fine. Sesto, con 24 presenze: il senatore Giampiero Cantoni (ex presidente di Bnl e di Mediocredito Centrale, parlamentare berlusconiano dal 2001 e vicecapogruppo di Forza Italia al Senato). Settima, Giulia Bongiorno: 24 presenze, anche se 21 da avvocato e solo tre da deputato di An. Ottavo: Franco Frattini, 22 presenze, promosso all'onore del tavolo uno nel 2001, da ministro della Funzione pubblica, di tanto in tanto retrocesso fra il due e il tre nonostante fosse ministro degli Esteri o commissario europeo. Noni, *ex aequo*: Marcello Pera, 21 presenze, quasi tutte da presidente del Senato e l'ultima nell'aprile 2008 da senatore «semplice» di Forza Italia; 21 anche il ministro berlusconiano Stefania Prestigiacomo, spesso con l'onore di presiedere il tavolo due. Undicesimo: il sottosegretario alla Presidenza del Consiglio di Berlusconi Paolo Bonaiuti, 18 presenze, equamente divise fra i tre tavoli. Dodicesimo, il ministro Claudio Scajola, 15 presenze, l'ultima a Natale del 2008. Tredicesimi, «pari merito» con 14 presenze, il ministro di An Maurizio Gasparri, che però non si vede mai nel 2006 e 2007 quando non ha alcun dicastero, anche se poi ritorna nonostante sia sprovvisto d'incarico, e il senatore di Forza Italia Giuseppe Vegas, dal 2003 alla fine, ma mai nel 2007. Quindicesimo, Gianfranco Fini, con 13 presenze, che s'interrompono nel 2006, quando non sarà più né ministro né vicepresidente del Consiglio; né tornerà da presidente della Camera dei deputati. Sedicesimo: Lamberto Dini, con nove pranzi sempre al tavolo d'onore, ma l'ultima segnalazione risale a Natale 2007, quando ormai non ha più dicasteri. Dini, però, era invitato spessissimo già dagli anni Ottanta, come direttore generale della Banca d'Italia. *Ex aequo* con Dini risulta Giulio Tremonti, anche lui con nove presenze, ma promosso al tavolo uno solo nel 2006, nonostante fosse titolare dell'importante dicastero delle Finanze dal 2001. Diciottesimo Pier Luigi Bersani, con otto pranzi, distribuiti fra il 2000 e il 2007. Diciannovesimo, Piero Fassino, con sette, nello stesso arco di tempo. Ma la volta che i due furono ospiti insieme, a Natale del 2000, Maria tenne accanto a sé Fassino, ministro della Giustizia, e collocò Bersani, ministro dei Trasporti, al secondo tavolo.

Ventesimi *ex aequo*, con cinque presenze e qualche mistero: Enrico Letta, avvistato solo fra il 2000 e il 2005 e che curiosamente non torna da sottosegretario alla Presidenza del Consiglio fra il 2006 e il 2008; Giancarlo Galan, ospite solo fra il 2007 e il 2009, ma che era governatore del Veneto e non viveva a Roma; e Giuliano Urbani, visto solo tra il Natale '99 e il Natale 2000, nonostante fosse stato assiduo agli inizi della Seconda Repubblica e fra il 2001 e il 2005 diventi poi ministro della Cultura. Da segnalare, a sinistra: Fausto Bertinotti, con due pranzi, il primo da segretario di Rifondazione comunista, il secondo da presidente della Camera. Fanalini di coda: Angelino Alfano, ma solo perché arriva da guardasigilli a Natale 2008 e fa perciò in tempo a essere invitato solo altre due volte, prima che Maria manchi; Giulio Andreotti, con due colazioni e un pranzo, che però era stato ben più assiduo fra il 1960 e l'inizio dei processi a suo carico; e Silvio Berlusconi, con un solo pranzo, al posto d'onore nel 2007. Ma è noto che Berlusconi detesti la classica mondanità riservando le rarissime uscite a pranzi molto ristretti. Degli altri presidenti del Consiglio della Seconda Repubblica, Massimo D'Alema c'era stato a metà anni Novanta – quando ancora non era salito a Palazzo Chigi – Romano Prodi e Giuliano Amato non andarono mai. Amato fu invece invitato al «salotto della sinistra» di Sandra Verusio.

I politici ammessi solo se titolari di una poltrona

Walter Veltroni risulta presente a quattro pranzi, da sindaco di Roma, fra il 2003 e il 2007. Nel 2008 lascia il posto a tavola a Gianni Alemanno, in onore del quale Maria dà una colazione il 30 luglio 2008, tre mesi dopo la sua elezione. Lucio Stanca, ministro per l'Innovazione, mette a segno dieci presenze tra il 2001 e il 2005, poi scompare. Pietro Lunardi si vede quattro volte, quando è ministro delle Infrastrutture e dei Trasporti, poi sparisce. I successori Antonio Di Pietro, e poi Alessandro Bianchi, però, non mettono mai piede al Villino Giulia e Maria salta direttamente ad Altero Matteoli, nominato nel 2008 e, come abbiamo visto, assiduo dai primi anni Duemila. Il leghista Roberto Castelli registra quattro presenze, ma solo fra il 2001 e il 2004, da ministro della Giustizia, poi viene accantonato, né fa in tempo a tornare nel 2009, da viceministro dei Trasporti. Dei successivi guardasigilli arriveranno Clemente Mastella (una sola volta, nel 2007) e, come abbiamo visto, Angelino Alfano. Due i pranzi di Paolo Gentiloni, al dicastero delle Comunicazioni nel 2007. E due per Vannino Chiti, tra il 2007 e il 2008, da ministro per le Riforme e i Rapporti con il Parlamento. Giuseppe Pisanu colleziona ben undici presenze, con esordio nel 2001, da ministro per l'Attuazione del governo Berlusconi, e ultimo pranzo a Natale 2005 da ministro dell'Interno, dopodiché non ricompare neanche quando diventa presidente della commissione Antimafia nel 2008.

Cinque presenze per Francesco Storace, mentre è governatore del Lazio, per la Casa delle libertà, fra il 2000 e il 2004, poi viene archiviato anche se il successore Piero Marrazzo, a capo di una coalizione con capofila L'Ulivo, non sarà mai invitato. Fabrizio Cicchitto viene ammesso quando diventa capogruppo del Pdl alla Camera nel 2008 e fa in tempo ad andare solo due volte. Carlo Giovanardi compare solo da ministro per i Rapporti con il Parlamento fra il 2003 e il 2004, due volte. Tiziano Treu, che pure era assiduo nella seconda metà degli anni Novanta, compare a un pranzo di Natale del 1999, mangia il panettone, perde ogni carica e viene cassato dalle liste degli ospiti. Mario Landolfi interviene a due pranzi da ministro delle Comunicazioni nel 2005 e nient'altro. Enzo Bianco viene ricevuto tre volte nel 2000, nella breve esperienza da ministro dell'Interno, e risulta poi accantonato. Renato Ruggiero nel suo breve mandato da ministro degli Esteri riesce ad andare solo al pranzo di Natale del 2001. Linda Lanzillotta fa capolino solo da ministro (per gli Affari regionali), due volte nel 2007. Renato Schifani annovera quattro presenze fra il 2002 e il 2004, prima e dopo il Lodo Schifani, ma nessuna da presidente del Senato. Due volte va da presidente del Senato Franco Marini, che però c'era già stato da segretario del Ppi a fine anni Novanta. Una sola volta si palesa Salvatore Cardinale, nel 2001, quando è ministro di D'Alema alle Poste e Telecomunicazioni. Antonio Marzano conta undici presenze tra il 2000 e il 2003, con in mezzo la nomina a ministro delle Attività produttive, ma scompare misteriosamente a metà del mandato. Misterioso anche l'andamento degli inviti di Antonio Tajani, presente ben sette volte fra il 2000 e il 2001, da presidente della delegazione di Forza Italia al Parlamento europeo e poi sparito, nonostante il suo incarico non fosse cessato. Meteore da un solo pranzo, le ministre Michela Vittoria Brambilla, Giorgia Meloni, Mara Carfagna, Giovanna Melandri, Livia Turco. Franco Bassanini non andò mai da ministro, ma una sola volta nel luglio 2007, con la moglie Linda Lanzillotta quando era appena stato nominato vicepresidente della Cassa depositi e prestiti di cui sarebbe diventato presidente l'anno successivo.

I grands commis d'État

Il ragioniere generale dello Stato Andrea Monorchio va tre volte, fra il 2000 e il 2001, poi nel 2002 lascia l'incarico e non viene più visto. Al Villino Giulia, Vittorio Grilli, avvistato nove volte dal 2002 al 2007, arriva quando prende il posto di Mario Draghi come direttore generale del Tesoro. Draghi era stato una presenza costante nel decennio precedente. Il segretario generale della Presidenza della Repubblica Gaetano Gifuni va due volte, nel 2002 e nel 2005. Il presidente dell'Autority sulla concorrenza e il mercato Antonio Catricalà viene segnalato tre volte, fra il 2006 e il 2007. Il garante della privacy Stefano Rodotà fa una doppietta nel 2000, poi sparisce. Il prefetto di Roma Emilio Del Mese va 15 volte dal 2001 al 2006: sei mentre ricopre l'incarico. Il predecessore Giuseppe Romano e i successori Achille Serra, poi Carlo Mosca, invece non andranno.

I banchieri

Il record di presenze di un salotto in cui si segnalano soprattutto ospiti di destra va, curiosamente, a un banchiere considerato amico di D'Alema: Vincenzo De Bustis ha collezionato 49 presenze fra il 2000 e il 2009, prima da amministratore delegato del Monte dei Paschi di Siena, poi di Deutsche Bank Italia, infine come capo del fondo Bridge Capitals. E se lo schivo e riservato Giovanni Bazoli, di Intesa Sanpaolo, considerato il banchiere più potente e longevo d'Italia, non ha mai messo piede al Villino Giulia, lo ha fatto però sette volte

Pietro Modiano – altro banchiere vicino alla sinistra, come Alessandro Profumo e Luigi Abete – sempre dopo il 2006, prima da direttore generale poi da vicario dell'amministratore delegato dell'istituto di credito in questione. E lo aveva fatto sette volte anche l'amministratore delegato Christian Merle, fra il 2001 e il 2002, quando la banca bazoliana si chiamava Intesa-Bci e, una volta, l'allora alto dirigente Gaetano Miccicchè, nel marzo 2006, futuro direttore generale di Intesa Sanpaolo. Secondo nella classifica dei banchieri risulta Cesare Geronzi, più assiduo nella Prima Repubblica, che colleziona poi 12 pranzi tra il '99 e il 2006, durante il gioco di fusioni che portò nel 2002 alla nascita di Capitalia. Ben rappresentata Bnl, prima con Davide Croff, sette presenze tutte fra il 1999 e il 2000 (ma era stato un *habitué* nella seconda metà degli anni Novanta), quindi da Ademaro Lanzara, 11 presenze fra il 2000 e il 2006, e con una sola puntata del presidente Luigi Abete a un pranzo del 20 gennaio 2004. Un altro potente banchiere, Alessandro Profumo di UniCredit, registra due pranzi fra il 2002 e il 2003, e cinque sono rilevati – per lo stesso gruppo – per Carlo Salvatori, fra il 2004 e il 2007, quando era anche vicepresidente di Mediobanca. Mentre Dieter Rampl, quand'era presidente di UniCredit, registra due presenze, fra il 2008 e il 2009; invece Fabrizio Palenzona, altro potentissimo esponente della stessa banca, non risulta si sia mai palesato. Massimo Ponzellini ha messo insieme tre pranzi, uno nel 2000 da vicepresidente e amministratore delegato della Banca europea degli investimenti, due da vicepresidente e amministratore delegato della Patrimonio dello Stato Spa. Infine, risulterebbero presenti una sola volta: Emmanuele Emanuele, presidente della Fondazione Roma (ex Cassa di risparmio), a una colazione nel 2009; Alessandro Mitrovich, di Bank of Scotland Italia, nel 2007; il presidente di Banca Monte dei Paschi di Siena, Giuseppe Mussari nel febbraio 2008; Giuseppe Guzzetti, presidente di Cariplo e Associazione tra le casse di risparmio, nel 2001; Matteo Arpe, da neoamministratore delegato di Capitalia nel 2003; Maurizio Sella di Banca Sella nel 2002; Emilio Ottolenghi di Imi, a Natale 2000. Il futuro governatore della Banca centrale europea Mario Draghi compare tre volte fra il 2000 e il 2001, da direttore generale del Tesoro, prima di cedere il posto, come abbiamo visto, a Vittorio Grilli.

Imprenditori e finanzieri

Il record è di Francesco Bellavista Caltagirone: 86 presenze fra pranzi e colazioni, di cui era stato sponsor dai primi anni Novanta. Mentre vanno una volta sola, allo stesso pranzo del 2000, Gianni Agnelli, Patrizio Bertelli e Miuccia Prada. Il magnate Tom Barrack va tre volte fra il 2002 e il 2003.

Assiduo il finanziere milanese Francesco Micheli, con 20 presenze. Vittorio Merloni viene segnalato due volte, Diego Della Valle quattro, ma smette a metà 2002. Cesare Romiti, *habitué* degli anni Novanta, si segnala quattro volte fra il 2000 e il 2003, poi scompare. I costruttori di simpatie veltroniane Luca e Alessandro Parnasi vengono segnalati tre volte. Raffaele Ranucci, a capo della Ranucci finanziaria che spazia dall'immobiliare-alberghiero alla vendita di carburanti per aerei, viene intercettato quattro volte fra il 2000 e il 2001 e due nel 2007. Emma Marcegaglia va una prima volta nel 2000, quindi torna da presidente di Confindustria due volte. Un altro presidente di Confindustria, Antonio D'Amato, va tre volte mentre è in carica e poi sparisce. L'industriale della Ducati Guidalberto Guidi compare tre volte fra il 2000 e il 2001, Luciano Benetton una volta sola nel 2000, come Luisa Todini, a capo della Todini Costruzioni e, ai tempi, non più eurodeputata di Forza Italia e non ancora consigliere Rai né tantomeno presidente di Poste Italiane. Giuseppe Gazzoni Frascara, patron dell'Idrolitina, va due volte sempre nel 2000. L'uomo d'affari libanese Samir Traboulsi sei volte fra il 2000 e il 2005. Il commercialista bolognese Piero Gnudi, collezionista di cariche in consigli di amministrazione o collegi sindacali come quelli di Stet, Eni, Enichem, Credito Italiano, segnala ben 35 presenze. Tre volte viene avvistata, tra il '99 e il 2005, Marina Deserti, attiva nella distribuzione di liquori e champagne, e due il petroliere Aldo Brachetti Peretti, sempre nel 2007. Si distingue, inoltre, una pattuglia di grandi nomi della farmaceutica e dintorni: Roberto Gradnik, di Serono, va 38 volte; e una volta, nel 2001, va il proprietario della stessa azienda, Ernesto Bertarelli, famoso per un patrimonio stimato in dieci miliardi di dollari; Alberto Aleotti della Menarini viene registrato 26 volte; Corrado Cusano del Dies Group, specializzato in robot per la chirurgia, fa il suo ingresso nel 2008 e colleziona sette presenze in un anno; Claudio Cavazza, fondatore e presidente della Sigma-tau, frequenta otto volte fra il 2000 e il 2001.

I top manager

L'amministratore delegato dell'Enel Franco Tatò viene segnalato 25 volte. Fulvio Conti va cinque volte nel 2001, quando è chief financial officer di Enel, ma non ancora amministratore delegato della stessa società. L'ad dell'Eni Paolo Scaroni, invece, non andrà mai, glielo aveva sconsigliato anche il giornalista Luigi Bisignani spiegandogli: «I salotti romani sono micidiali. Alla fine, ti ritrovi sempre con le tasche piene di bigliettini e richieste di favori». Lo stesso Bisignani, che con Maria, ogni tanto prendeva il tè, non andò mai a pranzi e colazioni, evitando per sua regola – sosteneva – quelli con più di sei persone. Elio Catania va due volte, nel 2003 e 2005, sia quando è in Ibm sia quando è presidente e amministratore delegato di Ferrovie dello Stato. Il successivo amministratore delegato delle Ferrovie Mauro Moretti arriva nel 2009 e fa in tempo a presenziare a due colazioni. Pier Francesco Guarguaglini compare nel 2002 quando diventa presidente e amministratore delegato di Finmeccanica, e presenzia 12 volte fino al 2007. Massimo

Sarmi appare nel 2005, quando è da tre anni amministratore delegato di Poste Italiane, e fa il suo ingresso al Villino Giulia 10 volte. Invece, una volta nel 2002 e una nel 2003, si era visto il presidente, sempre delle Poste, Enzo Cardi. Il presidente di Telecom Marco Tronchetti Provera va nove volte fra il 2000 e il 2007, mentre Carlo Buora arriva nel 2002, poco dopo essere stato nominato amministratore delegato di Telecom Italia, partecipa a un pranzo a Natale e a uno a gennaio e non viene più avvistato. Per restare sulla telefonia, Tommaso Pompei va 28 volte, poi sparisce quando si dimette da amministratore delegato di Wind. Il presidente di Confcommercio Sergio Billè, invece, colleziona sei pranzi fra il 2001 e il 2005. Il presidente dell'Isvap, l'Istituto per la vigilanza sulle assicurazioni private, Giancarlo Giannini, va nove volte, l'ultima a Natale 2008. Il presidente della Fiat Paolo Fresco due volte nel 2000 e 2001. Dei manager vicini a Silvio Berlusconi, Ubaldo Livolsi appare nel 2001, da fondatore della Livolsi & Partners e del fondo Convergenza, dopo essere stato anni in Fininvest, e colleziona otto presenze, sparendo nel 2004; il presidente di Mediaset Fedele Confalonieri si vede sei volte, fra il 2003 e il 2007; Maurizio Costa arriva nel 2003, appena nominato amministratore delegato di Mondadori Editore e mette a segno tre pranzi ravvicinati, poi si eclissa; Bruno Ermolli va otto volte fra il 2002 e il 2005; l'amministratore delegato di Mediaset e Publitalia Giuliano Adreani compare due volte, nel 2002 e nel 2004.

Esigua ma ben rappresentata la formazione dei dirigenti sportivi: Franco Carraro viene visto sei volte, ma solo fra il 2000 e il 2002, anni in cui è presidente della Figc, in compenso, sua moglie Sandra segna il record assoluto delle presenze al Villino Giulia; il presidente della Roma Franco Sensi risulta presente una volta sola, nel 2001; Evelina Christillin, a capo del comitato dei Giochi olimpici di Torino 2006, compare 12 volte, fra il 2000 e il 2003.

Quanto alla Rai, Antonio Baldassarre va cinque volte da presidente nel 2002, però c'era già stato sei volte l'anno precedente, dopodiché non risulta più invitato. Un altro presidente, Roberto Zaccaria va quattro volte, tutte fra il 2000 e il 2001. La giornalista Lucia Annunziata va in tutto tre volte, ma mai mentre è presidente. Flavio Cattaneo fa un'apparizione da direttore generale nel 2005, poi dà buca e scompare. Mauro Masi va dieci volte, prima da segretario generale della Presidenza del Consiglio dei ministri, poi anche da direttore generale della Rai. Claudio Cappon, da direttore generale, va una sola volta, nel 2007. L'allora amministratore delegato di Rai Cinema Giancarlo Leone viene segnalato quattro volte fra il 2002 e il 2005. Fabrizio Del Noce va 15 volte, di cui tre da deputato, poi dal 2002 da direttore di Rai 1. Il direttore di Rai 2 Antonio Marano va invece una volta sola nel 2002. Mauro Mazza viene visto otto volte da direttore del Tg2 e non fa in tempo a presenziare con la nuova carica da direttore di Rai 1, acquistata nel maggio 2009, pochi mesi prima della scomparsa di Maria.

Le grandi dame

Il record assoluto, si è detto, va a Sandra Alecce, amica del cuore degli ultimi venticinque anni, moglie di Franco Carraro: 93 presenze, fra il 1999 e il 2009, sempre al tavolo uno, o al capotavola del due, record conquistato presenziando spesso a due pranzi di Natale l'anno o a colazioni per soli uomini. Segue, con 45 presenze, il magistrato Augusta Iannini, invitata spesso anche come moglie di Bruno Vespa. Terze a pari merito, l'ereditiera Gloria Venturi e la firma della moda Carla Fendi: 34 partecipazioni, sempre senza eccezioni, entrambe al tavolo uno. Quinta la principessa Nicoletta Odescalchi, cara amica di Maria: 33 presenze. Sesta l'ex moglie di Vittorio Cecchi Gori e produttrice cinematografica Rita Rusic, con 28 pranzi, concentrati negli anni fra il '99 e il 2006 e poi mai più presente. Settima Maria Benelli: 29 ragguardevoli presenze, considerato che la dama dell'alta società giocava fuori casa e arrivava da Firenze. Ottava, Mirella Petteni, moglie del produttore cinematografico Roberto Haggiag: 26 presenze. Nona la consorte di Alberto Aleotti della Menarini Farmaceutica, Massimiliana: 24 presenze. Decima: la marchesa Livia Pallavicini con 21 presenze. Undicesima, la produttrice cinematografica Edwige Fenech, 20 pranzi senza soluzione di continuità. Da segnalare Anna Morelli in Addario, vicina di casa di Trinità dei Monti: 19 presenze; Chicca Monicelli, vedova del giornalista Mino, con 18 presenze; la prima moglie di Francesco Bellavista Caltagirone, Rita Rovelli, vista 14 volte fra il 2000 e il 2005, poi nel 2006 si separano e nel 2008 arriva la nuova compagna Beatrice Parodi, che compare quattro volte. Valeria Licastro, signora delle Relazioni esterne prima di Fininvest, poi di Mondadori Libri, mette a segno 12 presenze, tutte a partire dal 2007, quando fa il suo ingresso nel Villino Giulia; *ex aequo* con quest'ultima, la storica dell'arte Anna Coliva, ma in un arco di tempo più lungo, dal 2000 al 2008. Otto presenze per Shulamith Orvieto, ma solo fra il 2003 e il 2005, nel corso del suo divorzio dal direttore d'orchestra israeliano Daniel Oren. Otto volte, nello stesso periodo, viene segnalata anche la pr Manuela Rafaiani. Cinque le presenze di Raffaella Leone, assistente esecutivo dell'amministratore delegato di Eni, ma tutte solo nel 2009, quando cominciò a frequentare il Villino Giulia.

Le mogli dei politici

Le signore della politica presiedono spesso i tavoli due e tre. Guida la classifica Maddalena Marignetti, consorte di Gianni Letta, con 35 pranzi. Seconda, con 20 pranzi, Natasha Romanoff, moglie di Giuseppe Consolo di An. Terza, Maria Teresa Verda in Scajola, con 13 presenze, a partire dal 2002, quando il marito è assurto alla carica di ministro dell'Interno. Quarta, Anna Maria Salvatici in Pisanu con nove pranzi, ma solo fra il 2002 e il 2005, quando il consorte presiede il dicastero degli Interni. Quinta, Donatella Pasquali in Dini, con otto pranzi, l'ultimo a Natale 2007. Sesta, Antonia Pera, fra il 2001 e il 2005, quando il consorte è presidente del Senato. Settima, Anna Maria Serafini in Fassino, con sei pranzi, che arriva nel '99, da deputata dei Ds, con il marito ministro (prima del Commercio con l'estero, poi della Giustizia) e segretario del partito, ma dal 2005 i due spariscono dal Villino Giulia. Ottava, Daniela Melchiorri in Bonaiuti con cinque presenze. Nona, Marina Ciucci in Maccanico con quattro presenze, concentrate fra il 2000 e il 2001, quando anche il consorte – non più ministro – non mette più piede ai ricevimenti della Angiolillo. Tre pranzi, Flavia Prisco in Veltroni, nel 2005. Due Gabriella Fagno Bertinotti, nel 2005. Due Barbara Palombelli in Rutelli. Uno solo la riservatissima Livia Danese Andreotti. Nessuno la signora Veronica Lario Berlusconi.

La classifica delle First Lady quirinalizie è guidata da Vittoria Michitto Leone, che con il marito andava fin dal 1960, e che colleziona 20 presenze, sempre al tavolo uno. Franca Pilla Ciampi è stata ospite d'onore a tre colazioni, nel 2001, nel 2005 e nel 2006; Clio Bittoni Napolitano a una, nel 2009.

Tra le mogli di banchieri e big della finanza, si distinguono Giuliana Iozzi Geronzi con 11 pranzi, Serenella Cappello Draghi con otto, Lisa Lowenstein Grilli con due, Cristina Rosati Fazio con una (ma il marito, il governatore della Banca d'Italia Antonio Fazio, non andò mai). Sonia Raule Tatò ha collezionato 23 pranzi, Afef Jnifen Tronchetti Provera tre, ma solo fra il 2000 e il 2001.

I giornalisti

Il record, come anticipato, va a uno degli autori di questo libro, Bruno Vespa, con 51 presenze, seguito da Stefano Folli, con 48, presente prima da notista politico del «Corriere» poi da direttore dello stesso quotidiano quindi da editorialista. Terza, Ludina Barzini, avvistata 46 volte. Quarto, Carlo Rossella: 37 fra pranzi e colazioni, sia da direttore del Tg1, sia di «Panorama», sia a capo del rotocalco tv rosa *Verissimo* che da presidente di Medusa Film. Quinta, il vicedirettore del Tg5 Cesara Buonamici: 30 presenze, l'ultima a Natale 2008. Sesto, il giornalista economico Alfonso Dell'Erario, presente 29 volte. Settimo, Pierluigi Magnaschi con 23 partecipazioni finché è direttore dell'Ansa, poi quando lascia nel 2006 e va a Milano a dirigere «Italia Oggi», torna ancora una volta nel 2009. Ottavo, il direttore del Tg3 Antonio Di Bella, con 23 ingressi. Nono, il direttore del Tg1 e poi della «Stampa» Marcello Sorgi, segnalato 19 volte, fino al 2005, poi si trasferisce a Londra per un paio d'anni e non ritornerà più al Villino Giulia. Decimo Pietro Calabrese, avvistato 18 volte, sia da direttore del «Messaggero» sia di «Capital», ma da metà 2005 si dilegua dalle liste degli inviti, muore poi nel 2010. Undicesimo, Ferruccio de Bortoli, con 15 pranzi, sia quando è direttore del «Corriere della Sera», sia quando lo è del «Sole 24 Ore», o nella parentesi da amministratore delegato di Rcs libri. *Ex aequo* con De Bortoli è il vicedirettore della «Repubblica» Mario Pirani: 15 presenze, interrotte nel 2004, ma era stato fra gli ospiti abituali del decennio precedente. Il direttore della «Repubblica» Ezio Mauro, invece, non andrà mai, né andranno – fra quelli a capo degli altri importanti quotidiani di quel periodo – Vittorio Feltri e Paolo Mieli, mentre Giuliano Ferrara del «Foglio» era andato a metà degli anni Novanta da ministro dei Rapporti con il Parlamento. Tredicesima è Lilli Gruber: 10 volte ospite, tutte solo fra il 2000 e il 2005, quindi, da europarlamentare dell'Ulivo, sparisce. Risultano ospiti nove volte, invece, il notista politico del «Corriere», Massimo Franco, il direttore del «Riformista» Antonio Polito (ma solo fra il 2004 e il 2007), il direttore del «Tempo» Gaetano Pedullà (ma solo dopo il 2006). Un altro direttore del «Tempo», Roberto Arditti, colleziona sei presenze fra il 2008 e il 2009, e sei più una sarebbero quelle di Giulio Anselmi: visto sei volte fra il 2000 e il 2001 – da direttore dell'«Espresso» – e una sola nel 2008 da direttore della «Stampa». Cinque i ricevimenti di Maurizio Belpietro, sia da direttore del «Giornale» sia di «Panorama»; e cinque quelli del fondatore della rivista «Formiche» Paolo Messa, tutti nel 2009; quattro quelli di Roberto Napoletano, sia da vicedirettore che da direttore del «Messaggero», tre quelli di Enrico Mentana, ma solo fra il 2000 e il 2001; due quelli di Maurizio Costanzo, ma solo nel 2000; due quelli di Antonio Calabrò; due anche per Alain Elkann, concentrati fra il 1999 e il 2000. Avvistati una sola volta: Monica Maggioni nel 2006, in una pausa da inviata in Iraq e, nel 2001, il direttore del «Messaggero» Paolo Graldi e la firma del «Corriere», e coautore della *Casta*, Sergio Rizzo.

Poche le mogli dei giornalisti ammesse in casa Angiolillo. La costituzionalista Anna Chimenti in Sorgi è presente con nove pranzi fra il 2000 e il 2004. Seguono: Barbara Pesce in Calabrese, con sette; Claudia Fellus in Pirani con sei; mentre la prima consorte di Mentana, Letizia Lorenzini Delmilani va una volta sola, a Natale 1999.

Gli ambasciatori

Categoria fortemente nutrita fra gli anni Sessanta e Settanta, diventano presenze decisamente rade nella Seconda Repubblica. L'ex ambasciatore e segretario generale del ministero degli Esteri Umberto Vattani segna cinque inviti fra il 2000 e il 2004; l'ambasciatore americano Ronald Spogli quattro fra il 2006 e il 2007, mentre il suo predecessore Mel Sembler viene visto al Villino Giulia un paio di volte. L'ex ambasciatore italiano negli Stati Uniti Giovanni Castellaneta viene registrato tre volte fra il 2002 e il 2005, mentre è consigliere diplomatico di Berlusconi e suo rappresentante per i vertici del G8 del 2001 e del 2005.

I cardinali

Giovanni Battista Re viene segnalato cinque volte fra il 2003 e il 2007; Pio Laghi una volta nel 2003; Paolo Romeo due volte nel 2005; il portavoce del papa Joaquín Navarro-Valls viene ricevuto a una colazione nell'aprile 2006, sotto il pontificato di Benedetto XVI. Presente una volta anche il vescovo Liberio Andreatta, vicepresidente dell'Opera romana pellegrinaggi.

Indice dei nomi

Indice

Finito di stampare nel mese di aprile 2015
Grafica Veneta S.p.A. - Via Malcanton, 2 - Trebaseleghe (PD)

Printed in Italy

DATA *13 Maggio 1964 / Cravatta nera, abito lungo* ORA *21.15*

MENÙ

Ristretto di tartaruga

Gamberi all'indiana e riso pilaf

Noce di vitella tartufata

Asparagi d'Albenga e salsa avorio

Soufflé ghiacciato

Lamponi, frutta

VINI

Puligny-Montrachet 1953

Château Cheval Blanc 1953

Krug 1955

NOTE